Im Auge des Flaneurs

W0209313

T V Z

Christentum und Kultur
Basler Studien zu Theologie und Kulturwissenschaft des Christentums

Herausgegeben von
Albrecht Grözinger, Georg Pfleiderer und Ekkehard W. Stegemann

---

Im Auge des Flaneurs

Fundstücke zur religiösen Lebenskunst

herausgegeben von
David Plüss, Tabitha Walther und Adrian Portmann

Albrecht Grözinger zum sechzigsten Geburtstag

T V Z

Theologischer Verlag Zürich

Gedruckt mit Unterstützung des Fonds zur Förderung der Geisteswissenschaften der Freien Akademischen Gesellschaft Basel, der Stiftung für Jüdische Studien an der Universität Basel, der Evangelisch-reformierten Kirche Baselland und der Evangelisch-reformierten Kirche Basel-Stadt.

Die Deutsche Bibliothek – Bibliographische Einheitsaufnahme

Die Deutsche Bibliothek verzeichnet diese Publikation in der Deutschen Nationalbibliographie; detaillierte bibliographische Daten sind im Internet über http://dnb.ddb.de abrufbar

Umschlaggestaltung

Simone Ackermann, Zeljko Gataric, Zürich

Druck

ROSCH-BUCH, Scheßlitz

ISBN 978-3-290-17508-5

© 2009 Theologischer Verlag Zürich
www.tvz-verlag.ch

Alle Rechte, auch die des auszugsweisen Nachdrucks, der fotographischen und audiovisuellen Wiedergabe, der elektronischen Erfassung sowie der Übersetzung, bleiben vorbehalten.

Inhaltsverzeichnis

Vorwort

Am 25. Mai 2009 feiert Albrecht Grözinger, Professor für Praktische Theologie an der Universität Basel, seinen 60. Geburtstag. Ihm zu Ehren haben Weggefährten, Kolleginnen, Doktorierende und Freunde aus Theologie und Kulturwissenschaften dieses Päcklein geschnürt. Wir danken den Autorinnen und Autoren, die sich auf das Abenteuer eingelassen haben, flanierend, spazierend, reisend und mit offenen Augen und Ohren Erkundungsgänge zu unternehmen, ihre unterwegs gewonnenen Wahrnehmungen so konkret wie möglich zu gestalten und daraus ihre zeitgemässen Schlüsse zu ziehen. Die Herausgebenden sind selbst gerne und lustvoll den Spuren der Schreibenden gefolgt. Wir hoffen, ihre Fundstücke zur religiösen Lebenskunst im Modus des Flanierens bereiten Albrecht Grözinger Freude.

Ebenfalls danken wir dem Fonds zur Förderung der Geisteswissenschaften der Freien Akademischen Gesellschaft Basel, der Stiftung für Jüdische Studien an der Universität Basel und den Evangelisch-reformierten Kirchen Baselland und Basel-Stadt für ihre grosszügigen Druckkostenzuschüsse. Herr Harald Matern ist uns eine grosse Hilfe gewesen. Er hat zuverlässig, selbständig und schnell das Layout erstellt. Frau Marianne Stauffacher vom Theologischen Verlag Zürich danken wir für die Aufnahme der Publikation ins Verlagsprogramm und Frau Lisa Briner für das kompetente Lektorat. Schliesslich danken wir dem zustimmungsfähigen Ausschuss der Herausgeber der Reihe «Christentum und Kultur» dafür, dass diese Festgabe in ihrer Reihe erscheinen darf.

Nun bleibt zu hoffen, diese vielfältige Anstiftung zur religiösen Lebenskunst verführe die eine oder den anderen zum Flanieren, Wandern, Erkunden, Reisen, Graben oder Spazieren – mit den Füssen oder im Kopf – und trage so bescheidene Frucht oder bereite ganz einfach Leselust.

Basel, im Januar 2009

David Plüss, Tabitha Walther, Adrian Portmann

EINLEITUNG

Adrian Portmann/David Plüss

FLANIEREN, SPAZIEREN, WANDERN – PEDESTRISCHE WAHRNEHMUNGSWEISEN, REFLEXIONEN UND MENTALITÄTEN

Seit er in den entstehenden Grossstädten des 19. Jahrhunderts, in Paris zumal, das Licht der Welt erblickte, hat der Flaneur nur wenig von seiner Anziehungskraft verloren. Dies mag damit zu tun haben, dass der Flaneur in unterschiedlichen Varianten begegnet, die sich wechselseitig beeinflussen. So gibt es die ursprünglichen Flaneure, die in Paris oder Berlin tatsächlich und leibhaftig auf den Boulevards flaniert sind, darunter flanierende Literaten wie Charles Baudelaire – sie haben ihren spezifischen Ort und gehören einer bestimmten Epoche an. Wir finden den Flaneur auch als literarische Figur und mit ihm verbunden die literarische Flanerie. Daneben gibt es den Typus des Flaneurs, wie er in kulturdiagnostischen, theoretischen und ästhetischen Versuchen und Vergewisserungen immer wieder modelliert und konzipiert worden ist – von Walter Benjamin,[1] der die weitere Diskussion massgeblich beeinflusst hat, über Zygmunt Baumans essayistischen Zugriff[2] bis zu aktuellen sozialwissenschaftlichen Studien.[3] Und schliesslich gibt es bis auf den heutigen Tag Nachfahren dieser Flaneure, die nun ihrerseits, und obwohl sie unter anderen historischen Umständen le-

1 Walter Benjamin: Die Wiederkehr des Flaneurs, in: Gesammelte Schriften Band III, Frankfurt a.M. 1972, S. 194–199; Ders.: Das Passagen-Werk, Frankfurt a.M. 1983, S. 524–569.

2 Zygmunt Bauman: Flaneure, Spieler und Touristen. Essays zu postmodernen Lebensformen, Hamburg 1997.

3 Winfried Gebhardt; Ronald Hitzler (Hg.): Nomaden, Flaneure, Vagabunden. Wissensformen und Denkstile der Gegenwart, Wiesbaden 2006.

ben, das Flanieren in mehr oder weniger reiner Form pflegen oder sich jedenfalls darin gefallen, sich als Flaneur zu stilisieren.

Ob historischer Typus oder literarische Figur, ob originärer oder heutiger Flaneur: Was alle teilen, was alle auszeichnet, ist zunächst einmal eine Fortbewegungsart. Wer flaniert, ist unterwegs, und zwar zu Fuss. Es ist eine spezifische Form des Fussgängertums, eher gemächlich und langsam als schnell und hektisch. Der Flaneur streift durch Strassen und Passagen, lässt sich gelegentlich in der Menschenmenge treiben oder folgt in seinem eigenen Rhythmus unsichtbaren Spuren durch das Labyrinth der Stadt. Er gehört dazu und erlaubt sich doch eine Distanz zur Menge, in der er sich bewegt. Etwas Weiteres kommt dazu: Der Flaneur verfolgt kein bestimmtes Ziel, er hat keine Besorgungen zu machen. Aber er hat seine Augen geöffnet, er lässt seinen Blick schweifen und er lässt ihn ruhen, mit Vorliebe auf dem kleinen Detail, auf dem Besonderen und Abweichenden. Er lässt sich affizieren vom Fragment, vom Flüchtigen, vom Marginalen. Der Flaneur folgt nicht den gängigen Sehgewohnheiten, die an den Dingen und Menschen bloss das Nützliche wahrnehmen, und deshalb sieht er auch Überraschendes und Unverhofftes. Das Flanieren, so lässt sich sagen, ist eine Fortbewegungsart, die mit einem radikal subjektiven Blick auf die Dinge korrespondiert und mit einer bestimmten Haltung verbunden ist, mit einer beobachtenden, neugierigen, für Anmutungen offenen Haltung. Die Flanerie ist eine spezifische Wahrnehmungsperspektive. Die sinnlichen Eindrücke sind dem Flaneur Stoff und Anregung. Was er wahrnimmt, verdichtet sich ihm, im Kleinen erkennt er das Grosse, aus seinen Beobachtungen zieht er Schlüsse. Zum Flanieren gehört daher ein flanierendes Denken, das mehr oder weniger direkt von der Bewegung des Gehens strukturiert wird. Dass dies beim literarischen Flanieren auch in den Texten selbst seinen Ausdruck findet, zeigt etwa Matthias Keidel in seiner Studie über «Flaneurtexte».[4]

Nun gibt es neben dem Flanieren noch weitere pedestrische Fortbewegungsarten, das Spazieren etwa, das Wandern oder das Pilgern, ganz abgesehen von Erkundungsgängen, Expeditionen und Reisen aller Art, die allerdings nicht nur zu Fuss unternommen werden.

Das Spaziergängertum, um damit fortzufahren, leidet zwar unter einem etwas biedermeierlichen Image – schnell hat man den Verdauungsspaziergang vor Augen oder die bürgerliche Familie, die in

---

4 Matthias Keidel: Die Wiederkehr der Flaneure. Literarische Flanerie und flanierendes Denken zwischen Wahrnehmung und Reflexion, Würzburg 2006.

satter Zufriedenheit eine «ausgeglichene, schöne Spazierwelt»[5] durchmisst. Dies lenkt aber möglicherweise vom wahrhaften Spazieren ab: Denn auch die Spaziergängerin ist zu Fuss unterwegs, auch sie eher gemessen als hektisch, auch sie ohne Zwang und ohne ein Ziel, das erreicht werden müsste. Das Spazieren ist sein eigener Zweck, was sich besonders deutlich am verwandten Begriff des Lustwandelns zeigt. Und auch wenn die Spaziergängerinnen gelegentlich ins Gespräch vertieft oder tief in Gedanken versunken angetroffen werden, als Peripatetikerinnen sozusagen, ist auch beim Spazieren das Moment der Wahrnehmung zentral: Die Spaziergängerin ist nicht bloss auf den Weg aufmerksam, sie kann ihre Blicke abschweifen und verweilen lassen und alles Mögliche wahrnehmen. Dies zeigt sich etwa bei Karl Gottlob Schelles «Theorie des Spaziergangs» von 1802, die im Spaziergang eine Vereinigung der Tätigkeiten des Körpers, der Sinnlichkeit der Eindrücke und der Aktivität des Geistes sieht: Beim Spazierengehen «wird der Geist des Lustwandelnden überall angezogen, findet zu seinen Betrachtungen den mannigfachsten, so wie den reizendsten Stoff».[6] Es wundert daher nicht, dass auch das Spazieren in einer spezifischen Weise literarisiert wird, dass Autorinnen spazieren und ihre Protagonistinnen ebenfalls spazieren lassen.[7]

Dies alles macht aus dem Spaziergang so etwas wie den älteren Bruder oder den historischen Vorgänger der Flanerie. In beiden Fällen finden wir einen ähnlichen Bewegungsrhythmus und eine vergleichbare Haltung. Bezeichnend dafür ist etwa der Umstand, dass die Schrift des (mit Walter Benjamin bekannten) Flaneurs Franz Hessel heute zwar unter dem Titel «Ein Flaneur in Berlin» vertrieben wird, 1929 aber als «Spazieren in Berlin» erschienen ist. Für ein solches inneres Band zwischen Flanieren und Spazieren steht auch Robert Walser, der in Berlin und anderswo flanierte, mindestens so häufig aber über Land spazierte. In seinen Prosastücken wird dieses Spazieren, Wandeln, Wandern und Flanieren in vielen Variationen verarbeitet.[8] Hier finden sich auch Beschreibungen der mit dem Spazieren

---

5 Hermann Bausinger: Heimat und Identität, in: Konrad Köstlin; Ders. (Hg.): Heimat und Identität. Probleme regionaler Kultur, Neumünster 1980, S. 9–24, hier: S. 13.

6 Zit. nach Harald Neumeyer: Der Flaneur. Konzeptionen der Moderne, Würzburg 1999, S. 9.

7 Vgl. zum Beispiel Angelika Wellmann: Der Spaziergang. Stationen eines poetischen Code, Würzburg 1991; Dies. (Hg.): Der Spaziergang. Ein literarisches Lesebuch, Hildesheim 1992.

8 Vgl. Guido Stefani: Der Spaziergänger. Untersuchungen zu Robert Walser, Zürich; München 1985.

verbundenen Haltung, die jener des Flaneurs nahe kommt: «Man braucht nicht viel Besonderes zu sehen. Man sieht so schon viel»,[9] ist da etwa zu lesen, oder: «Ich schaute mich nach allen Seiten aufmerksam um, wie um hinter und neben den Gegenständen Neues und Niegesehenes zu sehen.»[10] Und auch Notizen zu dem, was da im Einzelnen wahrgenommen wird, finden sich: «Ferner an Läden: Papier-, Fleisch-, Uhren-, Schuh-, Hut-, Eisen-, Tuch-, Kolonialwaren-, Spezerei-, Galanterie-, Mercerie-, Bäcker- und Zuckerbäckerläden. Und überall, auf allen diesen Dingen, liebe Abendsonne. Ferner viel Lärm und Geräusch, Schulen und Schullehrer, letztere mit Gewicht und Würde im Gesicht, Landschaft, Luft und etliche Malerei.»[11]

Der Unterschied liegt vornehmlich im Raum, der jeweils durchschritten wird: Die Flanerie ist ein städtisches Phänomen, während der Spaziergang, obwohl er auch in der Stadt unternommen werden kann, doch vornehmlich in die Natur führt, genauer: in die stadt- oder siedlungsnahe Natur. Damit allerdings kommen auch unterschiedliche Gegenstände in den Blick: Das Gegenüber der Spaziergängerin ist die Natur als Landschaft, gelegentlich sind es auch andere Spaziergängerinnen; das Gegenüber des Flaneurs ist das Gewimmel der Stadt mit seinen Menschenmassen und Attraktionen.

Deutlich anders ist es um den Wanderer bestellt. Dieser geht zwar auch zu Fuss, schlägt normalerweise aber ein anderes Tempo an. Hier werden weitere Strecken zurück gelegt, und entsprechend ist der Wanderer länger unterwegs als die Spaziergängerin oder der Flaneur. Nicht selten führt die Wanderung in unwegsames Gelände, was allerhand Gefahren mit sich bringt, besonders für ungeübte Wanderer. Da zudem oft einsame Gegenden durchwandert werden, ist es ratsam, für Proviant und Übernachtung besorgt zu sein. Wanderer sind aus unterschiedlichen Gründen unterwegs: Es gibt (oder besser: es gab) jene, die mit ihrer Wanderung einen Zweck verbinden, die einen bestimmten Ort erreichen müssen und mangels anderer Reisemöglichkeiten zu Fuss unterwegs sind. Und es gibt jene Wanderer, die ohne einen solchen Zweck unterwegs sind, die zwar durchaus ein Ziel erreichen wollen, einen Berggipfel etwa, aber keines erreichen müssen. Diese

---

9 Robert Walser: Kleine Wanderung, Stuttgart 1963, S. 19.

10 Robert Walser: Abendgang, in: Elisabeth Pulver; Arthur Zimmermann (Hg.): Robert Walser. Pro Helvetia Dossier Literatur, Zürich; Bern 1984, S. 51.

11 Robert Walser: Der Spaziergang [Sämtliche Werke Band 5], Zürich; Frankfurt a.M. 1985, S. 70.

zweite Art des Wanderns kann man etwa mit Francesco Petrarcas Besteigung des Mont Ventoux beginnen lassen. Petrarca spricht zwar durchaus von den physischen Seiten der Unternehmung («Aber wie es fast immer der Fall ist, folgt dem kolossalen Anlauf schnell die Ermattung auf dem Fuss»[12]), sein Bericht zeigt aber vor allem, dass die Wahrnehmung, die ästhetische Naturbetrachtung und deren Literarisierung auch bei der Wanderung möglich sind, was sich in einer Vielzahl literarischer Wanderungen niedergeschlagen hat.[13] Hier stellen sich nun durchaus wieder Parallelen mit dem Spaziergang und der Flanerie ein, auch wenn das Wandern, das Bergwandern zumal, mit einem grösseren Mass an Ausdauer, Kraft und Risiko verbunden ist – es handelt sich gewissermassen um so etwas wie Hardcore-Flanieren, um Spazieren für Athleten.

Flanieren, Spazieren, Wandern: Bei allen dreien haben wir neben der pedestrischen Tätigkeit eine bestimmte Haltung festgestellt, eine spezifische Form der Neugier und eine Offenheit für Wahrnehmungen aller Art. Diese Haltung findet sich, so scheint es, auch unabhängig von der physischen Fortbewegung. Wir finden sie als geistiges Flanieren oder als flanierenden Denkstil. Wir begegnen ihr bei Reisen in die Vergangenheit, ins eigene Innere oder bei Reisen im Kopf. Sie ist am Werk, wenn wir die Gedanken wandern lassen und wenn wir Spaziergänge in einem Buch unternehmen oder in einer Bibliothek. «Da oben blättere ich einmal in diesem, einmal in jenem Buch, ohne Ordnung, ohne Plan: wie es sich eben ergibt», notiert Montaigne[14] (der ansonsten auch den veritablen Spaziergang hochhält). Und passend dazu trägt ein Buch des Montaigne-Übersetzers Hans Stilett den Untertitel «Wanderungen durch Montaignes Welten».[15]

Wandern, Spazieren und Flanieren werden hier zur Metapher. Und dennoch bleiben sie mehr als das, zumindest dann, wenn die Wahrnehmung, das Denken und allenfalls auch das Schreiben diesen ursprünglichen Bewegungsrhythmus beibehalten.

---

12 Petrarca, Francesco: Die Besteigung des Mont Ventoux (1336), Stuttgart 1995, S. 11.

13 Vgl. Alexander Knecht; Günter Stolzenberger (Hg.): Die Kunst des Wanderns. Ein literarisches Lesebuch, München 1997.

14 Michel de Montaigne: Über dreierlei Umgang, in: Ders.: Essais (1589), übersetzt von Hans Stilett, Berlin 1998, S. 412.

15 Hans Stilett: Von der Lust, auf dieser Erde zu leben. Wanderungen durch Montaignes Welten, Berlin 2008.

Dies alles ist Albrecht Grözinger nicht fremd, ganz im Gegenteil. Er hat insbesondere den Flaneur in seinen Schriften immer wieder aufgegriffen und die Flanerie als eigentliches Programm theologischer Wahrnehmung und Reflexion entworfen.[16] Mehr noch: Sein ganzes Schreiben, der von ihm gepflegte Stil kann als Beispiel und Performance engagierter theologischer Flanier-Kunst gelten. Wer seine wissenschaftlichen Texte liest, wird zu inspirierenden Spaziergängen eingeladen. Präzise Beobachtungen menschlichen Verhaltens, Einblicke in Einzelnes und Ausblicke ins Weite wechseln mit ausgreifenden philosophischen Reflexionen und vorsichtigen theologischen Positionierungen. Dabei lesen sich die Texte flüssig. Leicht, fast beschwingt geht die Lesereise voran. Es ist eine Leichtigkeit des Schritts, die daher rührt, dass der schreibende Flaneur um Verständlichkeit bemüht ist. Um eine Verständlichkeit allerdings, die nicht platt oder anbiedernd daherkommt, sondern sich durch Präzision der Wortwahl, durch eine bildhafte, zuweilen poetische Sprache und einen wissenschaftlichen Diskurs auszeichnet, der nur so weit formalisiert ist wie unbedingt nötig. Von geschlossenen fachterminologischen Systemen, die einen auf steil ansteigende Bergpfade oder zu schwindelerregenden Gratklettereien zwingen, ist Albrecht Grözingers wissenschaftliche Prosa denkbar weit entfernt.[17]

Wer ihn auf seinen Gängen begleitet, erfährt aber nicht nur den beschwingten und ansteckenden Eros einer praktisch-theologischen Spurensuche, er wird auch reich beschenkt mit neuen Einsichten in vermeintlich Bekanntes. Und er wird darüber hinaus in Gegenden geführt, die er bisher kaum oder gar nicht wahrgenommen, von denen er

---

16 Albrecht Grözinger: Praktische Theologie und Ästhetik. Ein Beitrag zur Grundlegung der Praktischen Theologie, München 1987; Ders.: Flaneur und Theologe. Erinnerungen an eine ästhetische Spurensuche, in: Inken Möller (Hg.): Anstösse. Theologie im Schnittpunkt von Kunst, Kultur und Kommunikation, Darmstadt 1991, S. 120–123; Ders.: Praktische Theologie als Kunst der Wahrnehmung, Gütersloh 1995; Ders.: Praktische Theologie als Kunst der Wahrnehmung, in: Ders.; Jürgen Lott (Hg.): Gelebte Religion. Im Brennpunkt praktisch-theologischen Denkens und Handelns, Rheinbach 1997; Ders.: Orte, in: Georg Lämmlin; Stefan Scholpp (Hg.): Praktische Theologie der Gegenwart in Selbstdarstellungen, Tübingen; Basel 2001, S. 257–274; Ders.: Die Predigt – ein Spaziergang?, in: Pastoralblätter 144 (2004), S. 496–500.

17 Auch wenn sich Albrecht Grözinger zuweilen als «Barthianer» bezeichnet, so ist er doch kein «Sohn der Berge» wie dieser. Die riskanten Gratwege scharfer Dialektik beobachtet er lieber kommentierend von sicherem Boden aus.

nicht einmal gehört hat. Albrecht Grözinger kennt nicht nur die Pariser Boulevards, Passagen und *grands bistros*; er ist nicht nur in Kunst und Literatur und in der protestantischen Theologiegeschichte gut bewandert, sondern hat auch die abendländische Geistesgeschichte vielfach abgeschritten. Die Frucht dieser geistigen Fussreisen ist eine stupende, detailgenaue Kenntnis von Namen, Konzepten und Diskursen, auf die er auch auf unscheinbaren Gängen anzuspielen und die er auf Phänomene am Wegrand zu beziehen weiss. So arrangiert der Flaneur schreibenderweise Bedeutungs- und Metaphernräume, die Zeiten und Distanzen scheinbar mühelos überspringen.

Die Bewegung, das Unterwegssein und neugierige Forschen macht den intellektuellen Reiz von Albrecht Grözingers Schreiben aus. Dies spiegelt sich im Übrigen auch beim alltäglichen Fussgänger Grözinger. Wer ihn durch die Strassen Basels, vom Marktplatz durch die Sattelgasse, die Schneidergasse querend und das Imbergässlein hoch zum Nadelberg oder etwa vom Kollegienhaus an der Peterskirche vorbei durch die Stiftsgasse zum Theologischen Seminar begleitet[18], weiss: das Schlendern oder Herumstehen und ausschweifende Räsonieren ist seine Sache nicht. Ein alltäglicher Weg wird rechtzeitig und zügig, wenn auch ohne Hast unter die Füsse genommen. Das kontinuierliche Fortschreiten ist dabei auch intellektuelles Programm und Mentalität: Ein einmal eingenommener Standpunkt muss auch wieder aufgegeben werden können, damit ein neuer gewonnen werden kann. Die in der Postmoderne unhintergehbare Vielzahl und Vielfalt möglicher Perspektiven auf einen Gegenstand wird nur durch die Bewegung, durch die wiederholte Veränderung des Standpunktes des Betrachters erreicht. Langatmige, kreisende Reden sind ihm hingegen ein Gräuel. «Das darfst du mit mir nicht machen!», raunte er letzthin im Anschluss an eine allzu lange Laudatio in Hinblick auf sein anstehendes Jubiläum.

Wodurch ist nun aber Albrecht Grözingers Programm einer theologischen Flanerie bestimmt? Wir meinen, vor allem durch folgende vier Punkte:

1. Der theologische Flaneur ist ein Einzelgänger in doppelter Hinsicht: Einerseits sind ihm Gruppenreisen und theologische Schulen suspekt. Theologische Eigenständigkeit und intellektuelle Offenheit

---

18 Von anderen, mit seinen Assistenten unternommenen Spaziergängen – um nicht zu sagen: Bergwanderungen –, etwa vom Pilatus über das Tomlishorn und den ausgesetzten Grat auf das Widderfeld oder vom Berninapass über die Alp Grüm hinunter nach Poschiavo, ist hier nicht zu berichten, da sie für Albrecht Grözinger nicht typisch sind und er lieber selbst davon erzählt.

sind ihm wichtiger als Orthodoxie und politische Korrektheit. Andererseits ist auch seine theologische Spurensuche ganz und gar auf den Einzelnen ausgerichtet. Die christlich-religiöse Individualisierung stellt für ihn keine Verfallsgestalt, sondern das Ziel religiöser Bildungsprozesse in der (Spät-)Moderne dar. Die Kirche wird durch die religiöse Mündigkeit und Eigenwilligkeit ihrer Mitglieder nicht bedroht, sondern in ihrer Bedeutung sowohl für kritische Zeitgenossen als auch als zivilgesellschaftlicher Akteur gestärkt. Zugleich ist der theologische Flaneur ein durch und durch urbaner Menschen, der die Geselligkeit und auch die Massen nicht scheut, sondern sie braucht und auf sie bezogen bleibt. Albrecht Grözingers Denken entspinnt sich am Bistrotisch des Hotel Krafft an der reich bevölkerten Rheinpromenade mit Blick auf Rheinschwimmer, die Alte Universität und das Münster. In Heideggers Todtnauberger Hütte wäre es zur Fruchtlosigkeit verdammt.

2. Der Flaneur ist auf Offenbarung aus, sei sie profaner oder theologischer Natur. Er sucht das überraschend Aufblitzende, den Kairos. Er ist Offenbarungstheologe, allerdings ohne Hang zum grossen System wie ein bekannter Schweizer Vorgänger. Wie diesem der Platz unter dem Apfelbaum im Safenwiler Pfarrgarten, so dient jenem der lauschige Garten auf dem Bruderholz zur zeitweiligen Retraite aus dem Basler Stadtdschungel. Denn solche Momente des Rückzugs und der Ruhe – eine «gewisse Ebbe im Strassenverkehr», eine «Ordnung im Wirrwarr», eine «Dosis Schweigen»[19] – braucht auch der urbane Flaneur, damit er das, was ihm auf seinen Gängen unverhofft begegnet ist, bedenken und bearbeiten und in Worte fassen kann.

3. Wie der Flaneur Franz Hessel das Flanieren als Lektüre der Strasse versteht und im Asphalt ein aufgeschlagenes Buch sieht, so möchte Grözinger auch die Theologie zur Lektüre im Buch des Lebens animieren: Nicht nur eine Textwissenschaft soll sie sein, sondern genau so eine Wahrnehmungswissenschaft, die aufmerksam ist für Menschen, Dinge und Welt.

4. Der theologische Flaneur, wie ihn Albrecht Grözinger entwirft und verkörpert, beachtet und schätzt das Einzelne und scheinbar Zufällige. Er ist darin denkbar weit sowohl von der Simmel'schen Blasiertheit wie auch vom narzisstischen Dandy entfernt. Er fügt das sich Zeigende nicht zum System, sondern nimmt es gerade als Fragmentarisches wahr, das eine Geschichte hat, an die erinnert, und eine Zukunft, auf die gehofft wird. Phantasie und Empathie, «Schmerz und

---

[19] Zit. nach Albrecht Grözinger: Flaneur und Theologe. Erinnerungen an eine ästhetische Spurensuche, in: Inken Möller (Hg.): Anstösse, S. 120.

Sehnsucht»[20] zeichnen sein geschichtsbewusstes, zugleich diskretes und engagiertes Verhältnis zur Wirklichkeit aus, die er flanierenderweise durchstreift.

«Die Zeit des Flanierens ist vorüber», beginnt Grözinger seinen Text «Flaneur und Theologe». Die Zeit des Flanierens ist keineswegs vorüber, möchte man mit Blick auf Albrecht Grözingers theologisches Flanieren insgesamt einwenden. Oder zumindest feiert die theologische Flanerie in seinem Denken, Schreiben und Lehren eine Renaissance.

Eine Festschrift für Albrecht Grözinger in Form von Spaziergängen und Flanerien – dies schien uns daher passend zu sein. Die Autorinnen und Autoren waren eingeladen, Spaziergänge zu unternehmen und zu flanieren, dabei den Blick schweifen zu lassen und das Wahrgenommene zu reflektieren. Eine Einladung, die gerne angenommen und in vielfältiger Weise interpretiert wurde. Wie sich die Welt, vielmehr: wie sich Facetten und Ausschnitte der Welt in der Wahrnehmung der Autorinnen und Autoren und im Blick des Flaneurs darstellen, dies ist auf den folgenden Seiten nachzulesen, auf denen die theologische Flanerie Albrecht Grözingers eine sehr schöne, fast möchte man sagen: kongeniale Aufnahme und vielgestaltige Entfaltung findet.

---

20 Vgl. Henning Luther: Schmerz und Sehnsucht. Praktische Theologie in der Mehrdeutigkeit des Alltags, in: Theologia Practica 22 (1987), S. 295–317.

In der Stadt | Flanerien

Wilhelm Gräb

AM STRAND DES LEBENS: FLANIEREN AN DER SPREE

«Momentan ist richtig
Momentan ist gut
Nichts ist wirklich wichtig
Nach der Ebbe kommt die Flut
Am Strand des Lebens
Ohne Grund, ohne Verstand
Ist nichts vergebens
Ich bau die Träume auf den Sand
Und es ist, es ist ok
Alles auf dem Weg
Und es ist Sonnenzeit
Unbeschwert und frei»[1]

Wer während des letzten Sommers der Spree entlang durch Berlin flanierte, hatte immer wieder Gelegenheit, sich auf einem der Liegestühle, die vor zahlreichen Cafés und Restaurants aufgestellt waren, niederzulassen. Mit seinen Füssen konnte man im Sand wühlen und unter dem weit ausladenden Sonnschirm seinen Latte Macchiato geniessen. Dem neuen Hauptbahnhof oder dem Berliner Dom gegenüber, am Bode-Museum, im Monbijou-Park und an vielen anderen Plätzen der Berliner Innenstadt wurden die hölzernen Klappstühle durch tief ausladende Liegestühle ersetzt, wurden die Waschbetonplatten mit Küstensand überzogen und die hierzulande eher bescheidenen Sonnschirme gegen wesentlich grössere mit südländischem Flair ausgetauscht.

Wenn die Sonne schien, beeilten sich Touristen, Studenten, Jungunternehmer, einen der begehrten Liegeplätze zu bekommen. Aber auch an kälteren Tagen, wenn zugleich die Wärmepilze angedreht wurden, mussten sich die Betreiber dieser städtischen Urlaubsoasen keine Sorgen um mangelnde Kundschaft machen. Mitten im historischen Zentrum von Berlin waren andere Orte entstanden, an denen man entspannen und das Gefühl sich einstellen konnte: «es ist Sonnenzeit, unbeschwert und frei.» Auf dem langen Weg durch die Berli-

---

1 Aus Herbert Grönemeyer: «Mensch».

ner Museen, in der Mittagpause, nach einem anstrengenden Arbeitstag, zum Treffen mit Freunden – mit diesen Ferieninseln am städtischen Ufer der Spree hat die urbane Kultur einen neuen Akzent gesetzt. In der Dynamik der Grossstadt sind auf einmal Unterbrechungen vorgesehen, Assoziationen von Urlaub, die Auszeit. Ein Gefühl für leibhafte Präsenz kann entstehen: «Momentan ist richtig, momentan ist gut», wie Herbert Grönemeyer es in seinem Lied «Mensch» ausdrückt. Die ungeteilte Gegenwart des ganzen Daseins, hier und jetzt kann sie sich einstellen. Jetzt wird es möglich, loszulassen, Distanz aufzubauen zu dem, was belastet. «Nichts ist wirklich wichtig.» Nichts jedenfalls von dem, was an der Oberfläche liegt, der Streit mit den Kollegen, die Examensarbeit, der schnellste Weg auf dem Stadtplan. Abstand gewinnen, die Balance finden, erkennen, was wirklich von Gewicht ist. Dazu muss man den Stress abbauen, vielleicht sogar innerlich leer werden: «Nach der Ebbe kommt die Flut.» Enttäuschungen wollen verarbeitet sein. Verluste müssen verkraftet werden. Es ist so vieles vergeblich gewesen. Doch wer Distanz gewinnt, auch zu sich selbst, der kann zu der Einsicht finden, im Nachhinein, dass es doch gut ist wie es ist. Die Niederlagen und Schicksalsschläge haben mich reifen lassen. Ich habe dazu gelernt: «Ohne Grund, ohne Verstand ist nichts vergebens.» Ich lasse mich in der Mittagsonne auf einem der Liegestühle nieder. Merkwürdig, es wird etwas spürbar von der Leichtigkeit des Seins, Wagemut kommt auf. Ich versuche, was eigentlich gegen alle Aussicht auf Erfolg ist: «Ich bau die Träume auf den Sand. Und es ist ok, alles auf dem Weg.»

Transformationen urbaner Kultur. Sie sind dazu angetan, in den umbauten Räumen der Stadt nicht mehr nur in ein gesteigertes Erleben des Lebens zu finden, sondern auch dessen Brechungen, die Distanznahme, die Entschleunigung, das Lassenkönnen.

Eine Störung macht sich bemerkbar im grossen Versprechen der urbanen Kultur. Dieses geht seit jeher auf Lebenssteigerung, ist Dynamik und Vielfalt. Es muss mehr als alles geben. Nicht nur Brot, sondern auch Spiele. Nicht nur den Markt, sondern auch die Tempel. Nicht nur die Fabriken und Geschäfte, sondern auch die Museen, Theater und Kinos. Nicht nur die Stadtautobahnen, sondern auch Plätze, Parks und Passagen. Intensiver soll das Leben erfahren werden. Die Städte lockten und sie locken immer noch mit ihrem Erlebnisreichtum, mit dem Versprechen, dass es sich lohnt, in ihnen die Zeit zu verbringen, weil Zeit sich in den umbauten und ausgelegten Räumen der Stadt füllt mit Erinnerungen, mit Wahrnehmungen, mit Erwartungen, mit Sinn.

Nun jedoch nimmt die urbane Kultur auch das andere zu sich, in sich auf. Jetzt führt sie sogar an den «Strand des Lebens», dorthin, wo es erst einmal nicht weitergeht, wo nicht mehr höher gebaut, schneller produziert und intensiver konsumiert wird, sondern sich die Gelegenheit zum Träumen ergibt, «unbeschwert und frei». Tempo wegnehmen, zur Ruhe kommen, den Lauf unterbrechen, Atem holen, den Druck ermässigen, die nötige Gelassenheit finden. Die Sonnschirme und Liegestühle an der Spree sind Signaturen für neue Momente urbaner Kultur. Was einst Anlass gab, den Städten zu entfliehen, aufs Land zu ziehen, Naherholungsgebiete zu errichten, den nächsten Urlaub zu buchen, holen die Städte jetzt in sich hinein. Sie suchen die Versöhnung mit dem anderen ihrer selbst.

Mit ihrer Architektur erzählen Städte lange und verwickelte Geschichten. Die Kirchen und Rathäuser, die Theater und Kinos, die Museen und Plätze, die Kaufhäuser und Bahnhöfe sind Stein gewordene Artikulation von Lebenseinstellungen und Lebensformen, von Wertordnungen und Lebensentwürfen. Architektur versinnbildlicht Geschichte. Sie gibt gesellschaftlichen Ordnungen und Machtverhältnissen symbolischen Ausdruck. Sie zeugt von grossen Plänen, gewaltsamen Ideologien, grausamen Zerstörungen. Könige haben ihre Visionen verwirklicht, Bürger ihren Reichtum dokumentiert. Kriege, Brände und Abrissbirnen haben Zerstörungen und Wunden hinterlassen.

Wunden können heilen. Wo zerstört worden ist, kann Neues wieder aufgebaut werden. Vieles ist heute möglich. Historische Bausubstanz kann mit kühner Architektur der Moderne kombiniert werden, wie es mit dem Berliner Reichstagsgebäude in der Verwirklichung des genialen Entwurfs von Sir Norman Foster gelungen ist. Altes kann originalgetreu wieder aufgebaut werden wie es mit der Frauenkirche in Dresden geschehen ist. Historische Fassaden werden rekonstruiert, während die Räumlichkeiten des Gebäudes nach streng funktionalen Gesichtspunkten konzipiert sind. So in der Kommandantur «Unter den Linden 1», wo jetzt Bertelsmann residiert. So sieht es aber auch der Entwurf für die Neuerrichtung des von Ulbricht 1954 gesprengten Berliner Stadtschlosses vor. Der Neubau wird nun mit den rekonstruierten Barockfassaden als «Humboldt-Forum» zu einem Ort für Museen, Restaurants und Versammlungssälen werden. Der «Palast der Republik», spiegelgläsernes Denkmal der 40-jährigen SED-Herrschaft, wurde gleich nach der Wende, angeblich wegen Asbestverseuchung, geschlossen, in der Folge durch Asbest-Entsorgungsmassnahmen in die Unansehnlichkeit befördert. Inzwischen ist er abgerissen. Nur die Treppenhäuser ragen wie mächtige Skulpturen noch in die Höhe. Als symbolische Mitte der wiedervereinigten Stadt diente mittlerweile der

Berliner Dom. Nun aber wird mit der Wiedererrichtung des alten Berliner Stadtschlosses, samt Schlüter'schen Fassade, jenes architektonische Ensemble neu entstehen, das einst Glanz und Gloria Preussens repräsentierte. Dennoch wird man darin kaum die Absicht eines identitätsvergewissernden Anschlusses an feudale und imperiale Traditionen des Deutschen Reiches erkennen müssen. Die städtebauliche Rekonstruktion Berlins folgt vielmehr einer Ästhetik kombinatorischer Differenzen. Altes wird mit Neuem verbunden. Signaturen der Moderne spielen mit Zitaten der Berliner Stadtgeschichte. Den Kritikern fehlt der entschlossene Mut zu Neuem. Das ist eine endlose Debatte. Unbestreitbar dürfte jedoch sein, dass man im neuen Berlin auf die Sprachkraft und Deutungspotenz der ästhetischen Form setzt. Das ist jedem unverkennbar, der, vom Brandenburger Tor kommend, zum Potsdamer Platz hinüberwandert und dabei seine Blicke in das Stelenfeld, das Holocaust-Mahnmahl, hineinziehen lässt.

Der Berliner Dom, der Lustgarten, das Alte Museum, die Alte Nationalgalerie sind bereits rekonstruiert. Die Museumsinsel entsteht insgesamt neu, ästhetischen Impulsen folgend, in der Kombination von Alt und Neu. Die Mitte Berlins wird, einschliesslich des Berliner Domes und des rekonstruierten Stadtschlosses ein Ort nicht der Demonstration imperialer Macht sein, auch nicht einer neuen Allianz von «Thron und Altar». Die symbolische Mitte des neuen Berlin entsteht vielmehr neu als ein an Bildern, Sinnzeichen und Geschichten reicher, natürlich auch ein wenig nostalgischer Ort gesteigerter ästhetischer Erfahrung. Was im Herzen Berlins durch Raumarchitektonik komponiert wird, ist ein Ort, der jetzt schon beeindruckt eben durch die Inszenierung der ästhetischen Form. Er macht die «Erfahrung mit der Erfahrung» der ambivalenten Geschichte dieser Stadt möglich. Jetzt wird die barocke Fassade des Schlosses wiedererrichtet. Aber man darf und soll auch merken, dass es die reine Inszenierung ist, ein schönes Zitat, das Spiel mit der Form. Zur Spreeseite hin wird, nach dem preisgekrönten Entwurf des Italieners Carlos Stella, dem Schloss bzw. «Humboldt-Forum» eine an urbane Gebäude Roms erinnernde moderne Passage angefügt. Das passt dann wieder sehr gut zu den auf der gegenüberliegenden Spreeseite platzierten Strandcafés.

So hat sich heute das grosse Versprechen der urbanen Kultur um weitere Dimensionen erweitert. Urbanität zielt jetzt ganz auf die Epiphanie der Form. Der Flaneur, der Passant, Menschen im Vorübergehen können sich angesprochen finden, ja, auch zur Ruhe kommen, in Distanz versetzt, auf Gedanken gebracht und in Geschichten verstrickt werden, zum Verweilen eingeladen, zur Begegnung mit sich selbst und mit anderen geführt.

19 Jahre nach der Wende sind im neuen, wiedervereinigten Berlin erst 6 Kilometer Stadtautobahn gebaut worden, obwohl der Osten der Stadt sich im Blick auf die Strassenverhältnisse noch auf Vorkriegsstand befindet. Der Bau des Berliner Interkontinentalflughafens ist gerade erst in Angriff genommen worden, obwohl die ökonomischen Verhältnisses der Stadt dringend solche für Industrieansiedlungen wichtigen infrastrukturellen Massnahmen erforderlich machen. In den 1960er und 70er Jahren des vergangenen Jahrhunderts hätte man sie stadtplanerisch vermutlich auch mit Priorität behandelt. Das zeigt die Nachkriegsentwicklung der Städte im Ruhrgebiet.

Es hat sich einiges geändert in der Entwicklung urbaner Kultur. Das verdeutlicht ein kurzer Rückblick. Mit der modernen, bürgerlichen Gesellschaft, mit Industrialisierung und Demokratisierung, der Landflucht und der Verstädterung der Gesellschaft, seit der zweiten Hälfte des 19. Jahrhunderts, wurde die individuelle Unabhängigkeit und Freiheit zum grossen Versprechen der Stadt. Die urbane Kultur bot dem Individuum die Möglichkeit, sich aus «vergewaltigenden, sinnlos gewordenen Bindungen politischer und agrarischer, zünftiger und religiöser Art zu lösen»[2]. So Georg Simmel um 1900 in seinen soziologischen Analysen zur Entwicklung urbaner Kultur seit dem 18. Jahrhundert. Das grosse Versprechen der modernen Grossstadt und damit der modernen urbanen Kultur war für Simmel noch die Freiheit des Einzelnen, seine Lösung aus ständischen Bindungen, seine Befreiung aus überkommenen Hierarchien und religiösen Traditionen. Das Leben in der urbanen Kultur sollte den Einzelnen auf seine je eigenen Fähigkeiten stellen und die Entwicklung von Persönlichkeit und individueller Eigenart möglich machen. Zugleich verband Simmel mit dem entwickelten modernen Grossstadtleben, wobei er dasjenige Berlins um 1900 vor Augen hatte, aber auch eine enorme Überforderung für die Individuen. Simmel sprach vom «Übergewicht dessen, was man den objektiven Geist nennen kann, über den subjektiven»[3], einer Fülle von Möglichkeiten, seine Persönlichkeit zu entfalten, wissenschaftliche, ästhetische, berufliche Bildung und Fortbildung, einen ungeheuren Reichtum an Kultur entwickeln zu können. Davon vermögen die individuellen Subjekte sich jedoch immer weniger anzueignen, zumal sie aufgrund fortschreitender Arbeitsteilung beruflich immer stärker unter der Anforderung zur Spezialisierung stehen. Statt Persönlichkeit

---

2 Georg Simmel: Die Grossstädte und das Geistesleben, in: Ders.: Aufsätze und Abhandlungen, 1901–1908, Bd. 1, Frankfurt a.M. 1995, S. 116–131, hier: S. 130.

3 A.a.O., S. 129.

zu entwickeln, sich selbst zu entfalten und zu verwirklichen, persönliche Identität zu gewinnen, gehen die Menschen in der Grossstadt sich zunehmend verloren. Sie lassen nichts mehr wirklich an sich herankommen. Ihr Benehmen ist von auffallender «Blasiertheit» gekennzeichnet. Neben der Nervosität ist dies eines der auffälligsten Merkmale, die den Grossstädter erkennbar machen: «Blasiertheit». Simmel verstand darunter eine eigentümliche Gleichgültigkeit den Möglichkeiten der Persönlichkeitsentwicklung, der Selbstentfaltung, der Bildung und des ästhetischen Erlebens gegenüber. Angesichts der Überfülle des Angebots mag man sich auf nichts mehr, auch nicht auf das Grosse und Wertvolle, so richtig einzulassen.

Dennoch, die individuelle Freiheit, Selbsterkundung, Selbstentfaltung, Selbstbildung, die Simmel als die Chance des modernen Grossstadtlebens ausgemacht hat, sind bis heute das grosse Versprechen der urbanen Kultur geblieben. Allerdings, Simmel hat auch bereits ihre Schattenseiten gesehen. Sie treten heute ungleich bedrohlicher hervor. Die Diskrepanz zwischen der Fülle des «objektiven Geistes» und den begrenzten Möglichkeiten des Subjekts, sie zu realisieren, ist zu dessen kompletter Überforderung geworden. Heute wissen sich die Individuen konfrontiert mit einer unüberschaubaren Fülle der Möglichkeiten und hingetrieben in das Verlangen nach einem unabschliessbar gesteigerten Erleben des Lebens, verlockt zum Ausprobieren verschiedener Lebensentwürfe. So bleiben sie auf der Suche nach dem eigenen Leben und kommen nie bei ihm an. Stattdessen favorisieren sie das ästhetische Spiel mit den Formen des authentischen Selbstausdrucks, etwa vermittels der Mode. Sie suchen die Konformität mit der Pluralität, üben den Verzicht aufs Prinzipielle, trainieren die Ambiguitätstoleranz. Die Sicherung von Authentizität rangiert vor der Einordnung in objektiv Vorgegebenes, durch Institutionen Repräsentiertes, vor der Verpflichtung gegenüber autoritativen Normen und dem Interesse am Allgemeinen.

«Nichts ist wirklich wichtig [...] Bau die Träume auf den Sand.» Das ist es freilich gerade, was heute noch dazukommt, zu einer neuen Transformation urbaner Kultur führt und ihrem ästhetischen Paradigma eine neue Qualität gibt: Der Küstensand auf dem Grossstadtpflaster, die Liegestühle und Sonnsegel an der Spree. Anders als Simmel meinte urteilen zu müssen, ist das heute kein Ausdruck von Blasiertheit mehr, kein Versuch, sich von nichts wirklich betreffen zu lassen. Im Gegenteil «am Strand des Lebens» stellt sich eine in der modernen Kultur enorm relevante, ironische Selbstdistanz ein. Sie führt in die Frage danach, was wirklich wichtig ist. «Momentan ist richtig. Momentan ist gut.»

Die urbane Kultur ist zu einem noch längst nicht abgeschlossenen Ort der Selbsterkundung und Selbsterprobung geworden. Jetzt bietet sie an, in ihr auch die rechte Lebenskunst zu lernen. Dazu inszeniert sie eine Vielfalt von Möglichkeiten zur Begegnung, zum Verweilen, für Unterhaltung. Sie bietet in den Museen und Theatern, in den Kinos und Kirchen, auf den Plätzen und Parks, Bilder, Geschichten und Symbole an, die den Selbstentwurf des eigenen Lebens freisetzen und anregen können. Das alles in grosser Offenheit und ohne hierarchische Fügung. Zwischendurch kann man sich nun sogar immer wieder ausruhen, auf Distanz gehen, das Träumen lernen. Nichts ist objektiv so, wie es ist. Alles ist freigegeben als Medium im konstruktiven Selbstentwurf. Die Slogans der Werbung, die Stories im grossen Gefühlskino, die Bilder in den Museen, die Symbole und Rituale in den Kirchen oder auf dem Standesamt. Nichts gibt einen normativen Lebensinhalt verbindlich vor. Alles setzt auf subjektiv-persönliche Aneignung, je nach dem, wann es biographisch passt, wie es anspricht und als subjektiv stimmig, hilfreich, lebensdienlich, schön, wohltuend empfunden wird. Das ist das neue Versprechen der postmodernen Urbanität: Steigerung des Lebens durch Erweiterung des Möglichkeitssinns, durch Vergegenwärtigung von neuen und immer wieder anderen Lebenschancen, ohne Festlegung auf vorgefertigte Antworten und Verbindlichkeiten, aber auch mit den Freiräumen für Distanz und Gelassenheit. «Es ist ok, alles auf dem Weg.»

Nicht Stadtautobahnen sind im wiedervereinigten Berlin gebaut worden. Man hat begonnen, die Wunden, welche die Teilung, die totalitären Regime, die Mauer, der Krieg hinterlassen haben, durch den Bau von Plätzen, von Flaniermeilen, von Museen und Strandcafés zu heilen.

Der Potsdamer Platz ist wieder entstanden gleich neben dem Kulturforum, das zu Zeiten der Teilung Berlins ins Brachland und auf den Todesstreifen auslief. Jetzt ist der Potsdamer Platz in unmittelbarer Nähe zur Neuen Nationalgalerie und der Philharmonie wieder eines der urbanen Zentren Berlins mit zahlreichen Kinos, Restaurants, Shopping-Malls und einem grossen Platz der Begegnung unter dem auch architektonisch signifikanten Sony-Zeltdach. Während der Fussball-Weltmeisterschaft 2006 wurde die Übertragung der Spiele auf den Grossbildwände im Sony-Center zum zentralen Ort der national-religiösen Fussballbegeisterung. Aus der ganzen Republik kamen die Menschen um die Spiele auf diesem Platz gemeinsam zu erleben.

Die Friedrichstrasse ist nach 1989 mit grossem Aufwand zu einer Flanier- und Passagenstrasse ausgebaut worden. Eine Flanierstrasse ist sie im Unterschied zum Kurfürstendamm freilich nie gewesen. Passagen wie sie jetzt mit noblen Geschäften, Bars und Restaurants in der Friedrichstrasse entstanden sind, kannte das Vorkriegsberlin, im Unterschied zu Paris, eigentlich nicht.

Daran wird noch einmal deutlich, wie die Rekonstruktion Berlins nach der Wende, die sehr viel eher einer ästhetischen Neukonzeption seiner urbanen Zentren gleichkommt, offenkundig Bedürfnissen zu entsprechen versucht, die für unsere postmodernen Verhältnisse kennzeichnend sind. Nicht mehr der durchrationalisierte, primär von der ökonomischen Vernunft der klassischen Moderne gesteuerte Planungswillen zeichnet für die Stadtarchitektur verantwortlich. Das Ökonomische ist zwar immer noch bestimmend. Es wird der Reichtum, es wird Luxus zur Schau gestellt. Aber die Passanten werden von den Bentleys und Rolls-Royces in den Ausstellungshallen des Wolfsburger Konzerns «Unter den Linden» nicht primär als Käufer angesprochen. Flanierend sollen sie sich an den Inszenierungen des schönen Lebens erfreuen können. Die Ökonomie verbindet sich mit einer Ästhetik des schönen Scheins.

Die symbolische Realität der Bilder und Geschichten, der Ideen und Visionen ist eine ungeheuer mächtige Realität. Zu ihr gehören die Museumstempel und die Theater, die Grosskinos und Shopping-Center, die Kulturbahnhöfe, Wellness-Thermen und Standcafés, alle urbanen Räume und alle Medienwelten, die über ihren instrumentellen Funktionswert hinaus in die Dimension des ästhetischen Ausdrucks verweisen und somit eine symbolische Bedeutung realisieren.

Zur symbolischen Realität urbaner Kultur gehören die kirchlichen Räume, die Liturgien, die in ihnen gefeiert werden, die Heilsgeschichten, die in ihnen erzählt werden, die Segenszusagen, die in ihnen gemacht werden. Sie führen diese Symbolwelt aus. Sie deuten das Leben in der christlichen Sinnperspektive, vergewissern es seiner Gründung in Gott und der Begleitung durch ihn. Die Kirchen sind ebenfalls eigentümliche Orte ästhetisch-religiöser Erfahrung geworden. Sie laden ebenfalls ein zum Distanzgewinn, zur Besinnung, zur Reflexion, führen in die Erfahrung der Transzendenz, werden zu anderen Orten, zum anderen der urbanen Kultur, mitten in dieser selbst.

Die Kirchen repräsentieren und sakralisieren heute nicht mehr die politische und gesellschaftliche Ordnung. Es wird durch ihre Verkündigung und Lehre nicht mehr von höherer Warte verbindlich festgestellt, was die Menschen zu glauben und wie sie zu leben haben. Die Kirchen sind mit der Architektur ihrer Räume und der Inszenierung ihrer Liturgien zu spirituellen Erfahrungsräumen geworden, zu Gelegenheiten, die sich mit schönen Geschichten füllen können und sich anbieten für die «Gotteserfindung», wie es am Ende des Josephromans von Thomas Mann heisst. Sie sind Erschliessungsforen der Gottsucher, der die «Richtung aufs Unbedingte» (Tillich) einschlagenden postmodernen Menschen. Sie stellen sich mit dem Reichtum ihrer symbolischen Welt den Passanten und Flaneuren zur Verfügung, wie das die Museen und Kinos, die Flaniermeilen und Strandcafés auf ihre Weise und damit je unterschiedlich auch tun.

Menschen betreten den Berliner Dom, verweilen in ihm, nehmen das eine oder andere von dem, was sie gehört und gesehen haben, in ihren Gefühlen und Gedanken wieder mit nach draussen, den Zuspruch vor allem, dass Gott mit ihnen geht. In die Kirche zu kommen, tut den urbanen Menschen gut, je nach dem, was sie anspricht, ihnen das Empfinden gibt, erreicht worden, tief Angehendem begegnet zu sein. Das Resultat eines solch urbanen Christentums wird dann freilich kein dogmatisch reiner Glaube sein. Es kommt zu vielfältigem Synkretismus, zum Zusammen-Glauben dessen, was lange Zeit miteinander unverträglich schien, vielleicht aber heute in postmodernen Zeiten des Vielspältigen, Pluralen, auch und gerade religiös Pluralen und der Patch-Work-Identitäten die angemessene Weise des Religionhabens ist.

Jürgen Mohn

Der Raumverlust der Religion

Reflexionen und Randgänge zum Topos der «religiös pluralen Stadt»

Flanierende Erkundungen im städtischen Raum Basel als religionswissenschaftliche Visitationen: Kann ein Gang durch die Stadt, marginal und zufällig, beides zusammenbringen? Kann gegenwärtig an einem Stadtraum der gesellschaftliche Zustand von Religion abgelesen werden? Erschliesst sich die Religionspluralität einer stadtgängerischen Visitation? Und es ist auch zu fragen, ob ein solcher Versuch, über Stadtwanderungen Religionszustände zu diagnostizieren, sich ein religionswissenschaftlicher schimpfen darf. Es ist die Frage, ob persönlich und professionell zugleich von einer Stadt geschrieben werden kann, in der der Autor beruflich und privat zwar ständig unterwegs ist, aber eben nicht mit einem ‹professionellen› Blick im engeren Sinne. Es soll auf ein Wagnis ankommen.

Aber: Was heisst überhaupt professionell? Wird ein Religionswissenschaftler darum gebeten, in einer «religiös pluralen Stadt» beobachtend unterwegs zu sein, werden von ihm validierbare Beobachtungen erwartet, die etwas über den religiösen, aber nicht nur christlich-religiösen Zustand der Stadt aussagen. Professionelle und möglichst dichte Beschreibungen werden erwünscht. Und man geht davon aus, dass sich der religiöse – was das auch immer sein mag – Zustand der Stadt heute selbstverständlich als ein pluraler beschreiben liesse. Das Dickicht der Pluralität zu durchwandern und in strukturierte Beschreibungen zu überführen – das wäre zu leisten. Wäre das wirklich zu leisten? Wir leben eingebildetermassen in einer multikulturellen und religionspluralen Welt, die sich demnach in unseren Städten wiederfinden müsse. Das ahnen wir ja schon vorab aus statistischen Quellen über Religionszugehörigkeiten und aufgrund der Menschen, denen wir alltäglich im Raum der Stadt begegnen. Also wäre räumlichkeitsbezogene Aufmerksamkeit gefragt, um diese Religionspluralität im Stadtbild näher zu erkunden und genauer zu erkennen. Aber gibt sich eine heutige Stadt auch in ihren räumlichen und öffentlichen Strukturen als eine religiöse Stadt zu erkennen? Ist Religion ein Zustand, der im Bild der Stadt, wie es sich alltäglich unseren Augen zur

Interpretation darbietet, aufzufinden und abzulesen ist? Kann es der Stadt angesehen werden, ob sie sich im Status pluraler Verfasstheit befindet? Gehen Religion und Raum immer eine Koalition ein, so dass am visuellen Zustand der einen Seite die andere Seite abgelesen werden könnte?

Gehen wir diesen Fragen zunächst gedanklich und schliesslich auch räumlich umherblickend nach. Und schicken wir die Leitthese der Ausformulierung dieses Essays voraus: Die Pluralisierung und Diversifizierung der Religion findet sich in der Stadt, aber nicht im öffentlichen Stadtraum. Die religiös plurale Stadt zeitigt geradezu einen Raumverlust des ‹Religiösen›, einen Verlust des religiös dominierten öffentlichen Raumes. Denn wenn schon nach einer dichten Beschreibung von Religion im Öffentlichen des Stadtraumes gesucht werden muss, dann kann es mit der räumlichen Sichtbarkeit der religiösen Dichte und Buntheit der ‹Religiosität› nicht gut gestellt sein. Diese findet sich vielleicht in den öffentlichen und teilöffentlichen Kleinräumen der Stadt wie in den Vortragsräumen und Esoterikecken der Buchläden, nicht aber in den repräsentativen Stadtraumöffentlichkeiten.

Doch wie steht es dann mit der europäischen Leitreligion, die sich ja doch noch immer mit eindrucksvollen Sakralgebäuden im öffentlichen Stadtraum repräsentiert? Ist der öffentliche Raum nicht zumindest noch christlich-religiös geprägt? Oder würde man anders gerade davon ausgehen müssen, dass eine heutige Stadt in Mitteleuropa sich äusserlich ‹säkular› – ‹religionslos› also – gibt und die verbleibenden Kirchen mehr oder weniger freiwillig zur Privatnutzung als Andachtsraum, Gemeindetreffpunkt und zunehmend als Kunstmuseen und Besichtigungsgebäude anempfohlen werden? Religion war einst eine Angelegenheit der Öffentlichkeit im Zeitalter von Gemeinwesen, die religiös eindeutig codiert waren: also im neuzeitlichen Europa zumindest noch bis zur Französischen Revolution. Damals führten die Städte und andere Gemeinwesen ihre Öffentlichkeit vermittelst christlicher Zeichen und Symbole in die Kirchen hinein und zusammen und ordneten glockenläutend hörbar und sichtbar repräsentativ ihren Lebenslauf. Die christlichen Zeichen dominierten mindestens als Glocken den Raum und die Zeit und als himmelstrebende Kirchtürme den Blick des sich orientieren müssenden Stadtbürgers. Doch das ist vorbei. Die Arbeitszeiten und Fahrpläne nivellieren die Funktion einer religiösqualitativen Einteilung der Zeit und die infrastrukturellen Schneisen der Strassen und Tramlinien orientieren die räumlichen Stadtgänge prägender als der Blick auf die Spitzen der Kirchtürme, die ohnehin von den Kathedraltürmen der Messegebäude und der Banken in den

Schatten gestellt werden. Der Stadtraum ist also kein Raum religiöser Massenkommunikation mehr, wenn als Massstab der der christlichen Städte des vorrevolutionären Europas angelegt wird. Wie soll da die religiöse Pluralität auf flanierenden Gängen durch eine mitteleuropäische Stadt wie Basel noch im Medium visueller Sinnlichkeit abgelesen werden können? Die Dichte der unterschiedlichen Religionen, von den Statistiken genauso erfasst wie dem Blick entzogen, müsste aber irgendwo in dieser Stadt auch räumlich vorhanden sein. Doch welcher Gang in die verborgenen Sphären des Privaten und der Kleingruppendynamik sollte das hervorkehren können?

Ausgehend von diesen Thesen und Vorüberlegungen wird man sich einen Weg durch die Stadt suchen müssen, der die These von der stadträumlichen Unsichtbarkeit der religiös pluralen Stadt zu bestätigen vermag. Wo sind sie, die religiösen Gebäude, die nicht christlich sind, die aber sichtbar und repräsentativ in die Öffentlichkeit hinein eine nichtchristliche Religion kommunizieren und sichtbar werden lassen? An welche Gebäude sollte man denken: an die heiligen Haine der Neopaganen, an die Stupas der Buddhisten, an Monumentalstatuen nichtchristlicher Götter, an die Moschee-Minarette der muslimischen Gemeinden, an die Synagogen? Die Synagoge, naheliegender Gedanke, liegt in der Leimenstrasse. Und dann? Anstössige Minarette? Stupas? Exotische Tempelbauten? Fehlanzeige. Den Kirchen vergleichbare Gebäude, die mit einer entsprechenden *Monumentalität* von einem nichtchristlichen religiösen Glauben zeugen und diesen in den Stadtraum Basels hinein repräsentieren, wird man in Basel Stadt und Land nicht finden. Aber das mag Zufall sein. Also sollten wir einen beliebigen Referenzweg durch die Stadt einschlagen, der eine Ahnung von der öffentlichen Unsichtbarkeit der religionspluralen Stadt verspricht.

Und welcher Weg sollte dann eingeschlagen werden, wenn man sich auf Erkundungsgänge in die verborgene Stadt der Religionspluralität begibt? Wo sind die circa 400 verschiedenen religiösen Gemeinschaften im öffentlichen Raum präsent? Wo soll man losgehen und wo ankommen? Diese Gemeinschaften verbergen sich eventuell hinter privaten Klingelschildern, die erst entdeckt werden wollen. Um diese zu finden, müsste aber schon zuvor der Notizblock wissen, wohin er seinen Besitzer senden könnte, um verborgene Religiosität ans Licht der Öffentlichkeit zu bringen. Der unwissende und unstrukturierte Gang durch die Stadt würde zu keinen Ergebnissen kommen können, wenn er nicht vorher instruiert wäre. Damit bekäme der Blick aber schon eine dirigierte Bestimmung durch ein Vorwissen aus Literatur und Internetrecherche, das dem Blick selbst nicht entstammen könnte.

Es ist daher angesagt, sich völlig zufällig durch die Stadt zu begeben, um auf religiöse Zufallsüberraschungen zu hoffen. Gehen wir einen zufälligen Gang, einen Alltagsgang, der zu einem Randgang in Sachen Religion erst dann wird, wenn man die Aufmerksamkeit schärft. Ein solcher Gang ist der alltägliche ins Büro, den viele Tausende unterschiedlich vollziehen. Arbeitsgänge sind erst einmal keine religionswissenschaftlichen Visitationsgänge, sie sehen sich ganz zufällig in diesen Kontext gestellt.

Unser Gang nimmt seinen Ausgangspunkt vom Basler Zoo. Der ‹Zolli› ist der Ort, der einst vor den Mauern der konfessionell geprägten frommen Stadt Basel gelegen war und der im 19. Jahrhundert zum Ort der Domestizierung und Zivilisierung der wilden Natur zwecks Erbauung und Belustigung der Stadtbewohner wurde. Zielpunkt ist der Nadelberg, wo einst Patrizier und auch Humanisten wie Erasmus wohnten. Der Weg beginnt an einem menschenleeren Morgen und führt zunächst über eine kleine Treppe im Tiergartenrain hinauf auf die breite Verkehrsader der Viaduktstrasse, die auch die Busse vom Bahnhof zum Euro-Flughafen nehmen – zwei den Stadtraum entgrenzende infrastrukturelle Einrichtungen.

Der Blick am Morgen auf dem Weg ins Büro ist bei weitem kein professionell aufmerksamer, sondern ein verschlafener, nach unten gerichteter, redundanter, unaufmerksam das Kommende erwartender Blick des gewöhnlichen Bürogängers; es ist nicht der im Vorübergehen zugleich interpretierende und untersuchende, wissenschaftlich sezierende und ordnende Blick, der dem Religionswissenschaftler gut anstünde. Letzterer muss gewollt sein, ergibt sich erst aus einer inneren Einstellung, restringiert den Flaneur und reflektiert den fragenden, suchenden Blick: die wissenschaftliche Aufmerksamkeit. Visitationen des wissenschaftlichen Blicks müssen also intendiert sein. An den Kirchen geht man eventuell unaufmerksam vorbei, der Blick ignoriert das Bekannte, das erst im Büro die Aufmerksamkeit durch Verwandlung in das Fremde okkupieren sollte: die Religion der Welt.

Wollen wir versuchsweise beides zusammenbringen und gehen als religionswissenschaftlich in Distanz geübter Beobachter ins Büro des Religionswissenschaftlers und fragen nach den Spuren von Religion, die sich dem Beobachter in diesen fünfzehn Minuten zu erkennen geben. Es ist und bleibt ein zufälliger Blick, der auf diese Weise durch die Strassen streift und kein methodischer. Methodik wird nicht beiläufig erzeugt und kann im Modus des Flaneurs nicht angestrebt werden. Ein interessiert schauendes Randgängertum am frühen Morgen als Forschungsszenario: Das könnte kaum als wissenschaftlich-experimenteller Zugang zur Erforschung von Religion im Raum der Stadt taugen. Solche Randgänge bleiben im Essayistischen befangen: Das ist ein Vorteil, weil essayistische Beobachtungen ungeschützte und unorthodoxe Thesen erlauben, und ein Nachteil, weil sie zugleich ungesichert bleiben müssen und als solche auch verworfen werden können. Doch sozialwissenschaftlich erhobene und vermeintlich empirisch abgesicherte Forschungsergebnisse kommen entgegen der Selbstpropaganda ihrer Erheber und Multiplikatoren prinzipiell auch nicht über den Status x-beliebiger Momentanitätsbeobachtungen, die morgen wieder anders ausfallen werden, hinaus. Nur die Reflexion und die Imagination erlauben es, Distanz und Aussage in das beim Flanieren und Visitieren beiläufig und doch dicht Beobachtete zu bringen.

Der (imaginierte imaginierende) Religionswissenschaftler beginnt seinen Weg also auf einem Viadukt, das sich zwischen dem Bahnhof SBB, einem Tempel des Mobilitätswahns, und der Pauluskirche, der letzten monumental anmutenden Burgkirche einer in architektonischer Verteidigungshaltung sich übenden ehemaligen Leitreligion, erstreckt. Er wendet seinen Blick über die Infrastruktur der städtischen Bewegungsmöglichkeiten, den Tramlinien, von rechts, wo der Bahnhof seinen die Tageszeit angebenden Kopf erhebt, nach links, wo ein Ende des 19. Jahrhunderts erbautes neoromanisch-wehrhaftes Kirchengebäude seinen Glockenturm bescheiden in den Himmel erhebt. Hier stehen sich noch religiöse Formensprachen der Gestaltung des erweiterten Stadtraumes nach dem Fall der Stadtmauer gegenüber. Die Mobilität der Arbeitsreligion und die rückbindende Kraft der klassischen Religion des Abendlandes wollten gleichzeitig und in Konkurrenz auf Augenhöhe das Jenseits der alten Stadtbegrenzungen erobern. Mittlerweile sind alle Bereiche flächendeckend bis zur alten Innenstadt verbaut. Zu Fuss mit aufmerksamem Blick auf ins Auge springende und camouflierte religiöse Zeichen, Zeugen und Spuren weitergehend, schweift der professionell eingeengte Blick umher.

Geht der Körper Richtung Pauluskirche weiter und richtet suchend seinen Blick rechter Hand über das Geländer der Viaduktstrasse, schaut er auf einen anderen, einen neu-bescheidenen, in die Wohnhauszeile integrierten Religionsbau: Er sieht die Fassade eines in die Wohnzeile perfekt eingefügten Gemeindehauses der Adventisten. Es handelt sich um das Adventhaus im Rümelinbachweg, dessen Eingang eher einer mittelständigen Firma oder einem Kinogebäude als dem gewohnten Antlitz einer Kirche würdig wäre. So erscheint dem Auge ein unspektakuläres und bescheidenes Zeugnis zumindest der Pluralität des Christentums im Stadtraum. Die Symbolhoheit der christlichen Kirche scheint pluralisiert und daher gebrochen und ins diversifiziert

Bescheidene zurückgestuft zu sein. Hier präsentiert sich die Minderheit einer Mehrheitsreligion.

Jetzt wendet sich der Blick wieder der Pauluskirche – welch ein Kontrast! – zu und richtet sich einige Meter weiter auf die Holbeinstrasse. Erstmal keine weiteren augenfälligen Religionsrelikte – also Zeit zum nachdenken. So stellt sich die Frage, ob es in den Städten noch eine religiöse Symbolhoheit gibt oder die Pluralisierung eher zu einer neuen Bescheidenheit auch bei den etablierten Denominationen des christlichen Abendlandes geführt hat. Geht der Blick tiefer in die Hohlbeinstrasse hinein, trifft er linker Hand auf ein weiteres Gebäude, dass sich zwar in die Häuserfassade einfügt, aber als repräsentativer Kirchbau doch deutlich zu erkennen ist: die katholische Marienkirche, eingezwängt in die Häuserflucht. Ohne umgebenden Freiraum und gewohnten Kirchenumlauf zeigt sie sich eingepasst und eingefügt in eine Stadtlandschaft, die ihr als Kirche und ihren Kirchgängern gegen Ende des 19. und zu Beginn des 20. Jahrhunderts nur wenig Freiraum gewährte.

Dann an der Ecke zur Lyss, wo es durch die Unterführung geht, zeugt ein Schaufenster von der französischsprachigen reformierten Kirchengemeinde, die anscheinend in den Kellergewölben eines Neubaus ihr liturgisches Dasein fristet. Anschliessend, wenn man auf der anderen Seite der Unterführung wieder aus dem Dunkel des Untergründigen tritt, kann man ganz bescheiden in einem Schaufenster den Hinweis auf eine fast verschwunden geglaubte Meditationsbewegung sehen, die anscheinend in Basel wieder Fuss gefasst hat: die TM (Transzendentale Meditation), die sich vormals öffentlich als religionsübergreifende, aber religionsfreie Technik angepriesen hatte, um keine potentiellen Kunden in ihrer spirituellen Empfindlichkeit zu früh zu brüskieren. Die Symbole und deren Herkunft sprechen natürlich eine andere Sprache. Doch der Westler weiss dies zunächst nicht zu lesen und wenn er dann, eingeweiht und meditationstechnisch integriert, die Symbole gerade in ihrer religiösen Bedeutung zu lesen verstanden hat – dann ist es zu spät und er ward sacht auf indische Wege des Religiösen geführt.

Der weitere Gang in den Nadelberg, in dem die moderne Reflexionsgestalt des reformierten Christentums ihre universitäre Behaustheit als Theologisches Seminar zugewiesen bekam, lässt ausser diesem Seminar selbst keine weiteren Überraschungen dem Blick entgegentreten. Doch in diesem Seminar der Gottesgelehrtheit und der professionellen Vermittlungsgestalt des modernen Stadtchristentums hat sich mittlerweile in Gestalt der Religionswissenschaft die Pluralität der Reflexionsbedingungen des Christlichen breit gemacht. Nun sind wir dort angekommen, wo die Reflexion der plural religiösen Stadt Gestalt angenommen hat. Damit ist die religiöse Strukturierung dieses kleinen Morgenganges recht dürftig und doch bezeichnend ausgefallen. Hier zumindest ist keine repräsentative Rückkehr der Religion in den öffentlichen Raum zu bemerken und auch die Pluralität muss sich irgendwie versteckt und bedeckt halten oder ins Bescheidene zurückgezogen haben. Aber sicher wurde der Weg genauso richtig oder falsch wie jeder andere mögliche gewählt. Vielleicht sind andere Fünfzehnminutengänge durch Basel religionswissenschaftlich anregender, aber sicherlich nicht weniger problematisch.

Was ist das Ergebnis? Es mögen sich einige Überlegungen zur Stadt anfügen und es muss eine Beobachtung genannt werden, die sich erst am Endpunkt des Randganges durch die Stadt ergibt: In der Bibliothek und im informativen Computermedium, das die Welt verdoppelnd dem Blick seines Benutzers präsentiert, zeigt sich die Pluralität der städtischen Religionsformen in Basel. Der mediale Stadtraum legt sich über den räumlichen und verdichtet dort die Informationen. Hier in den Büchern und im Internet erfährt der Blick die ‹wahren› Gänge, die ihn zu der religiös pluralen Stadt führen würden. Allerdings nicht zu repräsentativen Raumgestaltungen des Städtischen, sondern zu bescheidenen architektonisch-semantischen Bekundungen oder privaten Hausklingeln. Hinter den Türen die Pluralität: nur wenigen zugänglich und doch für alle etwas im religiösen Supermarkt der diversifizierten und privatisierten Stadt. Der offizielle Raum der Stadt ist jenseits des Internets nicht mehr als ein religiöser zu beschreiben. Religion ist aus dem Stadtraum nicht verschwunden, aber in bescheidene Verhältnisse eingekehrt. Religion in ihrer Diversifikation ist woanders als im Stadtraum, nämlich in seiner sekundären Zweitbeschreibung durch das Internet zu finden. Jetzt können wir das Bild, das sich ergibt und die religionsgeschichtlichen Veränderungen reflektieren:

Nur scheinbar leben wir stadträumlich im Zeitalter der Rückkehr der Götter, der Wiederkehr des Religiösen in die Öffentlichkeit. Die Medien mögen seit einer geraumen Weile (11. September, Papstwahl, Dalai-Lama-Euphorie, Kirchentage, Minarette, Kopftücher und Kruzifixe seien als Stichworte genannt) davon raunen. Es handelt sich aber eher um ein in den Medien konstruiertes, ambivalentes und schillerndes Phänomen. Es sind die neuen massenmedialen Reden über Religion an die religionswissenschaftlich Ungebildeten, die in ihrem moralisierenden und staunenden Predigerton stark changieren von der Behauptung der Auflösung zu derjenigen der Rückkehr der Religion im Raum der Öffentlichkeit. Unser Gang durch Basel zeigt jedoch im Kleinen: Symbole mögen zurückkehren, aber nicht im repräsentativen

Stadtraum, sondern bloss dort, wo diese Rede propagiert wird: in den Medien.

Religion im Singular ist schon der falsche, verschleiernde Begriff, denn *die* Religion gibt es nicht (mehr), sondern nur einzelne Religionen und religiöse Befindlichkeiten. Also können sich auch nur bestimmte Religionen öffentlich bemerkbar machen, aber keine hat mehr das Geld und den öffentlichen Zuspruch, sich deutlich im öffentlichen Raum architektonisch repräsentieren zu lassen. Religion, das zeigen uns allerdings erst die Medien, kennen wir heute nur noch im unübersichtlichen Plural diverser Phänomene, weswegen es heuristisch angesagt ist, vom ‹Religiösen› als Zeichen oder Marker für vielfältigste religiöse Phänomene zu sprechen. Religion als eindeutiges Identifikationsmuster hat sich in den Plural der Möglichkeiten religiöser (und das heisst auch: verschiedener christlicher) Vorlieben transformiert. Das ‹Religiöse› ist die Bezeichnung für den gesellschaftlichen Zustand der Religion im Zeitalter der existentiellen und lebensgestaltenden Religionsvorlieben und ihres gleichzeitigen Verschwindens im Raum der Stadt.

Die Topographie des öffentlichen Raumes hat sich in den letzten Jahrzehnten in Bezug auf das ‹Religiöse› nicht augenfällig verändert: Die Städte sind beileibe nicht multireligiös verbaut und die Kirchen als Monumente der einst etablierten, identitätsstiftenden christlichen Religionen stehen immer noch einige sind hier und da sogar hinzugekommen. Die strukturelle Topographie der Städte hatte sich seit dem Ende des 19. Jahrhunderts prinzipiell verändert, was bereits der Blick vom Bahnhof auf die Pauluskirche zeigt. Die Städte in Europa – die kleinen, die mittleren und die Grossstädte – waren zuvor (im Mittelalter und in der Neuzeit) markiert und zentralisiert allein durch die christlichen Kirchenbauten und die machtpolitischen Repräsentationsbauten, die zumindest indirekt dem Schutz der christlichen Stadtidentität, der Identität der Stadt als einer christlichen dienten. Neue industrielle und kulturelle wie auch nationale und touristisch-infrastrukturelle Gebäude sind spätestens seit dem 19. Jahrhundert monumental in den Wahrnehmungshorizont der Bewohner und Besucher der europäischen und transatlantischen Städte getreten. Wenn Gebäude einen symbolischen Status im Raum der Stadt erhielten, die dem der Symbolhoheit der Kirchen entsprach, dann waren es die monumentalen Architekturen des 19. Jahrhunderts (die Rathäuser, Industriebauten, Museen, Theater, Bahnhöfe und später auch Kaufhäuser und dann insbesondere die Bankgebäude), die zunehmend die Grösse, Höhe und Bedeutung der Kirchenbauten übertrafen.

Die Hoheit über die symbolisch bedeutsamen Gebäude des öffentlichen Raumes wurde also zunehmend in den kulturellen und kommerziellen, von Kultur und Wirtschaft dominierten Bereich verlagert. Das ist ein neues Phänomen: Politische Hoheitssymboliken und -architekturen gab es schon zuvor und weiterhin, nicht aber die arbeits- und konsumbezogenen Repräsentationsgebäude des zunehmend als Religion auftretenden Kapitalismus. Fortschrittsreligion und die architektonischen Fetische des Kapitalismus prägen bis heute viel der topographischen Monumente der Städte. Man muss hierzu nicht unbedingt auf Manhattan verweisen. Aber das religiöse Phänomen ist genau hierdurch diffus und vielgestaltig geworden. Religion, verstanden als lebensorientierende Macht, wird immer schwerer erkennbar, multipliziert sich nicht nur, sondern diversifiziert sich in die verschiedenen Gesellschaftssphären hinein, unter denen die Kunst, die Wirtschaft, traditionell bereits die Politik, aber auch die Wissenschaft bzw. die Technik und auch das Recht eine dominierende, aber dadurch auch gewaltenteilende Macht im Reich des Religiösen einnehmen.

Es stellt sich die prinzipielle Frage, welche Mächte nun lebensorientierend geworden sind, ob es bei den traditionellen christlichen Vorstellungen und Orientierungen als einzigen geblieben ist. Gerade Wirtschaft, Staat, Recht, Wissenschaft und Kultur übernehmen zunehmend die christliche Deutungshoheit: denn sie bestimmen, was der Mensch zu tun und zu lassen, zu denken und zu meinen hat, um ein richtiges Leben zu führen. Raum und Religion gehen nicht mehr die enge Symbiose wie einst ein, als das Christentum den öffentlichen Raum Europas mit den Kirchturmspitzen topographisch und symbolisch zugleich überragte und gleichzeitig die regelmässige räumlich-körperliche Anwesenheit in den Kirchen den guten Christenmenschen identifizierte. Die Identität vor Ort ist nicht mehr primär durch eine städtebauliche Repräsentationsform bestimmt, der Lebensraum Stadt repräsentiert nicht mehr die religiöse Identität der Menschen, die in ihm leben. Identitäten (auch religiöse) werden konstruiert, destruiert und rekonstruiert durch den privaten Gebrauch des Informationsgehalts und des Deutungspotentials der Massenmedien. Leitreligion ist dabei die Zivilreligion der westlichen Demokratien und der Menschenrechte geworden.

Religion hat sich als Religiosität – einige behaupten als Spiritualität – in den privaten Mediengebrauch zurückgezogen. Hier behauptet sich auch die Deutungshoheit über die plural religiöse Stadt: Ehe ‹fremdreligiöse› Minarette sich dem realen Blick vor die Alpenkulisse schieben können, sind es die Medien, die ein solches Blickszenario vorauseilend als Schreckgespenst imaginieren. Mit der medialen Aufmerksamkeit auf fremdreligiöse Phänomene geht aber auch eine Abstumpfung hinsichtlich traditioneller, nicht fremdreligiöser Rückkehrphänomene von Religion in den öffentlichen Raum einher, wenn diese im Medium der Kunst auftreten: Über christlich-religiöse Kunst muss schon in den Medien berichtet werden, damit sie einer grösseren Zahl von Stadtbewohnern bewusst wird. Ohne Medien keine Thematisierung von Religion im Öffentlichen. Mit der Auflösung des christlich-religiösen Raumes geht daher die Massenmedialisierung der Vermittlung des Religiösen einher. Als Religion wird – im positiven wie im negativen Sinne – verhandelt, was die Medien dazu erklären. Der öffentliche Raum spielt im Normalfall keine entscheidende Rolle mehr – es sei denn, religiöse Symbole werden zum Ärgernis und stören; oder es sei, dass sie als Kuriosum neugierig wahrgenommen und beobachtet werden (wie beispielsweise katholische Prozessionen im ‹eigentlich› katholischen München).

Verliert aber die Stadt deswegen ihre öffentlichen christlichen Topographien als Orientierungsmarker? Unser unrepräsentativer Gang durch eine Stadt wie Basel lässt immer noch die dauerhafte Präsenz gerade der christlichen Religionen augenscheinlich werden. Die Nutzung der Innenräume der Kirchen mag zurückgegangen sein, ihre physische Präsenz ist im verstetigten Medium der Architektur geblieben und hat sich vervielfältigt. Und auch die topographisch reduktive Abstraktion der Stadtkarten, an denen sich der heutige Mensch in einer fremden Stadt orientiert, arbeitet weiterhin mit den Symbolen der Kirchen. Auch Synagogen prägen weiterhin die europäischen Städte und zunehmend kommen – und hier beginnt der öffentliche, d.h. medial inszenierte Streit – einige wenige Moscheen und andere institutionelle Kultbauten wie hinduistische Tempel hinzu. Die Kirchen sind nicht verschwunden, wenn auch zum Teil im Schatten kommerzieller Grossbauten stehend oder ihrem ursprünglichen Zweck entfremdet – wie die Basler Barfüsserkirche, die zum historischen Museum, zum Tempel städtischer Identitätskultur wurde. Aber das ist nicht der Normalfall. Und es ist immer noch die christliche Kirche, mit der Religion in der Öffentlichkeit vornehmlich identifiziert wird.

Und doch bleiben wir bei der These: Der Kirchenbau repräsentiert nicht mehr ausschliesslich die Vorstellung von Religion. Es hat sich seit dem 19. Jahrhundert etwas geändert. Die Sichtbarkeiten der Religion sind nicht mehr die des 18. und der früheren Jahrhunderte. In diesem langen Jahrhundert ändert sich aber die Religionstopographie zusammen mit der allgemeinen Topographie des Stadtraumes: Sie verschwindet, sie löst sich auf. Daher können auch Stadtgänge der entstandenen Religionspluralität nicht nachspüren. Gegen Ende des 19.

Jahrhunderts wurden die Stadtmauern nieder gerissen und mit ihnen letztlich die religiöse Identität einer Stadt wie Basel. Die Stadt verliert ihre Grenzen, ihre geschlossene Identitätsstruktur: Die religiöse Stadt löst sich in religiöse Pluralität auf und bildet zugleich keinen religiösen Identitätsraum mehr. Sie lässt ihre Grenzen einreissen und setzt mehr oder weniger bewusst ein Zeichen ihrer Öffnung, das ungewollt zu einem negativen Zeichen der Identitätstransformation als Identitätsverlust wird. Fremde mit anderen Konfessionen und Religionen drängen als Arbeitskräfte in die Städte hinein, die Religionszugehörigkeit der Bevölkerung wird sich schleichend ändern, aber sich eben nicht mehr sichtbar im Stadtraum abbilden. Die nominelle Zugehörigkeit zu den Konfessionen ändert sich zunächst auch nicht in dem herausragenden Sinne, wie sich bereits die Topographie der Dominanzarchitekturen und Raumstrukturen ändert.

Hinzu kommt, dass Besucher nun bei Stadtspaziergängen von einem bildungsbürgerlichen Interesse geleitet werden, auch dann, wenn sie Kirchen besuchen. Sie suchen die Museen auf oder andere Orte der Versammlung wie die Arenen der Sportevents. Und doch sind gerade diese Verhaltensweisen und Phänomene religiös zu klassifizieren, wenn sie auch nicht christlich grundiert sind: Die Identität des Bürgers bildet sich heraus in der Betrachtung der historischen Denkmäler als Gedächtnismarker; die ästhetische Verzückung des Kunstbetrachters stellt sich ein in den musealen Tempeln der Kunstwerke; das überwältigte Erstaunen des Architekturliebhabers ist ein Effekt der Wahrnehmung der Monumentalität der himmelkratzenden Domtürme der Finanzwelt; die Konsumbegierde des Käufers tritt in den Kathedralen der Markenmythen zutage; die rituelle Dimension des Theater- und Kinobesuchs verändert die Weltdeutung der Besucher. Wir haben es hier mit Orientierungsräumen zu tun, die durchaus in religiöser Sprache beschrieben werden können und die den heutigen Stadtraum auch architektonisch mehr als die alten Kirchen bestimmen und prägen. Aber dieser Raum ist nicht als ein *eindeutig* religiöser zu lesen. Während sich die eine religiöse Topographie und die christliche Symbolhoheit auflösen, treten an ihre Stelle viele neue, aber eben nicht mehr eindeutige, sondern changierende potentielle Sakralräume.

Neue religiöse, da handlungsdominierend aufgeladene gesellschaftliche Felder prägen, sich überlappend, den Stadtraum: monumentale Architekturen als symbolische Repräsentationen der Wirtschaft, der Arbeit, der Politik, des Rechtsstaates, der Kultur und Kunst und in bescheidenerem Masse auch des Privaten und traditioneller Religionsformen. Sie signieren eine neue und andere Sichtbarkeit der Stadt und lösen die Stadt ab, die einst in der Sichtbarkeit ihrer religiösen Attribute christlich gekennzeichnet war. Die neuen Architekturen (in Basel beispielsweise: der BiZ-Turm, der Messeturm, der Novartis-Campus und künftig: das Roche-Hochhaus oder bescheidener: das Kollegiengebäude der Universität, das Stadtcasino, das Naturkundemuseum und andere Museumsbauten) sind die neuen Identitätsmarker öffentlichen Zusammenlebens und führen neue Formen der Transzendenz in den öffentlichen Raum ein: Die Finanzkathedralen verweisen auf den alles beherrschenden Strom des omnipräsent-unsichtbaren Geldes; die politischen Repräsentativbauten verweisen auf die den Einzelnen transzendierende Macht des in seiner Menschenwürde unantastbaren Bürgers und des zivilreligiösen Rechtsstaates; die kulturelle Identifikationsmacht der Geschichte und der Kunst wird erzählt in den kollektiven und individuellen Mythologien der Denkmäler und Museen.

Das Religiöse hat sich in diesen Topographien auch räumlich diversifiziert und die klassischen christlichen Topographien abgelöst. Das religiöse Feld der Stadt muss also neu gelesen werden, aber es kann nicht mehr im Durchgang durch die Stadt erblickt werden. Es drängt sich den Randgängen durch die Stadt nicht mehr auf, denn es muss reflexiv erschlossen werden. Die modernen City-Kirchen haben es mit religiösen Mächten zu tun, denen sie keine eigene überbietende Monumentalität mehr entgegenhalten können und die anderen, kleinen Religionen, die durch Rezeption interessierter Bürger oder durch Migration arbeitender Bürger neu hinzukamen und –kommen, bleiben verständlicherweise dem öffentlichen Raum, so gut es geht, fern und ziehen sich in die Bescheidenheit ihrer Kleingruppenräumlichkeiten zurück. Denn Religion auf dem Markt der Möglichkeiten hat sich zusätzlich in verschiedene Bereiche oder Sphären aufgesplittert, mit denen für alle traditionellen Religionen schwer zu konkurrieren ist: mit den Erzählungen im Kino und Theater, den Verlockungen der Konsumtempel, der Museen und der Banken.

Die einst sichtbar geprägte Form der Religion hat sich ins Private zurückgezogen. Sie wird zur Aufgabe des Einzelnen, des Individuums, das lebensweltlich die verschiedenen Gesellschaftssphären und die religiösen Vorlieben integrieren muss: eine intime Aufgabe, nicht geeignet für Stadtbauprogramme religiösen Zuschnitts. Denn hierzu bedarf es keiner Repräsentationsbauten und keiner öffentlichen Deutungshoheiten oder Symbolbesetzungen im Medium des öffentlichen Raumes. Dichte Beschreibungen des Religionszustandes einer Stadt müssen sich daher auf die Individuen, nicht auf die symbolische Präsenz im öffentlichen Raum konzentrieren: auf die stillen, nicht die lauten Formen der Religionsrepräsentanzen in der Gegenwart. Eindeutige Symbolhoheiten sind aus den Öffentlichkeiten verschwunden, da sich das Religiöse diversifiziert hat. Zurück geblieben sind diverse Konkurrenzlagen jenseits des Stadtraumes und doch in diesen hinein medial verschlungen und verstrickt.

Basel, das zeigt die Reflexion auf unseren kleinen zufälligen Stadtgang, ist eine religiös plurale, weil keine offiziell religiöse Stadt. Das kann nur undeutlich erkannt werden, wenn durch die Stadt flaniert wird. Es war einmal eine christliche Stadt – aber diese Meistererzählung hat ihr Ende gefunden. Es war einmal eine Humanistenstadt, auch diese Erzählung ist vorbei. Es war einmal eine Stadt der Internationalen, eine europäische Hauptstadt der Alchemie und auch ein Stadtraum für Freimaurer. (Wären wir den parallel zur Holbeinstrasse verlaufenden Byfangweg entlanggegangen, hätten wir ein Gebäude mit den Köpfen der Freimaurer Goethe, Mozart und Lessing erblickt: Auch dieses Gebäude verbirgt seinen Tempel hinter der bescheidenen Wand der Bürgerhauszeile.) Das alles sind keine zentralen Grossgeschichten mehr. Aber wir erhalten diese Informationen nur im Internet und dort *sehen* wir auch die Pluralität des *status religionis*. Der Stadtraum ist frei von solchen Erzählungen, da Religion in der religiösen Zeitgeschichte durch Raumverlust und Mediendominanz gekennzeichnet, ja: stigmatisiert ist.

Rudolf Brändle

Römische Spaziergänge

Alfred Andersch schreibt in seinem Roman «Efraim» vom alten römischen Licht, das einen Schweres ertragen lasse.

> «Nicht, dass es einen damit aussöhnte, so falsch ist die römische Schönheit nicht, aber es lässt einen vermuten, auch das schärfste, auch das sinnloseste Leiden würde am Ende eingeschmolzen in eine Summe des Schmerzes, in eine Dämmerung aus Rot.»

Der nachstehende Text zeichnet sieben Spaziergänge nach. In Rom liegt das Buch der Geschichte gewissermassen aufgeschlagen vor einem. Für mich ist das wunderbar, ich kann in diesem Buch lesen, auch wenn ich immer wieder auf Sequenzen stosse, die ich (noch) nicht verstehe. Rom kann einen auch verwirren, kann einem als Irrgarten der Vergangenheit vorkommen, es sind dann zu viele Vergangenheiten, die auf einen einstürzen, wie es Friedrich Christian Delius in seinem schönen kleinen Buch «Bildnis der Mutter als junge Frau» formuliert hat.

1. Tag: Von der Porta del popolo zur Piazza Navona

Ich reise mit dem Nachtzug aus Basel. Eine knappe Stunde vor der Ankunft in Rom stehe ich am Fenster, die Landschaft gleitet vorbei und dann taucht Orvieto auf, die Stadt auf dem Hügel mit dem wunderschönen Dom. Nach neun Uhr komme ich an im Bahnhof Termini, einem Meisterwerk der italienischen Architektur. Wolfgang Koeppen nannte ihn den schönsten Bahnhof der Welt. Rom im Morgenlicht, diesem wunderbaren römischen Licht, das am Nachmittag dann golden wird.

Rechter Hand sind die grossartigen Reste der Thermen Diokletians zu sehen, links locken im Palazzo Massimo die duftig leicht gemalten Fresken aus der Villa der Kaiserin Livia. Aber ich will meinen ersten Spaziergang an der Porta del popolo beginnen, dort wo während Jahrhunderten der Romreisende aus dem Norden die Stadt betrat. So Martin Luther, der hinter dem Tor auf die Knie fiel und mit erhobenen Händen rief: «Heil dir, heiliges Rom, Land der Märtyrer, geheiligt durch das Blut, das sie vergossen haben.» Er war untergebracht im nahe gelegenen Kloster seines Ordens, zu dem auch die Kirche S. Maria del popolo gehörte, in der er seine erste Messe gelesen hat. In der Kapelle links vom Chor begegne ich den ersten beiden Bildern von Caravaggio (1571–1610), der für mich einer der ganz Grossen unter den Malern ist. Mit ihm beginnt eine neue Epoche der europäischen Malerei.

Ich trete hinaus auf die Piazza del popolo und entscheide mich, die sehr belebte Via del Corso hinunterzugehen zur Piazza Venezia. Zur Linken kann ich durch die Via dei Condotti einen Blick auf die Spanische Treppe werfen, hingehen mag ich nicht, dort sammeln sich die Touristen. Zu meiner Rechten steht an der Piazza Colonna die Ehrensäule für Kaiser Marc Aurel, auf die Papst Sixtus V. (1585–1590) eine Statue des Paulus stellen liess. Ich gehe über den Platz zum von Bernini und Fontana erbauten Palazzo Montecitorio, dem Sitz des Parlaments. Ich sehe aber davon ab, in die Buchhandlung Herder einzutreten, in der sich angenehm in Büchern schmökern lässt. Dafür erstehe ich mir bei Giolitti ein Eis, das ich unter 50 gusti (Aromen) auswählen kann. An der Kirche der heiligen Maddalena vorbei komme ich auf die Piazza della Rotonda und staune wie bei jedem Besuch über das Pantheon. Auch hier sind in der Regel viele Touristen unterwegs, aber im Winter bei schlechtem Wetter war ich schon fast allein unter dem riesigen Kuppelauge (9 Meter Durchmesser) und spürte den niederfallenden Regen. Am Grab von Raffael liegen wie immer frische Blumen.

Ich gehe um das gewaltige Bauwerk herum durch die Via Palombella zur Kirche S. Eustachio mit dem oben angebrachten Hirschkopf. Mein Ziel ist aber nicht die Kirche, sondern der beste Espresso der Stadt im Caffé S. Eustachio.

Ich setze meinen Weg fort über den Platz, sehe die aufragende, spiralförmig auslaufende Laterne von S. Ivo alla Sapienza, einem Meisterwerk Borrominis, das die alte Hundertfrankennote schmückte. In einem schmalen Durchgang steht neben dem Palazzo Madama, dem Sitz des Senats, eine antike Schale mit einem Durchmesser von wohl drei Metern, sie ist mit Wasser gefüllt, das immer nach- und überfliesst. Auf diese Wasserfläche lege ich bei jedem Rombesuch meine Hände.

Ich komme zur Piazza Navona. Wieder ein Highlight für Touristen, aber ich liebe den Platz, der in seinen Ausmessungen das Ende des 1. Jahrhunderts von Kaiser Domitian errichtete Stadion erahnen lässt. Beim Eindunkeln finde ich den Platz besonders schön, Porträtisten bieten ihre Dienste an, Jongleure zeigen ihre Künste, gewaltige Flammen schiessen aus den weit offenen Schlünden der Feuerschlucker. Ich bewundere den Vierströmebrunnen von Bernini und gehe dann in die von seinem Konkurrenten Borromini erbaute Kirche S. Agnese in Agone. Müde setze ich mich in eine Bank und höre den Klängen der Orgel zu. Der erste Spaziergang führt mich anschliessend durch enge Gässlein zum Tiber, den ich auf dem Ponte Umberto überquere. Den Riesenbau des Justizpalastes, der an Kafka denken lässt, umgehe ich rechts und gelange zur Piazza Cavour, an der die Hauptkirche der Waldenser steht. Um die Ecke an der Via Pietro Cossa habe ich im Convitto der Facoltà Valdese di Teologia mein Zimmer.

2. Tag: Von S. Agostino zur Farnesina

Von der Piazza Cavour über den Tiber, an der Piazza Cinque Lune vorbei, führt der Weg unter einem Torbogen zur Kirche S. Agostino. Gleich beim Betreten der Kirche thront rechts die Madonna del parto (1521) von Giacomo Sansovino, die von vielen Frauen aufgesucht wird, die sich ein Kind wünschen. Ich gehe nach links und stehe vor einem weiteren Bild von Caravaggio, der Anbetung der Hirten. Mit schmutzigen Füssen knien sie vor der Madonna mit dem Jesuskind, einfache Menschen, denen die als einfache Römerin dargestellte Maria sich gütig zuwendet. An einem Seitenpfeiler ein Fresko von Raffael, das den Propheten Jesaja zeigt. Im Chor liegen die Reliquien der heiligen Monika, der Mutter Augustins, die von Ostia hierhergebracht worden sind. Ich denke an die «Confessiones» Augustins und die Tränen Monicas: «Ein Sohn solcher Tränen kann nicht verloren gehen.»

In die französische Nationalkirche S. Luigi die Francesi gehe ich wegen drei weiterer Meisterwerke von Caravaggio, die um die Bekehrung und das Martyrium des Matthäus kreisen.

Auf der Piazza S. Maria sopra Minerva sticht dem Stadtwanderer der kleinste Obelisk Roms ins Auge, Bernini hat ihn auf einen von ihm entworfenen Elefanten gestellt. Vor Jahren hat man sich die Geschichte eines für einmal misslungenen Diebstahls erzählt. Beamte der Gewerbepolizei kamen zum besagten Elefanten, der von Schranken umgeben war. Die dort als Arbeiter getarnten Diebe mussten sich einer Routinekontrolle unterziehen, arbeiteten sie etwa schwarz? So blieben Elefant und Obelisk an ihrem Ort stehen. Wenn man seinen Blick auf die Fassade der Kirche richtet, sieht man dort verschiedene Markierungen, die anzeigen, wie hoch der Tiber in welchem Jahr gestiegen ist. In früheren Jahrhunderten überschwemmte der Fluss immer wieder weite Teile der Stadt. Erst im 19. Jahrhundert wurde er in sein heutiges Bett versenkt.

Links liegt das Dominikanerkloster S. Maria sopra Minerva, in dem die gefürchtete Inquisition ihren Sitz hatte. Hier wurde im Jahre 1600 Giordano Bruno zum Tod verurteilt und am 22. Juni 1633 Galileo Galilei zur Rücknahme seiner Thesen gezwungen. Die Kirche selbst steht über einem Minervaheiligtum, ist im gotischen Stil erbaut und damit die grosse Ausnahme unter den römischen Kirchen. Sie birgt das Grab der heiligen Katharina von Siena, auch das des Fra Angelico. In einer Kapelle findet sich ein Gemälde von Filippino Lippi. Es ist historisch interessant, es zeigt das Reiterstandbild Marc Aurels an seinem alten Standort vor S. Giovanni in Laterano. Paul III. liess es 1538 aufs Campidoglio versetzen.

Durch die Via Piè di Marmo gehe ich weiter. Ein riesiger Marmorfuss, der dort leicht erhöht auf einem Postament liegt und wohl zu einer römischen Kolossalstatue gehörte, hat der Strasse den Namen gegeben. In der Via della Gatta sehen wir am Haus Nr. 14 weit oben eine in Marmor gehauene Katze, die aus einem im ersten Jahrhundert hier errichteten Isistempel stammt. Hier bewährt sich der Rat, den Marco Lodoli, in seinen «Inseln in Rom» dem Leser gibt. «Wenn man durch Rom spaziert, sollte man bisweilen hinaufblicken.» Zum Mittagessen setze ich mich in die Enoteca Corsi, ein etwas lautes, von Römern besuchtes Lokal mit einfachem, aber gutem Essen.

Am Nachmittag gehe ich durch die Via delle Botteghe oscure, einer heute trotz des Namens eher langweiligen Strasse, an der sich das Hauptquartier des *partito communista* befindet – in einer Seitengasse erinnert eine Tafel an die Ermordung von Aldo Moro – und gelange via die Piazza del Paradiso zum Häuserrund, das den Mauern des ehemaligen Teatro di Pompeo folgt, auf dessen Stufen Cäsar ermordet wurde. Durch einen schmalen und stinkigen Durchgang komme ich auf den Campo de'Fiori, den jeweils vormittags mit Marktständen belegten Platz. In der Mitte steht das bronzene Denkmal für den hier am 17. Februar 1600 auf dem Scheiterhaufen gestorbenen Giordano Bruno. 1887 hat es die damals laizistische Stadtverwaltung errichten lassen. Nah beim Campo lag die Hostaria della vacca, die Giulia Vanozza Caetani gehörte. Die Vanozza war bekannt wegen ihres Verhältnisses mit Rodrigo Borgia, dem späteren Papst Alexander VI. Sie schenkte ihm mehrere Kinder, darunter Cesare und Lucrezia Borgia. An der Fassade des Gebäudes kann man noch heute ein Wappen sehen, im dem sich die Insignien der Borgia zu denen der Vanozza und eines ihrer Ehemänner gesellt haben.

Vom volkstümlichen Campo führt der Weg weiter auf die grossartige Piazza Farnese, die vom mächtigen, auch etwas düsteren Palazzo gleichen Namens abgeschlossen wird. Links und rechts stehen antike

Wannen, die aus den Caracalla-Thermen stammen. Durch die Via dei Farnesi führt der Weg an S. Maria della Morte vorbei in die Via Giulia, auf der man übrigens mit einem kleinen Elektrobus fahren kann (Nr. 116), über den Ponte Sisto zur Villa Farnesina, dem Ziel des heutigen Spaziergangs. In diesem Gartenpalast, der dem Palazzo Farnese gegenüberliegt, entfaltet sich der ganze Luxus des frühen 16. Jahrhunderts. Baldassarre Peruzzi errichtete die Villa für den Bankier Agostino Chigi. Raffael, Giulio Romano, Sodoma und andere haben sie mit Fresken ausgeschmückt. Im grossen Saal des ersten Stocks haben sich Landsknechte, die beim Sacco di Roma 1527 beteiligt waren, mit Kritzeleien in den Fresken verewigt.

3. Tag: von S. Silvestro zu SS. Cosma e Damiano

Den Vorhof von S. Silvestro mag ich sehr, in die rötlichen Mauern sind zahlreiche Spolien eingelassen. In einem ehemaligen Kloster daneben ist die Hauptpost untergebracht. Nächste Station ist die Fontana di Trevi, ohne Zweifel auch eine Touristenattraktion der erster Klasse. Aber ich muss hingehen zu diesem Wasserfest, finde die Idee immer wieder grossartig, den Eintritt des Wassers in die Stadt mit einem so prächtigen Bau zu feiern. Sextus Julius Frontinus, Chef der römischen Wasserversorgung aus dem ersten nachchristlichen Jahrhundert, hat in seinem Buch «De aquaeductu urbis Romae» festgehalten, dass über 19 Aquädukte täglich rund 1,3 Milliarden Liter Wasser herangeführt wurden. Die Erinnerung an den Film «Dolce Vita» von Federico Fellini steigt auf: Anita Ekberg im Wasser des Brunnens. Der Prunkfassade des Trevi-Brunnens schräg gegenüber liegt leicht erhöht die Kirche SS. Vicenzo e Anastasio. Sie wird kaum von einem Touristen betreten, birgt aber eine römische Besonderheit: Unter dem Hauptaltar ruhen die *praecordia* (die Eingeweide) der Päpste von 1590 bis 1903. Im Giebelfeld findet sich die Büste von Maria Mancini, der Geliebten Ludwigs XIV. Ihr Onkel, Kardinal Mazarin, der die neue Fassade der Kirche errichten liess, hatte darauf bestanden, dort seine Nichte Maria zu verewigen. Nach diesem Abstecher gehe ich zurück auf den Corso und komme bald zum Palazzo Doria Pamphilj mit ihrer grossartigen Gemäldesammlung. Wieder ist es Caravaggio, der mich mit seiner «Ruhe auf der Flucht nach Ägypten» fasziniert. Ein zweites Meisterwerk schaue ich mir noch kurz an: das sehr realistische Porträt, das Velazquez von Innozenz X. Pamphilj gemalt hat. Der Papst soll beim Betrachten seines Porträts gesagt haben: «E troppo vero.» Sehr bald ist jetzt unser erstes Ziel erreicht: die

Piazza Venezia, an der der gewaltige Palast liegt, in dem Mussolini residierte. Dem anderen Riesenbau kann niemand ausweichen, das Nationaldenkmal aus weissem Marmor, das keine Patina ansetzen will, sichtbar von sehr vielen Punkten der Stadt, im Volksmund *dentiera* (Gebiss) oder Schreibmaschine genannt.

Piazza del Campidoglio: Den Zugang zu diesem wunderbaren Platz nimmt man am besten über die Cordonata, die von Michelangelo entworfene Treppe, die auf den von drei Palästen umgebenen Platz hinaufführt. In der Mitte steht das Reiterstandbild des Kaisers Marc Aurel. Seit einigen Jahren ist es allerdings eine Kopie, das Original steht im Konservatorenpalast, dem prächtigen Bau zur Rechten. Im mittleren Palast ist die Stadtverwaltung untergebracht und offensichtlich auch eine Abteilung des Zivilstandsamtes, auf jeden Fall sind sehr oft, vor allem an Samstagen, Hochzeitspaare zu sehen, die sich vor idealer Kulisse fotographieren lassen. An Romulus und Remus erinnert die die Knaben säugende Wölfin, die am Weg zur Aussichtsterrasse auf das Forum steht. Zuerst steige ich aber über eine lange Treppe hinauf zu S. Maria d'Aracoeli. Zwei Dingen gilt meine Aufmerksamkeit: zum einen dem wunderschönen Fussboden, den die Meister der Familie der Cosmaten gelegt haben, zum anderen der Kapelle des Santo Bambino. Die in Binden eingemummte Statuette wird an Weihnachten in eine Krippe gelegt. Zwischen dem 25. Dezember und dem 6. Januar werden hier die berühmten Kinderpredigten gehalten.

Der Weg führt zurück zu der schon erwähnten Terrasse, die einen grossartigen Blick freigibt auf das Forum Romanum. Fast zum Greifen nah der Triumphbogen des Septimius Severus, etwas weiter weg die Curia, der Sitzungssaal des Senats, in dem die Fundamente des Altars der Victoria zu sehen sind. Der Stadtpräfekt Symmachus, der noch den alten Religionen anhing, hatte sich in seiner berühmten *relatio* für dessen Wiederaufstellung eingesetzt und war am Widerstand von Ambrosius gescheitert. Der Weg zum Eingang aufs Forum führt am Mamertinischen Kerker vorbei, in dem Petrus inhaftiert gewesen sein soll. Von den Sehenswürdigkeiten des Forums seien nur noch zwei erwähnt: das Milliarium Aureum, eine von Augustus errichtete Säule, auf der die Entfernung von Rom bis zu den wichtigsten Städten angegeben war. Weiter der Bogen des Titus, der an seinen Triumph über die Juden und die Eroberung Jerusalems erinnert.

Über das Forum führt der Weg zum Palatin, dem Hügel der kaiserlichen Paläste. Hier kann man in den seit der Renaissance mit Blumen geschmückten Grünanlagen unter Bäumen schön spazieren. Die verschiedenen Paläste können besichtigt werden, aber es braucht schon einige Phantasie, um sich angesichts der verfallenen Ruinen ihre

Pracht vorstellen zu können. Die Fresken aus dem Palast der Livia sind abgelöst und im schon erwähnten Palazzo Massimo zu bewundern. Im kleinen Museum ist mir das sogenannte Spottkruzifix besonders wichtig, das in primitiver Kritzelzeichnung einen Gekreuzigten mit Eselskopf zeigt. Daneben die Inschrift: «Alexamenos betet seinen Gott an.» Offensichtlich hat ein Soldat der kaiserlichen Garde seinen christlichen Kameraden verspotten wollen.

Die letzte Station führt zur Kirche der heiligen Cosmas und Damian. Im 6. Jahrhundert hat Papst Felix IV. zwei Gebäude des Forums, den Tempel des Romulus und eine Bibliothek miteinander zu dieser Kirche verbunden. Im Apsismosaik aus dem 6. Jahrhundert erscheint Christus vor einem in die Farben des Sonnenuntergangs getauchten Himmel. Zu seinen Seiten Petrus und Paulus, die Christus die beiden Heiligen Cosmas und Damian zuführen, weiter aussen erscheinen Felix IV. mit dem Modell seiner Kirche und Theodor. Unten durch läuft ein Fries mit dem von zwölf Lämmern umgebenen Osterlamm. In einem Nebengebäude ist eine prächtige neapolitanische Krippe zu sehen.

4. Tag: Vom Kolosseum zur Cestiuspyramide

Von der Piazza Venezia aus führt die Via dei Fori Imperiali schnurgerade auf das Kolosseum zu. Sie wurde unter Mussolini angelegt und zerschneidet die Kaiserforen. Am Anfang ist auf der linken Seite die 38 Meter hohe Trajanssäule zu bewundern, die Flachreliefs künden von den Siegen des Kaisers über die Daker. Die Prachtsstrasse ist an Sonntagen für den Verkehr gesperrt und lockt Tausende von Römern zu einem Spaziergang. Von weitem ist das kolossale Kolosseum zu sehen (Durchmesser: 527 Meter, Höhe: 57 Meter), Ort von Kämpfen zwischen Menschen und Tieren und Gladiatorenduellen. Um die Schwere der Gedanken zu dämpfen, denke ich an die herrliche Szene aus dem Film «Roman Holidays», in der Gregory Peck mit Audrey Hepburn auf der Vespa um den Riesenbau kurvt. Neben dem Kolosseum zieht der Konstantinsbogen die Blicke auf sich, sehr oft auch die Touristen. Drei Jahre nach dem Sieg an der milvischen Brücke liess der Senat 315 diesen Triumphbogen für den Kaiser errichten. Er steht am Anfang der Via sacra, dem Weg, der zum Ziel des Iuppitertempels auf dem Kapitol führte. Konstantin brachte dort nach seinem Sieg über Maxentius das traditionelle Opfer nicht dar und tat damit einen ersten Schritt weg von den alten Religionen.

Das nächste Ziel des Spaziergangs ist S. Clemente. Die heutige Kirche ist nach der Zerstörung des älteren Baus durch die Normannen im Jahre 1084 erbaut worden. Der grosse Vorhof mit Brunnen lädt zum Verweilen ein, nur wenige Besucher kommen hierher. Im Kirchenraum sind vor allem die *schola cantorum* mit den beiden Ambonen und das Apsismosaik zu erwähnen. Das Besondere an S. Clemente aber sind die Unterkirche aus dem 4. Jahrhundert mit ihren romanischen Fresken und das noch tiefer gelegene römische Wohnhaus mit einem Mithras-Heiligtum.

Mein Weg führt hinauf zur Kirche Santi Quattro Coronati, einen Ort, den ich bei jedem Romaufenthalt besuche. Die Kirche selbst sagt mir wenig, aber der Kreuzgang, zu dem eine Tür vorne links führt, ist wunderschön und in aller Regel still. Ein historischer Höhepunkt ist die Silvesterkapelle, zu der eine Tür in der Vorhalle führt. Den Schlüssel dazu muss man sich an der Klosterpforte im Hof vor der Kirche geben lassen. Die Fresken schildern Szenen aus der Konstantinslegende, die Erkrankung des Kaisers, seine Heilung und Taufe und die Übergabe der kaiserlichen Macht an Papst Silvester (die angebliche Konstantinische Schenkung). Die Fresken sind um 1246 entstanden und sind Ausdruck des Machtanspruchs von Innozenz IV. gegenüber Friedrich II.

Der Weg zu S. Stefano Rotondo verläuft zwischen zwei Spitälern auf einer sehr befahrenen Strasse, aber die Kirche liegt zurückversetzt und lohnt den Besuch. Sie wurde um 500 nach dem Vorbild der Rotunde der Grabeskirche in Jerusalem als Zentralbau errichtet. Von den ursprünglich drei konzentrischen Umgängen haben nur zwei überlebt. An den Aussenwänden lassen 34 Fresken mit der Darstellung von Martyrien den aufmerksamen Betrachter erschauern. Gegenüber liegt S. Maria in Domnica, entstanden im 6. Jahrhundert. Das Apsismosaik stammt aus dem 9. Jahrhundert. Ich mag diese Kirche, die einen fast ländlichen Charme ausstrahlt. Neben der Kirche liegt der Eingang zum Park der Villa Celimontana. Der Park wird von der Stadtgärtnerei gepflegt und lädt vor allem Liebespaare zum Verweilen ein. Durch den Park führt der Weg zur Basilica dei Santi Giovanni e Paolo. Die Kirche wurde auf den Resten des Tempels des Claudius errichtet. Beim Lesen der Inschrift, die auf den Kaiser hinweist, fällt mir der historische Roman von Robert von Ranke Graves ein: «Ich, Claudius, Kaiser und Gott», den ich mit Gewinn gelesen habe. Vor der Kirche liegt ein ruhiger Platz, wenn nicht gerade eine der hier sehr häufigen Hochzeiten stattfindet. Links an der Kirche liegt der Clivo di Scauro, ein ungemein schönes Strässchen, das in Richtung S. Gregorio Magno abfällt. Nach etwa 20 Metern öffnet sich rechts eine Tür, die den Zugang zum Untergrund der Basilica SS. Giovanni e Paolo öffnet. Hier liegen die Räume eines antiken Hauses, in denen Fresken heiterer Lebensfreude zu sehen sind. Eine Orantin ist der Hinweis darauf, dass in einem dieser Räume in vorkonstantinischer Zeit Gottesdienst gefeiert wurde.

Ich verlasse diese Räume und denke, dass ich jetzt das Buch des Basler Kollegen Beat Brenk über die Christianisierung der spätrömischen Welt gründlicher lesen will, dort schreibt er von den eben besuchten Räumen. Ich gehe weiter den Clivo hinunter, linkerhand sehe ich die Gregor dem Grossen geweihte Kirche. In einer der drei Kapellen, die frei neben der Kirche stehen, wird der mächtige Steintisch gezeigt, an dem Gregor Arme gespeist haben soll. Rechts ist jetzt der Blick auf den Circo Massimo frei. Heute braucht es viel Phantasie, um sich die Tribünen mit ihren rund 200 000 Zuschauern, die Leidenschaft weckenden Wagenrennen, den Brand zur Zeit Neros vorstellen zu können. Der Obelisk, der auf der Spina stand, wurde im Rahmen des städtebaulichen Grossunternehmens unter Sixtus V. durch seinen aus dem Tessin stammenden Architekten Domenico Fontana im Jahre 1589 zur Piazza del Popolo transportiert und dort aufgestellt.

Der Weg auf den Aventin, einen weiteren der sieben Hügel Roms, führt durch den Clivo dei Publicii hinauf. Auf der Höhe stehen wir vor S. Prisca, einer heute nicht herausragenden Kirche, die indes einen grossen Namen trägt. Ich denke an Prisca und Aquila. Sie mussten Rom aus Anlass des Edikts des Claudius verlassen, wurden in Korinth und Ephesus zu den wichtigsten Mitarbeitern des Paulus. Im Brief nach Rom dankt Paulus dem Ehepaar an erster Stelle (Röm 16,3f.). Nach ihrer Rückkehr nach Rom hat Prisca wahrscheinlich eine Hausgemeinde geleitet. Ob die am gleichen Ort sich versammelte, an dem heute die Kirche steht, kann nicht mit Sicherheit gesagt werden. Tatsache ist, dass sich unter der heutigen Kirche die Reste eines römischen Wohnhauses und eines Mithräums befinden. Ich habe es nie geschafft, dort hinunterzusteigen. Einmal war ich beinahe so weit, ich hatte den Küster aufgetrieben, er erklärte, der Schlüssel liege bei der Denkmalpflege, aber er öffnete wenig später die Tür dann doch eine Handbreit. Ich zögerte einen Moment und schon war sie wieder zu. Mein Freund Paolo Ricca erklärte mir später, ich hätte den grundlegenden Fehler gemacht, nicht im richtigen Moment ein Trinkgeld in der richtigen Höhe überreicht zu haben.

Mein Weg führt weiter zu der aus dem 5. Jahrhundert stammenden Kirche S. Sabina. Dieser Bau vermittelt nach umfangreichen Restaurierungsarbeiten schön den Aspekt einer frühchristlichen Basilika. Einzigartig ist die Doppeltür aus Zypressenholz vom Anfang des 5. Jahrhunderts. Achtzehn geschnitzte Paneele zeigen Szenen aus dem Alten und Neuen Testament, darunter die älteste Darstellung der Kreuzigung Jesu. Im angebauten Kloster haben Franziskus und Dominikus sich getroffen. Der nahe gelegene Komplex von S. Anselmo birgt die Hochschule des Benediktinerordens.

Ich gehe die andere Seite des Aventins runter und komme zur Cestiuspyramide, Gaius Cestius liess sich dieses mit weissem Marmor verkleidete Grabmal im Jahre 12 v. Chr. errichten. Es ist ein Zeugnis für die damals unter Augustus herrschende Ägyptomanie. Ich beende den Spaziergang des vierten Tages auf dem Cimitero accattolico, einem kleinen, lauschigen Friedhof. Das Grab von Goethes Sohn berührt mich immer wieder. Vermerkt ist nur «Hier ruht Goethes Sohn». Wie schwer muss es sein, Sohn eines berühmten Mannes zu sein! Shelley und Keats liegen hier begraben. Keats hat seine Grabinschrift selbst entworfen: «Here lies one whose name was writ in water.» Auch Antonio Gramsci ist hier beigesetzt.

5. Tag: Von der Schildkröte zu S. Bartolomeo

Der fünfte Spaziergang nimmt seinen Ausgang beim entzückenden Schildkrötenbrunnen, der nicht weit vom sehr belebten Largo di Torre Argentina liegt, und führt durch die Strassen des ehemaligen Ghettos, dessen Häuser im 19. Jahrhundert abgerissen worden sind. An der Via del Portico d'Ottavia sind sehr schöne in Häuser eingebaute Architekturteile zu sehen. Es gibt noch wenige jüdische Geschäfte, eine Bäckerei verkauft Süssigkeiten aus jüdischer Tradition. Vom gewaltigen Portikus, den Augustus für seine Schwester Octavia herrichten liess, stehen nur noch Reste, die aber auch so noch beeindrucken. Es ist ein Ort, der für die Geschichte der Juden in Rom grosse Bedeutung hat. Hier formierte sich der Triumphzug, den Titus nach der Eroberung Jerusalems veranstaltete. In diesem Zug führte er zahllose Gefangene und, wie sein Bogen auf dem Forum noch heute zeigt, die Schätze des Tempels mit. Und hier wurden die Juden Roms am 16. Oktober 1943 zusammengetrieben. An der Mauer der unweit gelegenen grossen Synagoge steht verzeichnet, dass 2091 Juden deportiert worden sind.

Ich überquere den Tiber über den Ponte Fabricio aus dem Jahre 62 n. Chr. mit den vierköpfigen Hermesfiguren an ihren Enden und bin auf der Tiberinsel. Zur Rechten liegt das Spital der Fatebenefratelli, links etwas tiefer die Kirche S. Bartolomeo. In der Marienkapelle ist eine Kanonenkugel zu bestaunen, die während der französischen Belagerung von 1849 hier eingeschlagen hat. Über den Ponte Cestio komme ich nach Trastevere und stosse gleich in der kleinen Kirche S. Benedetto in Piscinula auf die Zelle, in der der heilige Benedikt sich aufgehalten hat. Mein nächstes Ziel ist S. Cecilia. Nach vielen vergeblichen Versuchen kann ich jetzt endlich das grossartige Fresko des Pietro Cavallini (um 1293) sehen. Erhalten sind in wunderschönen Farben der thronende, von Engeln mit weit ausgebreiteten Flügeln umgebene Christus als Weltenrichter, die Madonna, Johannes der Täufer im Bittgestus, die Apostel und am unteren Bildrand Posaune blasende Engel.

In Trastevere gibt es jüdische Katakomben wie auch im Süden, diese habe ich mit Studenten einmal besucht. Sie liegen neben den Fosse Ardeatine, der Gedenkstätte für die 335 Zivilisten, die die deutsche Armee am 24. März 1944 dort erschossen hat.

Von der heiligen Cecilia, der Schutzpatronin der Kirchenmusik, gehe ich an S. Crisogono mit der frühchristlichen Unterkirche vorbei und komme zu S. Maria in Trastevere. Eine wunderschöne Kirche, in der ich gern sitze, wenn es Abend wird. Die Säulen stammen aus einem antiken Tempel, ihre Kapitelle waren mit Abbildungen ägyptischer Gottheiten versehen. Papst Pius IX. (1846–1874), der die Dogmen der unbefleckten Empfängnis Mariae und der Unfehlbarkeit des Papstes verkündigte, liess diese Darstellungen entfernen.

Zu der Erinnerung an Trastevere gehört auch die an, den Wirt einer einfachen Trattoria, die meine Frau und ich vor rund 35 Jahren auf den Rat eines Freundes hin aufsuchten. Der Raum war voller vergnügter Menschen, der Wirt aber war schlechter Laune. Wir bestellten unser Essen. Nach einer Weile kam er, die Platte balancierend, an unseren Tisch und stürzte wie vom Blitz getroffen um. Alle Gäste erhoben sich, ein Arzt, der unter den Gästen war, trat hinzu und konnte nur noch den Tod von Nicola feststellen.

Etwas hinter der grossen Marienkirche liegt die kleine Kirche S. Egidio. Sie bildet das Zentrum der bemerkenswerten Gemeinschaft S. Egidio, die 1968 auf Initiative einer Gruppe römischer Gymnasiasten entstanden ist. Sie beschäftigten sich mit dem Evangelium und sahen sich dadurch zum Dienst an den Armen und Bedürftigen berufen. Den Ausgestossenen, Einsamen und Mittellosen, vornehmlich in den ärmeren Stadtrandvierteln Roms wollten sie eine konkrete Hilfe anbieten. Damit begann der aktive Einsatz der Gemeinschaft – welche heute über 40 000 Mitglieder zählt und deren Zahl ständig wächst.

6. Tag: Von S. Maria Maggiore zu S. Giovanni in fonte

Am sechsten Tag gehe ich auf den Esquilin, den nächsten der sieben Hügel Roms. Die Hügel sind in der heutigen Stadt nicht alle gut auszumachen. Rom hat die antike Welt ausserordentlich stark geprägt. Konstantinopel, das neue Rom, musste auch sieben Hügel haben. Das war nur mit einigen Kunstgriffen zu schaffen. Über den Bau der grössten und ehrwürdigsten der rund 80 Marienkirchen Roms berichtet die Legende, Papst Liberius habe in der Nacht vom 5. August 352 von der Gottesmutter im Traum die Weisung bekommen, am Ort, wo am nächsten Morgen Schnee fallen werde, zu ihren Ehren eine Kirche errichten zu lassen. Das Innere von S. Maria Maggiore hat trotz der gewaltigen Ausmessungen etwas Intimes, vor allem gegen Abend. Das mag mit den einzigartigen Mosaiken der Hochwände zusammenhängen, die aus dem 5. Jahrhundert stammen und Szenen aus dem Alten Testament von Melchisedek bis Josua darstellen. Am Triumphbogen erscheinen Szenen aus der Kindheitsgeschichte Jesu. In den unteren Bändern symbolisieren Jerusalem und Bethlehem die Kirche aus den Juden resp. den Heiden und zwölf Schafe die Apostel.

In der Nähe der grossen Marienkirche befinden sich zwei bedeutende Kirchen, die ich, wenn immer möglich, bei jedem Romaufenthalt besuche. S. Pudenziana wurde gegen Ende des 4. Jahrhunderts über einem Wohnhaus in eine private Thermenanlage hineingebaut. Die Apsis stammt noch von diesem Bau. Sie birgt das vor dem Jahr 400 entstandene grosse Mosaik, das Christus als Lehrer auf einem Thron, umgeben von den niedriger sitzenden Aposteln zeigt. Zwei Frauen als Repräsentantinnen der Kirche aus den Juden und den Heiden bringen Petrus resp. Paulus goldene Kränze dar, neben dem Thron und dem goldenen Gewand Christi ein weiteres Zeichen für die Übernahme imperialer Herrschersymbolik. Die Gemeinde philippinischer Katholiken, die sich heute dort versammelt, ist indes höchst bescheiden.

Der seitliche Zugang zur Kirche S. Prassede ist unscheinbar, das Innere aber strahlend. Über einem Vorgängerbau aus der Spätantike wurde in der karolingischen Renaissance der heutige Bau errichtet. Auf antiken Granitsäulen ruhen ebenfalls aus Spolien zusammengefügte Architrave. Triumphbogen und die Apsis sind mit prächtigen Mosaiken geschmückt. Die Apsis wird von Christus beherrscht, dem die Apostelfürsten die heiligen Schwestern Praxedis und Pudentiana zuführen. Die Zenokapelle wurde im Auftrag von Papst Paschalis I. im 9. Jahrhundert als Gedenkstätte für seine Mutter Theodora erbaut. Selten ist es möglich, allein in der Kapelle zu sein. Das ist dann ein zauberhafter Moment in diesem kleinen, vollständig mosaizierten

Raum. Im Oratorium rechts steht ein Stück der Säule, an der Christus gegeisselt worden sein soll, die Reliquie wird besonders in der Karwoche hoch verehrt.

Schön wäre es jetzt, den Weg durch die Via San Martino ai Monti fortzusetzen. Dann kämen wir schliesslich zur Kirche S. Pietro in vincoli. Dort stehe ich jeweils im linken Seitenschiff vor der Tafel, die das Grab des Nikolaus von Cues (gest. 1465) markiert. Die Lehre dieses Bischofs, der als Sekretär am Basler Konzil teilnahm, dass alle endlichen Gegensätze in Gott zusammenfallen (*coincidentia oppositorum*), hat mich schon als Student fasziniert. Ich gehe dann zum Hauptaltar und blicke durch das Gitter der Confessio auf den spätantiken Sarkophag, der laut Inschrift die Reliquien der sieben makkabäischen Märtyrer enthält. Vielleicht ist es sogar möglich, einen Blick auf das touristische Highlight dieser Kirche zu werfen: Die kraftvolle Gestalt des Moses von Michelangelo ist Teil eines viel grösseren, für Julius II. geplanten Grabmonuments. Sie hat Sigmund Freud zu seinem auch sprachlich beeindruckenden Text «Der Moses des Michelangelo» inspiriert.

Ich gehe aber nicht zu S. Pietro in vincoli, sondern wähle die gerade, von vielen Geschäften gesäumte Via Merulana und folge ihr bis zu S. Giovanni in Laterano. An der Hauptfront weist die Inschrift «Omnium urbis et orbis ecclesiarum mater et caput» darauf hin, dass diese Kirche die Kirche des Bischofs von Roms ist und damit die erste unter allen katholischen Kirchen der Welt. Konstantin liess auf dem kaiserlichen Gelände am Rand der Stadt eine fünfschiffige Basilika sowie einen Bischofspalast bauen. An ihn erinnert die mächtige Statue des Kaisers, die wir in der Vorhalle sehen. Sie stammt aus den kaiserlichen Thermen auf dem Quirinal. Die bronzenen Türflügel des Mittelportals hingegen wurden 1656 von der Curia auf dem Forum hierher gebracht. Der konstantinische Bau ist kaum mehr sichtbar, weil er von späteren Zutaten, vor allem der barocken Umgestaltung durch Borromini gewissermassen ummantelt wurde. Der gewaltige Raum lässt mich kühl, auch wenn ich natürlich daran denke, dass er Schauplatz der wichtigen Laterankonzilien war. Bezaubernd hingegen ist der Kreuzgang aus dem 13. Jahrhundert, den die Künstlerfamilie Vassalletto gestaltet hat. Vor der Kirche steht der grösste Obelisk Roms, der aus dem Ammontempel in Luxor stammt. Der Inschrift entnehmen wir, dass Sixtus V. ihn 1587 hier aufstellen liess zur Erinnerung an die Taufe Konstantins durch Silvester. Das ist päpstliche Propaganda, Silvester hat den Kaiser nie gesehen und getauft wurde Konstantin auf dem Totenbett in Nikomedien.

Neben der Basilika steht das unter Konstantin gleichzeitig erbaute Baptisterium S. Giovanni in fonte. Die älteste noch heute benutzte Taufkirche der Christenheit wurde auf den Grundmauern einer antiken Therme erbaut. Ich habe diesen Raum sehr gern und versuche mir jeweils, den Taufgottesdienst in der Osternacht vorzustellen, wie die Taufbewerber aus der Kirche ins Baptisterium kamen und nach der Taufe in die Kirche zur Eucharistie zurückkehrten. Das Bronzeportal der rechts vom Eingang gelegenen Johanneskapelle stammt aus den Caracalla-Thermen. Der *custode* bietet gegen eine kleine *mancia* an, die Flügel zu bewegen, dazu erklärt er mit feierlicher Stimme: Töne aus der Antike!

Ich gehe zur Scala santa, die schräg gegenüber dem Lateranpalast zu finden ist. Es soll sich dabei, so berichtet eine Tradition aus dem 8. Jahrhundert, um jene Treppe aus dem Palast des Pontius Pilatus handeln, auf der Jesus zu seinem Richter hinaufstieg. Helena, die Mutter Konstantins, habe sie nach Rom bringen lassen. Fromme Pilger ersteigen die Scala santa auf den Knien, auch Martin Luther hat das getan.

7. Tag: Petersplatz und Petersdom

Am letzten Tag gehe ich vom Convitto der Facoltà Valdese di Teologia zu Fuss zum Petersdom. Mein Weg führt mich an der Engelsburg vorbei, ursprünglich das Grabmonument für Kaiser Hadrian und seine Nachfolger, von Kaiser Aurelian (270–275) in die neue Stadtmauer einbezogen, im Mittelalter zur Festung ausgebaut und durch einen Verbindungsgang (*passetto*) mit dem Vatikanpalast verbunden. Durch diesen Gang rettete die Schweizergarde beim Ansturm der Landsknechte am 6. Mai 1527 Papst Clemens VII. in die sichere Burg. Der Engel über dem mächtigen Bau erinnert an die Vision Gregors des Grossen. Der Papst führte zur Zeit der Pest eine Bittprozession durch und sah auf der Höhe der Burg den Erzengel Michael, der sein Schwert in die Scheide steckte und damit das Ende der Plage anzeigte. Dem Petersplatz und der Peterskirche näherte man sich, bevor Mussolini zur Feier der Lateranverträge mit dem Papst die Via della Conciliazione bauen und dafür viele der alten Häuser abbrechen liess, durch das Häusergewirr des Borgo. Die Überraschung muss umso gewaltiger gewesen sein. Der Petersplatz ist auf die Kirche bezogen, bildet gewissermassen ihre Vorhalle. Mit den Kolonnaden, den beiden Plätzen, dem ovalen und dem trapezförmigen Teil, dem Obelisken aus dem neronischen Zirkus in der Mitte des Ovals hat diese von Gian Lorenzo

Bernini gestaltete Anlage etwas sehr Festliches. Während der meisten Zeit ist der Platz verstellt mit Abschrankungen und Hunderten von Plastikstühlen, die für die wöchentlichen Papstaudienzen nötige Infrastruktur, die aber der Schönheit des Platzes Abbruch tut. Im Winter ist es besser, für Weihnachten wird ein mächtiger Tannenbaum aufgestellt und am letzten Tag des Jahres erteilt der Papst den wenigen Gläubigen – so meine Erinnerung an Silvester 1997 – den Segen.

Ich weise zum Schluss auf einige Punkte hin, die mir wichtig sind. Über die Peterskirche und die Vatikanischen Museen fehlt es ja nicht an Literatur. Ich gehe oft, bevor ich die Kirche betrete, durch den Durchgang links von der Kirche. Dort steht ein Schweizergardist, der einem aber auf die Worte «Campo santo» hin den Weg freimacht. Nach dem Durchgang ist wieder links der Campo santo teutonico zu sehen, zwischen seinen Grabsteinen zu gehen, ist eine nachdenkliche Sache. Nach Verlassen des Friedhofs kann man noch etwas weiter gehen, der Peterskirche entlang und stösst dann am Boden auf eine Markierung, die den ursprünglichen Standort des Obelisken anzeigt, also den Verlauf der Spina des neronischen Zirkus, vermutlich der Ort des Martyriums von Petrus. Konstantin hat die Nekropole am Mons Vaticanus, also den wahrscheinlichen Ort des Apostelgrabes völlig umgestalten lassen. Die ehemals oberirdische Totenstadt wurde zu einer Anlage unter der Peterskirche. Durch die antiken Gräberstrassen zu gehen, die Fresken, u.a. die Darstellung Christi als Sol zu sehen, das alles ist hoch eindrücklich.

Die Kirche selbst überwältigt einen, sie kann einen auch erschlagen. Die Dimensionen sind gigantisch. Das Altarziborium von Bernini ist 29 Meter hoch und damit höher als die Fassade des Palazzo Farnese. Angesichts der mächtigen Kuppel von Michelangelo aber erscheint das Ziborium weit kleiner. Der Petersdom ist hervorragend geeignet für grosse Inszenierungen der päpstlichen Kirche. Ich habe 1983 die Weihe von rund 60 Priestern durch Papst Johannes Paul II. und 2006 den Festgottesdienst zum Jubiläum der Schweizergarde (begründet 1506) erlebt. Bei beiden Gelegenheiten waren rund 25 000 Menschen in der Kirche. Die perfekte Regie, der Reichtum der Farben, die Chöre, die Menschenmenge lässt einen Protestanten staunen, verwirrt ihn auch. Ich bin froh, zu den Waldensern heimkehren zu können.

Die sieben Spaziergänge sind so etwas wie eine Liebeserklärung an Rom. Damit bin ich bekanntlich nicht allein. Goethe schrieb, wer Rom recht gesehen habe, könne nie mehr ganz unglücklich sein, und Jacob Burckhardt erklärte sich bereit, Orte in dieser Stadt zu zeigen, wo ihn ohne besonderen Anlass das Gefühl überraschte, dass er jetzt vollkommen glückselig sei. Mit ihnen halte ich's und nicht mit Günter Eichs Zeilen:

«Ich werfe keine Münze in den Brunnen,
ich will nicht wiederkommen.
Zu viel Abendland,
verdächtig.
Zu viel Welt ausgespart.
Keine Möglichkeit
Für Steingärten.»

Ich möchte wiederkommen und weitere Spaziergänge durch die Stadt unternehmen. Mir einen alten Wunsch erfüllen und der aurelianischen Stadtmauer folgen, die ja in grossen Partien erhalten ist und in rund 19 Kilometern um die alte Stadt führt. Auf den Gianicolo steigen und die Aussicht auf Rom geniessen. Oder auf den gegenüberliegenden Hügel gehen und durch die Villa Borghese streifen bis hin zum Wundermuseum der Galleria Borghese. Oder noch einmal in die Katakomben der Via Latina hinabsteigen mit ihren zauberhaften Fresken, eine grosse Familienanlage, in der die Gräber ihrer christlichen und ihrer altgläubigen Angehörigen friedlich nebeneinanderliegen.

Harry Waßmann

EIN GANG DURCH DIE «BARLACHSTADT GÜSTROW»

«Tu es Nordique – Moi je suis Méditerranée.» (Aristide Maillol)

Im Juli 1930 begegneten sich Aristide Maillol und Ernst Barlach in Berlin. Der Kunst- und Theaterkritiker Max Osborn (1870–1946) erinnert sich:

> «Der Gedankenaustausch war nicht einfach, weil jeder der Sprache des anderen ahnungslos gegenüberstand. Man half sich durch die Gleichnisrede der Gebärden und Gesichtsmuskeln. Schliesslich versuchte es Maillol mit einem international verständlichen Satz und sagte zu Barlach, während er ihm liebevoll die Wangen tätschelte: ‹Tu es Nordique – Moi je suis Méditerranée.› Treffender kann man es nicht formulieren.»[1]

Doch was ist an «diesem international so verständlichen Satz» wirklich zutreffend? Und in welcher Hinsicht, wenn überhaupt? Ernst Barlach, 60 Jahre, Aristide Maillol, 59 Jahre, Altersgenossen im besten Mannesalter, wie man so schön sagt, sie sind beide zweifellos mit ihrer Existenz als Künstler in ihrer Region verwurzelt gewesen. Aristide Maillol in Banyuls-sur-Mer/Pyrénées-Orientales so sehr wie der in Wedel/Holstein geborene, seit 1910 in Güstrow ansässige Ernst Barlach in nördlichen Gefilden und Gewässern. «Tu es Nordique – Moi je suis Méditerranée.» In Güstrow bin ich diesem Ausspruch Maillols begegnet, im Barlach-Museum, am Pfingstmontag 2008, auf der Fahrt an die Ostsee. Maillols Wort hat mir zu denken gegeben und mich animiert, noch einmal meinen Eindrücken von Güstrow und den Figuren Ernst Barlachs nachzugehen. Wie stark prägen Orte und Lebensräume den künstlerischen Ausdruck, auch religiöse Empfindungen? Wofür steht «nordique»?

---

1 Max Osborn: Der bunte Spiegel, New York 1945, S. 48f.

Wittenberg – am Weg nach Güstrow

Auf dem Weg von Süden nach Güstrow mache ich einen Abstecher nach Wittenberg an der Elbe. Einen aufschlussreichen Abstecher. Die Stadt läge «an der Grenze der Zivilisation», so jedenfalls charakterisierte 1505 der Rechtsgelehrte Christoph Scheurl die Lage Wittenbergs in einer Universitätsrede in Bologna.[2] Beginnt hier an der Elbe, an der Wiege der lutherischen Reformation womöglich auch heute noch der Norden? Ich staune: Was für eine winzige Universitätsstadt muss Wittenberg zu Luthers Zeiten gewesen sein. Der Siedlungskern umfasste gerade einmal zwei Strassen. Professoren und Studenten in Rufnähe, Haus an Haus. Das Städtchen muss im 16. Jahrhundert zeitweise so etwas wie eine Intellektuellen-Kommune gewesen sein: Zwei- bis dreitausend Einwohner und ebenso viele Studenten. War die lutherische Reformation eine Universitätsgeburt? Motiviert und popularisiert durch eine radikale Studentenbewegung? Zugleich war Wittenberg ein prominenter Medienstandort – bekannt für eine weit über die Landesgrenzen hinaus erfolgreich operierende Druck- und Bildproduktion – z.B. «Lucas Cranach & Söhne». In Wort und Bild gingen von Wittenberg religiös extrem anti-mediterrane Botschaften aus, jedenfalls solange und insofern sich Rom und die römische Kirche als Mitte der Erde begriffen. Bis hin zu den Grabmälern in der Stadtkirche. Exemplarisch dafür das Epitaph für Paul Eber, Professor für Altes Testament und Probst an der Stadtkirche – ein polemisches Programmbild des lutherischen Wittenberg:[3] Im Weinberg Gottes agieren zur Linken die bösen Weingärtner, die Papisten, die den Weinberg verwüsten, wohingegen zur Rechten die Lutherischen ihn hegen und pflegen und so zum Gedeihen der Kirche Jesu Christi alles Erdenkliche beitragen. Ein Freund – mit mir unterwegs nach Norden – findet sich eher zur farbenfrohen linken Bildhälfte hingezogen. Erst als er sieht, wie die Glücksspielkarten aus den Mönchshüten fallen, sieht es für ihn etwas anders aus.

Bedeutet «nordique» in Wittenberg nun so viel wie protestantisch und antirömisch? Mit allen Implikationen? Oder steht «nordique» hier für ein monumentales Luthertum? Für die bombastische Inschrift «Ein' feste Burg ist unser Gott, ein' gute Wehr und Waffen» am Turm

---

2 Zit. nach Oskar Thulin: Die Lutherstadt Wittenberg, Berlin 1961, S.13; Christoph Scheurl (1457–1519) wurde übrigens 1507 in Wittenberg Professor.

3 Illustriert und erläutert in: Albrecht Steinwachs: Der Weinberg des Herrn, Epitaph für Paul Eber von Lucas Cranach d.J., 1569, Spröda 2001.

der Schlosskirche? Oder für die 1858 vom Preussenkönig Friedrich Wilhelm IV. gestiftete, in Bronze gegossene «Thesentür» der Schlosskirche? Oder für die riesige, bronzene Lutherstatue (1821) auf dem Rathausplatz? In der Sonne geniesse ich Bier und Vesper. Mein Blick schweift über den riesigen, menschenleeren Platz zur Lutherstatue. Ein Anblick, den ich unweigerlich mit einem Foto von der unseligen Nationalsynode am 27. September 1933 verbinde, auf der die nationalsozialistisch inspirierten, evangelischen Kirchenherren stolz Reichskirche und Reichsbischof installieren.[4] Das Foto hat bei mehrfacher Betrachtung übrigens auch eine tröstliche Pointe, denn für den genauen Blick versammeln sich die Jubelprotestanten buchstäblich hinterrücks. Die Lutherstatue kehrt den Abgelichteten den Rücken zu. Bedeutet «nordique» auch preussisch-lutherisch-antirömisch?

Doch wie so oft sind Orte mit sehr verschiedenen Geschichten beseelt und können verwandelt werden. Ich muss an Dieter Ziebarth denken, den ehemaligen Generalsekretär der Ost-ESG (Evangelische Studentengemeinde) und Protagonisten von «Demokratie jetzt!». Hier in der Wittenberger Stadtkirche wurde 1989 «Demokratie jetzt!» gegründet – jene Gruppierung innerhalb der DDR-Bürgerbewegung, die massgeblich an der sanften Revolution beteiligt war. Im Oktober 1989 demonstrierten auf dem Marktplatz 10 000 Wittenberger. Ihre Demonstration gipfelte im Anschlag von «Zehn Thesen zum Dialog» an der Rathaustür.

Wittenberg ist freilich längst keine «Grenze der Zivilisation» mehr, sondern multikulturell geprägt, nicht zuletzt wegen der international interessierenden Exportartikel: Dr. Martin Luther und Mitstreiter, nebst Luthers Predigtkirche, die seitens der Evangelischen weiterhin und für meine Ohren südlich tönend «Stadt- und Pfarrkirche St. Marien» genannt wird.

---

4 Klaus Scholder: Die Kirchen und das Dritte Reich, Frankfurt a.M. 1977, Bd. 1, Abb. 80; Abb. 85 zeigt einen mehr als «nordischen» Fackelzug vor dem Lutherdenkmal zum Abschluss der Synode. Abb. 87 zeigt die Sandsteinbüste des Lutherdenkmals, eine Nachbildung von Gottfried Schadow, auf dem Titelbild vom Sonntagsblatt der «Deutschen Christen» («Evangelium in Dritten Reich»), November 1933.

Güstrow

Von der «Lutherstadt Wittenberg» – seit Mai 1922 auf Beschluss des Magistrates so genannt – geht es an Berlin vorbei über eine dünn besiedelte, weite, flache Seenlandschaft zur Kreisstadt Güstrow, die sich auf Prospekten und Ortsschildern gern als «Barlachstadt Güstrow»[5] bezeichnet. Ankunft in der Abenddämmerung. An der Ortseinfahrt links der Hinweis auf Barlach-Museum und -Atelier, rechts im Flutlicht ein Stadion. Unüberschaubar viele parkende Autos. Wie ich auf Nachfrage im Hotel erfahre: «Internationaler Pfingstpokal» im Speedway-Stadion Güstrow. Motorradrennen auf einer ovalen Sandbahn sind absolute Highlights im Güstrower Eventkalender. Und die Innenstadt? Am Pfingstsonntag 21.00 Uhr wie ausgestorben. Selbst beim Italiener gibt es keine Pizza mehr – nur noch Eis. Mit einer Ausnahme: Die «Wunder-Bar» serviert noch Essen.

Der «Schwebende» im Dom

Unbedingt möchte ich am nächsten Morgen den «Schwebenden» (1927) sehen, jenes Ehrenmal von Barlach im Güstrower Dom – auch «Domengel» genannt –, das einmal begeistert begrüsst, später vehement verschmäht wurde. Ohne Umwege und pünktlich will ich zum Gottesdienst da sein, deshalb eine kleine Vorerkundung. Es ist 9.00 Uhr und so gut wie kein Mensch auf der Strasse unterwegs. Über den Rathausplatz gehe ich Richtung Dom. An der Ecke Kerstingstrasse – noch 150 Meter bis zum Dom – begegne ich schliesslich zwei Güstrowern: «Ist heute Gottesdienst im Dom?» Der Mann: «Weiss ich nicht. Ich bin nich so'n Jesusläufer.» Die Frau: «Gestern haben sie geläutet – aber heute?» Ich bedanke mich und verstehe so viel: Auch in Güstrow stehen Dom und Kirchgang nicht bei allen im Mittelpunkt des Interesses. Vorbei an einer erst unlängst für den Schriftsteller Uwe Johnson (1934–1984) aufgestellten Bronzestele – Johnson war Schüler des nahegelegenen John-Brinckmann-Gymnasiums – gelange ich durch den

[5] Die Stadt Güstrow darf sich seit dem 23. März 2006 offiziell «Barlachstadt Güstrow» nennen. – Wenn sich Städte mit den Namen ihrer einstigen Schriftsteller und Künstler dekorieren, entstehen bisweilen bizarre und spannungsvolle Verbindungen! Doch seit – statistisch nachgewiesen – in Deutschland mehr Menschen Museen als Fussballstadien besuchen, sind Künstler und ihre Lokalbezüge werbewirksame Standortfaktoren. History sells, art sells ...

Südeingang in den Dom, eine Backstein-Basilika, 1226 bis 1390 erbaut. Mit der Vorbereitung für den Gottesdienst beschäftigt ist ein Küster in blauer Arbeitsjacke, der freundlich und einladend Auskunft gibt: «Ja, um 10 Uhr ist Gottesdienst – bis nachher.» Wir erreichen die Kirche beim letzten Glockenschlag und finden reichlich Platz im Mittelschiff. Ein Gerüst verstellt etwas den Blick auf die Fresken an Säulen und Decke. Doch das Backsteingemäuer fasziniert auch so, gebrannte Ziegel, warm und in Abertausenden Terrakotta-Tönen. Die Pfarrerin spricht in ihrer Pfingstpredigt von dem, was uns im Herzen berührt, von kirchlichen Highlights wie dem «Christival» und von Abgründen religiöser Faszination, andeutungsweise von einer Geistheilerin, die gerade viele Güstrower faszinieren würde.

Doch wo ist der «Schwebende»? Diese erste Begegnung in Güstrow mit einer Figur Barlachs, auf die ich so gespannt bin? Im Blickfeld ist stattdessen im Chor ein riesiges Grabmal weltlicher Herrschaften – vermutlich mecklenburgischer Fürsten. Für mich mehr als ein Eyecatcher, eher ein optisches Ärgernis, das meine Andacht stört. Wann richten sich die evangelischen Vorbehalte gegen katholische Heiligenverehrung einmal gegen weltliche Potentaten und Mäzene? Wann kommt es einmal zu einem Bildersturm gegen die Bildnisse und Gräber der grossen Hansen und der etwas kleineren Fritzen in evangelischen Gotteshäusern? Nach Segenswort und letztem Amen halte ich Ausschau nach dem «Schwebenden». Doch noch einmal wird mein Blick von etwas anderem angezogen. Neben dem Taufstein erinnern Fotos und Texte an die Reichspogromnacht vom 9. November 1938, an die Zerstörung der Synagoge und die Vertreibung und Ermordung der jüdischen Güstrower. «Wussten das die Güstrower nicht?», lese ich als Überschrift und frage mich, warum da nicht steht: «Wussten das die Güstrower Christen nicht?» Und was würde das verändern, wenn es so formuliert an dieser Stelle im Dom zu lesen wäre?

Von hier wendet sich mein Blick dem Nordschiff zu und ich sehe endlich Barlachs Ehrenmal für die Gefallenen des Ersten Weltkrieges.[6] Die Figur schwebt über dem Boden, umgeben von einem schmiedeeisernen Gitter, das ursprünglich zu einem Renaissancetaufstein (1592) gehörte. Meditative Texte animieren die Betrachter zur Andacht. Von der, gelinde gesagt, wechselvollen Geschichte der Barlach-Figur entdecke ich zunächst keine Spur. Erst später im Museum erfahre ich, dass

---

6 Alle Plastiken und Graphiken Barlachs sind im Internet zu betrachten unter: http://www.ernst-barlach.com/fotoarchiv.html – im Laufe des Jahres 2009 auch die Zeichnungen (Zugriff 29. Januar 2009).

es zu allererst und vorauseilend die Domgemeinde selbst war, die schon am 15. März 1933 «mit überwältigender Mehrheit den Beschluss gefasst» und die preussische Regierung gebeten hat, Barlachs Figur aus dem Dom zu entfernen, weil «wir dem Denkmal [...] den Charakter eines Ehrenmals für unsere Gefallenen absprechen. Im Auftrag, (gez.) Martin, Domprediger.»[7] Die Figur wurde – als «entartete Kunst» verfemt – 1937 auf staatliche Anordnung abgeholt und vermutlich vernichtet. Glücklicherweise blieb für eine Nachbildung ein Zweitguss erhalten, der heute in der Kölner Antoniter Kirche zu sehen ist. Seit dem 8. März 1953 schwebt «Der Schwebende» wieder im Güstrower Dom. Für mein Empfinden alles andere als ein expressives Antikriegsdenkmal. Das Gesicht trägt Züge der befreundeten Käthe Kollwitz, Augen und Mund sind verschlossen, kein Schrei, kein Entsetzen, gänzlich unaufgeregt, Blick und Kopf himmelan gewandt, weg von mir und allem, was mich umgibt. Der Körper wirkt trotz seiner Grösse gänzlich unheroisch, mild, dem «irdischen Getümmel» (Friedrich Hiller) eigentümlich enthoben, die Arme am Körper anliegend, unter dem Gewand, eben flügellos schwebend, über-irdisch. Kein Denkmal für Sieger und keines für solche, die zu neuen Siegen aufbrechen wollen. Mir scheint, ich sehe vor mir eine Trostfigur für trauernde Hinterbliebene. Barlach selbst wollte in ihr «Erstarrtheit in vollkommener Entrücktheit, gewissermassen die Kristallisierung von ewiger Dauer formen»[8]. Das Motiv einer schwebenden Figur hat Barlach immer wieder beschäftigt, so z.B. in der Holzschnittfolge «Die Wandlungen Gottes» (1920/21) und im Holzrelief «Die Vision» (1912), auf dem über einem Träumenden Gott schwebt.[9]

Doch was hat die Repräsentanten der Domgemeinde einst bewogen, darum zu bitten, diese Figur zu entfernen? Aus was für einer Vorstellung vom Schicksal «unserer Gefallenen», dem ihrer Frauen, ihrer Kinder und Eltern wie ihrer Kameraden hat sich dieser Wunsch gespeist? Aus welchen Quellen ihres Glaubens? Aus nordischen Mythen? Wie kam es zu diesem Sinnenswandel? Die Kirchenleitung begrüsste

---

7 Ernst Piper: Ernst Barlach und die nationalsozialistische Kulturpolitik, München 1983, S. 77. Auch auf der aktuellen Homepage der Domkirchengemeinde (http://www.dom-guestrow.de, Zugriff 29. Januar 2009) findet sich keinerlei Hinweis auf ein kirchliches Mitwirken. Erinnert wird dagegen an einen Gottesdienst im Dom am 6. Dezember 1933, in dem sich die Gemeinde im später so bezeichneten «Güstrower Bekenntnis» von den Lehren der «Deutschen Christen» distanzierte.

8 Paul Schurek: Begegnungen mit Barlach, München 1959, S. 68.

9 Weitere Figuren dieses Motivs: «Schwebender» (1912), «Schwebender Gottvater» (1922), «Schwebender – Grabmal für Theodor Däubler» (1935).

Ende der zwanziger Jahre die Barlach-Figur, und dasselbe Gremium – mittlerweile unter dem Regiment der «Deutschen Christen» – lehnte sie sechs Jahre später energisch ab. Wie dehnbar ist religiöses Empfinden?

Gertrudenkapelle

Ernst Barlach: Der Sinnende (1934)

Ich mache mich auf den Weg zu einem stillgelegten Friedhof, in der Mitte eine kleine Pilgerkirche aus dem 15. Jahrhundert. Von aussen ist der ziegelfarbene Backstein sichtbar, der Innenraum ist komplett geweisselt. Die Gertrudenkapelle ist einzig mit Figuren Barlachs besiedelt. Hier, so hatte Barlach zu Lebzeiten mehrfach geäussert, könnte ein guter Ort sein, seine Figuren dauerhaft zu zeigen. Margarethe Böhmer (1887–1969) – Barlachs Frau der letzten zwölf Lebensjahre – hatte alles dafür getan, dass sein Wunsch nach seinem Tode wahr wurde.[10] So konnte hier 1953 das erste Barlach-Museum der Nachkriegszeit eröffnet werden. Zu sehen sind u.a. das Frierende Mädchen» (1917), der «Wanderer im Wind» (1934), der «Lesende Klosterschüler» (1930)[11] wie auch Barlachs letzte vollendete Figur, «Der Zweifler» (1937). Dreissig Plastiken und Reliefs, für mein Raumempfinden sind das zu viele Figuren. Der Raum der Pilgerkirche drängt – beinahe aufdringlich –

---

10 Wie ich andernorts erfuhr, wurde die Kapelle ab 1936 als Ahnenkapelle von den Nationalsozialisten genutzt.

11 Jene sitzende Holzfigur – in ein auf ihren Knien liegendes Buch vertieft –, die in Alfed Anderschs Roman «Sansibar oder der letzte Grund» (1957) eine zentrale Rolle spielt. Die ebenfalls als «entartete Kunst» verfemte Figur wird in dieser fiktiven Erzählung ins Exil nach Schweden gerettet.

zur religiösen Deutung der Figuren. In der ehemaligen Friedhofskapelle erscheinen sie mir wie eingefriedet, umfriedet, befriedet, verewigt, wie weggesperrt aus jeder erdenklichen Auseinandersetzung. Das Anstössige, der Streit um Barlachs Figuren erschliesst sich mir hier noch nicht, sie bleiben unzugänglich, hermetisch, abgeschlossene Vergangenheit.

Vorbei an «Mutter Erde» (1920) und den Schildern «Den Rasen nicht betreten!» strebe ich zum Ausgang. Wie so oft bei Kunstausstellungen erreicht mich (erst) beim Verkaufsstand Eröffnendes. Ich kaufe mir eine Postkarte von «Der Sinnende» (1934), eine Karte vom «Fries der Lauschenden» (1935) aus dem Hamburger Barlach-Haus und Barlachs Autobiographie «Ein selbsterzähltes Leben»[12] zur Ferienlektüre. Mich faszinieren spontan diese Holzfiguren vom Fries und mich spricht das Umschlagbild an: Barlach vollbärtig, mit weisser Schirmmütze, die Zigarette im Mund wie ein französischer LKW Fahrer, gar nicht nordisch, eher mediterran.[13] Diesen Barlach will ich kennen lernen – und den Ort seines Schaffens, sein Güstrower Atelierhaus.

Atelier am Inselsee

Draussen vor der Stadt, in unmittelbarer Nähe zum Inselsee, hat sich Barlach 1930/31, im 61. Lebensjahr, sein «Atelierhaus» errichten lassen, sein viertes Domizil und sein viertes Atelier in Güstrow. Diesmal also Wohnen und Arbeiten unter einem Dach. Aber was ist das für ein Wohnhaus neben dem Atelierhaus? Wieder hilft mir eine Begegnung am «Museumsshop» weiter. Der Kundige an der Kasse klärt mich auf: In diesem Haus wohnte das Bildhauerehepaar Bernhard Alois Böhmer (1892–1945) und Margarethe Böhmer (1887–1969). Barlach war mit beiden seit 1924 bekannt und befreundet. 1926 entwickelte sich eine engere Verbindung:

> «Im Heidberghaus [...] bringe ich Abende, halbe Tage, Morgende und Nächte zu [...] So lebe ich also mit einem Bein in der Sommerfrische – und was sonst noch dranhängt, muss einstweilen uneröffnet bleiben.»[14]

---

12 Ernst Barlach: Ein selbsterzähltes Leben, München 2007.

13 Später erfahre ich: Das Bild entstand nur zwei Monate vor seinem Tod, im Garten vor seinem Atelierhaus.

14 Ernst Barlach an Hans Barlach, 3. Juli 1926, in: Ernst Barlach: Briefe Bd. II (1925–1928), München 1969, S. 665.

Mir eröffnet der Mann an der Museumstheke, «was sonst noch dranhängt»: Das Ehepaar Böhmer liess sich 1927 scheiden, Ernst Barlach und Margarethe Böhmer wurden ein Paar, lebten zusammen im Heidberghaus, während der Ex-Gatte Bernhard A. Böhmer mit seiner zweiten Frau Hella die Wohnung in Barlachs Atelierhaus bezog. Ein friedliches Neben- und Miteinander der beiden Paare sei das gewesen – also noch mehr als Wohnen und Arbeiten unter einem Dach.[15]

Im Ausstellungsforum und im Graphikkabinett bleibe ich nirgendwo länger hängen. Wieder zu viel auf zu engem Raum, ich vertrage immer weniger angehäufte Bedeutung. Erst bei den Tonfiguren von Kindern reizt es mich zu verweilen. Grundschulkinder werden angeregt, ihre Beobachtungen an den Barlach-Figuren mit Stiften, Ton und anderen Materialien auszudrücken. Hier bricht für einen Moment, und für meinen Geschmack sehr wohltuend, das äusserst propere und museale Setting auf.

«Fries der Lauschenden»

Und dann muss ich stehenbleiben und staunen. Diese Gruppe fasziniert mich, die Gipsmodelle vom «Fries der Lauschenden». Nichts Monumentales, nichts, was mich in der Art expressionistischer Gefühlsausbrüche überfällt, kein Mahnmal und kein Monument. Da stehen neun halblebensgrosse, auf mich äusserst ruhig wirkende Figuren, nur durch Mimik und Gestik unterschieden. Lediglich der Blinde und der Wanderer stützen sich auf Stäbe. Eine Gruppe von Wahrnehmenden und eine Schule der Wahrnehmung für die Betrachtenden. Die einzelnen Figuren heissen: Die Träumende – Der Gläubige – Die Tänzerin – Der Blinde – Der Wanderer – Die Pilgerin – Der Empfindsame – Der Begnadete – Die Erwartende. Alle Figuren – bis auf «Der Wanderer» (1930) – sind im Atelierhaus entstanden, konzipiert allerdings zunächst für eine andere Bestimmung. Barlach entwarf 1926, anlässlich des 100. Todestages Beethovens, eine gigantische Grossplastik als Denkmal für den Bülowplatz in Berlin. Eine 13 Meter hohe Säule sollte in eine Beethoven-Büste münden, auf dem Sockel der Säule als

[15] Allerdings mit einem schrecklichen Ende: Barlach verstirbt 1938, Bernhard und Hella Böhmer bringen sich am 30. Mai 1945 aus Angst vor Verfolgung im Atelierhaus ums Leben, ihr damals 12-jähriger Sohn überlebte schwer verletzt. Bernhard Böhmer war einer der vier Kunsthändler, die mit dem Verkauf der als «entartet» beschlagnahmten Kunstwerke beauftragt worden war.

Relief zehn Figuren, ein «Fries der Lauschenden». Wie hat sich diese Gestaltungsidee mit den Auftraggebern und der Zeit verändert! Barlachs Entwurf für den Wettbewerb fand keinen Anklang. Ludwig Katzenellenbogen beauftragte Barlach 1930 mit der Figurenreihe, geriet aber bald darauf in eine finanzielle Krise und stellte die Zahlungen ein. 1934 schliesslich bat Hermann F. Reemtsma Barlach, die Arbeit am Fries fortzusetzen. Damit hielt er Barlach nicht nur finanziell über Wasser: Die Nazi-Kampagnen gegen seine Kunst brachten ihn schier um seine Schaffenskraft.

«Entartete» und nicht völkische Kunst – «Warum, warum?» (Ernst Barlach)

Kritik an Barlachs künstlerischem Schaffen war seit der Machtergreifung der NSDAP immer unverhohlener laut geworden. Seine Plastiken für den öffentlichen Raum – die Mahn- und Ehrenmäler – wurden gezielt diffamiert.[16] Barlach sei

> «dem deutschen Wesen fremd [...] Der deutsche Mensch kennt [...] den harten, selbstbewussten Mann, der gewillt ist, alle Schwierigkeiten zu überwinden, der mit brutaler Faust, mit dem Schwert in der Hand sich den Weg bahnt».[17]

Barlach konnte diese Kritik nicht fassen. «Warum haben diese unsichtbaren Feinde gerade mich zum Ziel ihrer Angriffe gemacht? Warum, warum?»[18]

---

16 Zwischen 1926 und 1935 hatte sich die Anerkennung, die Barlach als Künstler zuteil wurde, in ihr Gegenteil verkehrt. Entwürfe wurden abgewiesen (Stralsund 1932 und Malchin), ein Band mit Zeichnungen wurde beschlagnahmt und verboten (1935), seine Plastiken wurden verschmäht und entfernt: das Magdeburger Ehrenmal im Magdeburger Dom (1934), die «Gemeinschaft der Heiligen» an der Katharinenkirche in Lübeck (1936), der «Geistkämpfer» an der Universitätskirche in Kiel an Hitlers Geburtstag (1937), «Der Schwebende» in Güstrow (August 1937), das Hamburger Ehrenmal (1938).

17 Friedrich Hildebrandt – NS-Gauleiter, 18. Februar 1934, zit. nach Ernst Piper: Ernst Barlach und die nationalsozialistische Kulturpolitik, S. 104.

18 Mitgeteilt von Max Altdorfer, Neue Zürcher Zeitung, 23. Februar 1937; zit. nach Ernst-Barlach-Stiftung (Hg.): Ernst Barlach: Bildhauer, Graphiker, Schriftsteller, 1870–1938, Güstrow 2007, S. 110.

«Mir wird das Wort ‹artfremd› zugeworfen – ich ergreife es und prüfe es am Lichte. [...] Ohne Umschweife bekenne ich, nicht zu wissen, was artgemäss oder artfremd ist.»[19]

Barlach betont seine «unauflösliche Verbundenheit mit dem Heimatboden»[20] und dass

«es wohl im ganzen Deutschland kaum einen Künstler gibt, der von den ersten Anfängen an Form und Wesensgestalt seiner Arbeit aus der engsten Volksgemeinschaft heraus gewonnen hat».[21]

War Barlach für Maillol «nordique», so war seine Kunst für die Nazis offenbar nicht nordisch genug. «Nordique» wird mir zu einer äusserst schillernden Kategorie. So sehr Nord und Süd in Europa als unterschiedene Kulturräume erlebt werden, für die Kunst Barlachs ist diese Typisierung nicht hinreichend. Es sind weder Barlachs Studien in Paris (1895) und Florenz (1909), noch die Prägungen der Russlandreise (1906) und auch nicht die 25 Jahre in Güstrow, die ihn zu einem «nichtnordischen» oder «nordischen» Künstler machen. Weder seine Kriegsbegeisterung 1914 noch seine projüdische Parteinahme (1929)[22] kennzeichnen sein Schaffen. Der düstere Ernst, die mitunter monumentalen Ausmasse seiner Figuren, alles das ist zudem im «Fries der Lauschenden» abgetan. Hier entpuppt sich für mich der innere Antrieb des Schaffens Barlach am klarsten. Vielleicht auch deshalb, weil diese Figuren nicht mehr dem öffentlichen Raum zugedacht waren. Wie erscheinen hier Menschen! Diese Figuren hätte Maillol bei einem Besuch in Güstrow sehen sollen. Ob er dann noch so klar zwischen «nordique» und «mediterranée» hätte unterscheiden wollen?[23]

---

19 A.a.O., S.104 (zuerst in: Ernst Barlach: Lob der Bodenständigkeit, vermutlich 1933, abgedruckt in: Ernst Barlach: Prosa, Bd. II, München 1976, S. 24).

20 A.a.O., S. 112 (zuerst in: Ernst Barlach: Als ich vom Verbot der Berufsausübung bedroht war, 29./30. Juli 1937, abgedruckt in: Ernst Barlach: Prosa, Bd. II, München 1976, S. 427).

21 Ernst Barlach an Friedrich Hildenbrandt, 6. März 1934, in: Ernst Barlach: Briefe Bd. II, S. 1123.

22 Ernst Barlach: Wider den Ungeist, 1929, in: Ders.: Prosa, Bd. II (1925–1928), S. 399.

23 Zumal, wenn man Maillols voluminösen Frauenkörper «La Mediterrannée» (1905) vor Augen hat. Die BesucherInnen der documenta I (1955) und der documenta III (1964) hatten die Möglichkeit zum Vergleich, da sowohl Werke von Maillol als auch von Barlach ausgestellt wurden.

«[A]ber was er an Menschen gestaltet, das ist fremd, ganz fremd» (Alfred Rosenberg)

Ein bedenkliches Lob widerfährt Ernst Barlach von Alfred Rosenberg 1933. Barlach «beherrscht sein Material virtuos und seiner Schnitzkunst wird niemand Monumentalität absprechen».[24] Ausgerechnet der NS-Ideologe Alfred Rosenberg hat in dieser Schmähschrift böswillig artikuliert, was Barlachs Figuren auszeichnet: «Aber was er an Menschen gestaltet, das ist fremd, ganz fremd».[25] In der Tat: «Was Barlach an den Menschen gestaltet», das ist für jemand, der von der Vorstellung eines nordischen, arischen Herrenmenschen beseelt ist, «fremd, ganz fremd». Und nicht nur für ihn.

Fremd, weil Menschen hier nicht als Kollektiv oder Volkskörper, sondern als Einzelne erscheinen, in sich ruhend oder auch in sich vergnügt. Fremd, weil Menschen sichtbar werden auch in ihrer Einsamkeit und Verlassenheit, in ihrer Trauer und in ihren Gebrechen, ihrem Hoffen und Wünschen. Fremd der Vorstellung des Unverwundbaren und Starken, weil sie zerbrechlich und gebrechlich, versehrt, als auf Hilfe Angewiesene, als Bedürftige erscheinen, nicht auf sich selbst bauend. Menschen als beschädigte Wesen, als verletzte und verletzbare, auch erschütterbare und erschütterte. Sie stehen auch für so etwas wie eine kontemplative Existenz: sinnierende, nachdenkliche, nachempfindende Geschöpfe.[26] Sie sensibilisieren. Sie richten nicht, sie verurteilen nicht, sie bezeugen ihre Existenz. Darin erreicht mich ihre Spiritualität, ihre religiöse Aura. Nicht, weil einzelne Titel förmlich nach religiöser Bedeutung riechen – «Begnadete», «Träumende», «Gläubige», «Pilgerin» –, sondern weil das ihre ganze Erscheinung durchdringt.

Das ist auch gut ihrer Kleidung abzuspüren. Es sind in aller Regel Gewänder ohne Knopf und Kragen, Umhänge, Mäntel, Tücher. Barlachs Figuren kommen mir allesamt bekleidet vor wie Klosterschülerinnen und Klosterschüler in Chorgewändern. Ihnen haftet eine klösterliche Existenz an. Klösterlich auch, insofern sie sich dem Gebaren und den Gebärden ihrer Zeit entziehen, auch in Mimik und Gestik. Anders gesagt: Sie haben ein unmodernes, fast schon antimodernes Outfit, oder, genauer gesagt, ein vormodernes.

---

[24] Alfred Rosenberg, in: Völkischer Beobachter, 7. Juli 1933, zit. nach Ernst Piper: Ernst Barlach und die nationalsozialistische Kulturpolitik, S. 84.

[25] Ebd.

[26] Wie z.B. «Der Sinnende» (1934), der 1926 noch zum «Fries der Lauschenden» gehörte, später aber als Einzelfigur geschaffen wurde.

Dem entspricht ihr Blick. Ganz gleich ob mit halb geöffneten oder mit verschlossenen Augen: Die Lauschenden lauschen. Könnte sein, gerade wegen ihrer verschlossenen Augen hören sie umso intensiver. Die meisten Figuren Barlachs – nicht nur die im «Fries der Lauschenden» – verschliessen die Augen. Doch wovor? Vor dem, was nach Walter Benjamin Klees «Engel der Geschichte» mit aufgerissenen Augen sieht, nämlich «eine einzige Katastrophe»? Für mein Gefühl schauen Barlachs Figuren wie nach innen, wie in ein anderes Leben, rückwärtig erinnernd und auch visionär. Es ist kein «Augen zu und durch»-Gestus in ihnen. Sie alarmieren weniger, sie bezeugen aber nachdrücklich ein anderes Menschsein. Sie sind für mich auch Ausdruck eines gelassenen Apokalyptikers, der um ein Vorher und ein Nachher seines Äons weiss. Für mich schwingt und klingt in den geschlossenen Augen, in dem Wegschauen vom Hier und Jetzt, auch ein Perspektivwechsel à la Tersteegen mit: «[...] schlagt die Augen nieder; kommt, ergebt euch wieder.»

Ernst Barlach ist – so viel wurde mir in Güstrow deutlich – gewiss kein «Nordiker». Auch wenn er sich einmal ironisch, in Anführungszeichen, selbst so nennt.[27] Die Unterscheidung «nordique» oder «méditerranée» ist nicht aussagekräftig genug. Die Figuren vom «Fries der Lauschenden», wiewohl aus deutscher Eiche gefertigt, sind für mein Empfinden alles andere als «nordique». «Gothique» empfände ich als Charakterisierung zutreffender. Barlach selbst hat da eine Nähe gesehen:

> «Ich bekenne mich zur Schülerschaft von unbekannten Meistern, wie etwa des Christus am Kreuz, als oberdeutscher Herkunft bezeichnet, 13. Jh., zu sehen im germanischen Museum in Nürnberg. [...] Unsere unbekannten Meister, falls sie dergleichen zur Zeit riskierten, wer gäbe ihnen Brot und Aufträge?»[28]

Ernst Barlach ist ein Anachronist, ein Künstler im bewussten Widerspruch zu seiner Zeit, dessen Figuren quasi einer vergangenen Zeit entstammen und einer zukünftigen zugehören. Stärker als Güstrow oder Norddeutschland prägt intensive Zeitgenossenschaft sein Werk, auch wenn er den «Schwebenden» als «Kristallisierung von ewiger Dauer»[29] ansah. Barlachs Zeitgenossenschaft ist eine überregionale.

---

[27] Paul Schurek: Begegnungen mit Barlach. Ein Erlebnisbericht, München 1959, S. 100.
[28] A.a.O., S. 130.
[29] A.a.O., S. 68.

Er hat die Krise der Moderne tief empfunden und ihr etwas entgegenzusetzen versucht. In seinen Figuren aufersteht eine versunkene Welt, auferstehen vorindustrielle Menschen. Seine Figuren wie die vom «Fries der Lauschenden» sind Heilige ohne Heiligenschein, «Be-sondere» ohne explizite religiöse Kennzeichen. Sie sind, mit Begriffen unserer Zeit gesagt, implizit religiös und darin dann wiederum einer protestantischen Spiritualität verwandt, die sich, wenn es um sichtbare und ausdrückliche Zeichen von Religion geht, eher zurückhält. Doch Gotik und Protestantismus sind keine exklusiv nordischen Geschichten. Auch darum sehe ich in Barlach nicht in erster Linie einen Künstler des Nordens.[30] Vielleicht hätte Barlach auf Maillols Wort 1930 auch so reagieren können: «Tu es antique – Moi je suis gothique.»[31]

Barlachs Figuren würden ihre Ausstrahlungskraft für mein Empfinden stärker im Kontrast entfalten. So wie zur Zeit Arbeiten von Paul Klee im Untergeschoss der Neuen Nationalgalerie Berlin ausgestellt werden – im Kontrast zu hochglänzenden Grossskulpturen von Jeff Koons im Erdgeschoss. Erhellend wäre es, wenn Barlachs Figuren in Güstrow als Nachbarn Plastiken von Duane Hanson oder Tom Wesselmann bekämen – um nur zwei Beispiele zu nennen. Am stärksten wirkten sie freilich im öffentlichen Raum, vor Banken und Kaufhäusern, vis à vis der Lutherstatue in Wittenberg oder vor dem Eingang zum Speedway-Stadion Güstrow, als Anstoss zur Selbstwahrnehmung in der gegenwärtigen Lebenswelt. Das wäre in Güstrow ein Umzug von nur ein paar hundert Metern Luftlinie und doch so etwas wie ein Exodus in eine neue Welt, hin zu Menschen, die auf der Suche sind nach Arbeit, Liebe, Vergnügen – und dergleichen mehr. Da tauchten unverhofft unheroische Figuren auf wie aus einer anderen Welt, die bedeuten könnten: «Ecce homines» – «Seht, was für Menschen.»

---

30 Jürgen Doppelstein; Heike Stockhaus; Volker Probst (Hg.): Ernst Barlach – Artist of the North, Güstrow 1998.

31 Inwiefern «gothique» zu Barlach passt, mag man auch im Güstrower Dom prüfen, wo seine Figuren mit den Apostelfiguren (ca. 1530) des Lübecker Meisters Claus Berg korrespondieren.

Petra Bahr

Fremde Orte
Die Kirche als Heterotopos in der Stadt

Kennen Sie «Google Earth», dieses fabelhafte Spielzeug für Menschen mit Internetanschluss? Mit Google-Earth hat sich das Computerzeitalter einen Traum des Barock erfüllt. Der Universalphilosoph Gottfried Wilhelm Leibniz hätte feuchte Augen bekommen, wäre er bei einem kartographischen Überflug über die Welt dabei gewesen – mit Maus in der Hand und starrem Blick auf den Bildschirm. Einmal aus der Perspektive Gottes die Welt von oben sehen, vom Makrokosmos zum Mikrokosmos, das können wir Internetnutzer, dank der Kameraspione aus dem All, die uns ununterbrochen fotographieren. Erst erscheint die Erde wie eine Christbaumkugel in der dunklen Nacht der weiten Welt. Dann erscheinen Kontinente, später Länder. Der Betrachter wird geradezu magisch angezogen vom immer genaueren Bild. Und irgendwann kann man die eigene Patentante fast neben ihrem Swimmingpool winken sehen. Oder überprüfen, ob das gebuchte Hotel wirklich in Strandnähe liegt. Oder aber seine Heimatstadt lustvoll von oben anschauen. Beim kartographischen Blick über die Städte des Landes wird schnell klar, wie sehr die Kirchen als strukturgebende und ordnende Kraftzentren funktionieren.

Immer noch, auch nach mehreren Stadtentwicklungsepochen, spinnen sich Strassen und Wege als Stern oder Rasterform auf die grossen Kirchen zu – oder von ihnen weg – je nach Richtungssinn. Kirchen ordnen die Quartiere und Stadtteile. Und wo sie es nicht mehr tun, sieht man die Bausünden und die unmenschlichen Wohnareale schon von oben. Hier, wo die Zentren fehlen, fransen die Städte in Wohnsiedlungen und Bettenburgen aus, die wie Kirchtürme in den Himmel ragen und doch nichts mehr versprechen. Kein Wunder, dass auch unter den Stadtplanern unserer Zeit der Ruf nach zentrierenden Sakralbauten wieder lauter wird. Durch Bürgerhäuser, Stadtteilzentren und Mehrzwecksäle sind sie offenbar nicht zu ersetzen.

Es besteht kein Zweifel: Kirchen sind bedeutende architektonische Räume, die häufig die Geschichte einer ganzen Stadt in ihren Mauern tragen. Umbauten, Anbauten und Neubauten, Abrisse und Renovierungen legen sich übereinander wie die Schriften auf einem alten Palimpsest. Epitaphe und Bronzetafeln künden von traurigen Todesarten. Dort das adelige Fräulein, das im Kindbett stirbt und vom Vater, dem Patronat, eine ewige Erinnerung an der Seite des Kirchenschiffs erhält. Hier die langen Namenslisten der Erichs, Gustavs und Karls, junge Männer, die ein paar Jahre früher noch die Namen der Angebeteten in die Kirchenbank ritzten und dann in der Hölle von Verdun ihr Leben liessen.

Kirchen in der Stadt sind auch die Stein gewordene Erinnerung der wechselvollen Religionsgeschichte. Die Spuren von Reformation und Gegenreformation, von Umwidmung, Profanierung und Resakralisierung, von Brandschatzung und Neuaufbau verweisen auf eine unruhige, ja bisweilen gewaltvolle Geschichte. Kirchen mögen für die Ewigkeit gebaut werden, unveränderlich oder gar unverletzlich waren sie nie. Bilderstürme und Plünderungen haben Lücken in die ausgestellten Kunstschätze gerissen. In vielen Kirchen lassen sich die weissen Flecken noch erkennen. Spuren des Verlustes oder der Zerstörung, die bis in die städteplanerische Abrissphase der 70er Jahre ragen, sind überall sichtbar. Hier hat einmal ein Bild gehangen. Hier stand eine Apostelbüste. Hier haben sie die Retabel zerstört, dort die Rückseite des Flügelaltars übermalt, da wiederum den Hochaltar herausgerissen, hier den zweiten Turm abgetragen oder die Glocken eingeschmolzen. Viele Kirchen tragen auch schon eine eigene Umnutzungsgeschichte in ihren Mauern und manch eine Umnutzungsgeschichte ist schlicht Ausdruck eines grossen Mangels. An Baumaterialien, an Metall, an Raum.

Kirchen waren auch als heilige Räume niemals sakrosankt, sondern als Projektionsflächen und Austragungsorte von religiösen, ästhetischen und politischen Konflikten brisante Orte. Oft genug waren sie auch nur Experimentierflächen für wechselnde Geschmäcker oder die allmähliche Veränderung des religionsästhetischen Stilempfindens. Das ging nicht ohne Machtspiele und Intrigen ab. Viele Konflikte, die auf der Schwelle der Stadtkirchen tobten, entpuppten sich im Rückblick als Stellvertreterkonflikte. Der Pfarrer gegen die Bürgerschaft. Die eine Bürgerschaft gegen die andere. Die Christengemeinde gegen die Vertreter der weltlichen Hierarchie. Wer mag heute noch glauben, dass sich die Gemeinde die Ohren zuhielt, als im 19. Jahrhundert ein Kantor auf die Idee kam, eine Kantate von Johann Sebastian Bach aufzuführen. Oder dass man sich im Mittelalter heftige, und nicht immer nur theoretische Gefechte darüber lieferte, ob eine Christusfigur schön sein müsse, damit sie den Glanz des Göttlichen in der modernen Gestalt offenbare, oder hässlich und nackt, damit die Menschlichkeit Gottes auch vollendet zur Darstellung komme. Wer will sich heute noch vorstellen, welche Empörung ein Tafelbild von Conrad von Soest auslösen konnte. Mit tumultartigen Ausschreitungen auf dem Platz vor der Kirche. Oder mit welcher Brutalität im Ton im Heidelberg der 80er Jahre gegen die Schreiter-Fenster gekämpft wurde, die der Kirchenvorstand der Heiliggeistkirche an der Längsseite einsetzen wollte, um der Tatsache Rechnung zu tragen, dass das Gotteshaus in einer Stadt der Wissenschaften steht.

Oft – und Heidelberg ist geradezu ein Paradigma für die lange Geschichte von Kirchenkunstskandalen – ist nicht die Gemeinde im engeren Sinne der Ort, an dem der Konflikt sich anheizt. Oft sind es Kräfte von aussen, die durch ihre Vorstellung von dem, wie die Kirche zu sein hätte (die man nie besucht) zur Skandalisierung beitragen. Die Kirche in der Stadt, an der man tagaus tagein vorbei läuft, möglicherweise, ohne sie überhaupt je zu betreten, lagert Wünsche und Hoffnungen an, die mit dem, was in diesem Gebäude selbst geschieht, nicht immer viel zu tun haben. Dieser Effekt, dass Kirchen Hoffnungen und Erwartungen schüren, ohne dass man selbst über die Schwelle ins Ungewisse tritt, zeigt sich augenblicklich auch im Osten dieses Landes. Unzählige Fördervereine setzen sich für den Erhalt ihrer Kirchen ein. Menschen, denen zwei Diktaturen den Zugang zur christlichen Botschaft gründlich verbaut haben, engagieren sich nun dafür, dass die Kirche im Dorf bleibt. Ein Dorf, das seine Kirche nicht aufgibt, hat sich selbst noch nicht aufgegeben, heisst es hier, wo längst Geisterstädte die Bundesstrassen säumen.

Kirchen waren und sind als öffentliche Orte immer auch Orte, in denen sich die grossen gesellschaftlichen Konflikte spiegeln – oft genug, bevor sie entschieden sind. Da sind zuallererst natürlich die theologischen Konflikte, etwa der Streit um die Bedeutung des Abendmahls, der sich sofort im Arrangement des Kirchenraums niedergeschlagen hat. Und ja, nach Bekenntniswenden wurde auch im Kirchraum wieder ordentlich umgestellt, herausgerissen, neu in Auftrag geben und neu möbliert. Wenn es heute manchmal so scheint, als ob unsere Vorfahren ihre würdigen Gemäuer mit Respekt und Samthandschuhen angefasst hätten, so täuscht das.

Erst im 19. Jahrhundert, als der Historismus allmählich ein Geschichtskonzept populär macht, das das Heil in der Bewahrung des Alten sucht oder sich wenigstens um seine Imitation bemüht – wie die neugotischen Kirchen beweisen, die unser Land durchziehen – steigt auch der Respekt vor dem Hergebrachten. Vorher war man ganz lässig und ohne Hinterfrage davon überzeugt, dass jede Zeit ihre Kirchen, ihren Baustil, ihre Kunst und ihre Formen braucht, den alten Überlieferungen zum Trotz. Im 18. Jahrhundert, im Jahrhundert der emphatischen Vorwärtsstürmerei, konnte man sich mit dem Hergebrachten nur mühsam arrangieren. Wer das nicht glauben mag, kann einen anderen Beleg finden: die Gesangbuchredaktionen, die seit Hunderten von Jahren kürzen und entfernen, modernisieren und korrigieren. Dass diese Neuerungswut im Namen des Fortschritts und der religiösen Sprachmoden durchaus fatale Auswirkungen haben kann, wissen wir heute. Heute versuchen wir mit kritischen Editionen, Urtexten auf die Spur zu kommen. Die Orientierung an historischer Rekonstruktion steht in eigentümlicher Spannung zur kurrenten Geschichtsvergessenheit – oder ist es nur die Rede davon? In den letzten Jahren ist die Klage über das mangelnde Geschichtsbewusstsein der Moderne zur beliebten Pathosformel der Krisenrhetorik geworden, nach der früher alles besser war. Was den Umgang mit den Kirchen und ihrem Inventar angeht, so korrigiert die seriöse Geschichtsschreibung diese These als Vorurteil und Sehnsuchtsbild. Der Denkmalschutz ist ein wichtiges kulturpolitisches und religionspolitisches Anliegen, mit dem Martin Luther vermutlich wenig hätte anfangen können. Der bewahrende und konservierende Umgang mit Sakralbauten, Kunst und anderen Kulturgütern ist eine Erfindung des 19. Jahrhunderts, in dem Museen heilige Orte rückwärtsbezogener Utopien werden. Doch Kirchen, auch nicht die, die einen Eintrag in den Listen von Weltkulturerbe und denkmalgeschützten Bauten gefunden haben, sind eben in evangelischer Perspektive keine Museen einer vergangenen Christentumskultur oder Ausstellungen ehemaliger Glaubenskraft. Sie sind Orte, wo Menschen von veute dem Heute begegnen.

Kirchen sind mehr als Architektur, mehr als Marker in der Stadtlandschaft und ordnende Fixpunkte für den Städtebau. Sie sind auch mehr als bedeutende kulturelle Zeugnisse des Christentums. Wer die Bedeutung von Kirchen in der Stadt in seiner Reichweite erfassen will, darf Kirchen nicht auf ihre Baugeschichte, auf ihre Religionsgeschichte und ihre Kunst- und Musikgeschichte reduzieren. Kirchen sind immer auch symbolische Räume. Ihre Atmosphäre schürt Erwartungen, die den Alltag durchbrechen. Die Gottesdienste, die manchmal schon seit Hunderten von Jahren in einer Kirche gefeiert wurden, haben sich in den Mauern abgelagert wie feine Partikel, die den Raum zum Schwingen bringen. All die Gebete, verzweifelte und fröhliche, das Schweigen und das Reden ganzer Generationen, vollmächtige und belanglose Predigten, grosse Musik und kleine Hörmoden sind nicht einfach so vergangen. Sie strahlen ab. Von Vitruv ist ein schöner Dialog zwischen einem Baumeister und seinem Schüler überliefert: «Ich möchte, dass mein Tempel die Menschen bewege», sagt der Baumeister. «Und willst Du es mir gleichtun, dann studiere die Räume deiner schönen Stadt. Erkenne ihren Wert für die Menschen und suche das Geheimnis ihrer

Wirksamkeit zu erkunden. Viele Häuser bleiben stumm; einige werden Dich ansprechen und wenige werden singen».

Stadtkirchen sind Gebäude, die singen – auch wenn die protestantische Theologie des sakralen Raumes erst lange nach Vitruv entstanden ist. Auf den ersten Blick ist das Bild natürlich schief. Ein Gebäude kann ja schliesslich keine Töne von sich geben. Obwohl ein ordentliches Kirchgeläut die Umgebung schon mächtig in Schwingung versetzen kann. Doch wer je den Schritt über die Schwelle eines alten Kirchenportals ins geheimnisvolle Innere getan hat, der findet das Bild ganz einleuchtend. Es ist, als beträte man einen weiten Resonanzraum. Singende Gebäude, das meint zuallererst: Dieses Gebäude ist nicht verstummt im Laufe der Jahrhunderte, auch wenn es alt und bisweilen ziemlich gebrechlich ist. Es klingt. Es hat eine eigene Atmosphäre, die nicht muffig, sondern höchstens fremd riecht. Ein Gebäude, das singt, lebt ganz in der Gegenwart, so wie alte Musik auch heute noch Menschen bewegt. Orgeln und Chöre, der Gemeindegesang und die Stimme der Liturgen bringen den sakralen Raum allererst zum Schwingen und verbinden so die Klänge der Vergangenheit mit dem Sound der Gegenwart. Wie ein Schallraum versammelt ein evangelischer Sakralbau die Stimmen derer, die den Ort mit religiösen oder ganz weltlichen Erfahrungen erfüllt haben und verbindet sie in einem Generationenvertrag mit denen, die heute dort singen, beten, schweigen und reden.

Sie, die Kirche, zeigt sich aber auch resonanzoffen für die Umgebung, in der sie steht. Kirche in der Stadt – das ist kein isoliertes Areal sondern ein Bezugsort, an dem sich die architektonischen und geistigen Nachbarschaften brechen. Ein Gebäude, das singt, ist kein Museum und keine Ausstellungshalle für vergangene Glaubenskraft, auch wenn die Spuren der Vergangenheit immer wieder beeindrucken – die Einbildungskraft und der künstlerische Sinn derer, die vor uns ihren Glauben gestaltet haben. Sakralbauten sind Orte, die fremd bleiben in der Welt der Tiefgaragen, Banken und Warenhäuser, weil sie von einem Versprechen zeugen, das den Blick weitet. Kirchen sind Steinzeichen des Unsichtbaren im Sichtbaren und überschreiten deshalb immer die Bedeutung, die sie für die Topographie einer Stadt haben. In den immergleichen deutschen Innenstädten mit den auswechselbaren Ladenpassagen und Cityanlagen sind sie oft wie eine schiefe Nase im Gesicht der Stadt, durch die diese allererst einen Charakter erhält.

Für die symbolischen Ablagerungen, die den alten Gemäuern Bedeutsamkeit verleihen, die weit über das materiell Fassbare hinausgehen, hat der französische Philosoph Michel Foucault eine hilfreiche Kategorie gefunden. In einem sehr dichten Radioessay unterscheidet er zwischen der Topographie, die unser Leben allerorten bestimmt, in dem sie durch Routen, Plätze, Strassen und Orte ein Ordnungs- und Orientierungsmuster zur Verfügung stellt, ohne das wir nicht leben könnten, und den Heterotopien. Heterotopien sind Orte, die, anders als Utopien, einen wirklichen, messbaren, physikalischen Platz in der Welt einnehmen, und doch viel mehr als das sind, was sie auf den ersten Blick verkörpern. Heterotopien sind Orte, sagt Foucault, die

> «einen genau bestimmbaren, realen, auf der Karte zu findenden Ort besitzen und auch eine genau bestimmbare Zeit, die sich nach dem alltäglichen Kalender festlegen und messen lässt. Wahrscheinlich schneidet jede menschliche Gruppe aus dem Raum, den sie besetzt hält, in dem sie wirklich lebt und arbeitet, utopische Orte aus und aus der Zeit, in der sie ihre Aktivitäten entwickelt, uchronische Augenblicke. [...] Wir leben nicht in einem leeren, neutralen Raum. [...] Es gibt Durchgangszonen wie Strassen, Eisenbahnzüge oder Untergrundbahnen. Es gibt offene Ruheplätze wie Cafés, Kinos, Strände oder Hotels. Und es gibt schliesslich geschlossene Bereiche der Ruhe und des Zuhause. Unter all diesen verschiedenen Orten gibt es nun solche, die vollkommen anders sind als die übrigen. Orte, die sich allen anderen widersetzen und sie in gewisser Weise sogar auslöschen, ersetzen, neutralisieren oder reinigen sollen. Es sind gleichsam Gegenräume.»[1]

Und nun kommt Michel Foucault zu einer, wie ich finde, hinreissenden Erklärung, die noch einmal genauer fasst, was er meint, wenn er von Gegenorten redet.

> «Die Kinder kennen solche Gegenräume, solche lokalisierten Utopien, sehr genau. Das ist natürlich der Garten. Das ist der Dachboden oder eher noch das Indianerzelt auf dem Dachboden. Und das ist – am Donnerstagnachmittag – das Ehebett der Eltern. Auf diesem Bett entdeckt man das Meer, weil man zwischen den Decken schwimmen kann. Aber das Bett ist auch der Himmel, weil man auf den Federn springen kann. Es ist der Wald, weil man sich darin versteckt. Es ist die Nacht, weil man unter den Laken zum Geist wird. Und es ist schliesslich die Lust, denn wenn die Eltern zurückkommen, wird man bestraft werden.»[2]

---

1 Vgl. Michel Foucault: Die Heterotopien. Der utopische Körper, Frankfurt a.M. 2005, S. 9f.

2 A.a.O., S. 9.

Wer die Philosophie Michel Foucaults kennt, wird in diesem Zitat mit all den regressiven Träumen die ganze Philosophie in nuce finden. Nur lasse man sich nicht täuschen. Foucault sieht das Heterotopische nicht in der Regression. Die Kinderseele ist ihm nicht die Rettung vor der erwachsen gewordenen Moderne. Es geht ihm hier um die Mehrfachbesetzung eines Ortes. Dafür ist das Elternbett ein gutes Beispiel. Foucault präzisiert weiter: Gegenräume sind durch den Umgang mit zeitlichen Brüchen gekennzeichnet. An ihnen hängt ein anderes Zeitverständnis.

In der Tat: Ohne das Kirchenjahr in all seinen bedeutungsvollen Ausfaltungen wären die Kirchen nicht, was sie bis heute sind, auch wenn die meisten Städter sich halbwegs souverän nur noch auf ihr Weihnachtschristentum beziehen können. Kirchen in der Stadt halten diesen anderen Zeitensinn offen. Heterotopien verbinden sich nach Foucault mit einem Festzyklus. Sie fordern das Überschreiten einer Schwelle und eröffnen einen Raum, in der noch der Vertrauteste fremd bleibt, weil das Fremde nicht als etwas zu Überwindendes gilt. Es hat vielmehr buchstäblich Methode. In der Tat: Kirchen eröffnen einen Weg zum Heiligen, das auch als menschenzugewandte Botschaft fremd bleibt – gegenüber seinem Verbrauch unter Nützlichkeitserwägungen, ja gegenüber seiner Fasslichkeit als solcher. Und je näher es uns kommt, desto fremder wird es. Gegenräume, so Foucault, stellen andere Räume in Frage. Sie befragen nicht nur deren Funktion, sondern ihren Sinn für den Menschen. Als Gegenräume sind sie deshalb nicht einfach nur Räume des Kontrastes und der abgeschlossenen Reinheit vor der Welt – das wäre ja auch ganz und gar unevangelisch. Gegenräume können sie nur sein, wenn sie mit ihrem Umfeld kommunizieren. Das Gegen braucht ein Gegenüber.

Es lohnt sich meines Erachtens, neuere Ekklesiologien und kirchenreformerische Überlegungen zu einer Kirche der Orte jenseits der Parochie einmal vor der Folie des Foucaultschen Modells zu untersuchen. Dann wäre die Leitfrage weniger an Strukturmodellen denn an inhaltlichen Orientierungen entlang zu stellen: Wie kann eine Stadtkirche, ob mit oder ohne Ortsgemeinde, heterotopischen Charakter behalten? In den *notae ecclesiae*, also in den Zeichen, die einen evangelischen Ort im Vollsinn zur Kirche machen, liegt meines Erachtens, recht verstanden, das Heterotopische schon verborgen. Ich kann mir keine Stadtkirche vorstellen, weder als City- noch als Kultur- noch als Wegkirche, in der keine Gottesdienste gefeiert werden. Doch braucht es andere Heterotopieverstärker, damit wir selbst den heterotopischen Charakter neu verstehen. Kunst ist ein Heterotopieverstärker. Bildende Kunst, wenn sie gut ist, bringt den heterotopischen Charakter der Kirche in der Stadt zum Leuchten und zum Klingen. Damit riskieren natürlich die, denen ihr Kirchenraum lieb und teuer ist, bisweilen eine Brüskierung. Ist die Brüskierung mit einer künstlerischen Botschaft verbunden, die mehr ist als der Tabubruch um des Tabubruchs und des medialen Effektes willen, dann gehört der Prozess des «Wiederfremdwerdens» des Vertrauten geradezu zu den *notae ecclesiae*, weil die Verkündigung der christlichen Heilsbotschaft ohne Irritation und geistliche Herausforderung nicht auskommt. Das muss nicht heissen, dass eine solche Verkündigung immer anstrengend ist. Für Foucault sind schliesslich auch das Gelächter und der Humor, die wiedergewonnene Leichtigkeit in allem Schweren ein Moment des Heterotopischen, genau wie das Fest eine Auszeit von den üblichen Zeitzwängen ist. Doch wer die Predigt auf die Beglückung des frommen Gefühls reduziert, hat das Heterotopische des Evangeliums schon verraten.

In Abwandlung des Anschlusszitats, mit dem Foucault seine Rede beschliesst, gilt deshalb: Gesellschaften, deren Kirchen keine Heterotopien mehr sind, sind wie Kinder, deren Eltern kein Ehebett haben, in dem sie spielen können. Dann versiegen ihre Träume. An die Stelle des Abenteuers tritt dort die Bespitzelung und an die Stelle glanzvoller Freibeuter die Polizei. In der Sprache Martin Luthers gesagt: Wenn die Kirchen keine Orte der *fides creatrix*, keine Räume für die Entfaltung der Kreativität des Glaubens in der Gegenwart mehr sind, dann treten an die Stelle der Glaubensabenteurer, die sich fröhlich und getragen dem ungesicherten Leben zuwenden, die Wächter von Kirchenanstand und Rechtgläubigkeit ohne persönlichen Lebensgewinn und Orientierung.

Über Land und auf den Gottesacker | Wanderungen

Maurice Baumann

Tagebuch eines jurassischen Flaneurs

I. Eine anachronistische Pilgerfahrt mit sechs Stationen

29. September 2004

«Les œuvres se font dans des cachettes.
On ne voit pas les oiseaux pondre sur les terrasses.»[1]

Auf dem Bahnsteig drei in Delémont beichtet der städtische Professor schulmeisterlich und etwas süffisant seiner alten Gouvernante, wie herrlich das Flanieren im Jura war. Er habe sich in den Schluchten, auf den weiten Hochebenen und unter den imposanten Tannen so köstlich erholen können.

> «Man schliesst die Augen und lässt sich von der belebenden Luft göttlich beseelen, als wäre die Zeit an den Sternen aufgehängt»,

poetisiert er. Fast wäre er geblieben, obschon es – ausser der holzigen Landschaft – nur wenig zu sehen gibt; er möchte aber die Premiere im Theater und die Philharmonie im Konzertsaal und den berühmten Prediger im Dom nicht verpassen; er freue sich besonders auf diese Reise nach Berlin.

Ich höre seiner kurzen Vorlesung amüsiert zu, umso mehr, da ich selbst dabei bin, für ein paar Tage im Jura zu flanieren. Körperliche Erholung ist eigentlich ein lächerliches Thema angesichts der Tatsache, dass sich im Jura – innerhalb eines begrenzten Raums von knapp 1500 km^2 – Europas grösste Sammlung moderner Kirchenfenstern befindet. Dort sind in mehr als 50 Kirchen oder Kapellen, Werke von beinahe 30 Künstlern des 20. Jahrhunderts zu bewundern; davon Léger, Bissière, Estève, Manessier – um nur solche nennen, die eine weltweite Anerkennung geniessen.

---

1 Alle Mottos sind Zitate aus dem Buch von Félix Leclerc (1961), Le calepin d'un flâneur, Montréal-Paris.

Diesmal möchte ich eine kürzere herbstliche Pilgerfahrt mit sechs Stationen unternehmen, denn die Glasfenster grenzen an das absolute Lichtwunder, wenn sie die Herbstsonne anstrahlt.

Im Centre Saint-François von Delémont, wo ich übernachten werde, nehme ich an der Morgenandacht in der Kapelle teil. Dort befinden sich die Glasfenster von André Bréchet (1921–1993). Er studierte in Basel, in Deutschland, Italien und Paris, wo er Schüler von Lhote und Léger war. Er ist der Pionier. Als erster im Jura ging er neue Wege in der Glasfensterkunst. Er ist der geniale Totengräber der Tradition der industriellen Glasfenster mit ihren stereotypen Darstellungen von lokalen Heiligen. Allein im Jura beherbergen elf Kirchen oder Kapellen seine Werke. Die westliche Lichtwand der Kapelle koloriert den Raum derart, dass dieser bei jeder winzigen Lichtvariation eine neue Gestalt annimmt. Das Geheimnis der Farben ist am Werk. Eine ephemere und farbige Architektonik evoziert menschliche Fragilität und belebt das Kruzifix auf der nackten Nordmauer der Kapelle. Plötzlich verhüllt eine flüchtige Wolke die Sonne und da verblasst auch schon die verklärte Alltagsbanalität.

Mit dem Postauto fahre ich am Nachmittag nach Develier. Die alte Kirche steht am Hang eines Hügels: solide und bodenständig, ohne grosstuerisches Aussehen. Die Glasfenster sind von Roger Bissière (1886–1964). Dieser Freund von George Braque war Lehrer von Alfred Manessier und arbeitete mit Le Corbusier. Als der Zweite Weltkrieg ausbrach, zog er sich definitiv in sein Heimatdepartement (Lot) zurück und verzichtet auf das kreative Schaffen bis zu Kriegsende. Ich betrete das Gebäude. Der Schock ist gewaltig, nachhaltig: die Poesie der Farben, mit elementaren Mitteln, kleine und geometrische Flächen, traditionelle Kombination von warmen und kalten Tonfarben, zerfurchte Strukturen an der zaudernden Grenze eines unmöglichen Traumes – die schönsten Kirchenfenster, die ich je gesehen habe. Der Dichter Arthur Rimbaud hatte doch recht: «Elle est retrouvée. Quoi ?- L'éternité.»

Nach der Rückkehr weile ich noch für eine kurze Zeit in der Kapelle des «Centre Saint-François». Durch die westliche Glaswand schimmert das Dämmerlicht. Ich habe das unheimliche Gefühl, dass ich zum ersten Mal da sitze.

30. September 2004

«Les rendez-vous mémorables sont clandestins.»

Sechs Minuten Zugfahrt und schon komme ich in Courfaivre an. Ich bin mit Fernand Léger (1881–1955) verabredet. Er ist der Berühmteste von allen. Er war Gefährte von Picasso, Braque, Gris und Klee, und wie Chagall und Picasso ist ihm ein *Musée National* gewidmet. Ich bin gespannt, denn Léger hat sich mit dem Credo auseinandergesetzt. Seine Glasfenster sind bewusst figürlich komponiert und von der mittelalterlichen Ikonographie inspiriert, als möchte er die historische Dichte des alten Textes bewahren. Mit den drei traditionellen Mitteln der Farben, Figuren und des farblosen Glases gestaltet er – wie im Mittelalter, von links nach rechts – seine theologische Erzählung. Dabei stellt er ihre üblichen Rollen auf den Kopf: Die Linien konturieren nicht mehr die Farben; sie verselbständigen sich zu neuen Formflächen; die farblosen Elemente durchqueren Farben und Konturen und vagabundieren in aller Freiheit; die Rigidität der Bilder wird durchbrochen und es entstehen Risse und Verschiebungen. Das Dogma wird zur Poesie; eine Poesie des Lichtes und der Freude, die für alle, Gläubige und Ungläubige – wie der Künstler selbst sagte –, gedacht ist. Was für eine theologische Kunst!

Ich fahre mit dem Zug nach St. Ursanne. Von dort aus mache ich eine einmalig schöne Wanderung bis ins Tal, wo der Doubs fliesst: Die Pracht der herbstlichen Farben des Waldes, der Duft der Pilze, die Rundungen der Landschaft, die Unbekümmertheit der Kühe und der Pferde auf dem Feld, aber auch die Schweissausbrüche der Erntearbeiter, die prekären Lebensumstände, die Dürre, die Aridität des Erdbodens. Ich betrete ein Land der Gegensätze, wo Freude schamhaft bleibt, Leiden sich gesittet ausdrückt, Hoffnung bescheiden beharrt, Humor ernsthaft zum Zuge kommt und Menschlichkeit allen gilt. Ich komme in Soubey an. In der alten Kirche sind die Glasfenster von Coghuf (1905–1976) zu sehen. Er ist in Basel geboren, wo er zuerst Kunstschlosserei studierte. In Paris begegnete er dem tunesischen Maler Jules Lelouche und besuchte die Kunstakademie «La Grande Chaumière». Von 1934 bis zu seinem Tod lebte er in Muriaux, im jurassischen Bezirk der Freiberge, in der Nähe von Soubey. Er war prädestiniert für die Realisierung der Glasfenster: ein Künstler, der von dieser soliden Menschlichkeit und von dieser ungeschliffenen Landschaft weiss, beflügelt ist und hier wurzelt. Ich betrete die Kirche und stehe mitten im menschlichen Leben. Coghuf hat biblische Themen mit Licht geschmiedet, sie mit den Kontrasten der Landschaft versöhnt, ihnen menschliche Grenzen gesetzt und bodenständige Hoffnung, himmlische Lebenspoesie und stille Menschlichkeit verliehen. Im Chor der Kirche leuchtet die Auferweckung des Lazarus, die Coghuf seinem tödlich verunglückten Sohn, Antoine, widmete.

Ich übernachte im kleinen Dorfhotel.

1. Oktober 2004

«Un air de flûte qui vient de la colline attire l'attention plus que 400 tambours des parades.»

Von Kuhglocken in den Schlaf gewiegt, sehe ich morgens ausgeruht einem herrlichen Tag entgegen. Zuerst mit dem Postauto und dann mit dem Zug fahre ich nach Glovelier. Nach einem kurzen Spaziergang komme ich in Berlincourt an, einen kleinen Weiler mit kaum 200 Einwohnern. Dort befindet sich eine nicht allzu grosse Kapelle, erbaut mit groben Kalksteinen aus dem Jura. Umgeben von massigen Höfen, schmiegt sie sich den ersten Steilhängen der Pichoux-Schlucht an. Für den Wanderer bleibt sie unbemerkt. Es sei denn, er hätte schon von ihrem unschätzbaren Kunstschatz gehört: In diesem bukolischen Rahmen bricht die unsagbare Schönheit der Glasfenster von Estève (1904–2001) hervor. Dieser Künstler ist weitgehend Autodidakt. Lediglich ab 1924 besucht er das freie Atelier der Akademie Colarossi. Dort versucht Estève nach dem Vorbild Georges Braques und Fernand Légers zu einer konstruktiven Umsetzung seiner Motive zu gelangen. Seit den 50er Jahren werden in vielen Retrospektiven seine Werke in ganz Europa aufgestellt; er fand damit weltweite Anerkennung. Ich betrete das Gebäude: Ein absolutes, ästhetisches Wunder, ein Feuerwerk der Farben und zugleich ein Schlund der Stille und des Friedens. Die Zeit steht still; das absolute Paradox der unbeweglichen Freude, des sterblichen Schönen und der dynamischen Langsamkeit, als würde man in der farbigen und stummen Aufführung der Nänie von Brahms und des Requiems für Mignon von Schumann versinken. Erst beim Einbrechen des Dämmerlichtes bewegt sich die Zeit wieder. Ich kehre zu Fuss nach Glovelier zurück und fahre dann mit dem letzten Postauto nach Les Genevez, wo ich bei Freunden übernachte.

2. Oktober 2004

> «Parfois sur la toile du peintre naissent
> des lueurs comme celles
> qui couvent au fond des éternités.»

Die Kirche von Les Genevez – ohne jegliche architektonische Bedeutung – wurde 1933 erbaut. Sie ist Maria Magdalena gewidmet. Deswegen wurde dem Künstler Yves Voirol (*1931) auch der Auftrag gegeben, er solle seine Glasfenster ihr zu Ehren kreieren. Voirol ist ein Schüler von Coghuf und stammt selbst aus dem Jura. Der ehemalige Primarlehrer und spätere Dozent an der Universität Bern lebt seit 1996 zeitweise in Berlin und im Jura. In Les Genevez erzählen seine Glasfenster nicht die Geschichte einer heiligen Jungfrau und Märtyrerin, sondern – wie er selbst schildert – jene einer schönen und freien Frau. Es entsteht eine Farbenbiographie, die zwischen der scharlachroten Sinnlichkeit und dem Kolorit der Trauer, zwischen der goldenen Freude und dem Grauen des Todes des Geliebten oszilliert, und dann im Chor das überwältigende Eindringen des irdischen Lichtes: zwei völlig weisse Glasfenster – eine paradoxe Spiritualität, die Himmel und Erde vereint.

II. Die Torheit der Künstler

3. Oktober 2004

> «Las, perdu, fatigué, traqué, une haleine d'alcool en bouche et crasse sur le corps et vilains poissons pourris dans l'âme, il s'est arrêté dans le silence des colonnes à l'église. Il poursuit sa fuite dans le grouillement du monde et il ne peut plus prier et il ne peut plus pleurer. Qui est-ce ? La brebis perdue ou peut-être celui qui la cherche.»

Leicht hin- und herwiegend vom taktmässigen Rhythmus des Zuges, folge ich wie in einem Wachtraum den Eindrücken und Bildern, die mein Flanieren im Jura hinterlassen hat. Wie war diese surrealistische Begegnung zwischen grossen Künstlern und einer gottverlassenen Gegend, die der kultivierte Professor mit Herablassung würdigte, möglich? Wieso treffen sich plötzlich und mit letzter Hartnäckigkeit anonyme Hinterwäldler und berühmte Figuren? Was denken sich diese abgelegenen und armen Kirchgemeinden wohl, dass sie sich für moderne, «abstrakte» Kunst interessieren und finanzielle Risiken auf sich nehmen? Jetzt höre ich wieder die ältere Dame, die in Soubey in der Kirche meditierte. Sie erzählte mir von der führenden Rolle der Architektin Jeanne Bueche, die unzählige Kirchen im Jura renovierte, und wie sie als Kunstsammlerin privilegierte Beziehungen zu den Künstlern pflegte.

> «Aber der eigentliche Grund ist ein anderer», meinte sie. «Unsere Kirche ist jetzt einmalig schön und Schönheit ist ein Gebet, und mit den Augen kann man auch beten.»

«Ist dieser Platz noch frei?»

«Natürlich!»

Was für eine Überraschung! Mir gegenüber sitzt jetzt mein Bahnsteig-drei-Professor. Ganz unvorsichtig frage ich ihn, wie es denn in Berlin war. Dass ich davon weiss, scheint ihn nicht einmal zu wundern! Es ist für ihn wahrscheinlich selbstverständlich, dass alle Welt von seinen kulturellen Reisen Kenntnis hat. Er erzählt und schwadroniert vom Dom und seinem berühmten Ehrendomprediger – den er persönlich kennt –, vom Konzertsaal und dem genialen Dirigenten, von der Charlottenburg-Kapelle und der calvinistischen Tradition. Befremdet höre ich ihm zu, ich registriere aber reagiere nicht.

> «Ich muss leider hier umsteigen. Ich hätte noch so viel zu erwähnen und ...»
>
> «Adieu, Herr Professor.»

Langsam komme ich aus dieser akademischen Sintflut heraus und versinke vergnügt wieder in meinen jurassischen Nachklängen. Wie paradox ist doch die ganze Situation. Wieso haben plötzlich diese ländlichen Bauerngemeinden auf ihre komfortable und billige Tradition der industriellen Glasfenster samt ihren beruhigenden Heiligenfiguren verzichtet und diese Pionierarbeit gerade einem jungen, unbekannten Künstler anvertraut? Es gibt noch grössere Geheimnisse. Nach seinem Protestschweigen in den Kriegsjahren verzichtete Bissière auf figürliche Kunst und widmete seine Arbeit einzig und allein der Schönheit der Welt und des Lebens, was ihm auch weltweite Anerkennung brachte. Was hat ihn aber dazu bewegt, sein kreatives Schaffen anonymen Betenden zu schenken und dabei sich selbst auf das Risiko der Anonymität einzulassen? Denn in der Kirche von Develier habe ich in der Tat vergeblich nach irgendeinem Faltblatt zu den Glasfenstern gesucht. Und wieso setzt sich der deklarierte Atheist Léger mit dem Credo auseinander und dies noch in einer kunstgeschichtlich bedeutungslosen Kirche? Vor allem aber: Was ist das für eine theologische Kühnheit seitens der Laien, die dem Ungläubigen zutrauen, er könne ihren Glauben und ihr Gebet beschwingen. Wie konnten die Leute von Soubey ihre unter Denkmalschutz stehende Kirche einem Künstler ausliefern, der behauptete, dass Kunst deswegen heilig sei, weil sie vom Menschen kreiert wird? Noch verrückter ist es mit Estève. Die Glasfenster von Berlincourt sind seine ersten und letzten. Mehrmals wurde er deswegen angefragt – aber vergebens, jedes Mal winkte er ab. Und jetzt strahlen seine einzigen Kirchenfenster in einer bescheidenen, belanglosen Kapelle. Die theologische Freiheit der Kirchgemeinde von Les Genevez fasziniert mich: Das Projekt von Voirol haben sie begeistert aufgenommen, obschon der Künstler Maria Magdalena ihrer göttlichen Gestalt beraubt und sie gänzlich humanisiert hat.

Was ist geschehen? Erstaunlich, wirklich erstaunlich.

4. Oktober 2004

> «Les qualités de révérence. Celle devant le talent,
> l'autre devant l'argent.»

Der alte Sigrist meinte:

> «Von Kunst verstehe ich gar wenig, aber diese Künstler sind grosse Männer, weil sie uns respektieren. Sie sind zu uns gekommen, haben die Kirchen angeschaut, haben uns zugehört und unsere unbeholfenen Worte, unseren einfachen Glauben und unsere Traditionen ernst genommen. Stellen Sie sich vor, der Voirol schlenderte tagelang in der Kirche herum, las die biblischen Geschichten, nahm die Heilige Maria Magdalena in sich auf und eignete uns ihre zarte Schönheit zu.»

Er hat es wahrscheinlich auf den Punkt gebracht, als er mir dies sagte. Es könnte sein, dass diese Künstler so etwas wie priesterliche Querfiguren sind; Initiatoren von inneren Reisen, von religiös authentischem Vagabundieren; Neuentdecker einer vergessenen Religion und Regisseure eines stillen Gottesdienstes oder Herolde anonymer Seligpreisungen. Meine jurassische Wanderung hinterlässt in mir die wohltuende Entdeckung einer Religion ohne Machtansprüche, die ihre Stärke in der Schwachheit ausdrückt, die zur freien Disposition steht, bedingungslos und ohne nach Herrschaft zu streben; eine Religion, die nichts usurpiert, wenn sie sich die antike Lebenspoesie zu eigen macht:

> «Wir haben aber diesen Schatz in tönernen Gefässen, damit die überschwängliche Kraft von Gott ist, und nicht von uns; allenthalben bedrängt, aber nicht erdrückt, ratlos, aber nicht mutlos, verfolgt, aber nicht verlassen, niedergeworfen, aber nicht vernichtet.» (2Kor 4,7–9)

Dieses jurassische Freilichtmuseum ist von einem Grundparadox durchdrungen. Das verleiht ihm die unumkehrbare Kraft einer religiösen Ästhetik, die seine Besucher und Besucherinnen zu einem existentiellen Flanieren einlädt, behutsam ohne jegliche Arroganz. Zärtlich und lieblich weckt es in ihnen erquickende Assoziationen, die plötzlich alte, paradoxe Aphorismen mit verheissungsvoller Hoffnung aufblühen lassen.

> «Selig, die im Geiste arm sind, denn ihrer ist die Himmelsherrschaft. Selig die Trauernden, denn sie werden getröstet werden. Selig die Demütigen, denn sie werden das Erdreich erben.» (Mt 5,3–5)

Mein jurassisches Spazieren lässt mich einfach nicht in Ruhe. Von der körperlichen Erholung spüre ich nur die Steifheit meiner Gelenke, aber die Unruhe ist eine ganz andere. Wenn ich an meine Pilgerfahrt denke, so packt mich eine Faszination, die eine Umkehrung der Werte, einen Umbruch der Normen und eine andere Welt ahnen lässt; so als würden durch die verrückte Verbindung von berühmten Künstlern und anonymen kleinen Leuten, die sich in unbedeutenden Kirchen begegnen, Interpretationsoasen entstehen, in denen sich eine anspruchsvolle Lebenspoesie, welche menschliche Existenz in Bewegung setzt, manifestiert; stark, überzeugend, echt wie der Mann aus Nazareth. Das jurassische Freilichtmuseum widerspiegelt etwas von der Grundparadoxie der christlichen Traditionen. Es erzählt von den Letzten, die die Ersten sein werden; es inszeniert die Gnade, die genügt und die ihre Stärke in der Schwachheit realisiert; es dokumentiert die Weisheit Gottes, die den Menschen eine Torheit ist. Ich komme von der Frage nach der Überzeugungskraft dieser Kunstwerke nicht los. Woran liegt es, dass ich in diesen Kirchen und Kapellen von existentiellen Fragen, denen ich mich nicht entziehen kann, dankbar und freudig überwältigt werde? Und dies geschieht wie von selbst und ohne jegliches Kopfzerbrechen, sondern mit einer friedlichen Evidenz, die mich dank einer stimmigen Atmosphäre zu einem anspruchsvollen Nachdenken zwingt.

Die bekannte Problematik der analogen und digitalen Kommunikation, wie sie einst Watzlawick thematisiert hat, spielt hier wahrscheinlich eine entscheidende Rolle. Inhalt und Form beziehen sich aufeinander – ohne Kommunikationsstörungen, denn diese entstehen gerade dort, wo antagonistische Spannungen zwischen Inhalt und Form vorhanden sind. Die Stationen meiner Pilgerfahrt aber leben von einer ungestörten Kommunikation, die ganz im Dienste des Menschen und der evozierten religiösen Poesie steht. Mögliche Störfaktoren dieser Kommunikation werden souverän und vergnügt ignoriert: Die Berühmtheit der Künstler wird anonymisiert und die Kirchgemeinden rühmen sich der geschenkten Schönheit überhaupt nicht. Mir scheint, dass ich intuitiv verstehe, was die Sozialpädagogen mit dem Begriff der Plausibilitätsstruktur meinen, wenn sie behaupten, dass Kommunikation von neuem Wissen nur dann sinnvoll ist, wenn sie gleichzeitig seine konkrete Umsetzung ermöglicht. Die jurassischen Kirchen und Kapellen laden nicht nur zur existentiellen Auseinandersetzung mit den christlichen Traditionen ein, sie offerieren dem Besucher und der Besucherin auch Raum und Zeit dafür.

III. Die Weisheit der Theologen

5. Oktober 2004

«L'homme ce péché de Dieu.»

Gerade habe ich mir die CD von Bachs Kantate «Schmücke dich, o liebe Seele» angehört und schon besuche ich in Gedanken mein Lieblingsmuseum. Es überrascht mich nicht, denn beim Hören einer Aufnahme verschwinden – wie in den jurassischen Kirchen und Kapellen – alle Störfaktoren, die sonst im Konzertsaal auftauchen: der Applaus, die immer peinliche Verehrung des Dirigenten und die zur Ehre der Interpreten aufgeklebten Grossplakate. Solche Gedanken führen mich natürlich wieder zu den Berliner Erlebnissen des Professors; schon sitze ich wieder im Zug von vorgestern und erinnere mich an seine Erzählungen. In meinem Kopf nehmen die Fragmente seiner Eisenbahnrede langsam Konturen an. Ich höre ihn, als würden wir beim Kaffee miteinander plaudern. Er zitiert die Dompredigt:

> «Gott macht es umgekehrt. Er legt den Schatz seiner Herrlichkeit in ein wenig imponierendes, schwaches, zerbrechliches Gefäss: in die tönerne Kirche [...] Die tönerne Gestalt der Kirche ist letztlich die Kehrseite dessen, dass sich Gott alle Macht, Leben zu schaffen und zu tragen, selbst vorbehält.»

Wiederum spüre ich bei mir das gleiche Befremden aufkommen, denn das Gebäude, in dem diese Sätze erschallen, strotzt doch so nur vor verzweifelten Machtanstrengungen. Die Gebildeten der Reformationszeit finden wir auf den Säulen um den Altarraum, die Mächtigen jener Epoche auf denen um die kaiserliche Loge, und obendauf, am Rande der grossen Kuppel können wir sogar die Seligpreisungen lesen; ein schönes Paradox, das mir als gewaltiger Störfaktor begegnet. Viel eleganter als ich es könnte und humorvoll hat Kierkegaard die Paradoxie der kirchlichen Kommunikationsstörfaktoren ausgedrückt:

> «In der prächtigen Domkirche tritt der hochwohlgeborene, hochwürdige, geheime General-Oberhofprediger auf, der auserwählte Günstling der vornehmen Welt; er tritt auf vor einem auserwählten Kreis von Auserwählten, und predigt gerührt über den von ihm selbst ausgewählten Text: ‹Gott hat auserwählt das Geringe vor der Welt und das Verachtete› – und das ist niemand, der lacht.»[2]

Kirche und ihre Kommunikationsstörfaktoren wären sicherlich ein spannendes Programm für die Praktische Theologie. Dem muss ich noch nachgehen.

6. Oktober 2004

> «Certains quand ils parlent, ils ont beau venir de très loin et avoir des habits tissés, des airs mystérieux, de la diction et des souvenirs passionnants et des bagues, c'est du faux-prince, c'est rien du tout, on bâille. D'autres, c'est de la drogue. On en a pour quatre jours à s'en remettre.»

Erneut beschäftigt mich die ruhige Paradoxie, die die jurassischen Kirchen und Kapellen ausstrahlen. Sie überzeugt einfach. Dagegen irritiert mich das Paradoxe der Dompredigt. Auf der einen Seite begegne ich einem gewaltigen Störfaktor, auf der anderen einer fragilen und wohltuenden Einladung. Zwischen beiden Paradoxen besteht eine qualitative Differenz. Im Dom sehe ich mich mit einem institutionellen, system-immanenten Widerspruch konfrontiert, im Jura hingegen mit einer existentiellen, system-aufsprengenden Überraschung. Als ob es mir weiterhelfen möchte, unterbricht das Phantom des Professors meine Gedanken mit einem weiteren Zitat des Prof. Dr. Predigers:

---

2 Sören Kierkegaard: Der Augenblick, Düsseldorf 1959, S. 201.

> «Die Mächtigen und Weisen sollen lernen, dass Macht und Ansehen vergänglich sind [...] Das stärkste Argument des Paulus gegen menschliche Selbstmächtigkeit aber ist die theologische Aussage, dass menschliche Rangordnungen vor Gott gar nichts gelten. Vor ihm zählen Ansehen und Macht nichts. Er kann die Mächtigen vom Thron stürzen und die Niedrigen erhöhen. Die Letzten können die Ersten sein. Alle menschlichen Verhältnisse sind nur von vorletzter, nicht von letzter Bedeutung.»

Ich muss gestehen, dass diese theologisch-hermeneutische Abschwächung der Störfaktoren mich nicht überzeugt – umso mehr, als ihre paradoxen Züge mit dem Grundparadox unserer christlichen Traditionen so wenig zu tun haben wie Gymnastik mit Sinnlichkeit oder sogar Erotik. Auf diese Art werden Machtsymbole und Machtansprüche als Erblast unserer menschlichen Fragilität stigmatisiert und als tönernes Gefäss hochstilisiert. Schliesslich bleibt alles beim Alten. Die theologische Argumentation entlarvt sich als Rechtfertigung des system-immanenten Widerspruches. Durch die Relativierung der Störfaktoren instrumentalisiert sie – sicherlich unbewusst – die ursprünglich für die Menschen bestimmte frohe Botschaft für institutionelle Verteidigungsstrategien. In den Kirchen und Kapellen des Juras dagegen kommt die unheimliche und paradoxe Schönheit menschlicher Fragilität auf mich zu – radikal, ohne jegliche Relativierung – als Ort einer möglichen Begegnung zwischen Gott und Mensch.

Dekonstruktion der Kommunikationsstörfaktoren als Programm der Praktischen Theologie? Warum nicht? Die Aufgabe ist vielleicht gar nicht so neu. Der von Albrecht Grözinger[3] zitierte Vorschlag von Hermann Timm geht in eine ähnliche Richtung:

> «Denkbar wäre Folgendes: Von einer funktionslos gewordenen Altstadtkirche werden die Türen entfernt, damit sie Tag und Nacht öffentlich begehbar ist. Man räumt Sitzgelegenheiten aus, die an einen Hörsaal denken lassen, beseitigt die Orgel, die zum Musentempel prädestiniert, und kommt überein, in ihr keine Predigt und keinen Gottesdienst mehr zu halten. Nur die historische Sakralarchitektur mit dem Kruzifix als Blickfang in der Apsis, über einer geschlossenen Bibel thronend, den ungelesenen Memoiren des Hausherrn von einst. Im Übrigen Stille, Totenstille. Ruhe.»

---

3 Albrecht Grözinger: Die Kirche – ist sie noch zu retten? Gütersloh 1998, S. 62.

Die Dekonstruktion der Störfaktoren besteht wahrscheinlich in der empirisch ausgerichteten Erhebung solcher Phänomene sowie in der diachronischen Aufarbeitung ihrer Entstehungs- und Wirkungsgeschichten. Ihr Ziel müsste sein zu eruieren, wo und wie digitale und analoge Kommunikationen sich widersprechen, wo und wie Form und Inhalt sich unvereinbar gegenüberstehen. So wäre es zum Beispiel hochinteressant zu überprüfen, ob die Verbindung von Kirche und Staat – in welcher Form auch immer – nicht gerade die soziale und religiöse Konstellation darstellt, die im Zweiten Weltkrieg definitiv widerlegt worden ist und heute vielleicht die grösste «Lieferantin» von Störfaktoren bleibt. Eine solche Praktische Theologie braucht natürlich Hilfe seitens der anderen theologischen Disziplinen. Von den Historikern erwartet sie eine Anthologie der schönsten Störfaktoren, von den Systematikern und Dogmatikern die Blütenlese der effizienten Relativierungsmanöver und von den Bibelwissenschaftlerinnen die Sammlung der biblisch erfolgreichen Kommunikationsformen religiöser Paradoxen. Schliesslich und vor allem sollte sie sich mit den Künstlern verbünden. Sie haben es geschafft. Warum sollten die Theologen dazu unfähig sein?

7. Oktober 2004

«Ce jardin est si propre que les oiseaux
n'y vont plus.»

Dekonstruktion der Störfaktoren – auch eine spannende Arbeit für den Religionspädagogen. Meistens wird der kirchliche Unterricht in den Kirchgemeindehäusern erteilt; in Orten also, wo schweizerische Ordnung reglementarisch festgelegt ist, wo nach der Unterrichtsstunde alle Spuren persönlicher und intensiver Aktivität in Schränke eingeschlossen werden. Am Eingang thront das Hausreglement – manchmal mit Angabe der Strafmassnahmen für die Zuwiderhandelnden. Die äussere und innere Architektur lässt nichts von Phantasie oder Überraschung ahnen: geometrisch, mit weissem Beton, funktional eingerichtet, hygienisch gesichert. Heute Nachmittag wird in diesem Gebäude ein didaktisches Arrangement zum Thema «Freiheit – Kreativität – Glaube» inszeniert. «Und das ist niemand, der lacht», würde wahrscheinlich Kierkegaard feststellen.

Ich muss es zugeben: Meine Pilgerfahrt im Jura hat gewaltige Spuren hinterlassen: undifferenzierte, banale, unwissenschaftliche, altmodische und naive. Es wäre höchste Zeit, dass ich diese komischen und schwebenden Eindrücke kritisch würdige und aus einer reflektierten Distanz das Ganze neu einordne. Alles plädiert eigentlich dafür – nur die junge Dame in Develier nicht:

> «Ich habe dem Spezialisten erzählt, wie mich die Schönheit der Glasfenster beruhigt, wie die Stille für mich wie eine Predigt ohne Worte klingt, wie mir die Glasfenster die himmlische Welt öffnen, wie der Bissière etwas ermöglichte, das weder Kirche noch Priester oder Papst fertigbrachten», sagte sie. «Der Spezialist hat dann höflich genickt und mir anvertraut, dass er damit leider keinen wissenschaftlichen Aufsatz schreiben könne», fügte sie ernüchtert hinzu.

8. Oktober 2004

> «Le genre humain a une grande blessure qui
> n'arrive pas à se cicatriser.»

Die Einladung zur Ordinationsfeier ist gerade eingetroffen. Schön und präzis:

> «Im vorderen Teil der Kirche sind Sitzplätze für die Professoren reserviert. Im Anschluss an den Festgottesdienst sind alle Gäste zu einem Apéro herzlich eingeladen.»

An diesem Sonntag hatte ich vorgesehen, die kleinste Bergkapelle des Juras zu besuchen. Dort sind weitere Glasfenster von Voirol zu sehen. Schmerzliches Dilemma. Mondänes Leben im Münster oder existentielles Abenteuer im Jura?

Stephanie Klein

Waldspaziergang

Ein phänomenologischer Zugang zur Frage nach den Pflanzen und Tieren

«Das Feld jauchze laut und was darauf lebt,
es sollen jubeln alle Bäume des Waldes»

Manchmal gehe ich im Wald spazieren. Dort bin ich gerne, um Abstand zu bekommen von dem, was mich bedrängt. Dort finde ich zu meiner eigenen Bewegung, meinem Rhythmus, meiner Zeit. Ich atme die kühle Luft und merke, welch guten Geruch sie hat, und wie selten ich die Luft, die ich doch dauernd atme, auch wahrnehme. Allein schon den Geruch dieser Luft empfinde ich als etwas Einmaliges, Gutes, etwas, was ich nicht herstellen, nicht kaufen, nicht bezahlen kann, als ein Geschenk.

Der Wald ist ein Raum von ganz eigener Art. Wenn ich mich in Häusern und Zimmern, auf den Plätzen und in den Strassenfluchten der Städte befinde, ist das Wissen von Generationen von Menschen präsent, dort wirken die Meinungen und Urteile von Vorfahren und Zeitgenossen auf mich. Im Wald spüre ich die Lebendigkeit der Pflanzen und Tiere um mich herum; hier spüre ich auch meine eigene Lebendigkeit. Ich finde meinen eigenen Rhythmus, spüre meine Bewegungen und meinen Leib. Im Wald erfahre ich mich als Teil eines lebendigen Zusammenhangs, der sich nicht menschlicher Schaffenskraft verdankt und zugleich eine Fülle von Weisheit birgt, die alle menschliche Schaffenskraft übersteigt.

Zuweilen begegne ich anderen Menschen im Wald. Wir sehen uns kurz an, lächeln, grüssen. Es ist anders als in der Stadt, in der wir aneinander vorbeieilen und jeder seiner eigenen Beschäftigung nachgeht. Hier im Wald gibt es eine Art gegenseitiges Einverständnis. Eigentlich hat hier niemand etwas «zu suchen». So ahnen wir beide, dass der oder die andere hier ist, um den Wald zu erleben, und dass uns beiden etwas Ähnliches hier im Wald widerfährt.

Die Vielfalt der Eindrücke im Wald überwältigt mich, ihren Überfluss kann ich nicht erfassen. Wo ich auch hinsehe, kann ich nur staunen: über die Brennnessel, die sich zwischen den Steinen dem Licht entgegenreckt, über die Ameisen, die einen Baumstamm hinaufrennen, als hätten sie eine Aufgabe, die sich etwas mitteilen, wenn sie sich begegnen, in einer Sprache, die ich nicht verstehen kann; über die Distelblüte, die Schmetterlinge und Käfer anlockt, über die Kohlmeisen, die sich etwas zurufen.

Wo ich auch hinsehe empfinde ich, dass die Pflanzen und Tiere etwas «vorhaben». Sie haben Intentionen. Sie «wollen» etwas, sie wollen leben: die Brennnessel, die sich nach dem Licht reckt, die Brombeere, die sich mit den Stacheln davor schützt, gefressen zu werden, die Buche, die ihre Wurzeln zum Bach hin treibt. Sie sorgen für ihr Leben, aber auch für das Leben von anderen, wie der Specht, der mit Futter eine Baumhöhle anfliegt, aus der man die Bettelrufe seiner Jungen hören kann, oder die Ameisen, die Dinge in den gemeinsamen Bau schleppen.

Vor mir fliegt eine Amsel auf, bleibt auf einem Stein sitzen und sieht sich nach mir um. Ich bleibe stehen; wir nehmen einander wahr, wir reagieren aufeinander, es gibt eine Beziehung zwischen uns. Der ganze Wald ist voller erstaunlicher Beziehungen. Tiere und Pflanzen kennen einander, haben sich aufeinander abgestimmt, manche so sehr, dass sie sich von einander abhängig gemacht haben.

Gemeinsamkeit der lebendigen Wesen

So unterschiedlich diese Tiere und Pflanzen sind und so fremd sie mir sind, so ist uns doch etwas gemeinsam: die Lebendigkeit. Gemeinsam ist den lebendigen Wesen die Intention zu leben. Jedes Lebewesen sucht das, was es zum Leben braucht: Nahrung, Luft, Licht, Gemeinschaft, und meidet oder wehrt ab, was das Leben bedroht: mit Dornen, Stacheln, Gift, mit harten Schalen, durch Tarnung, Verstecke oder Flucht.

Gemeinsam ist allen lebendigen Wesen auch die Fähigkeit zur Wahrnehmung. Dadurch entstehen Wechselseitigkeit und Beziehung. Alle lebendigen Wesen können wahrnehmen und in irgendeiner Form agieren oder reagieren. Bei manchen kann ich beobachten, wie sie sich mitteilen, wie bei der Blüte, die Insekten anlockt, auch wenn ich die Kommunikationsweisen selbst meist nicht wahrnehmen kann. Die Wahrnehmung unterscheidet die Lebewesen von anorganischer Materie. Georges Devereux hat dies an einem Beispiel deutlich gemacht: Wenn jemand Säure auf ein Stück isoliertes Fleisch oder auf einen lebendigen Organismus tröpfelt, reagiert in beiden Fällen, mit minimalen Unterschieden, das Fleisch durch eine chemische Reaktion.

Doch der lebendige Organismus nimmt wahr, er «weiss», wie Devereux schreibt, während das Fleisch nicht «weiss» und sich nicht dazu verhält.[1]

Gemeinsam ist allen lebendigen Wesen auch der Tod. Im Wald sehe ich das Wachstum des Lebens, das Sterben und den Tod gleichermassen; es erinnert mich an meine eigene Lebendigkeit und meine Sterblichkeit.

Fremdheit und Verstehen von lebendigen Wesen

Auch wenn es Gemeinsamkeiten gibt, die mich mit Tieren und Pflanzen verbinden, ist mir deren Welt fremd. Ihre Mitteilungen kann ich nicht verstehen, zum grössten Teil kann ich sie auch gar nicht wahrnehmen. So beobachte ich, dass der Hund, der einen Spaziergänger begleitet, Gerüche wahrnimmt, auf sie reagiert und sich selbst durch seine Gerüche mitteilt: ein Kommunikationsfeld jenseits meiner Wahrnehmungs-, Kommunikations- und Verstehensmöglichkeiten. Kann ich Pflanzen und Tiere jemals verstehen?

Die Schwierigkeiten des Verstehens sind nicht nur mit meinem eingeschränkten Wahrnehmungsfeld verbunden, sondern auch mit der Sprache und dem Denken. Um das Verhalten der Amsel, die vor mir «flüchtet», oder der Brombeere, die sich durch Dornen «schützt», zu beschreiben, muss ich mich der Begriffe bedienen, die aus dem menschlichen Lebensbereich stammen. Damit verbinde ich Assoziationen, von denen ich weiss, dass sie nicht angemessen für die Beschreibung anderer Arten sind. Aber andere, passendere Worte habe ich nicht, ich muss mir mit diesen behelfen.

Um der Frage nachzugehen, ob wir andere Lebewesen verstehen können, möchte ich zunächst untersuchen, was Verstehen unter Menschen bedeutet. Dazu greife ich auf Erkenntnisse des Sozialphänomenologen Alfred Schütz zurück.[2] Verstehen ist nur annäherungsweise möglich, wir können nicht in einen anderen Menschen hineinschauen. An seinen körperlichen, verbalen und kulturellen Äusserungen können wir aber sein Erleben und seine Intentionen ablesen. Das Verstehen geht von der Unterstellung des *alter ego* aus, dass der andere nämlich im Prinzip so wahrnimmt, erlebt und handelt wie ich. Verstehen voll-

---

[1] Vgl. Georges Devereux: Angst und Methode in den Verhaltenswissenschaften, Frankfurt a.M. 1984, S. 45.

[2] Vgl. Alfred Schütz: Der sinnhafte Aufbau der sozialen Welt. Eine Einleitung in die verstehende Soziologie, Frankfurt a.M. 1974.

zieht sich in dem Nachvollzug der Konstitution dessen, wie der andere erlebt, deutet, plant und handelt. Um den anderen Menschen zu verstehen, versetze ich mich an seine Stelle und vollziehe seine Gedankengänge aus seinem biographisch angeeigneten Wissen (bzw. meiner Vermutung darüber) und seiner situativen Perspektive nach. Die grösst mögliche Annäherung an das Verstehen des Anderen geschieht in der leibhaftigen Begegnung und im gemeinsamen Handeln, wenn das wechselseitige Verstehen in permanenten Reaktionen aufeinander sich gegenseitig konstituiert.

In der lebendigen Gegenwart des anderen und im Miteinander-Handeln teilen wir Zeit und Raum miteinander und synchronisieren den Zeitstrom der inneren Dauer. Wir können am anderen von aussen das Werden im inneren Zeitstrom in Gleichzeitigkeit mit ansehen. Dabei erleben wir am Anderen, was wir bei uns selbst nicht wahrnehmen können, da wir uns im Vorgang des Werdens nur dumpf erleben, aber eben nicht von aussen wahrhaben können.

In Bezug auf Tiere und Pflanzen können wir nicht von der Unterstellung des *alter ego* ausgehen. Dennoch: Ich kann ihre Körper und Lebensvollzüge beobachten und als Ausdrucksformen ihrer selbst begreifen. Ich kann wahrnehmen, dass etwas für sie Bedeutung hat und sie sich an dieser Bedeutung ausrichten: Eine Pflanze streckt ihre Wurzeln nach dem Wasser und wächst dem Licht entgegen. Die Lebewesen haben Kommunikationsweisen, durch die sie sich mitteilen und verständigen; sie können miteinander agieren; einige Tiere haben Rituale und ein strukturiertes Gemeinschaftsleben, das auch andere Arten miteinbeziehen kann. Aus den Reaktionen anderer Pflanzen und Tiere lassen sich bestimmte Bedeutungen von Mitteilungen rekonstruieren. So lässt sich eine Art Relevanzsystem beobachten und feststellen, was den Lebewesen «wichtig» ist.

So kann ich sagen: In Bezug auf das eigene und gemeinsame Leben ist auch die Welt der Tiere und Pflanzen bedeutungsstrukturiert. Einige der Bedeutungen lassen sich vom Menschen nachvollziehen. Die Frage nach der Sinn- und Bedeutungsstrukturiertheit des Lebendigen übersteigt allerdings naturwissenschaftliche Fragestellung und Methodik.

Das Problem des Deutens

Die Vielfalt der Organismen und die Möglichkeiten, zu ihnen in eine wechselseitige Beziehung zu treten, haben die Menschen schon immer fasziniert und zu unterschiedlichen Deutungen animiert. Für unser heutiges Verständnis des Lebendigen, seines Verhaltens und seiner Entwicklung dienen weithin noch immer Theorien, die der Naturforscher Charles Darwin Mitte des 19. Jahrhunderts auf der Basis des damaligen naturwissenschaftlichen Kenntnisstandes entwickelt hat. In mehr oder weniger populärwissenschaftlichen Varianten werden sie heute noch von den Medien verbreitet und reichen selbst bis in fachwissenschaftliche Literatur hinein. Ein Beispiel dafür ist ein Bericht in einer ornithologischen Zeitschrift über ein Wiedehopfpaar, das nach dem Verlust des eigenen Nachwuchses die Jungen eines Wendehalspaares fütterte. Verblüffend ist die Deutung der Autoren: «Vogeleltern investieren viel Energie, um ihre eigenen Jungen aufzuziehen. Die Belohnung dieses Aufwandes besteht in der Weitergabe der eigenen Gene. Vogeleltern, die artfremde Junge [...] aufziehen, investieren viel Energie, haben davon aber keinen Nutzen, da ihre Gene nicht vererbt werden. Deshalb macht es evolutionär keinen Sinn, artfremde Junge aufzuziehen.»[3] Hier wird dem Verhalten ein Sinn unterstellt, der auf einer ökonomischen Kosten-Nutzen-Kalkulation beruht sowie dem Ziel der Vererbung eigener Gene. Der unhinterfragte Deutungsrahmen – dem die beschriebene Beobachtung widerspricht – ist eine neodarwinististische Theoriekonstruktuion, die besagt, dass es um das Überleben der Stärksten durch Verdrängung von Konkurrenz und die eigene Fortpflanzung ginge.

Neuere Erkenntnisse aus der Genforschung gelangen zu anderen Deutungen, die den sozialdarwinistischen Deutungsrahmen überwinden. So betont der Neurobiologe Joachim Bauer: «Gene bzw. Genome folgen drei biologischen Grundprinzipien [...]: Kooperativität, Kommunikation und Kreativität.»[4] Danach streben die Arten nicht allein nach Selbstbehauptung, maximaler Fortpflanzung und der Durchsetzung der Stärksten. Vielmehr werden lebendige Systeme immer vielfältiger, indem sie in kreativer Weise neue genetische Varianten erproben.

Bereits im naturwissenschaftlichen Diskurs sind also recht unterschiedliche Deutungen auszumachen. Die naturwissenschaftlichen Deutungen stossen allerdings an methodische Grenzen. Der Astrophysiker Arnold Benz hat diese Grenzen der naturwissenschaftlichen

---

3 Murielle Mermod u.a.: Wiedehopfpaar zieht Wendehalsnestlinge bis zum Ausfliegen auf, in: Der Ornithologische Beobachter 105 (2008), S. 153–160, hier: S. 153.

4 Joachim Bauer: Das kooperative Gen. Abschied vom Darwinismus, Hamburg 2008, S. 17, im Original hervorgehoben.

Hermeneutik verständlich gemacht durch die Unterscheidung von drei Arten des Interpretierens:

> Erstens: «*Erklären* heisst, einen kausalen Zusammenhang zwischen Ursache und Wirkung herzustellen und ihn mathematisch mit einer Gleichung oder einem Modell quantitativ auszudrücken. Das Vorgehen ist reduktionistisch, indem der Vorgang möglichst isoliert betrachtet wird.»[5] Zweitens: «Wenn verschiedene Prozesse nacheinander oder miteinander ablaufen wie bei der Sternentstehung, möchte man die Einzelvorgänge in einem grösseren Zusammenhang *verstehen*. In dieser Synthese will man aus den Grundgleichungen die Wirklichkeit rekonstruieren. [...] Man könnte hier die ultimative Verstehensfrage stellen: Was hält das Universum im Innersten zusammen?»[6]

Benz räumt ein, dass diese Frage nach dem Verstehen von Zusammenhängen zwar gestellt wird, aber das strenge naturwissenschaftliche Vorgehen bereits sprengt. Drittens drängt sich die Frage nach der Deutung der naturwissenschaftlichen Erkenntnisse auf. Damit aber wird die Ebene des naturwissenschaftlichen Denkens endgültig verlassen und auf die Ebene des wissenschaftlichen Nachdenkens und der Erkenntnis gewechselt:

> «Was bedeutet es, dass gewisse Vorgänge zum Beispiel bei der Sternentstehung durch mathematische Gleichungen erklärbar sind? Die Antwort auf diese Frage kann keine kausale Erklärung und sicher nicht mathematisch sein. Naturwissenschaftliche Erklärungen sind Modelle, die einen Kausalzusammenhang oder Zufall postulieren. Deutungen hingegen übersteigen den Bereich der Naturwissenschaften und betrachten sie aus einer Perspektive von ausserhalb. Deutungen geschehen auf einer anderen Ebene und erschliessen einen Sinnzusammenhang.»[7]

Die Unterscheidung von Benz ist hilfreich, weil sie unterschiedliche Erkenntnisweisen und ihre Grenzen deutlich macht. Das Lebendige lässt sich mit naturwissenschaftlichen quantifizierenden Methoden nur bedingt verstehen und deuten. Sie können physikalische, chemische oder biologische Prozesse erklären, die dem Leben zugrunde liegen, doch kann das Lebendige nicht auf diese Prozesse reduziert werden.

---

5 Arnold Benz: Rätselhaft wie durch einen Spiegel. Gedanken zur Physik des Universums, in: Hans J. Münk; Michael Durst (Hg.): Schöpfung, Theologie und Wissenschaft, Freiburg i.Ue. 2006, S. 23–57, hier: S. 48.

6 Ebd.

7 A.a.O., S. 49.

Lebendigkeit ist einmalig und ist an Individuen gebunden. Lebendigkeit und die auf sie bezogenen subjektiven Sinn- oder Bedeutungsstrukturen können nicht mit quantifizierenden Methoden erfasst werden. Hier bedarf es anderer Zugangs- und Erkenntnisarten.

Henri Bergsons Phänomenologie der schöpferischen Entwicklung

Zum Verstehen des Lebendigen möchte ich hier (versuchsweise) an phänomenologische Überlegungen des französischen Philosophen Henri Bergson anknüpfen, der für sein Werk «Schöpferische Entwicklung» im Jahr 1927 den Nobelpreis für Literatur erhalten hat.[8] Sein lebensphilosophischer Zugang zur lebendigen Wirklichkeit schliesst moderne naturwissenschaftliche Erkenntnisse nicht aus, weitet aber die Perspektive aus auf das Phänomen der Lebendigkeit der Lebewesen, das im quantifizierenden naturwissenschaftlichen Denken so nicht fassbar ist.

Bergson kommt auf dem Weg der phänomenologischen Methode zu einem ganz eigenen Verstehen des Lebendigen. Der Schlüssel für sein Denken ist seine Beobachtung der inneren Dauer (*durée*). Diese ist die ungeteilte Kontinuität des Lebensstroms in die Zukunft hinein. Die Einheit der Dauer in der permanenten Veränderung lässt sich nur intuitiv, nicht aber reflexiv erfassen. Denn während die Dauer des Lebensstroms in Richtung Zukunft strömt, ist die Reflexion rückwärts gewandt. Während der Lebensstrom dynamisches, dauerndes Verfliessen ist, schafft die Reflexion Aus-Schnitte, Teile, statische, abgegrenzte Bilder in scharfen Grenzen. Die Vergangenheit ist im Lebensstrom nicht etwas Verlorenes, sondern ist vollständig in der Gegenwart präsent und schiebt die Gegenwart in die Zukunft. Nur wenn die Vergangenheit von der Gegenwart getrennt gedacht wird, erscheint sie vernichtet. Die Zukunft reproduziert sich nicht einfach aus der Vergangenheit und ist auch nicht als Zweck in der Gegenwart enthalten. Vielmehr schwillt die Gegenwart in ihrer Einheit mit der Vergangenheit schöpferisch über sich hinaus und schafft Neues.

Das Leben ist eine *Schwungkraft* (*élan vital*), eine Tendenz, die sich in vielen Gabelungen entfaltet. Es ist wie ein sprühendes Feuerwerk, bei dem sich die ursprüngliche Schwungkraft in unzählig viele Richtungen, Tendenzen aufsprengt und dauernd Neues, nicht im Voraus Absehbares hervorbringt. Die konkrete Entwicklung realisiert eine von

---

8 Henri Bergson: L'évolution créatice, Paris 1907; dt.: Schöpferische Entwicklung, Jena 1912.

vielen Möglichkeiten. Im Rückblick lassen sich in Bezug auf die Entwicklung des Lebens grosse Linien ausmachen, die sich jedoch nicht eindeutig voneinander trennen lassen, sie gehören zusammen.

> «Kaum eine Lebensoffenbarung, die nicht in rudimentärem, oder latentem, oder virtuellem Zustand die Wesenseigenschaften aller übrigen in sich schlösse.»[9]

Sie sind keine Entwicklungsstufen, sondern divergierende Tendenzen, Richtungen des Drangs des Lebensschwungs. In dieser Entfaltung haben sich zwei Formen der Aktivität herausgebildet: der Instinkt und der Intellekt. Beide sind Formen der Erkenntnis. Sie sind

> «zwei divergierende Entwicklungen ein und desselben Prinzips, das in einem Fall in sich immanent bleibt, im anderen sich aus sich selbst heraus und in Benützung der toten Materie aufgeht [...]»[10]

Der *Instinkt* ist nach der Form des Lebens selbst geformt, er ist so etwas wie eine dynamische Anpassung an das Leben. «Instinkt ist Sympathie»[11], ist Einfühlung in den Lebensfluss anderer Lebewesen. Er erfasst die Lebensvorgänge von innen her und gelangt zu Erkenntnis durch Intuition. Die intuitive Erkenntnis hat ihre Wurzeln in der Einheit des Lebens, das ein sympathisches Ganzes ist. Die Richtung des Instinkts ist die des Lebensstroms. Das intuitive Wissen von Pflanzen und Tieren über das Leben und ihre instinktiven Fähigkeiten sind in vieler Hinsicht vom Intellekt noch längst nicht eingeholt. Wie viel Erstaunliches der Instinkt mit seiner intuitiven Erkenntnis vermag, liesse sich an vielen Beispielen aus der Pflanzen- und Tierwelt aufzeigen. Heute gibt es ganze Forschungszweige der Pharmazie, der Technik und Kommunikationswissenschaften (Bionik), die sich darauf spezialisiert haben, die Erkenntnisse und Fähigkeiten der Pflanzen und Tiere zu ergründen und für Forschung, Industrie und Technik fruchtbar zu machen.

Während die Intuition sich dem vorwärtsströmenden Lebensfluss anschmiegt, arbeitet der *Intellekt* rückwärts gewandt, re-flexiv und rekonstruierend. Er hat sich der Fähigkeit des Menschen angepasst, mit Hilfe von Werkzeugen zu handeln. Während die Werkzeuge des Agierens den Pflanzen und Tieren in den Formen und Ausdrucksmitteln ihrer Körper organisch immanent sind, formt sich der Mensch externe Werkzeuge zum Handeln. Der Intellekt, so Bergson, ist auf das Verfer-

---

9 Henri Bergson: Schöpferische Entwicklung, Zürich o.J., S. 136f.
10 A.a.O., S. 187.
11 A.a.O., S. 194.

tigen von Werkzeugen und das instrumentelle Handeln mit ihnen ausgerichtet. Er hat sich in Bezug auf die Materie entwickelt und ist geeignet, die Gesetze der Materie zu erkennen. Die Sprache ist nach der Form des Intellekts gebildet. Aus der Rekonstruktion der Vergangenheit und ihrer Gesetzmässigkeiten ist der Mensch in der Lage, Zukunft zu planen und seine Handlungen zu entwerfen, indem er fertige Ergebnisse projiziert. Da er die Ereignisse mit Ursachen verbindet und daraus Ursachenketten von Zwangsläufigkeiten erstellt, vermag er das Neue nicht zu sehen. In seiner logischen Verfasstheit ist der Verstand zudem unfähig, das Wesen des Lebendigen zu erfassen. Er behandelt Neues als Produkt von Gewesenem und Lebendiges wie tote Materie. «Vergebens pressen wir das Lebendige in den und jenen von unseren Rahmen. Und alle Rahmen krachen.»[12]

Um das Wesen des Lebendigen zu erfassen, bedürfen wir der Intuition. Die Hinwendung zu unserer Intuition fällt uns schwer, doch es ist nicht unmöglich, in einer *epoché* des Verstandes dem inneren Zeitstrom zu folgen und damit das Lebendige zu fassen.

> «Darauf also konzentrieren wir uns, was in unserm Inneren zugleich am gelöstesten von allem Äusseren und am wenigsten von Intellektualität durchtränkt ist. Im Tiefsten unserer selbst suchen wir den Punkt, wo wir uns unserem eigenen Leben innerlichst nahe fühlen. Es ist die reine Dauer, in welche wir zurücktauchen; eine Dauer, in der die ewig vorrückende Vergangenheit unablässig um eine absolut neue Gegenwart anschwillt.»[13]

Da der Verstand und die Sprache nach der Art des Umgangs mit Werkzeugen gestaltet sind, steht unserer Sprache kaum ein angemessenes Ausdrucksmittel zur Verfügung, um über das Lebendige angemessen zu sprechen.

Der lebendige Gott

Die phänomenologischen Zugänge zur Lebendigkeit eröffnen auch einen neuen Weg des Nachdenkens über den lebendigen Gott. Es geht darum, so Albrecht Grözinger,

> «die durch die phänomenologische Betrachtung gewonnenen Ergebnisse in theologischer Perspektive zu beleuchten [...] [und sie] auch in der

---

12 A.a.O., S. 44.
13 A.a.O., S. 215.

theologischen Perspektive zu ihrem Recht kommen zu lassen. Sie sind nicht lediglich die Folie, vor der sich die Theologie abhebt, sondern sie sind integrierender Bestandteil der theologischen Reflexion.»[14]

Das Erleben von Lebendigkeit, Wachstum und Sterben im Wald wirft die Frage nach dem Ursprung und Ziel und nach Heil und Unheil des Lebendigen auf. Wenn ich Gott für mich, meinen Anfang und mein Ende in Anspruch nehme, glaube und postuliere, dann muss ich auch fragen, wer Gott für die anderen Lebewesen ist. Es ist ja nicht nur mein Gott, er ist nicht nur Ursprung und Ziel der Menschen, sondern er ist der Gott aller Lebewesen und deren Ursprung und Ziel. Wenn ich den Heilswillen Gottes nicht nur für mich, sondern für alle Menschen postuliere – was bedeutet dieser Gott für die Tiere und die Pflanzen? Darf ich seinen Heilswillen auch für sie postulieren? Darf ich die Hoffnung, die ich für mich und für jeden anderen Menschen hege, dass wir in Gottes Heilswillen eingeschlossen sind, auch für Tiere und für Pflanzen hegen? Sind nicht alle Geschöpfe in Gottes Hand eingeschrieben? (Jes 49,16; Lk 12,6.24) Hier im Wald bricht die Frage nach dem Heilswillen Gottes für seine gesamte Schöpfung auf.

Die Wahrnehmung der lebendigen Wesen um uns, das Einbeziehen dieses Lebens in unsere Gottesbeziehung, führt zugleich zu einer neuen Erkenntnis von Gott. Wenn die Intuition ein Weg ist, um das Lebendige zu begreifen, so kann sie auch ein Erkenntnisweg für Gott sein, den wir den Lebendigen nennen. Die Lebendigkeit Gottes ist in der jüdisch-christlichen Tradition kein beliebiges Attribut, das additiv anderen Attributen hinzugefügt worden wäre, vielmehr bezeichnet sie das Wesen Gottes. Die Bibel spricht von Gott dem Schöpfer, der alles geschaffen hat und deshalb gepriesen wird von der gesamten Schöpfung. In der Auferweckung Jesu zeigt sich Gott als der lebendige Gott, der uns durch den Tod hindurch die Treue hält und als Schöpfergott erweist, «der die Toten lebendig macht und das, was nicht ist, ins Dasein ruft» (Röm 4,17). Es könnte doch sein, dass der lebendige Gott sich aus freier Initiative nicht nur mit dem Schicksal der Menschen verbunden hat, sondern auch mit dem todgeweihten Schicksal aller lebendigen Wesen.

Die trinitarische Geschichte Gottes ist eine von aussen auf den Menschen zukommende Geschichte, die wir Menschen nicht von uns aus setzen können. Diese Geschichte ist aber nicht nur eine Geschichte Gottes mit den Menschen, sondern mit allen Lebewesen und mit der ganzen Schöpfung. Nur können wir diese Geschichte noch sehr viel

---

14 Albrecht Grözinger: Erzählen und Handeln. Studien zu einer trinitarischen Grundlegung der Praktischen Theologie, München 1989, S. 51.

weniger verstehen als jene Geschichte Gottes mit uns. Sie kann uns aber nicht gleichgültig sein. Das Nichtverstehen darf uns nicht davon abhalten, mit dieser Gottesgeschichte mit den Lebewesen zu rechnen.

Die Reflexion auf die Verschränkung der Beziehung des Menschen zu Gott und zum Mitmenschen in der jüdisch-christlichen Offenbarung hat zu einer radikalen Hinwendung zum Menschen und zur Formulierung seiner unhintergehbaren Würde geführt. Hinter diese Erkenntnis kann nicht mehr zurückgegangen werden. Nun kann aber der Blick geweitet werden auf die Mit-Lebewesen. So wäre nun darüber nachzudenken, wie die Beziehung des Menschen zu Gott und Gottes Beziehung zur Welt die Beziehung zu anderen Lebewesen einschliesst. Dieses inklusive Denken war im Mittelalter selbstverständlicher als heute. Es verstand die ganze Schöpfung als Zeichen, die auf Gott hin gelesen werden können. Dass Gott in allem Lebendigen lebt, ist eine Auffassung, die Thomas von Aquin – hier zitiert von Hans Kessler – so zum Ausdruck bringt:

> «Gott ist und wirkt unmittelbar ‹in allen Geschöpfen als der, der ihnen ihr Sein, ihre Kraft und ihre Aktivität gibt›. ‹Solange also ein Geschöpf Dasein hat, solange muss Gott in ihm innerlichst gegenwärtig sein, und zwar entsprechend der Daseinsweise eines jeden Geschöpfs›. Darum ist kein Geschöpf ‹so fern von Gott, dass es ihn nicht in sich hätte.› [...] ‹Wie die Seele ganz in jedem Teil des Körpers ist, so ist auch der ganze Gott in allen Geschöpfen und in jedem einzelnen.› Der gesamte Kosmos ist wie ein grosser Leib, von Gott wie von seiner Seele durchdrungen, als eine ganze Wirklichkeit in sich tragend.»[15]

Praktische Theologie reflektiert auf die gelebte Beziehung der Menschen zu Gott. Diese Beziehung ist keine einseitige Beziehung, ein sich Strecken des Menschen nach Gott. Die Begegnung mit dem Gott der Offenbarung verweist vielmehr zurück in die Welt, auf den Mitmenschen, auf den «Nächsten», weil nämlich Gott selbst sich den Mitmenschen zuwendet. Wenn aber die Beziehung Gottes zum Menschen nicht exklusiv ist, sondern auch alle Lebewesen miteinschliesst, dann wäre die Beziehung der Menschen zu den lebendigen Wesen ein Thema der Praktischen Theologie, das in Zukunft eine grössere Aufmerksamkeit verdient. Gottes oder Gottspuren begegnen dann nicht nur im Nächsten, sondern in allen lebendigen Wesen.

---

[15] Hans Kessler: Den verborgenen Gott suchen. Gottesglaube in einer von Naturwissenschaften und Religionskonflikten geprägten Welt, Paderborn 2006, S. 127; Zitate: Th. v. Aquin: STh I, q.8.; Text im Orig. z.T. hervorgehoben.

Martin Wallraff

Annäherung an Rom
(Kirchen-)Historische Begegnungen auf der Via Cassia

Wer heute nach Rom kommt, reist meist mit dem Flugzeug; dann kommt er an einem der Flughäfen Fiumicino oder Ciampino an und nähert sich der Stadt – grob gesprochen – auf der alten Via Portuensis oder der Via Appia, der Strasse, die Augustinus vom Hafen kommend oder die Paulus von Terracina kommend genommen haben. Auch dies sind historische Annäherungen an Rom, doch geht es so schnell, und die moderne Strassen- und Bahnführung ist so verfremdend, dass der Reisende kaum die Gelegenheit hat, sich über die historischen Zusammenhänge klar zu werden. Wer hingegen mit Zug oder Auto anreist, kommt meist das Tibertal hinunter, jedenfalls auf den letzten Kilometern. Die A1 Autostrada del Sole folgt dort – wiederum grob gesprochen – dem Lauf der Via Salaria, einem der ältesten Strassenzüge überhaupt: die «Salzstrasse» führte schon das Tibertal hinab (oder besser: hinauf, denn das Salz kam vom Meer), als es Rom noch gar nicht gab. Doch auch hier: auf der Autobahn oder im Hochgeschwindigkeitszug («Eurostar») geht alles zu schnell, ist die Bodenhaftung zu gering, um aus der physischen Annäherung auch eine geistige werden zu lassen. Der Reisende ist eben plötzlich da, am Hauptbahnhof Termini, oder er findet sich ebenso plötzlich im Stau der Grossstadt wieder – an einer Stelle, die er zum Stehenbleiben und Innehalten nie ausgesucht haben würde.

Noch heute bestimmen die alten römischen Konsularstrassen das Verkehrssystem der italienischen Hauptstadt, noch heute sind die grossen Ausfallstrassen mit den Namen bezeichnet, die sie seit zwei Jahrtausenden tragen. Die Via Appia, Flaminia, Aurelia und so fort. Unter diesen altehrwürdigen Strassen eignet sich für eine wirkliche An-Näherung an Rom am ehesten die Via Cassia – heute die langsamste Strecke für den Reisenden, der von Norden kommt. Weder Autobahn noch überregionale Eisenbahn säumen ihren Lauf. Weder grosse Hotels noch japanische Reisegruppen sind in ihrer Nähe zu finden. Der internationale Tourismus hat sie noch nicht entdeckt, wie ja überhaupt ganz Latium darunter leidet oder eigentlich: das grosse Privileg geniesst, dass die Aufmerksamkeit aller von der *urbs* magisch angezogen wird – wie ein schwarzes Loch, das alle Lichtstrahlen in sich aufnimmt –, und dass die herrlichsten Orte vor den Toren Roms bis heute fast unentdeckt sind.

Auf der Via Cassia nach Rom reisen: das muss man *wollen* oder es muss einem geschenkt sein. «Sowieso» und von allein wird es nicht geschehen. Wer sich aber auf dem Wege absichtlich gesuchter oder gnadenhaft geschenkter Entschleunigung auf diese Reise macht, wer die Zeit dafür hat oder besser: wer sie sich nimmt, der wird dafür mit aussergewöhnlicher landschaftlicher Schönheit belohnt, auch mit gutem Gespräch und mancher Gaumenfreude. Und vor allem mit einem Reichtum an historischer Begegnung, wie er ihn kaum irgendwo sonst auf so wenigen Kilometern finden wird. Es gibt viel zu entdecken, nicht zuletzt für den Reisenden, der sich für den christlichen Glauben und seine Geschichte interessiert. Die geistige Annäherung kann auch zur geistlichen werden, freilich kaum als unkomplizierter Pilgerweg. Es gibt ja nicht nur Erbauliches, sondern auch Problematisches, nicht nur Glauben, sondern auch Anfechtung.

Das ist so, nicht nur weil Martin Luther als junger Augustinermönch im Winter 1510/11 auf diesem Weg nach Rom kam: Die Strasse selbst dürfte ihn kaum sehr beeindruckt haben in jenen nasskalten Novembertagen. Er reiste nicht als postmoderner Wohlstandspilger, sondern in Geschäften, wenn es auch geistliche Geschäfte seines Ordens waren. Wir wissen nicht viel über seinen genauen Reiseverlauf, doch ist Siena als Etappe bezeugt[1], und daraus können wir erschliessen, dass dies die Route war, auf der er sich Rom annäherte, wie auch heute die Reise über Siena und durch das Herz der Toskana führt.

Nicht nur deshalb also, nicht nur wegen des frommen «hier kam er», «hier stand er», «hier sah er» fasziniert die Route, auch wenn wir uns unterwegs gelegentlich fragen werden, wie Luther dies oder wie er jenes wohl wahrgenommen hat oder hätte. Genauso natürlich für Ignatius von Loyola, der kaum eine Generation später hier vorbeikam und für den der Weg nach Rom etwas ganz anderes bedeutete und letzten Endes ganz andere Konsequenzen hatte. Vor allem aber lässt uns der Weg erleben, verstehen, was Rom in der Welt von Reformation und Reformen eigentlich bedeutete, nicht nur die abstrakten Erwartungen und Ideen, Rom als Metapher nördlich der Alpen oder in den fernen Pyrenäen, sondern die konkrete Annäherung an eine konkrete Stadt, die keineswegs nur heilige Stadt oder nur die Hure Babylon ist. Die Pilgerstrasse der Via Cassia ist der Weg, auf dem die Rom-Idee sukzessive geerdet wird, auf dem Chiffren, Träume, Symbole auf

1 Martin Luther: WA 51, 207, S. 16.

den Boden der Tatsachen zurückfinden. Seit der Antike kamen hier viele des Weges, Pilger, Mönche, Kaiser und Päpste.

Die Via Francigena/Cassia in Latium. Das Itinerar von Acquapendente nach Rom (nach Renato Stopani: La Via Francigena, Florenz 1988, Taf. 1)

Von Acquapendente zum Bolsenasee

Unsere Reise möge beginnen, wo der Kirchenstaat begann, in einem kleinen Städtchen namens Acquapendente. Es ist seit alters und bis heute ein Grenzort. Heute steht er an der Grenze zwischen Latium und der Toskana. Über Jahrhunderte war es die nördliche Grenze des Kirchenstaates, der äusserste Vorposten der päpstlichen Territorien. Der Ort hatte unter dieser Grenzlage zu leiden, besonders in den Auseinandersetzungen zwischen Kaiser und Papst im hohen Mittelalter, aber er hat es auch verstanden, Vorteil daraus zu ziehen. Ab hier reiste man auf dem Terrain des Patrimonium Petri, und noch heute merkt man den Unterschied. Ein letztes Mal findet man die typisch toskanischen Gourmet-Läden, wo kalt gepresstes Olivenöl in homöopatischen Dosen (300 ml) zu Schweizer Preisen an ausländische Gesundheitsapostel verkauft wird. Ab hier wird das Öl in 5-Liter-Tanks aus Blech an örtliche Grossverbraucher vertrieben (und ist deshalb auch nicht schlechter). Das Raffinierte, das Überfeinerte ist Latiums Sache nicht: Es ging ja alles nach Rom.

Von Acquapendente zieht sich die Strasse über eine Hochebene sanft gewellt weiter nach Süden, Richtung Rom, bis nach S. Lorenzo Nuovo, wo der steile Abstieg zum Bolsenasee beginnt. Wie die anderen Seen in Latium auch, ist es ein erloschener Vulkan, daher die kreisrunde Grundform und daher die steilen Hänge auf allen Seiten. Die Via Cassia, genauer: die mittelalterliche Via Francigena erreicht das Ufer in einigen weiten Kurven. Die Strasse wurde Frankenstrasse genannt und war die wichtigste Verbindungsachse Roms im Mittelalter[2]. Denn das nachantike Rom ändert seine Blickrichtung. Es ist ja nicht mehr Hauptstadt eines grossen Mittelmeerreiches, das zur Hafenstadt Ostia als dem Tor zur Welt blickt oder allenfalls südlich die Via Appia entlang. Das neue Machtzentrum befindet sich jetzt im Norden: Es waren die Franken unter den karolingischen Herrschern, die Rom für sich neu entdeckten – als geistliches Zentrum, aber auch zur Legitimation weltlicher Macht. Und umgekehrt war es Rom, das die Chance entschlossen wahrnahm. Der Kaisertitel hängt an Rom, auch wenn der Kaiser nicht mehr in Rom residiert. Die Achse Kaiser-Rom oder besser: Kaiser-Papst wird daher für viele Jahrhunderte zur historischen Grundachse, das ganze Mittelalter über, ja im Grunde noch in der Reformationszeit, ist es ein stetes Geben und Nehmen entlang dieser Achse von Nord nach Süd. Sie wird konkret und greifbar in der Via Francigena, denn hier zogen die Kaiser zur Krönung nach Rom – oder zur politischen und militärischen Auseinandersetzung. Hier zogen die Pilger zum Grab der Apostel und dann wieder nach Hause. Hier zogen Bittsteller und Agenten in geistlichen und

---

2 Renato Stopani: La Via Francigena. Una strada europea nell'Italia del Medioevo, Florenz 1988, S. 13–28.

weltlichen Geschäften hinauf und hinab. Einige werden uns unterwegs begegnen.

Bolsena und die heilige Christina

Das ist schon in Bolsena der Fall – dem Ort am See, an dem sich die mittelalterliche Frankenstrasse mit der römischen Via Cassia vereinigt, um mit ihr gemeinsam nach Rom zu laufen. Wir treffen wiederum auf ein Pilgerheiligtum, noch grösser und noch bedeutender als in Acquapendente, aber vor allem diesmal: einen Ort mit antik-römischen, ja sogar etruskischen Wurzeln. An diesem altehrwürdigen Ort schrieb ein mittelalterlicher Pilger Theologiegeschichte. Genauer: Es ging um die richtige Lehre vom Abendmahl. Debatten darüber hatte es seit karolingischer Zeit gegeben. Schliesslich hatte man beim vierten Laterankonzil 1215 eine «handfeste», sehr «reale» Lehre kanonisch festgeschrieben, die Lehre von der realen Präsenz von Fleisch und Blut im Mahl. Man hatte das in den Kategorien aristotelischer Philosophie ausgedrückt: Es findet eine Transsubstantiation statt, eine regelrechte Verwandlung der Substanz zu Fleisch und Blut (bei Wahrung der Akzidentien, also der äusseren Erscheinung von Brot und Wein). Diese Festlegung war theologisch klar, doch zugleich (damals wie heute) reichlich abstrakt. Zweifel und Unklarheiten blieben – bei den Gläubigen wie bei den Priestern.

So ging es offenbar auch einem böhmischen Geistlichen, der im Jahr 1263 hier des Weges kam und im Pilgerheiligtum die Messe feierte. Ein drastisches Wunder räumte seine Zweifel aus: Bei der Brechung des Brotes kam Blut zum Vorschein, ja: Ströme von Blut benetzten die Tischwäsche auf dem Altar, dann die Messgewänder, und sie flossen schliesslich sogar vom Altar auf den Fussboden. Das Ereignis wurde sogleich dem im nahen Orvieto weilenden Papst Urban IV. berichtet, und dieser nahm es zum willkommenen Anlass, um ein liturgisches Fest zur Erinnerung daran einzurichten[3], in Wahrheit wohl, um der abstrakten Abendmahlslehre Farbe und Anschaulichkeit zu geben. Fronleichnam («Corpus Domini») wurde zuerst 1264 gefeiert und wird bis heute in Bolsena besonders feierlich begangen. Es gibt wenige Feste im christlichen Kirchenjahr, deren Entstehung so klar datierbar ist und vor allem: die so deutlich zur Veranschaulichung abstrakter Theologie dienen. In diesem Sinne ist es ein «didaktisches» Fest, und mit diesem Gedanken wurde die Geschichte vom eucharistischen

---

3 Bulle «Transiturus de hoc mundo», DH 846f.

Wunder erzählt; ihm verdankt sie wohl auch ihre Entstehung. Das Konzept war überaus erfolgreich: Das Fest und die Geschichte erfreuten sich bald grosser Verbreitung. Wie in einem Brennglas konzentrieren sich hier Abendmahlstheologie und -frömmigkeit des westlichen Mittelalters. Raffael hat – gerade zur Reformationszeit – die Szene schliesslich in einem der Räume der päpstlichen Privatgemächer im Vatikan gemalt und damit vollends «kanonisiert».

Hier wüsste man nun doch gerne, was der junge Augustinermönch Martin Luther gesagt oder gedacht hat, als er in Bolsena vorbei kam. Man wird ihm den Altar gezeigt und die zugehörige Legende erzählt haben. Später hat er die Transsubstantiationslehre abgelehnt, auch das Fronleichnamsfest: jene wegen der philosophischen Grundlagen, diese wegen der Verehrung der Hostie ausserhalb der Mahlfeier. Doch gerade der Realismus, die Konkretheit von Fleisch und Blut, blieben ihm wichtig; er hat sie gegenüber den Schweizer Reformatoren emphatisch betont.

Der Altar, an dem das Wunder stattgefunden hat, ist bis heute in der Kirche zu sehen, und bis heute werden die verblichenen Spuren des ausgeströmten Blutes dort gezeigt (heute an einem separaten Altar). Eindrucksvoller als diese bescheidenen Farbreste ist indessen der Baldachin über dem Altar: ein herrliches Stück karolingischer Kirchenkunst, Zeugnis für die über Jahrhunderte nie unterbrochene Tradition des Gottesdienstes und der Verehrung an diesem Ort. Christen kamen hierher, um zu beten – auch in den «dunklen» Zeiten des frühen Mittelalters, über die wir sonst so wenig wissen, weil sich so wenig erhalten hat. Es gibt nicht viele Orte, an denen das so kontinuierlich der Fall war und an denen wir es bis heute spüren und sehen können, weil alle Generationen ihre Spuren, die Zeugnisse ihrer Frömmigkeit hinterlassen haben.

Den Kern bildet das Grab der Heiligen Christina, dazu eine frühchristliche Grabanlage, eine Katakombe mit über 1000 Gräbern, wie wir sie sonst nur an wenigen Plätzen ausserhalb Roms finden. Die Anfänge dieser Anlage verlieren sich im Dunkel der Geschichte: Weder können wir sagen, wer Christina war noch wissen wir über die Umstände ihres Lebens und Sterbens zuverlässig Bescheid. Das ist vielleicht auch nicht so wichtig, denn ihr Grab war zunächst gar kein besonderes. Es lag in einem Nebengang des Friedhofs der örtlichen christlichen Gemeinde, und diese Gemeinde ist als solche besonders genug, denn sie muss sehr alt sein. Schon in der ersten Hälfte des vierten Jahrhunderts, also womöglich noch unter Konstantin, hatte sie eine Halle am Hauptplatz der damaligen Stadt (die Basilika am Forum) für die Zwecke des christlichen Gottesdienstes umfunktioniert[4].

Das ist sehr ungewöhnlich, denn das Christentum verbreitete sich zuerst in den grossen Städten. Ausserhalb Roms und seiner direkten Umgebung sind Zeugnisse der neuen Religion vor der Anerkennung durch Konstantin selten. Auf dem Lande blieb die Bevölkerung lange heidnisch, auch in Latium, und wo das Christentum Fuss fasste, geschah es zunächst in bescheidener Form, kaum einmal so prominent und zentral wie in Bolsena, dem antiken Volsinii.

Montefiascone und die Familie Farnese

Die Strasse zieht von Bolsena weiter nach Süden, den Hang hinauf nach Montefiascone, ein Städtchen, das in spektakulärer Lage auf dem oberen Rand des Kraters liegt und von dort weit über das Land schaut. Auf der einen Seite geht der Blick zurück über den Bolsenasee, auf der anderen kommen schon Viterbo und die dunkel aufragenden Monti Cimini in den Blick. Die Siedlung lag indessen nicht immer hier oben. Erst im Mittelalter, als die römische Friedensordnung, die *pax Romana*, sie nicht mehr schützte, zogen sich die Menschen von der Ebene auf diesen Kegel zurück; sie versahen ihn mit hohen wehrhaften Mauern, an der Rocca bis heute zu sehen. Die römische Strasse ist bequemer und vermeidet den steilen Gipfel. So finden wir dort unten, am Fuss der Altstadt und direkt an der Strasse, das älteste Monument: die eigenartige Doppelkirche S. Flaviano.[5]

Montefiascone gehörte schon früh zum Kirchenstaat, hatte zeitweise auch eine herausgehobene Rolle darin und war von den Päpsten zur Stadt und zur Diözese erhoben worden. Im 16. Jahrhundert wollte der ehrgeizige Kardinal Alessandro Farnese die Stadt zur Hauptstadt seiner Familienterritorien im nördlichen Latium machen. Schliesslich stammte die Familie aus dieser Gegend – im Grunde aus bescheidenen Verhältnissen. Die Farnese waren lokale Grundherren mit Stammsitz in der Ortschaft, die noch heute ihren Namen trägt, wenige Kilometer westlich des Bolsenasees. Alessandro selbst war in Canino geboren,

4 Carlo Carletti; Vincenzo Fiocchi Nicolai: La catacomba di Santa Cristina di Bolsena, Roma 1989 [Catacombe di Roma e d'Italia, Bd. 2], S. 7–11, allgemein zum antiken Volsinii vgl. Daniela Cavallo: Via Cassia I. Via Cimina, Rom 1992 [Antiche Strade Lazio], S. 119–128.

5 Enrico Parlato; Serena Romano: Romanik in Rom und Latium, Würzburg 1995 (frz. Original: La Pierre-qui-Vire 1992), S. 183–203.

das ebenfalls nicht weit entfernt liegt – damals wie heute ein sehr beschauliches und bescheidenes Örtchen.

Wir werden ihm später in Rom wieder begegnen: als einem der mächtigsten Politiker und klügsten Gelehrten der Kapitale und dann vor allem als Papst Paul III. – dem der/das längste und vielleicht glanzvollste Pontifikat eines an Höhepunkten reichen Jahrhunderts vergönnt war (1534–49). Wenn wir ihn in Rom als grossen Diplomaten auf internationaler Bühne, als Kirchenreformer und Initiator des tridentinischen Konzils, als Bauherren des Palazzo Farnese und Auftraggeber Michelangelos für das «Jüngste Gericht» in der Sixtinischen Kapelle sehen, wenn wir an seinem prächtigen Grabmal direkt in der Apsis der Peterskirche stehen, dann tun wir gut daran, uns an seine Wurzeln zu erinnern, die er sein Leben lang nicht vergass und die ihn geprägt haben. Diese Wurzeln liegen hier im Hügelland des nördlichen Latium, um den Bolsenasee mit seinen Tuffabstürzen und Schafherden. Neben aller internationalen Politik hat er die Region nie aus den Augen verloren. Hier wollte er zugunsten seines Sohnes Pier Luigi die Familienterritorien erweitern und arrondieren. Montefiascone sollte Hauptstadt werden, doch widersetzte sich das Städtchen diesen Plänen – und fuhr damit letztlich vielleicht ganz gut. Als das Patrimonium der inzwischen völlig überschuldeten Familie etwa 100 Jahre später zusammenbrach, liess Innozenz X. (Pamphili) den Ort Castro, Hauptstadt des Herzogtums und Sitz der Diözese, dem Erdboden gleichmachen. Heute sind nur noch ein paar vom Gestrüpp überwucherte Ruinen davon übrig, stimmungsvoll in freier Landschaft gelegen: eine versunkene Renaissance-Perle, Bruchstücke der herrlichen Schöpfungen eines Antonio da Sangallo unter Disteln und Gebüsch.[6] Der Bischofstitel ging an Acquapendente. Montefiascone hingegen thront weiter stolz auf seinem Berg.

Auf antiker Strasse durch stille Landschaft

Die Reise geht weiter in Richtung Süden: Es erwartet uns eines der schönsten Stücke antiker Via Cassia. Hier spätestens sollte der Reisende sein Auto stehen lassen und zumindest einige Kilometer zu Fuss zurücklegen. Die römische Strasse ist hier nicht unter die moderne Asphaltstrasse zu liegen gekommen, aber sie ist dennoch erhalten: als Feldweg und Fahrstrasse für die verstreuten Bauernhäuser und Villen.

---

6 Zu den Ruinen Marta Giacobelli: Via Clodia, Rom 1991 [Antiche Strade Lazio], S. 78–81.

Man sieht das alte Basaltpflaster über weite Strecken intakt durch stille, unberührte Landschaft ziehen. Dunkles, von vielen tausend Füssen und Hufen und Rädern glatt gewordenes Pflaster. Wo die Strassenbaukunst der Römer und der Verkehr der Jahrhunderte zusammengewirkt haben, ist die Oberfläche glatt und eben. Als die Bildungsreise nach Italien unter deutschen Gelehrten Mode wurde, beschrieb Goethes Freund Karl Philipp Moritz das Pflaster der Via Flaminia so:

> «Vieleckichte glatte Steine von grossem Umfange sind dicht aneinandergefugt und bilden ein ganz ebenes Pflaster, das aber durch die Länge der Zeit ganz ausgeglättet und äusserst unbequem für Pferde ist, weswegen mir denn mein Vetturin auch versicherte, dass er diese Steine verfluchte, sooft er darüber führe.»[7]

Man sieht: Noch im 18. Jahrhundert war die alte römische Strasse nicht nur Studienobjekt der Historiker – das auch! –, sondern sie diente vor allem der Fortbewegung, und dem örtlichen Kutscher gefiel das Pflaster weniger als dem Bildungsreisenden aus dem Norden. «Die Benutzer sahen [die Strasse] alltags anders als die Humanisten sonntags!»[8]

Heute ist es still geworden auf dem beschaulichen Stück Cassia südlich von Montefiascone. Die Strasse wird begleitet von Schafherden mit ihren Hirten, von Weinbergen, Obsthainen, Ölbäumen, und sie bietet immer wieder herrliche Ausblicke: zurück auf Montefiascone mit der charakteristischen Kuppel von Carlo Fontana und vorwärts auf die Monti Cimini mit ihren dunklen, stillen Wäldern. Und doch ist die Strasse bevölkert und befahren, jedenfalls für das Auge des Historikers, der hier im Laufe der Jahrhunderte viele vorbeiziehen sieht. Die Strasse ist ein einzigartiger Ort der Begegnung, denn hier müssen sie ja alle vorbeikommen: die Kaiser und die Päpste, die Pilger und Soldaten, die Gebildeten und die Handwerker, die Grossen und die Kleinen. Und auch die Grossen begegnen hier in ihrer Alltäglichkeit: Petrarca nicht als hochgemuter Dichter, sondern bei Bolsena verletzt von einem ausschlagenden Pferd, Luther nicht als Denker und Reformator, sondern als Fussgänger im schlechten Wetter.[9]

---

7 Arnold Esch: Römische Strassen in ihrer Landschaft. Das Nachleben antiker Strassen um Rom mit Hinweisen zur Begehung im Gelände, Mainz 1997, S. 66.

8 Ebd.; zu dem hier beschriebenen Strassenstück a.a.O., S. 43f.

9 Petrarca verletzt: Fam. XI,1; schlechtes Wetter bei Luther: Heinrich Böhmer: Luthers Romfahrt, Leipzig 1914, S. 79f.

Auch die grossen römischen Jubeljahre, Initiative der Päpste seit Bonifaz VIII. im Jahr 1300, werden hier greifbar – nicht nur als geistig-geistliche Grossanlässe, sondern auch ganz lebenspraktisch anhand der Warenströme und der Übernachtungszahlen. Vor allem in dem wichtigen Jahr 1450 würden wir hier bemerken, wie der Verkehr spürbar ansteigt. Nach langem Exil residierten die Päpste wieder regelmässig in Rom, die Stadt erwacht zu neuem Leben. Sie wird wieder, was sie einst war: Zentrum der westlichen Welt. Das macht sich nicht zuletzt hier an der Via Cassia bemerkbar, denn es ist ja die Achse von Florenz nach Rom, die Achse, auf der die Kunst und Kultur der Renaissance im 15. Jahrhundert von der Toskana in die Stadt der Päpste kommt: Wenn Sixtus IV. die besten Künstler der Zeit nach Rom holt, um die Sixtinische Kapelle auszumalen, wenn Julius II. den jungen begabten Michelangelo an seinen Hof holt, wenn Raffael gerufen wird: so müssen wir uns all dies hier auf dem Pflaster der Via Cassia vorstellen. Hier kamen sie vorbei, und die Schafe und Weinstöcke und Ölbäume werden damals nicht viel anders ausgesehen haben als heute.

Die Papststadt Viterbo

Die antike Strasse würde geradeaus weiterlaufen durch vulkanisches Terrain, ein Gebiet mit heissen Schwefelquellen, die schon seit römischer Zeit genutzt werden, manche davon bis heute ungefasst: Man steigt zum Baden einfach in dampfende Lachen und Pfützen am Wege. Ein gespenstischer Anblick: Dante nennt die brodelnden Wasser des Bullicame in seiner Beschreibung der Hölle.[10] Eines der Thermalbäder wurde just 1450 zum Heiligen Jahr durch Nikolaus V. erbaut[11]; noch heute beruft sich das Bad auf die Päpste (Terme dei Papi). Die Pilger zum Jubeljahr wären hier freilich nicht von alleine vorbeigekommen, denn damals hatte das wichtige Zentrum Viterbo die Strasse schon aus ihrer römischen Geraden abgelenkt. Man hatte wohl auch nachgeholfen, denn der Verkehr sollte durch dieses wichtige mittelalterliche Zentrum gehen. Viterbo war Papstresidenz für mehrere Jahrzehnte und Ort wichtiger kirchengeschichtlicher Ereignisse. Vor allem im 13. Jahrhundert war Rom durch die unausgesetzten Familienfehden der örtlichen Adelsgeschlechter ein gefährlicher und unbequemer Residenzort für die Päpste geworden, jedenfalls soweit sie nicht selbst aus den lokalen Machtkämpfen hervorgegangen waren. Mehrere Päpste (vor allem

---

[10] Dante Alighieri: Divina commedia, 14,79.
[11] Arnold Esch: Römische Strassen in ihrer Landschaft, S. 38.

französischer Provenienz) haben Rom nie gesehen, sondern residierten im sicheren und angenehmen Viterbo, das bis heute von dieser grossen Zeit des Mittelalters geprägt ist. So sicher und so angenehm lebte es sich in Viterbo, dass einige Papstwahlen dort schier kein Ende nehmen wollten: Fast drei Jahre lang liessen sich die Kardinäle Zeit, um nach dem Tod Clemens' IV. 1268 einen Nachfolger zu finden. Schliesslich verfiel man auf einen Kandidaten, der weder Kardinal noch Priester war, sich ausserdem viele hundert Kilometer entfernt aufhielt, nämlich Teobaldo Visconti, der als Pilger im Heiligen Land weilte. Er wurde herbeigerufen, von der Wahl unterrichtet, zum Priester und zum Bischof geweiht und schliesslich als Gregor X. zum Papst gekrönt. Doch den Wahlmodus veränderte man nach diesem langen Verfahren derart, dass die Kardinäle zur Wahl in Klausur gehen mussten und nicht herauskommen durften, bevor nicht ein Papst gewählt war. All dies ereignete sich in dem herrlichen gotischen Palast, der neben dem Dom S. Lorenzo zu sehen ist und einen weiten Blick über Latium erlaubt.

Kaiser und Päpste in Sutri

Die alte Via Francigena führt weiter nach Vetralla und Capranica: urtümliche Landschaft, in der immer wieder die steilen Tuffabstürze zu sehen sind, wie sie für das nördliche Latium typisch sind. Die antiken Städte suchten die fruchtbare Ebene, doch im Mittelalter zogen sich die Siedlungen zurück – vorzugsweise auf steile, langgestreckte Sporne im Tuff, die wenigstens nach drei Seiten gut verteidigt werden konnten. Eine solche Stadt ist Sutri – die letzte Etappe auf unserer Reise, die noch ganz in Latium liegt, die auch heute noch nichts vom Charakter einer Vorstadt der Metropole hat. Die Stadt ist uralt; schon von den Etruskern wurde sie gegründet, doch grosse Bedeutung erlangte sie erst im Mittelalter. Die Via Cassia, die unten am Fuss der Stadt vorbeiläuft, hat hier ein besonders archaisches Gepräge: tief eingeschnitten in den Tuff, mit uralten etruskischen Gräbern rechts und links.

In der Stadt selbst ist bis heute der mittelalterliche Bischofspalast zu sehen – verfallen und verlassen, da die Stadt schon lange nicht mehr Diözesansitz ist. Dies mag der Ort des bedeutendsten Ereignisses gewesen sein, das mit Sutri verbunden ist. Im Jahr 1046 kam König Heinrich III. auf der Via Cassia von Norden nach Rom. Grosse politische und militärische Erfolge hatte der junge Salierkönig schon errungen – doch ein wichtiger Erfolg fehlte ihm noch: der Kaisertitel, der an die alte Hauptstadt Rom und an den Papst gebunden war. Das Papsttum war indes zu dieser Zeit an einem seiner historischen Tiefpunkte angelangt: Nicht weniger als drei Geistliche erhoben in Rom den Anspruch auf den legitimen Titel. Heinrich zog es unter diesen Umständen vor, gar nicht erst nach Rom selbst zu ziehen, sondern schon hier, in Sutri, also in sicherer Entfernung vor den Toren Roms, die Situation zu klären. Kurz vor Weihnachten hielt er eine Synode ab, auf der er alle drei Päpste absetzte und stattdessen seinen Gefolgsmann Suitger von Bamberg als Papst Clemens II. einsetzte, damit einen Vertreter der cluniazensischen Reform. Dieser wurde drei Tage später in Rom selbst inthronisiert und krönte seinerseits unverzüglich Heinrich zum Kaiser – am Weihnachtsfest, ebenso wie damals Karl den Grossen. Rom und die Reform aus dem Norden – wer möchte, mag hier das erste Aufscheinen eines Leitmotivs erblicken, das folgende Jahrhunderte prägen sollte (wenn man nicht gar schon bei der karolingischen Renaissance ansetzen möchte). Indes: Die Geschichte wiederholt sich nicht, doch sie überrascht bisweilen den Betrachter durch beachtliche Kontinuitäten.

Die Kirchenpolitik Heinrichs war unmittelbar ein Erfolg, doch mittelbar verschaffte sie dem Reformpapsttum Auftrieb, einem neu erstarkten, selbstbewussten Papsttum, das bald zur grössten Konkurrenz für das Kaisertum werden sollte. Die Rivalität zwischen Kaiser und Papst prägte die Machtkonstellation im hohen Mittelalter in Europa – doch machte sie die Via Cassia als Verbindungsachse von Rom in den Norden nur umso wichtiger. Ein Jahrhundert später sehen wir Friedrich Barbarossa auf dieser Strasse nach Rom ziehen – wieder zur Kaiserkrönung, und wieder kommt es zur entscheidenden Begegnung in Sutri. Doch diesmal steht dem Herrscher aus dem Norden ein starker Papst gegenüber (übrigens von Haus aus ebenfalls aus dem Norden: der einzige englische Papst der Kirchengeschichte). Als Friedrich es wagt, Hadrian IV. den traditionellen Stallknechtsdienst zu verweigern, kommt es zum Eklat. Im Zorn verlässt der Papst den Platz des Geschehens, ohne Friedrich des Friedenskusses gewürdigt zu haben. Nach aufgeregten Verhandlungen zieht der König einige Kilometer weiter bis Monterosi – und wir mit ihm. Dort muss er sich letztlich doch fügen: Er geleitet das Pferd des Papstes am Zügel zu Fuss einen Steinwurf weit – eine Geste, die er als Erniedrigung seiner Person und der weltlichen Macht empfindet.[12]

[12] RI IV 2, 1, n. 315.

Über La Storta nach Rom

Noch einige Kilometer weiter liegt La Storta: Heutzutage schon ganz in der urbanen Bebauung der Grossstadt (und die Bebauung am Stadtrand ist nicht die schönste), doch ein ländlicher, abgeschiedener Fleck, als hier im Juni 1538 ein baskischer Geistlicher mit zwei Gefährten des Weges kam. Damals wie heute stand hier eine bescheidene Kapelle, und obwohl der Ort still und beschaulich war, waren die drei Männer von einer seltsamen Spannung getragen. Auch ihnen war klar, dass Rom nicht mehr weit lag. Selbst wer zu Fuss reist, ist in einem Tag am Ziel. Und ihnen war klar, dass Rom ihr Leben entscheidend verändern würde. Ob zum Guten oder zum Schlechten – das hatte sich erst herauszustellen. Sie waren ausgezogen, um nach Jerusalem zu gehen, doch erwies sich dies aus verschiedenen Gründen als unmöglich.

Hier also, in der kleinen Kapelle am Wegrand der Via Cassia kurz vor Rom hatte Ignatius von Loyola eine Vision, die seiner Suche einen Sinn gab, die das Ziel ummünzte und neu definierte. In der nervösen Anspannung, in der er war, erschien ihm Gott Vater, der ihm und seinen Freunden Jesus als Weggefährten zugesellte. Damit und erst hier wurde die Gemeinschaft wirklich zur Gesellschaft Jesu. «Ego vobiscum ero», so hörte er: Ich werde mit euch sein, auch in Rom, besonders in Rom.[13] Diese göttliche Zusage wirkte wie eine sakrale Legitimierung Roms, nachdem Jerusalem, das eigentliche Ziel, unerreichbar war. Dadurch war die Grundlage gelegt für die spezifische Rombindung und zugleich Papstbindung des jungen Ordens. Die Gruppe wollte sich dem Papst zur Verfügung stellen und seine Aufträge ausführen. Ein Teil dieses Auftrages sollte schon bald der Kampf gegen die Reformation im Norden sein. Der Jesuitenorden *war* keine Ordensgemeinschaft der Gegenreformation, sondern er *wurde* es. Die Vision von La Storta war eine wichtige Etappe auf diesem Weg. Es ist daher ganz richtig, dass sie in riesigen Dimensionen über dem Hochaltar von S. Ignazio in Rom ins Bild gesetzt ist (ein Gemälde von Andrea Pozzo).

Um nun endlich anzukommen, nach Rom zu kommen, hat der Reisende seit alters zwei Möglichkeiten. Kurz hinter La Storta gabelt sich die Strasse. Man kann links der alten Via Cassia folgen, die sich kurz vor dem Tiber mit der Via Flaminia vereinigt, dann auf der Milvischen

---

13 MHSJ 66, 496–499, §96; die genaue Lokalisierung in La Storta ist freilich erst seit Ende des 17. Jhs. belegt. Zum Wortlaut des Gehörten vgl. MHSJ 66, 313, §16 (mit Anm. 37).

Brücke den Fluss überschreitet und schliesslich an der Porta del Popolo die Stadt erreicht: ein klassischer Anreiseweg. «Nur unter der Porta del Popolo war ich mir gewiss, Rom zu haben», schreibt Goethe 1786[14]. Die Alternative wurde wohl im Mittelalter von den Pilgern bevorzugt, denn sie führt geradenwegs nach St. Peter, also nicht zuerst in die Stadt, und auch Luther wird hier angekommen sein, obwohl sein Quartier dann direkt an der Porta del Popolo lag. Es ist die ebenfalls römische Via Triumphalis, die von Norden auf den Monte Mario führt. *Mons Gaudii*, sagten die Pilger, denn es ist wirklich ein Berg der Freude für den Reisenden, der nach langer, entbehrungsreicher Fahrt hier zum ersten Mal den grossartigen Blick über die Stadt geniesst. Noch viele Jahre nach seiner Reise berichtet Luther «Als ich zuerst die Stadt erblickte, warf ich mich zu Boden und sprach: Sei gegrüsst, heiliges Rom.»[15] Mit diesem Blick über Kuppeln und Türme sei auch unsere Fahrt beendet.

14 Johann Wolfgang von Goethe: Italienische Reise, 1. November 1786.

15 Martin Luther: WA TR 5, Nr. 6059 (in der Fortsetzung freilich gleich scharfe Romkritik). Man kann sich diese feierliche Begrüssung eher auf dem Monte Mario als bei der (ebenen) Anreise über die Milvische Brücke und die Porta del Popolo vorstellen.

Christoph Müller

Zwischen Sichtbarem und Unsichtbarem
Friedhofs-Wege

Zugänge

Zum Friedhof gibt es verschiedene Zugänge, von der Kirche her, vom Schlosshof, von der Strasse, von süd- und nordöstlicher Seite her. Seit kurzem gibt es auch eine Haltestelle «Stapfen Friedhof» der Buslinie 16, zwischen Gurten-Gartenstadt und Köniz-Zentrum. Hier befinden sich der Parkplatz und der offizielle Eingang zum Friedhof.

Ich wähle meistens den südöstlichen Eingang. Der Weg führt zuerst durch Schrebergärten, mit Fahnen (Schweiz, Italien, Kroatien), Gemüsebeeten, Gerbera, hohen Sonnenblumen.

Es stellen sich sogleich Erinnerungen ein, ungesuchte Erinnerungen an erlebte Bestattungen und an Geschehnisse auf Friedhöfen. Sonnenblumen waren das leitende Symbol bei der Bestattung von Susanna. Ich hatte mich auch nach Jahren sofort an meine ehemalige Konfirmandin erinnert, als die Mutter mich anrief und vom tödlichen Autounfall in Frankreich erzählte. Bei der Urnenbeisetzung war das Grab bedeckt mit Sonnenblumen.

Ich trete durch eine Metalltüre ins Friedhofsareal. Oberhalb der Steintreppe, die zum Friedhof hinunterführt, findet sich ein Platz mit drei sehr stabil konstruierten Holzbänken. Ich setze mich und sehe auf den Friedhof, der ganz unvermittelt sichtbar geworden ist. Es ist ein weites Gelände, hügelig unterteilt. Unten fliesst ein Bach, der in einen Teich mündet.

Der Friedhof ist ein sichtbares und dauerhaftes Zeichen des Todes. Er hat nicht das Fernseh- oder Zeitungs- und Zeitschriftenformat einiger Momente der Todeskonfrontation, die meistens gleich wieder zugedeckt werden.

Friedhöfe sind Spiegel des jeweiligen gesellschaftlichen und individuellen Umgangs mit dem Tod und den Toten – und so «révélateur» der faktisch herrschenden kulturellen und religiösen Werte und Unwerte, Konventionen und Tabus, Privilegien und Exkommunikationen.

Der Friedhof gehört heute in der Schweiz in kommunale Zuständigkeit. Im Bestattungs- und Friedhofsreglement der Gemeinde Köniz (Beschluss des Parlaments vom 11.12.2006; Inkrafttreten am 1.1.2007) sind Bestattungsort und Bestattungszeit ebenso festgelegt wie Friedhofsruhe, Grabarten, Grabruhe, Bepflanzung/Unterhalt und Gebühren (wobei auch eine unentgeltliche Bestattung gewährt werden kann). In Ausführungsbestimmungen ist geregelt, welche Materialien für die Grabmäler verwendet werden dürfen und welche Maximal- bzw. Minimalmasse gelten.

Das detaillierte Reglement gilt für alle – ohne Ansehen der Person. Es gibt Abstufungen, die sich aber grundlegend von den Praktiken unterscheiden, wie sie über Jahrhunderte «normal» waren, gerade in «christlichen» Ländern. Fürsten, (hohe) Kleriker und evangelische Prediger erhielten besondere Gräber und exklusive Graborte. «Andersgläubige, Selbstmörder, Ehebrecher, Räuber, Spieler, unbussfertig Gestorbene, ungetaufte Kinder waren von der christlichen Bestattung ausgeschlossen.»[1]

Es gibt keine exklusiven Gräber mehr für diejenigen, deren Reichtum oder Bedeutung auch nach dem Tod inszeniert werden soll. Die politische Behörde sorgt auch dafür, dass alle Menschen ein Recht auf eine würdige Bestattung haben.

Der Wunsch von Angehörigen, die Asche der Toten in einem privaten Breich (z.B. im Garten) aufzubewahren, ist nicht so selten. Es stellen sich Fragen: Möchten die Betroffenen in ihren privaten Räumen immer wieder mit dem Tod dieses Menschen konfrontiert werden? Sie nehmen damit anderen Trauernden den freien Zugang zum Bestattungsort. Ist es nicht für ihren eigenen Trauerprozess wichtig, sich verabschieden und auch wieder Distanz nehmen zu können?

Wege

Viele Wege führen durch das Gelände. Immer wieder finden sich Bänke. Ich kann mich setzen. Ich schätze diese Möglichkeit. Ich kann da sein.

Die Wege, keiner ist schnurgerade, führen durch geschützte, von hohen Bäumen umgebene Räume. Die Bäume sind wie starke Schutzgestalten. Sträucher, Büsche, Blumen, Hecken. Einmal begleitet mich ein Friedhofsgärtner. Er kennt alle Namen: Stieleichen, ebenso mäch-

---

1 Hans Kurth Boehlke; Michael Belgrader: [Art.] Friedhof, in: TRE 11 (1983), S. 646–653, hier: S. 649.

tig wie feingliedrig, eindrückliche Gesamtkunstwerke. Berg-, Schwarz- und Waldföhren, Weissbuchen, Blau- und Rottannen. Vor allem am Biotop die Weiden. Weissbirken, der Feldahorn mit grüngelbbraunen Blättern – lustige Propellerchen zwirbeln zu Boden.

Die Lärchen beginnen jetzt ihre Nadeln zu verlieren, Blitze von leuchtendem Gold, besonders schön im Licht der untergehenden Sonne.

Im Wallis soll vor einigen Jahren eine 30 Meter hohe Lärche mit 686 Jahresringen gefällt worden sein.

Eine Verwandlungskünstlerin ist die Thuja – je nach Alter und Grösse. Wird sie zusammengeschnitten, ist sie kaum wieder erkennbar. Selten begegnet sie als hoher Baum, als Abendländischer Lebensbaum.

Ich lese in der Theologischen Realenzyklopädie, dass auf dem ersten «Gottesacker der Herrnhuter Brüdergemeine» wohl erstmals Bäume als Element der Friedhofsgestaltung benutzt wurden – als «Sinnbild österlicher Auferstehungshoffnung».[2]

Es fallen jetzt viele bunte Blätter. Einige bewegen sich ganz langsam, in faszinierenden Schaukelbewegungen. Andere fallen rasch und wie unbemerkt.

Manche Wege sind von Nadeln und buntem und dürrem Laub bedeckt. Ich bin froh, dass es nicht gleich wieder entfernt worden ist. Ich gehe jetzt viel lieber über Wege, die nicht gesäubert sind.

Einmal regnet es leicht. Ich bin fast allein. Unterwegs begegnet mir ein Greis, der mich, auch auf meinen Gruss hin, wortlos und erstaunt anblickt. Später gehen zwei ältere Frauen hinter mir vorbei. Sie sind ins Gespräch vertieft, offenbar über eine ihnen beiden bekannte Person, die gestorben ist.

Ich begegne nicht mehr einem «flanierenden Publikum, das die sepulkrale Präsentation eines neuen, über die individuelle Lebensleistung gewonnenen Selbstbewusstseins bewundern durfte» – wie das im Bereich der bürgerlichen Kultur des 19. Jahrhunderts geschah.[3]

Friedhofsgärtner und -gärtnerinnen arbeiten an der Neubepflanzung der Gräber. Die verwelkten Blumen und Pflanzen werden ausgerissen. Die noch nicht neu bepflanzten Gräber sehen wie frische Grä-

---

2 A.a. O., S. 651.

3 Norbert Fischer; Markwart Herzog: Diskurse über Tod, Trauer und Erinnerung. Zur Kulturgeschichte der Friedhöfe, in: Dies. (Hg.): Nekropolis: Der Friedhof als Ort der Toten und der Lebenden, Stuttgart 2003 [Irseer Dialoge. Kultur und Wissenschaft interdisziplinär, Bd. 10], S. 13–19, hier: S. 16.

ber aus: dunkle feuchte Erde. Die Gräber werden dann neu «ausgesteckt»: meistens mit (unterschiedlichen) Tannzweigen und Calluna, Islandmoos, Zweigen der Muschelscheinzypresse. Das Gesteck wird wiederholt begossen und hält den Winter durch.

Die Gärtnerinnen und Gärtner knien, um die Bepflanzung vorzunehmen, manchmal ganz konzentriert und still, dann wieder einander zurufend und lachend. Ein kleiner Lastwagen fährt vor mit vielen Kistchen, es ist ein auffallend leiser Motor.

Namen I

Mir fallen die vielen unterschiedlichen Sträucher, Büsche, Pflanzen und Blumen auf. Die meisten kenne ich bei den ersten Gängen über den Friedhof nicht. Warum möchte ich sie mit Namen kennen lernen?

Namen begegnen hier auf Schritt und Tritt. Es sind fast alles fremde Namen. Ich kenne die Toten nicht. Aber es sind nicht einfach «Tote». Sie bekamen einmal ihren Namen und sind mit den dazu gehörenden Jahreszahlen unverwechselbar. Ich möchte wenigstens einige Bäume, Sträucher, Büsche, Pflanzen und Blumen mit Namen kennen lernen und mir dann einige von ihnen allmählich zu Vertrauten machen, wie die riesige Eiche beim nordöstlichen Ausgang.

Ich weiss, dass Blumen «zum wichtigsten Zubehör des Todes geworden»[4] sind, aber habe ich sie auch beachtet? Als ich mit dem Landschaftsgärtner über den Friedhof gehe, sehe ich viel, was ich vorher nur sehr oberflächlich oder gar nicht wahrgenommen habe – und was namenlos blieb.

Die roten Beeren der Eibe, der stachelblättrigen Mahonie oder des Wacholders. An der Eibe ist fast alles giftig: die Nadeln, das Holz, der Beerenkern. Schön ist sie allemal.

Vor allem bei den älteren Gräbern wachsen ganz unterschiedliche Koniferen, in allen Grüntönen.

Das Geflügelte Pfaffenhütchen wird noch hübscher, wenn man es ansieht: die feinen braungrünen Verkorkungen auf den Zweigen. Und jetzt, im Herbst, die Blätter, die sich von einem sanften Grün in ein intensives Rot wandeln. Die herbstliche Färbung hat dem Blutroten Hartriegel sogar den Namen gegeben.

---

4 Lilo Roost Vischer: Alltägliche Tote. Ethnologische Untersuchungen in einem Bestattungsinstitut und einem Krematorium in der Schweiz, Hamburg 1999 [Medizinkulturen im Vergleich, Bd. 16], S. 106; vgl. S. 21f; 63ff.

Die stacheligen Blätter der Stechpalme zeigen sich an derselben Pflanze recht anders, wenn die Mutterpflanze älter geworden ist; sie fühlen sich viel weicher an, und das Grün leuchtet anders und stärker. Immer wieder Buchs, durchbrochen von Schneebeerenbüschen, Liguster (mit dunklen Früchten), vom Kirschlorbeer, einem frostharten Zierstrauch, und vom violett-blauen Leberbalsam.

Manchmal verblüffen die unterschiedlichen Namen. Die lateinischen Namen klingen fast immer feierlicher in meinen Ohren. Die Hagebutte als Frucht der Kartoffelrose hat lateinisch einen prächtigen Rhythmus: *Rosa rugosa*. Im Frühjahr waren auf vielen Gräbern die Stiefmütterchen zu sehen, Kleinode in allen Farben und Farbkombinationen – und mit vielen Namen: Dänkeli, Schöngesichtchen, Liebgesicht, in der Welschschweiz *Pensées*; im Namen die Symbolik der Treue, lateinisch die *Viola calaminaria* oder die *Viola tricolor* – mit den Erinnerungen an Theodor Storms Geschichte, die mich tief berührt hat. Auch bei anderen Blumen eine Metamorphose der Namen: die Hohe Fetthenne wandelt sich in die poetische Herbstfreude, die *Cuphea ignea* mutiert zum Zigarettenblümchen.

Während der Sommermonate ist die Begonie die Allerweltspflanze auf den Gräbern, dank ihrer Resistenz: Sie braucht wenig und speichert viel Wasser. Wenn die Gräber jetzt neu ausgesteckt werden, ist ihre Zeit vorbei. Sie macht der Calluna Platz – etwas von der Heide jetzt auf dem Friedhof.

Unterwegs Schönmalven (mit glockenförmigen rosa Blüten; grünhelle Blätter, den Ahornblättern ähnlich), Golderdbeeren, winterfest und immergrün wie die Bergenie, mit rosa Blüten, die das ganze Jahr, manchmal also auch im Winter, blühen. Astern, Lavendel, Christrosen, Kolkwitze, Geissblatt – viele Namen. Beim nächsten Besuch habe ich einige wieder vergessen, andere werden vertraut.

Im Schatten der Bäume und Büsche hohes Farnkraut, treuer Begleiter auch des Efeus.

Die Pfarrerin erzählt mir bei unserem Friedhofsgang, dass sie in der Adventszeit mit freiwilligen Helferinnen auf dem Friedhof Blumen und Zweige schneidet, die dann zu Adventssträussen gebunden und auf dem Weihnachtsmarkt für ein Kinderheim in Sibirien verkauft werden. Blumensträusse als Adventssymbol, Zeichen des Evangeliums vom Anbruch der neuen Welt.

Enten, die Friedhofskatze und eine freie Wiese

Das Biotop liegt in der Mitte des Friedhofs, mit einem grossen Teich, hohem Schilf, Sträuchern. Enten kommen von allen Seiten angeschwommen und hoffen auf eine besondere Mahlzeit. Die Wasservögel watscheln (oder flanieren?) oft über das Areal. Sie sind auf dem Friedhof präsent wie manche Vogelarten, die ich sonst nicht zu Gesicht bekomme.

Um das Biotop ein schöner Platz mit vielen Sitzgelegenheiten. Wenn es warm ist, treffen sich junge Familien, Frauen (hier und da auch ein Vater oder Grossvater) mit Kindern, die hier einen geschützten Spielraum finden und vergnügt herumtollen.

Es kommt vor, dass eine Trauergemeinde vorbeigeht. Es seien gute Begegnungen, sagt die Pfarrerin. Sie erzählt mir auch von der «Friedhofskatze». Bei Erdbestattungen oder Urnenbeisetzungen erscheine sie plötzlich und streiche den Leuten um die Beine, nicht aufdringlich und mit einem Gespür für die nötige Distanz.

Wir entdecken sie jetzt auch ganz in der Nähe. Sie döst zusammengerollt am Boden. Die Farbe ihres Fells ist einzigartig, schwarz-grau, mit braunen Flecken. Das Tier, das uns kurz in Augenschein nimmt, hat nur noch einen Schwanzstummel.

Dann ein Friedhofsteil ohne Gräber, freier Rasen.

Auch hier spielen im Sommer Kinder – ich habe auch einmal ein junges Liebespaar getroffen, einfach so, für sich vergnügt.

Namen II

Ich verweile lange bei den Kindergräbern.

Zahlreiche, bunte Gegenstände sind auf die Gräber gelegt worden: Engel, Schmetterlinge in allen Farben und Grössen, aus Holz oder durchsichtig, Zwerge, Johanniskäfer (auch in Menschengestalt), vielfarbige Windräder, Spielzeuge, Igel, ein Teddybär, vom Regen ganz durchnässt, Zeichnungen (in einer Sichtmappe geschützt). Auf Holz geschrieben, vom Regen nicht zu verwischen: «Roman, Du fäusch üs» («Roman, Du fehlst uns»).

Auf den Holzkreuzen oder Steinen die Zahlen, die etwas von den hier betrauerten Lebensgeschichten ahnen lassen: Kinder mit nur einer Jahreszahl; Kinder, die mit drei Jahren, mit sechs Jahren, mit elf Jahren gestorben sind.

Ein Stein ist wie eine offene Nussschale gestaltet, mit einem Buch darin. Auf einem anderen ist ein springender Frosch dargestellt.

Auf einem der älteren Kindergräber hat die Thuja das Grabkreuz völlig überwachsen und es dabei aus dem Boden gerissen, so schwebt es nun, gehalten vom Lebensbaum.

Es ist noch nicht lange her, dass Früh- und Totgeburten in den Krankenhäusern «entsorgt» wurden. Über Jahrhunderte wurden sie verscharrt – oder sie wurden zu Wallfahrtsorten gebracht, die mit der Angst und Sorge der Eltern um die Seelen ihrer Kinder ein lukratives Geschäft machten.[5] *Es ist jetzt im Reglement der kommunalen Gemeinde ausdrücklich festgehalten, dass Früh- und Totgeburten in Gräbern bestattet werden.*

Um die totgeborenen Kinder trauern zu können, ist für die Eltern und Geschwister lebenswichtig.[6] *Dass diese Kinder (und auch ihre Mütter) nicht mehr entwürdigt, missachtet und ausgeschlossen werden, wie dies lange der Fall war, ist ein Anzeichen der Neu-Entdeckung und des Neu-Interpretierens einer zentralen christlichen Botschaft. Das verbreitete Lamento über den «Traditionsabbruch» und den Verlust christlicher «Substanz» wird hier auf dem Friedhof an den Gräbern für Früh- und Totgeburten in sehr konkreter Weise öffentlich widerlegt.*

Es gibt ein Abteil mit älteren Gräbern, meist Familiengräbern, die für längere Zeit gekauft worden waren oder deren «Friedhofsruhe» verlängert wurde.

Einige sind auch nach vielen Jahren gepflegt. Andere sind verwittert, Buchstaben und Zahlen sind kaum noch lesbar. Sträucher und Bäumchen haben sie überwachsen.

Sie erinnern mich an Friedhöfe, die nicht mehr «gebraucht» werden und doch eine besondere Würde ausstrahlen: an einen Pestfriedhof im Jura, einen kleinen Friedhof bei Beitenwil.

Sie erinnern mich auch an jüdische Friedhöfe. Ich war, als ich in DDR-Zeiten jedes Jahr im Stephanus-Stift Berlin-Weissensee Kurse durchführte, immer auch einige Stunden auf dem jüdischen Friedhof, der sich in der Nähe befindet. Freunde hatten mich darauf aufmerksam gemacht und mir später ein von Jürgen Rennert und Dietmar Riemann herausgegebene Buch[7] *mit Texten und Bildern geschenkt. Es ist*

---

5 Susi Ulrich-Bochsler: Vom «enfant sans âme» zum «enfant du ciel», in: unipress 92 (1997), S. 17–23.

6 Andrea Morgenstern: Trauer um totgeborene Kindern, in: Lernort Gemeinde 23 (2005), H. 3, S. 20–25 [mit Fotos von Gräbern].

7 Jürgen Rennert; Dietmar Riemann: Der gute Ort in Weissensee. Bilder vom jüdischen Friedhof und eine Sammlung jüdischer Stimmen zu Vergehen und Werden, Bleiben und Sein, Berlin 1987.

für mich eine der stärksten Begegnungen mit Friedhöfen geworden – mit jüdischen Friedhöfen als «Häusern der Ewigkeit».

Fast hätte ich in einem dieser versteckten Winkel eine kleine Bank aufgestellt, um dort zu verweilen.

Ich finde später etwas von meiner Stimmung in einer Sequenz in den «Idyllen» von Franz Hohler, auf die ich ganz unvermutet stosse:

> «Mitten in den Häusern von Schwabing ist ein Stück Hoffnung ausgespart, der alte Nordfriedhof. Er ist schon längst nicht mehr in Betrieb, aber man hat ihn stehen gelassen, weil verwitterte Marmorplatten und halb geneigte Grabsteine unter grossen Weiden etwas Beruhigendes haben. Der Tod wirkt hier nicht mehr so frisch, man hat das Gefühl, auch er sei vergänglich.»[8]

Dass auch der Tod vergänglich ist – und es eine communio sanctorum *gibt als Gemeinschaft von Lebenden und Toten: Auf dem Friedhof kann etwas davon spürbar werden.*

Bei den ganz neuen Gräbern sind die Kränze noch aufgebaut. Es sind sehr grosse Kränze, die Bänder sind bereits etwas verfärbt: «vom Rotary Club», «in lieber Erinnerung von ... », «zum Abschied von ...».

Die neuen Gräber sind durch Holzkreuze bezeichnet, in hellem und dunklem Braun. Neben den ganz neuen Gräbern ist immer schon eines wieder ausgehoben und mit einer grossen Platte zugedeckt.

Auf einem Grab steht statt eines Kreuzes eine Holzplatte. Der Verstorbene war Muslim, ein 24-jähriger Mann. Das Grab wird häufig besucht, viele Erinnerungsstücke sind hingelegt, auch eine Laterne mit elektrischem rotem Flämmchen.

Während vier Jahren hat die «Gemeinschaft Christen und Muslime» in Bern in intensiven Verhandlungen mit den Behörden der Stadt nach einer Lösung für das Problem muslimischer Bestattungen gesucht.

> «Der Dialog zwischen Sachverständigen aus Theologie, Politik, Justiz und Verwaltung führte zu einem Konsens, der sich in einem revidierten Friedhofsreglement niederschlug und als beispielhafter Schritt zur Integration der islamischen Gemeinschaft in der Stadt Bern bezeichnet werden darf.»[9]

---

8 Franz Hohler: Idyllen, Neuwied; Berlin 1970, S. 23.

9 Reformierte Kirchen Bern-Jura-Solothurn, Fachstelle Migration: Der Dialog des Lebens. Überlegungen zum Zusammenleben der Religionen, Bern 2006, S. 14.

So gibt es seit 1999 auf dem Bremgartenfriedhof ein muslimisches Gräberfeld mit Gräbern, die nach Mekka ausgerichtet sind, und das auch die für Muslime zentrale «ewige Ruhe» nicht missachtet.

Ebenso ohne Kreuz ein hinduistisches Grab. Auffällig ein Korb mit Äpfeln und Orangen. Beim nächsten Gang über den Friedhof ist der Korb entfernt. Jetzt liegt dort ein kleines Bündel mit Räucherstäbchen.

Auf dem Grab eines Paars (die Ehepartner sind kurz nacheinander mit über 70 Jahren gestorben) ist ein Holzkreuz eingesteckt. Es gehört zu einem 17-jährigen Jüngling (ein Enkel?). Das helle Kreuz ist bemalt, wie wenn ein Regenbogen auf das Holz leuchten würde.

Das Grab einer vor einem Jahr verstorbenen 17-jährigen jungen Frau ist mit vielen Sträussen bedeckt: frische und intensiv farbige Rosen und bunt-leuchtende Blumengestecke. Auch Engel: Ein grosser schlafender und kleinere, sinnende und traurige. Auch zahlreiche Sterne.

Einige noch nicht sehr alte Gräber scheinen nur noch rudimentär gepflegt zu werden. Bei einem dieser Gräber ist das Holzkreuz zwischen dem Geburts- und dem Todesjahr auseinandergebrochen.

Ein mächtiger Stein weist den Weg zum «Gemeinschaftsgrab». Es ist, etwas seitlich angelegt, eine Wiesenfläche, auf der sich wieder ein grosser Stein mit der Beschriftung «Gemeinschaftsgrab» befindet. Der Bereich ist auf drei Seiten von einer Mauer umgeben. Am Fuss der Mauer finden sich zahlreiche Blumentöpfe und Sträusse.

Auf der Rasenfläche wird jeweils eine kleine Grube ausgehoben, in welche die Urne versenkt wird und die anschliessend wieder so zugedeckt wird, dass der Ort bald nicht mehr auffindbar ist. Es gibt keinen Ort, wo die Namen vermerkt wären.

In einer anderen Agglomerationsgemeinde sind auf dem Gemeinschaftsgrab eine Art Stelen errichtet worden, die ebenso stilvoll wie sorgfältig gestaltet sind. Die Namen auf der Stele erscheinen nicht wie in einer formlosen Statistik, sondern in einer schlicht-schönen Schrift. Diese Möglichkeit des Entanonymisierens ist von der Bevölkerung sehr positiv aufgenommen worden.

Auf dem Friedhof gibt es mehrere reglementarisch festgelegte Möglichkeiten, Urnen beizusetzen: vom Urnen-Reihengrab (für Erwachsene oder für Kinder) unterschieden wird der Urnenhain (auch wieder für Erwachsene oder für Kinder), wo die Gräber nicht auf einer vorgezeichneten Reihe angelegt sind.

Die Urnennischen sind in zwei Anlagen zu finden. Bei einer der beiden Anlagen sind die Betonmauern von vielfarbigem Weinlaub überwachsen. Sie ist dadurch in die Umgebung mit den vielen Pflanzen, Bäumen und Blumen hineinkomponiert.

Die neue Anlage wirkt kalt, kahl und dumpf. Hat jemand darauf hingewirkt, dass die Architektur nicht überwachsen werden darf?

Am unteren Rand der Betonwände, vor den Nischen, sind auch hier viele Blumentöpfe, Blumensträusse, Kerzen hingestellt worden. Auf den schmalen Rändern oberhalb der Nischen liegen kleine Erinnerungsstücke, Steine, eine winzige hölzerne Krippe mit Maria, Josef, dem Kind, einem knienden Hirten. Daneben ein bunter Weihnachtsmann.

Bilder, Geschichten und Botschaften

Auf einem Teil der Grabsteine finden sich nur die Namen und das Geburts- bzw. Todesjahr der Verstorbenen. Auch in der Kurzform, in den Namen und Zahlen, werden Geschichten präsent.

Die Geschichten sind sehr unterschiedlich. «Es gibt nicht den *Tod, so wenig wie es* das *Leben gibt.»*[10]

Andere Grabsteine zeigen bildliche Darstellungen. Manchmal können Beziehungen der Bilder zu den Lebensgeschichten der bestatteten Menschen vermutet werden.

Betende Hände (wie bei Dürer), das Yin-Yang-Symbol. Engel: ein kniender Engel, ein zugewandter. Ein Engel sitzt auf dem Grab, blickt mich an.

Ein Notenschlüssel, eine die Laute spielende Frauengestalt. Eine Öllampe, eine Schale, eine Flamme, Sterne.

Blumen: Rosen, Margeriten (die Verstorbene hiess Margrit), ein Strauss. Ähren, einmal auch drei Ähren – und eine ist geknickt.

Ein Turm an einem weiten Gewässer, eine Hütte, schützend und beheimatend in einer Gebirgslandschaft.

Ein Sonnenuntergang (oder -aufgang?) am See, in den Bergen. Ein prächtiger Baum. Ein sich aufbäumendes Pferd. Eine kuschelnde Katze (bei einer ganz jungen Frau), ein Vogel, der in die Sonne fliegt (bei einem Jüngling).

Nur ganz selten: ein Familienwappen oder eine Berufsbezeichnung.

In der ständischen Gesellschaft waren Abkunft und Titel wichtig, in der bürgerlichen Gesellschaft Hinweise auf Beruf, Karriere und Erfolge.

Nicht selten sind Bibelverse zu lesen, vielleicht auch (wie bei Sinnsprüchen) eine Art Botschaften an die Trauernden oder die Vorübergehenden, selten eine Botschaft an die Verstorbene.

---

[10] Albrecht Grözinger: Homiletik, Gütersloh 2008 [Lehrbuch Praktische Theologie, Bd. 2], S. 312.

DEIN WORT IST MEINES HERZENS TROST
GOTT IST TREU
ICH WEISS, DASS MEIN ERLÖSER LEBT
ICH BIN DIE AUFERSTEHUNG UND DAS LEBEN. WER AN MICH GLAUBT, WIRD LEBEN, WENN ER AUCH STÜRBE

Die ganze Frontseite des Steins ist damit beschriftet. Der Name der Verstorbenen ist auf der Seite eingemeisselt.

IN MEINES VATERS HAUS SIND VIELE WOHNUNGEN
IN DEINE HAND BEFEHLE ICH MEINEN GEIST. DU HAST MICH ERLÖST, HERR, DU TREUER GOTT
ICH GEHE ZU DENEN, DIE MICH LIEBTEN UND WARTE AUF DIE, DIE MICH LIEBEN
MAMUSCHKA, DU LEBST IN UNSEREN GEDANKEN WEITER

An einem Grabstein anliegend, in einem schützenden Sichtmäppchen, das Foto des 17-jährigen Verstorbenen, mit einem längeren Text, den ich nicht lesen kann. Ich möchte nicht zu nahe herangehen.

Bei anderen Gräbern stehen die farbigen Portraits des verstorbenen Ehepaars, eine kolorierte Zeichnung mit einem Vogelnest, Zeilen aus dem «Hohelied der Liebe» (1Kor 13), am Schluss ist der Vers «Die Liebe hört niemals auf» dreimal wiederholt.

Auf der Oberkante der Grabsteine finden sich Engel, Zierkürbisse, Tauben, kleine Vögel, ein Frosch, Schildkröten, Enten, ein weisser Elefant und auch Steine, gewöhnliche und gefärbte.

Ich sehe jüdische Gräber vor mir, mit vielen Steinen. Traditionen aus andern Kulturen werden offenbar rezipiert und transformiert.
Viele Grabsteine haben ähnliche Höhen- und Breitenmasse. Es gibt aber auch Steine wie schmale Stelen, manchmal zwei oder drei nebeneinander. Ein Stein hat die Form eines schroffen Felsens.

In einer Internet-Meldung lese ich (www.xertifix.de, Zugriff 29. Januar 2009):

> «Am Schweizer Fernsehen ist im August 2008 ein Film ausgestrahlt worden. Er dokumentiert, wie Kinder auf indischen Steinbrüchen Granit schlagen müssen, der auch in der Schweiz verkauft wird. ‹Kassensturz› deckte vor zwei Jahren die unzumutbaren Zustände auf. Entgegen aller Versprechen hat die Steinbranche bisher nichts gegen die Kinderarbeit unternommen.»

Lebende und Tote

Jemand steht vor einem Grab. Ich setze mich in einiger Distanz so hin, dass der Mann sich nicht beobachtet fühlt.

Ein älteres Paar arbeitet bei einem Grab, entfernt verwelkte Blumen, pflanzt neu an. Sie stehen dann vor dem Grab und umarmen sich.

Das Trauern braucht Erinnerungs-Orte[11] *und Erinnerungs-Gegenstände.*

Menschen stehen vor Gräbern, manchmal, so haben sie mir erzählt, sprechen sie mit den Verstorbenen. Ingrid Josephs hat beschrieben, wie bei diesen Grabbesuchen Dialoge mit den Verstorbenen entstehen.[12] *Sowohl eine subjektivistische wie eine objektivistische Deutung der Dialoge erweist sich als ungenügend und unangemessen. Es sind Interaktionen, die sich nicht prinzipiell von Gesprächen zwischen Lebenden unterscheiden. Sie können sogar intensiver und «direkter» sein.*

Trauernde erzählen, dass sie die Präsenz der Toten spüren, ganz ähnlich wie bei einem Besuch, als die Verstorbene noch lebte. Sie schweigen mit dem Toten – manchmal bleibt eine Zeit lang nur das Verstummen. Vielleicht kann später der Dialog wieder aufgenommen werden. Die Trauernden stellen dem Toten Fragen. Sie beten mit ihm. Es kommt ihnen ein vor einiger Zeit begonnenes Gespräch in den Sinn. Sie führen es weiter, sorgfältig, bedächtig, aufmerksam. Es fällt ihnen ein Gedicht ein, auch lustige, witzige Texte.

Es ist gut, auch wieder gehen zu können, Distanz zu gewinnen und damit eine andere Form von Nähe.

Trauerprozesse sind zweiseitig. Die Beziehung wird dann nicht abgebrochen. Vielmehr kann, vielleicht, allmählich, eine neue Beziehung konstituiert werden. «Die Beziehung zwischen Lebenden und Toten ist mit dem Tod nicht zuende, sie beginnt als diese Beziehung *erst.»*[13]

---

[11] Rita Wirz (im Gespräch mit Monika Hungerbühler): Garten der Lebenden und der Toden. Plädoyer für Orte des Totengedenkens, in: FAMA 20 (2004), H. 4, S. 10f.

[12] Ingrid E. Josephs: Constructing One's Self in the City of the Silent: Dialogue, Symbols, and the Role of ‹As-If› in Self-Development, in: Human Development 41 (1998), S. 180–195. Den Hinweis verdanke ich Hans Ulrich Hauenstein, der seine Habilitationsarbeit zum Thema «Präsenz der Toten und Repräsentierung der Lebenden» schreibt.

[13] Hans-Martin Gutmann: Mit den Toten leben – eine evangelische Perspektive, Gütersloh 2002, S. 203.

Die Aufbahrungshalle ist dezent in die Landschaft eingefügt. Ich trete ein. Die Vorräume sind freundlich gestaltet, schöne und funktionale Sitzgruppen, vor den Fenstern Büsche und Bäume. Im Moment ist niemand aufgebahrt.

Neben der Aufbahrungshalle ein offener und wie mit einem grossen Zelt gedeckter Platz, der Sammlungsort für die Rituale auf dem Friedhof. Der Boden ist mit mattfarbigen Platten als schlichtes Labyrinth ausgelegt.

Die Bestattungen beginnen bei dieser offenen und geschützten Halle. Man geht dann zusammen zum Grab oder zur Urnennische. Wenn hier eine Bestattung stattfindet, geht die Pfarrerin vorher zur Nische und stellt ein kleines Licht hinein. Wenn sie dann mit der Trauergemeinde dorthin kommt, sehen die Leute die brennende Kerze. Im Ritual verbindet sie Worte und Greifbares, Sichtbares, Gegenständliches. Wer möchte, kann mit den Blumen einen kleinen Kranz um die Urne bilden. Die Pfarrerin bringt die Blumen mit, die sie selbst zu Hause getrocknet hat. Manchmal legen die Trauernden auch einen Erinnerungsgegenstand, ein Foto in die Nische. Zur Liturgie gehören für die Pfarrerin einige «Fenster» auf das Leben, das jetzt verabschiedet wird. Und immer auch eine Stille, eingeleitet durch den immer gleich bleibenden Satz: «Wir danken für alles, was wir von der Verstorbenen geschenkt bekommen haben. Wir bitten um Vergebung für das, was wir ihr schuldig geblieben sind. Wir möchten vergeben, was sie uns schuldig geblieben ist.» Schliesslich das Unservater. Ein Gebet, kürzer als die meisten Kirchengebete. Sie sei, sagt die Pfarrerin, überrascht gewesen, wie oft und bewegt die Leute mitbeten.

Anders als auf den meisten Grossfriedhöfen werden die Trauernden auf diesem Friedhof nicht einem entwürdigenden Zeitdiktat ausgesetzt. Die Beteiligten können die Wege gehen, sie können beim Grab, der Nische oder dem nun für kurze Zeit durch eine kleine Grube durchbrochenen Rasen beim «Gemeinschaftsgrab» noch verweilen. Wenn auch eine Feier in der Kirche stattfindet, führen verschiedene, durch die Friedhoflandschaft geschützte Wege dorthin. Der Küster wartet mit dem Glockengeläut. Manchmal beginnt die Feier in der Kirche dann eben etwas später als geplant.

Beim Eindunkeln, nach Sonnenuntergang, beginnen auf manchen Gräbern die Kerzen zu leuchten. Um Allerheiligen und den Totensonntag sind es Lichterfelder.

Die Pfarrerin erzählt mir, dass am Totensonntag zuerst ein Gottesdienst in der Kirche stattfindet. Eine besonders dichte Sequenz ist die Nennung der Namen aller Verstorbenen des vergangenen Jahres. Der

Gottesdienst gewinnt einen «unmittelbaren lebensgeschichtlichen Bezug»[14]. *Für alle Verstorbenen wird eine Blume auf den Abendmahlstisch gelegt. Die Angehörigen können dann eine dieser Blumen auf den Friedhof mitnehmen.*

Dort, beim «Zelt», folgt eine kurze Besinnung. Der Kirchenchor singt, ein Panflötenspieler wirkt mit. In der Mitte steht die Osterkerze, geschmückt auch mit Tannzweigen.

Der Weg von der Kirche in den Friedhof und zu den Gräbern ist von kleinen Lichtern gesäumt.

Michael Wohlers berichtet von einer gemeinsamen Trauerfeier für Angehörige von anonym Bestatteten. Sie begann mit einer Andacht in der Friedhofskapelle. Nach dem Segen konnten die Teilnehmenden Blumen aus den Vasen mitnehmen, die auf dem Altar standen. Es folgte der Weg zum anonymen Urnenfeld, wo die Trauernden ihre Blumen niederlegten.[15]

Die Rituale ermöglichen es, die Beziehung zu den Verstorbenen in sinnlich-symbolischen Handlungen wahrzunehmen und zu transformieren.[16] *Die Rituale nehmen Gegenständliches in den Blick. Sie nehmen Handlungen auf, die alltäglich praktiziert werden können: Wege (auch neue Wege) unter die Füsse nehmen – inmitten von Leben, das wächst, blüht und vergeht –, das Grab pflegen, Kerzen anzünden, Dialoge weiterführen, ein Gebet sprechen, um den Segen bitten, den spielenden Kindern und den Enten zuschauen, weinen.*

Das Geheimnis, von dem wir uns kein Bildnis machen sollen, kann spürbar werden, ebenso wie auch die leiblich-kommunikative Dimension der Gottesbegegnung und Gotteszukunft – und die alles belebende Segenskraft.

Ich verlasse den Friedhof durch ein eisernes Tor, das in die Mauer eingelassen ist.

---

14 Petra Zimmermann: Gottesdienst am Totensonntag aus der Perspektive der Trauernden, in: PTh 88 (1999), S. 452–467; vgl. auch Kristian Fechtner: Kirche von Fall zu Fall. Kasualpraxis in der Gegenwart – eine Orientierung, Gütersloh 2003, S. 73.

15 Michael Wohlers: Du kennst sie mit Namen – Trauerfeier für Angehörige anonym Bestatteter, in: Arbeitsstelle Gottesdienst 16 (2002), H. 1, S. 58–63.

16 Ich beziehe mich hier auch auf ein noch unveröffentlichtes Referat von Traugott Roser: Mit dem Jenseits im Kontakt: Jenseitsvorstellungen in der Situation von Krankheit und Sterben, gehalten am Kongress der WGTh am 22. September 2008 in Wien.

Es gab Zeiten, in denen Friedhöfe Asylstätten waren, «[u]m die Zuflucht Verfolgter zu erleichtern und um anzudeuten, dass der Ort Asyl bietet, ist an älteren Friedhöfen kein Tor angebracht»[17]*, lediglich eine Gitter-Schwelle, die den Eintritt von Tieren verhindert.*

Das Asyl als sinnlich-symbolische Konkretisierung einer leiblichen Auferstehungshoffnung mit konkret-befreienden Perspektiven für die Gegenwart.

Ich trete beim nördlichen Ausgang aus dem Friedhof hinaus und komme auf einen grossen Hof mit einer mächtigen Linde und einem Brunnen.

---

17 Hans Kurth Boehlke; Michael Belgrader: [Art.] Friedhof, S. 649.

Durch Kirchenlandschaften | Erkundungsgänge

Uta Pohl-Patalong

Ein Spaziergang zu ungewöhnlichen kirchlichen Orten

Entdeckungen

Der Spaziergang beginnt am Computer. Ich suche die Homepage der mittlerweile fusionierten Gemeinde Eimsbüttel in Hamburg. Elf Jahre ist es her, dass ich mein Vikariat in der Gemeinde St. Stephanus beendet habe, die kurz danach mit drei anderen Gemeinden zur Grossgemeinde Eimsbüttel fusioniert ist. Wer könnte mir Zugang verschaffen zu der inzwischen aufgegebenen und entwidmeten, aber meines Wissens noch keiner neuen Bestimmung zugeführten Kirche, zu der mich mein erster Spaziergang als einem ungewöhnlichen kirchlichen Ort führen soll? Ich finde eine Mailadresse und maile mein Anliegen: Für einen wissenschaftlichen Aufsatz möchte ich eine stillgelegte Kirche besuchen, darf ich den Schlüssel haben? Umgehend kommt die Antwort zurück: Kein Problem, allerdings sollte ich dies rasch tun, da die Kirche gerade verkauft worden sei an einen privaten Investor. Und ich solle mir doch unbedingt auch die frisch renovierte Christuskirche ansehen, gerade letzten Sonntag hätten sie den Einweihungsgottesdienst gefeiert, sie sei ein richtiges Juwel geworden. Gerne, denke ich, wenn Kirchen in den heutigen Zeiten schon einmal zu Juwelen werden.

Ein Telefonat mit der zuständigen Person ergibt, dass ich mir zwei Tage später den Schlüssel abholen kann, und zwar am besten bei jener Christuskirche – eine der beiden Kirchen der Grossgemeinde, die erhalten geblieben sind. Wie passend, dann wird mich der Weg gleich zu zwei kirchlichen Orten mit einem ungewöhnlichen, vielleicht auch unerwarteten Charakter führen. Ich bin gespannt.

Kirche – ästhetisch und profiliert

Am übernächsten Morgen steige ich aus der U-Bahn. Hamburg-Eimsbüttel, Fruchtallee, eine laute Hauptverkehrsstrasse. Nach wenigen Schritten stehe ich vor der Christuskirche. Schon von aussen wirkt sie ansprechend, weder langweilig noch protzig, stimmig in ihrem norddeutschen roten Backstein in dezentem Jugendstil. Verkehrsgünstig gelegen ist sie, mit Gemeinderäumen dahinter. Welche Kriterien eine Rolle gespielt haben mögen bei dem Entscheidungsprozess, welche beiden der vier Kirchen der entstandenen Grossgemeinde Eimsbüttel erhalten und renoviert und welche aufgegeben und verkauft werden, geht mir durch den Kopf. Welchen Anteil wohl Sachfragen, Finanzen, Emotionen, persönliche Verbundenheiten, auch Machtkonstellationen dabei gehabt haben?

Ich öffne die Tür der Christuskirche und trete in den Vorraum, den eine Glastür vom eigentlichen Kirchenraum trennt. Der übliche Effekt einer Grossstadtkirche stellt sich sofort ein: Die Geräusche sind plötzlich weit entfernt, der Atmosphärenwechsel ist markant, der Raum wird als Freiraum spürbar und lädt zum Innehalten ein. Ich stehe und atme einmal tief durch. Dann öffne ich die Glastür, gehe in das Mittelschiff, bleibe gleich wieder stehen. Mein Blick wird von den drei leuchtenden Glasfenstern im Chorraum angezogen. Rot dominiert und harmoniert gleichzeitig mit anderen Farben. Ein gelbes Kreuz ist als Motiv erkennbar, ansonsten wirken die leuchtenden Farben. Das klare Weiss der Wände – ohne Bilder – wirkt daneben umso heller. Mir fällt auf, wie ungewohnt der Blick auf frisch gestrichene Kirchenwände ist, das strahlende Weiss irritiert geradezu. Jetzt reagiert auch der Geruchssinn; es riecht dezent frisch renoviert, nach Farbe und Holzlasur. Holz, genau: Mein Blick gleitet nach rechts und links zu den Kirchenbänken. Wunderschönes Holz mit deutlicher Maserung, dunkelroter Stoff auf der Sitzfläche. Die Lehnen laden geradezu zum Anfassen ein, haben die Form eines Handschmeichlers und fühlen sich auch so an, als ich dem Impuls nachgebe. Einige Orgeltöne erklingen, offensichtlich wird an der Orgel etwas ausprobiert oder an ihr gearbeitet. Als ich jetzt langsam durch den Mittelgang gehe, nehme ich wahr, dass an verschiedenen Stellen der Kirche Handwerker beschäftigt sind: Rechts ist eine kleine Seitenkapelle mit ebenfalls wunderschönen Holzhockern, durch Glas vom Hauptschiff getrennt, offensichtlich ein Gebets- und Meditationsraum. Eine wunderbare Idee, denke ich – der Raum lädt offen ein zur privaten Andacht, ist aber durch die Glastür so getrennt, dass Stille möglich ist. Vor dem Altar bleibe ich erneut stehen. Ein schwarzer rechteckiger Klotz ist das, sonst nichts. Mich irritiert die Kargheit – ist der Altar in Gebrauch? Andererseits – wie oft haben mich schon Unordnung auf einem Altar oder Gegenstände in liegen gebliebener Zufälligkeit gestört? Was macht eigentlich einen Altar ästhetisch aus? Die Nüchternheit provoziert Fragen.

Diese Kirche ist alles andere als rummelig, zufällig oder «irgendwie». Sie strahlt Klarheit aus. Jedes Element ist bewusst gewählt, korrespondiert und harmoniert mit den anderen. Die alten Backsteine der oben spitz zulaufenden Bögen an den Wänden fügen sich in das neue Konzept ein. Einzig die (wiederum weisse) Decke scheint mir ein wenig zu tief zu hängen, um den Backsteinbögen wirklich Platz zu bieten. Ich denke sofort, dass dies technisch sicher nicht anders machbar war. Hier ist eine Kirche sehr bewusst in einer bestimmten Ästhetik gestaltet worden.

Ich setze mich in eine der vorderen Kirchenbänke und sortiere meine Eindrücke. Die Klarheit der Farben und Formen spricht mich an. Die Fenster finde ich ausgesprochen schön, das warme Dunkelrot auf den Bänken und auf dem Fussboden ist sehr gelungen, und die Kirchenbänke sind die schönsten, die ich je gesehen habe. Und es sitzt sich sogar noch bequem auf ihnen, unglaublich. Ich spüre aber auch, dass dies eine bestimmte Atmosphäre, eine bestimmte Aussage des Raumes ist, die eine bestimmte Spiritualität repräsentiert und vermutlich fördert. Die Kirche klärt und konzentriert, gibt Raum und Weite. Für Kleinkram, Unwesentliches, Unordnung, Ablenkendes, Umwege ist hier wenig Platz. Wenn jede Kirche in Europa so wäre, wäre es einseitig. Dass eine Kirche in Hamburg so ist – wunderbar. Und ich merke, wie gut es tut, einmal eine Kirche zu betreten, in der einem nicht die Knappheit, das Schrumpfen, der Kompromiss, das «noch, aber wie lange noch?» entgegenkommt. Eine Kirche mit einem deutlichen Profil, mit Selbstbewusstsein und Zukunft. Nicht das Ganze der Religion und auch nicht das Ganze der Kirche repräsentiert sie, aber ein profiliertes Angebot, hier Raum zu finden, Gedanken und Gefühle zu klären und dann wieder anders in die Welt mit ihren Kontingenzen und Unübersichtlichkeiten zu gehen.

Aber ich soll ja noch einen Schlüssel holen. Hinter der Glastür links vorne, wo auch Handwerker beschäftigt sind, scheint der Übergang zu den Gemeinderäumen zu sein. Sie sind deutlich getrennt vom Kirchraum, so dass der Besuch der Kirche ganz für sich stehen kann und niemand in gemeindliche Veranstaltungen hineingenötigt wird, ohne selbst den Schritt zu wollen. Aber der Übergang – wieder eine Glastür – ist da und macht neugierig darauf, was einen dahinter erwartet. Der Übergang wird erleichtert durch eine Fortsetzung der ästhetischen Gestaltung des Kirchraums. Rechts folgt eine Küche, deren lange Bänke und Tische die Holzästhetik der Kirche aufgreifen. Sich hier Konfirmandinnen und Senioren, aber auch Obdachlose beim Essen vorzustellen, fällt leicht. Ich gehe weiter, blicke in einige offene Büroräume, die zeigen, dass hier auch gearbeitet wird. Ich treffe die Person, mit der ich mich für die Schlüsselübergabe verabredet habe. Wir reden einige Worte, ja, St. Stephanus ist so gut wie verkauft, endlich, übrigens wird sie im Moment noch von einer afrikanischen Gemeinde genutzt, und ich möge bitte zweimal wieder abschliessen. Ich gehe durch einen Seiteneingang hinaus, überquere den Kirchenvorplatz und die Strasse, steige wieder in die U-Bahn. Die Kirche wirkt nach, sie hat etwas zum Schwingen gebracht, ohne dass sie festhält. Wenn wir doch mehr solcher renovierten Kirchen hätten, denke ich.

Kirche – aufgegeben und afrikanisch genutzt

Szenenwechsel, in jeder Hinsicht. Erneut steige ich aus der U-Bahn, diesmal in einer von mehrstöckigen Altbauten dominierten Wohngegend. Skater sind jetzt am Vormittag nicht auf dem dafür vorgesehenen Platz, einige Erwachsene sitzen auf Bänken, ein Vater afrikanischer Herkunft spielt mit einem Kleinkind. Ich laufe an einer Handelsschule mit Wirtschaftsgymnasium vorbei, deren multikulturell zusammengesetzte Schülerinnen und Schüler gerade Pause haben. Was würden sie sagen, wenn ich sie nach der Stephanus-Kirche fragte? In der Strasse, die zu St. Stephanus führt, prägen die Fahrräder auf den Balkonen wie in meiner Vikariatszeit das Bild. Das aus Kirche, Gemeindehaus und Pastorat bestehende Gebäudeensemble ist in die Häuserzeile eingefügt und kommt erst in den Blick, kurz bevor man es erreicht. Dunkler Backstein, 1912 erbaut, wenn ich mich recht entsinne – und jetzt nicht mehr in Betrieb. Wie mag so eine Kirche von innen aussehen?

Ich schliesse die Kirchentür auf und betrete den Kirchraum, bleibe sofort wieder stehen. Der Kontrast zur Christuskirche könnte nicht grösser sein! Die Kirche wirkt dunkel, obwohl durch die Fenster Licht hereinfällt, was sicher auch an der Empore liegt, unter der man hindurchgehen muss. Aber es ist auch eine Frage der Stimmung. Die Wände sind vergilbt, haben Flecken, an einigen Stellen blättert der Putz. Die Kirchenbänke wurden entfernt – aber es stehen circa zweihundert Stühle U-förmig in mehreren Reihen in der Kirche. Es sind wacklige Gemeindehausstühle aus den 1950er Jahren, alles andere als ansprechend, aber es sind zweihundert Stühle, die von der afrikanischen Gemeinde offensichtlich alle genutzt werden – das Bild von den 20 Gottesdienstteilnehmenden verteilt auf die vielen Kirchenbänke während der Gottesdienste in meiner Vikariatszeit drängt sich als Kontrast dazu auf.

Während ich langsam durch den Mittelgang gehe, wird der Eindruck immer bunter und afrikanischer. Unter einigen Stühlen liegen Trommeln und Rasseln. Die Kanzel und das Lesepult sind mit bunten Tüchern in afrikanischen Mustern verhängt. Auf beiden stehen grosse Plastikblumen in kräftigem Pink und leuchtendem Blau, die auch nicht ansatzweise versuchen, Natürlichkeit zu suggerieren. Vor dem Altar befindet sich eine Dia-Leinwand, unter der wiederum ein Tuch hängt. Vorne steht, schräg zu den Stühlen gewandt, ein altes (Schul-)Pult, auf dem eine Bibel liegt – offensichtlich finden hier *Bible lessons* statt. Der Gesamteindruck ist ebenso lebendig wie unaufgeräumt – die (nicht einheitlichen) Stühle stehen in verschiedene Richtungen, die Instrumente wirken wahllos verteilt, aber die Kirche ist ganz offensichtlich in lebendigem Gebrauch. Ich gehe nach vorne, steige auf die Kanzel und versuche, mich in meine ersten Erfahrungen als Liturgin und Predigerin zurückzuversetzen. Es gelingt mir kaum, der heutige Eindruck ist so ganz anders und prägt die Wahrnehmung.

Als ich durch den Mittelgang zurückgehe, dominiert wieder der Eindruck des Verfalls: Wo die Orgel herausgerissen wurde, klafft eine deutliche Lücke, die Rohre sieht man noch, und die Flecken an den Wänden fallen aus dieser Perspektive noch stärker auf. Es riecht muffig, ein wenig nach altem Putzmittel. Mir fallen zwei billige Uhren rechts und links neben der Kirchentür auf, die mich irritieren – die waren doch vor elf Jahren noch nicht da? Wer bringt aus welchem Grund zwei grosse Uhren in der Kirche an, die von der Gemeinde nur beim Hinausgehen gesehen werden, von denen, die vorne agieren, jedoch die ganze Zeit? Einige Pappkartons mit Flyern stehen neben der Kirchentür, die mich informieren, dass die Kirche von einer ghanaischen *Seventh-day Adventist Church* genutzt wird. Ein kopierter Zettel zeigt die Verantwortlichen für die Gottesdienste der nächsten Wochen (jeden Sonntag werden zwei Gottesdienste gefeiert): afrikanische Namen, aber auch einige deutsche. Welche Menschen feiern hier sonntäglich Gottesdienst in der Stephanus-Kirche? Was haben sie hinter sich, wie leben sie, was haben sie vor sich? Wie ist es für sie, hier Gottesdienst zu feiern, in einer von einer deutschen evangelischen Gemeinde aufgegebenen Kirche? Was machen sie, wenn die Kirche verkauft ist?

Ich gehe durch die Seitentür der Kirche in das Gemeindehaus. Daran erinnere ich mich noch gut: Von der Kirche quasi ins Gemeindehaus hineinzufallen, ohne Übergang. Das Konzept der Gemeindebewegung, Gemeinde als Verein zu verstehen, das wesentliche Leben im Gemeindehaus stattfinden zu lassen und eine enge emotionale Beziehung zwischen Pfarrer und Gemeinde, aber auch der Gemeindeglieder untereinander zu entwerfen, ist baulich konsequent umgesetzt. Die Gemeinderäume schliessen unmittelbar an in demselben Stil, auch sie sind jetzt heruntergekommen, weitgehend leer. Die Küche allerdings ist deutlich in Gebrauch, es riecht nach afrikanischem Essen. Das Wesentliche der afrikanischen Gemeinde scheint sich in der Kirche abzuspielen, und sie nutzt das Gebäudeensemble offenbar pragmatisch so, wie es ihr dient.

Ich gehe noch einmal zurück in die Kirche. Meine Eindrücke sind widersprüchlich, ich bin fasziniert von dem lebendigen afrikanischen Eindruck mitten im Verfall, aber auch deprimiert von eben jenem Verfall. Damit mischt sich als ungutes Gefühl die Frage, welche Kirchen zu welchen Konditionen wir eigentlich Christinnen und Christen anderer Nationen überlassen. Was mögen die Menschen, die hier Gottesdienst feiern, für einen Eindruck von deutschen evangelischen Christinnen und Christen, von uns, bekommen? Ob sie auch einmal die Christuskirche besuchen – und welchen Eindruck sie dann davon haben? Andererseits: Soll das diffuse schlechte Gewissen ein Grund sein, einen Kirchraum nicht gottesdienstlich nutzen zu lassen, solange es geht? Seit wann sind die Ästhetik und der bauliche Zustand von Kirchen das Entscheidende für das Feiern von Gottesdiensten? Der Spaziergang führt mich ganz offensichtlich zu grundlegenden theologischen und ethischen Fragestellungen, die zu verfolgen es lohnt. Erst einmal aber verlasse ich die Kirche, schliesse sorgfältig ab (was würde eigentlich passieren, wenn die Kirche offen stände?) und gehe nachdenklich zur U-Bahn zurück. Zurück bleibt das Gefühl von Irritation, das umso stärker wirkt im Kontrast zur Klarheit der Christuskirche. Bei der Christuskirche gebe ich den Schlüssel wieder ab und nutze die Gelegenheit, den Kontrast der kirchlichen Orte noch einmal intensiv wahrzunehmen – hier wohltuende Klarheit und Schönheit in gewisser Einseitigkeit, dort irritierende Rummeligkeit und Lebendigkeit.

Kirche – kommunikativ und sich neu erfindend

Einige Tage später ein erneuter radikaler Szenenwechsel. Kirche in der HafenCity ist das Ziel meines heutigen Spaziergangs. Den grössten gerade entstehenden Stadtteil Europas mit geplantem Wohnraum für 12 000 und Arbeitsplätzen für 40 000 Menschen zu besuchen, ist immer wieder spannend. Ich bin verabredet mit Antje Heider-Rottwilm, Mitglied des Laurentius-Konvents und Pastorin für die kirchliche Arbeit in der HafenCity. Vorsorglich habe ich diesmal das Fahrrad mit in die U-Bahn genommen, weil die Wege in der HafenCity weit sind und der U-Bahnanschluss noch einige Jahre auf sich warten lassen wird. Ich fahre durch die Grossbaustelle, entdecke einige Gebäude, die bei meinem letzten Besuch der HafenCity erst halb fertig waren, und andere, deren Bau begonnen ist. Hinter den Magellan-Terrassen geht es nach rechts, dann beginnt die Suche nach der Wohnung des Laurentius-Konvents. Bei der Zahnarztpraxis hatte sie gesagt, stimmt, denke ich, und finde den Eingang um die Ecke. Ich klingele, gehe zwei Treppen hinauf und betrete den grosszügigen Flur einer Wohnung. Antje Heider-Rottwilm begrüsst mich, wir können an eine Begegnung auf einem Kirchentagspodium vor einigen Jahren anknüpfen. Sie zeigt mir die Wohnung, deren Zentrum ein grosser Raum ist, der die Funktionen des Wohnzimmers von ihr und ihrem Mann, ihres Arbeitszimmers, der Küche mit Essecke, des Versammlungsraums des Konvents und eines Empfangsraums für Gäste wie mich erfüllt. Wir treten auf den grossen Balkon und blicken direkt auf die Magellan-Terrassen hinaus, ein Platz mit südeuropäischem Flair, wo demnächst der Traditionsschiffhafen eröffnet werden wird. Die mich ansonsten sehr unterschiedlich ansprechende Architektur der HafenCity zeigt sich in dieser Perspektive von ihrer besten Seite, die Häuser wirken leicht und stimmig zum Wasser – welch ein Blick! Verbunden ist dieser allerdings unweigerlich mit dem Lärm diverser Grossbaustellen – lärmempfindlich darf man nicht sein, wenn man hier lebt, auch nicht als Kirche.

Antje Heider-Rottwilm erzählt von der kirchlichen Arbeit in der HafenCity. Eine ebenso komplizierte wie faszinierende Konstruktion hat sie vorgefunden: In dem ökumenischen Forum HafenCity, genannt «Brücke», haben sich 17 Kirchen zusammengefunden (evangelisch, katholisch, anglikanisch, freikirchlich, orthodox und altorientalisch), um eine gemeinsame kirchliche Präsenz in dem neuen Stadtteil zu gestalten. Sie haben den Laurentiuskonvent als ökumenische geistliche Gemeinschaft gebeten, dieses Projekt mit Leben zu füllen, womit Antje Heider-Rottwilm und ihr Mann sowie demnächst ein weiteres Ehepaar als Mitglieder des Konvents begonnen haben. Antje Heider-Rottwilm ist zudem von ihren Aufgaben als Oberkirchenrätin bei der Evangelischen Kirche in Deutschland (EKD) freigestellt, um, von der «Brücke» angestellt, in der HafenCity als Pastorin zu arbeiten und diese im Kontakt mit den Verantwortlichen der sonstigen kirchlichen Arbeit in Hamburg zu gestalten.

Bereits im Umgang mit diesen komplexen Strukturen sind die Kompetenzen und Erfahrungen, die Antje Heider-Rottwilm als Leiterin der Europa-Abteilung im Kirchenamt der EKD erworben hat, sicherlich äusserst hilfreich. Erst recht bilden Verhandlungen mit Personen der höchsten Staatsebenen über die europäische Verfassung oder Einigungsprozesse mit osteuropäischen Metropoliten eine grossartige Voraussetzung für den Aufbau von «Kirche» in dem sich gerade erfindenden Stadtteil HafenCity. Viele Menschen, die hier wohnen, leben und arbeiten, begegnen Christentum und Kirche, «neutral» und «neugierig», erzählt sie. Manchmal sind christliche Prägungen, Vorkenntnisse und Erfahrungen mit Kirche kaum vorhanden, aber entsprechend wenig Vorurteile und Widerstände sind dann auch abzubauen. «Es liegt an uns, damit gut umzugehen», wird mir schnell als Grundlage aller kirchlichen Arbeit hier deutlich. Auf der organisatorischen Ebene ist es erforderlich, sich in die Kommunikationswege und -gepflogenheiten einzufügen. Interessant für die Bewohner und Organisatorinnen der HafenCity ist die Grösse «Kirche» allerdings nur dann, wenn sie ein spezifisches Profil zeigt und Dimensionen einbringt, die sonst nicht repräsentiert werden. «Auf Sie haben wir gewartet», wurde das Ehepaar Heider-Rottwilm von einem der verantwortlichen Manager der HafenCity GmbH begrüsst. Wenn aber Kirche warten würde, bis jemand kommt, wenn sie traditionelle Strukturen hier schlicht kopieren würde, würden die Erwartungen rasch verpuffen. Entscheidend ist, als Kirche aktiv zu agieren, durchaus auch auf Entwicklungen zu re-agieren, dies aber gestaltend, kreativ und durchaus selbstbewusst zu tun. Das grosse Bürgerfest der HafenCity in einigen Wochen wird von einer Agentur organisiert, deren Verantwortliche sich durchaus offen dafür zeigten, das Wochenende mit einem grossen ökumenischen Gottesdienst abzuschliessen – als Antje Heider-Rottwilm zur richtigen Zeit an der richtigen Stelle anfragte. Von vornherein eingeplant worden wäre ein Gottesdienst niemals.

Kirche ist hier offensichtlich wesentlich Kommunikation. Während meines 90-minütigen Besuchs bekomme ich mehrere Anrufe mit: Die Agentur möchte konkrete Verabredungen treffen, und der Rabatt für die Stellwände muss verhandelt werden, der Laurentius-Konvent findet Interesse, die Gestaltung des Flyers erfordert Absprachen – und bei alledem bleibt Antje Heider-Rottwilm auf die «Kommunikation unter Anwesenden», in diesem Fall mit mir, konzentriert. Auch das macht sie als grundlegende Voraussetzung ihrer Arbeit hier deutlich. Kirche kann nicht von aussen in das sich gerade formierende System HafenCity hinein agieren, sondern muss ein Teil des Systems sein, muss sich als solch ein Teil begreifen und zu seiner Gestaltung beitragen. In einem System, das von der Idee lebt, Arbeit und Wohnen wieder neu in der City zusammenzuführen, muss Kirche auch mit-leben und darf sich nicht auf eine blosse Präsenz beschränken. Dass dafür eine geistliche Gemeinschaft gewonnen werden konnte, für die das flexible Eingehen auf die jeweiligen Herausforderungen konstitutiv ist, ist ein Glücksfall. Die Menschen, die nach und nach hierherziehen, sind entsprechend an neuen Kontakten und an einer Gestaltung sozialer Beziehungen interessiert, erfahre ich. Anders als es gelegentlich in Hamburg kolportiert wird, wohnen in der HafenCity nicht nur neureiche, Porsche fahrende Yuppies (obwohl es die auch gibt), sondern auch der pensionierte Kapitän, der die Nähe der Elbe sucht, und die junge Familie, die Wert darauf legt, dass der in der HafenCity (viel) arbeitende Vater sein Kind ins Bett bringen kann, statt in dieser Zeit auf dem Weg in den Hamburger Vorort im Stau zu stehen.

Und was ist nach diesen Anfängen zukünftig als kirchlicher Ort gedacht? Geplant ist ein mehrstöckiges kirchliches Haus, in dem sich unten die Kapelle befindet, ein Foyer mit Informationsangeboten, Seminarräume, ein Büro und ein Café oder Bistro, oben werden die Mitglieder des Laurentius-Konvents und Gäste wohnen. Wohnungen und Büroräume in den Stockwerken dazwischen sollen zur Finanzierung dieser Investition beitragen – ein Balanceakt, Wohnen unter sozialen Gesichtspunkten zu fördern, vermutlich als generationenübergreifendes Modell. Bis dieses Haus steht (noch ist die Finanzierung nicht endgültig genehmigt), wird es ein Provisorium geben, für das die Kirche einen attraktiven Platz für eine symbolische Miete von der HafenCity GmbH zur Verfügung gestellt bekommen hat. Ein «Gespräch über den Zaun» mit dem jungen Architekten, der den HafenCity-Spielplatz gestaltet hat, hat nicht nur ergeben, dass eine provisorische Kapelle günstiger wird als ein funktionaler Container, sondern auch dass dieser Architekt Lust und Kreativität mitbringt, solch eine Kapelle zu entwerfen. Diese soll bereits in den nächsten Wochen errichtet werden. Auch hier: Kommunikation und Kreativität sind das Entscheidende, sicher auch Flexibilität, Offenheit, Engagement, Lust an der aktiven Gestaltung und Gespür für den rechten Moment. Wenn sich Kirche überhaupt nicht mehr auf ihre etablierten Strukturen, Kommunikationswege und Gepflogenheiten verlassen kann, geht offensichtlich vieles – aber nicht von selbst.

Ich verabschiede mich nach vielen Informationen, einem sehr anregenden Austausch und der Verabredung, in Kontakt zu bleiben. Die Aufbruchsstimmung, die Lust an der Gestaltung, das offene und fröhliche Selbstbewusstsein, als Kirche einen stimmigen und sinnvollen Platz in einem innovativen Stadtteil einzunehmen, begleiten mich noch eine ganze Weile. Auf dem Rückweg fahre ich noch zu dem Platz, wo die Kapelle entstehen soll – ein leeres Sandstück mitten zwischen Grossbaustellen. Kirche muss ihren Platz finden, ihn organisieren und ihn gestalten – wie übrigens in früheren Jahrhunderten auch, als gotische Kirchen in den aufstrebenden Städten des Bürgertums im 13. Jahrhundert gebaut wurden oder Kapellen in mittelalterlichen Dörfern. Wie fern ist uns diese Dimension oft in den Reform- und Rückbauprozessen, in den Auseinandersetzungen darüber, was wir aufgeben müssen und was wir «noch» bewahren können oder sollten. So wichtig der bewahrende Umgang mit Kirchenräumen und Traditionen ist, es tut gut, wenn Kirche sich auch einmal neu erfinden muss und darf.

Reflexionen

Spaziergänge zu drei ungewöhnlichen kirchlichen Orten – was tragen sie für die praktisch-theologische Reflexion aus? Abgesehen von meinen subjektiven Zugängen sind alle drei selbstverständlich nicht repräsentativ für Kirche heute, auch nicht für Kirche in Hamburg. Alle drei scheinen mir jedoch Potential zu enthalten, bestimmte Phänomene und Aspekte deutlicher in den Blick zu bekommen, mit denen alle Kirchen Europas gegenwärtig konfrontiert sind, wenn auch in unterschiedlicher Weise.

Kirche zwischen Abschied und Aufbruch

Längst ist deutlich: Kirche kann im 21. Jahrhundert nicht unhinterfragt die gleichen Wege gehen, wie sie sie von früheren Generationen übernommen hat (und entdeckt dabei oftmals, wie historisch bedingt und auch kontingent die übernommenen Wege sind). Manches geht nicht mehr und erfordert Abschiede, beispielsweise von Kirchengebäuden, aber auch von Arbeitsfeldern. Dies bedeutet immer auch Verlust und Trauer, die Raum braucht. Gleichzeitig darf sich Kirche nicht im «Wenigerwerden» verlieren. Aufbrüche sind vonnöten und werden auch gegangen, in vielerlei Hinsicht, aber auch bei den Grössen Kirchengebäude und Arbeitsfelder: Jedenfalls die eine oder andere Kirche darf und muss auch in neuem Glanz erstrahlen, und zumindest in einem neuen Stadtteil darf und muss Kirche sich auch einmal neu erfinden. Das prägt Stimmungen innerhalb der Kirche und auch ihr Erscheinungsbild nach aussen, die sich unweigerlich mit dem Christentum als ihrem wesentlichen Inhalt verbinden. Christlicher Glaube erträgt Verlust und Abschied, bricht aber gleichzeitig auch neu auf, nicht immer schon wissend, wohin der Weg führt. Was die kirchlichen Orte hier implizit vermitteln, lässt sich durchaus als christliche Lebenskunst begreifen.

Kirche vor Entscheidungen

Die drei kirchlichen Orte werden zu ungewöhnlichen Orten dadurch, dass die Kirche an ihnen klare Entscheidungen getroffen und umgesetzt hat. Dass dies erforderlich ist, dürfte selbstverständlich sein. Die Besonderheit dieser drei Orte zeigt jedoch, wie selten die entsprechende Konsequenz immer noch ist. Entscheidungen ‹für› sind immer auch Entscheidungen ‹gegen›, wie das Gegenüber von strahlend renovierter Christuskirche und abgewickelter Stephanus-Kirche deutlich zeigt. Entscheidungen haben ihren Preis, sie sind kompliziert, machen Probleme, erwecken Proteste, machen unbeliebt, wie die Berichterstattung der Hamburger Zeitungen während des Entscheidungsprozesses, die Kirche St. Stephanus (und mittlerweile auch eine zweite der vier Kirchen dieser Gemeinde) zu schliessen, zeigt. Wo sie dennoch getroffen werden, eröffnen sich neue Gestaltungsräume. Auch die Entscheidung für solch eine kirchliche Arbeit in der HafenCity ist mit Entscheidungen gegen andere kirchliche Investitionen verbunden, die kritisiert und angefragt werden. Jede Entscheidung ist anfragbar und immer auch fehlbar. Wenn dies dazu führt, dass überhaupt keine Entscheidungen getroffen werden, entscheidet dies auch vieles, meistens eher verschliessend als eröffnend.

An der Christuskirche zeigt sich eindrücklich, dass die durch eine Entscheidung gewonnenen Gestaltungsräume zu neuen Entscheidungen nötigen. Die Christuskirche wird von der konsequenten Umsetzung eines bestimmten ästhetischen Stils geprägt. Dies ist einseitig und anfechtbar – und gerade daraus gewinnt die Kirche ihre eindrucksvolle Kraft.

Entscheidungen mutig zu treffen in dem Wissen um ihre Kontingenz und Fehlbarkeit und dies trotzdem zu tun im Vertrauen auf die neuen Räume, die sich dadurch eröffnen, und auf den, der sie trägt – auch dies vermitteln die kirchlichen Orte als Bestandteil christlicher Lebenskunst.

Kirche in Raum und Kommunikation

Die gegenwärtige praktisch-theologische Aufmerksamkeit für kirchliche Räume prägt auch meine Wahrnehmung. Wie stark die Aussage eines Raumes ist, wird in der Christuskirche erfahrbar, und in ganz anderer Hinsicht auch in der Stephanus-Kirche. Gleichzeitig wird aber auch deutlich, dass Kirchenräume nicht einfach «sind», sondern dass ihre Gestaltung wesentlich die Atmosphäre stiftet, die von ihnen ausgeht, und durchaus auch ihre Aussage prägt. Kirche in der HafenCity kommt bislang ohne einen markanten Kirchraum aus – obgleich dieser nicht ohne Grund geplant ist. Kirche ereignet sich hier, lebt von Personen und Kontakten, in Initiativen und Ideen. Räumliche und kommunikative Dimension gegeneinander auszuspielen, wäre verfehlt. Gleichzeitig kann und soll Kirche an den jeweiligen kirchlichen Orten Schwerpunkte setzen, welche Dimension jeweils im Vordergrund steht. Letztlich kommunizieren beide, Räume und Personen – und die Frage ist, was sie kommunizieren und wie dies in der jeweiligen Situation am besten gelingt.

Kommunikation des Evangeliums kann also auf unterschiedlichen Wegen erfolgen, und die Kirche tut gut daran, entspannt und undogmatisch die Kommunikationswege zu suchen, die in der jeweiligen Situation dem, was sie als «Evangelium» kommunizieren möchte, bestmöglich entsprechen. Auch diese entspannte Haltung, die die Wege den Inhalten dienen lässt, kann als christliche Lebenskunst wirken.

Kirche in kulturellen Kontexten

Dass Kirche immer nur in bestimmten kulturellen und gesellschaftlichen Verhältnissen existiert und sich in diese hinein kontextualisieren muss, ist in den letzten Jahren vielfach festgestellt und begründet worden. Diese grundlegende, auch inkarnationstheologisch begründete Erkenntnis muss in der Gegenwart offensichtlich in vielfacher Hinsicht reflektiert und konkretisiert werden. Die Wahrnehmung von europäischem kirchlichen Verfall und afrikanischer Lebendigkeit in der Stephanus-Kirche kann nicht bei dem reizvoll-irritierenden Kontrast stehen bleiben, sondern verlangt eine Auseinandersetzung damit, was die Existenz diverser christlicher Kirchen und Religionsgemeinschaften vielfältiger ethnischer Herkunft in einer europäischen Stadt bedeutet. Das berührt, wie gezeigt, ethische Fragen, aber auch theologische, insofern es das Christentum europäischer reformatorischer Prägung selbst in Europa deutlich relativiert.

Die kontextuellen Herausforderungen in der HafenCity mögen gegenüber dem Horizont vieler ländlicher und städtischer Gemeinden ein Extrem darstellen, nötigen aber auch diese zu den grundlegenden Überlegungen, in welcher Kultur mit welchen Kommunikationsgepflogenheiten und -wegen sie sich (mittlerweile) bewegen und was dies für das kirchliche Handeln bedeutet. Dies gilt strukturanalog auch für die individuelle christliche Lebenskunst in ihrem jeweiligen sozialen Kontext.

Kirche in der Spannung von Pragmatismus und Vision

Die Existenz der Kirche in der Welt, aber nicht von der Welt bedingt ihre beständige Spannung zwischen (allerdings immer wieder zu suchenden und zu klärenden) Visionen und dem pragmatisch Machbaren. Alle drei kirchlichen Orte sind einerseits geprägt von dem, was gegenwärtig möglich ist, zumindest zwei der drei Orte lassen aber andererseits deutlich Ideale als leitende Orientierungen erkennen – sei es der klärende Raum als Kontrapunkt zur städtischen Unübersichtlichkeit und Kontingenz des Lebens, sei es die lebendige Kommunikation des Evangeliums in einem spezifischen Kontext. In beiden wird eine Vision von Kirche deutlich, die dann mit dem in der jeweiligen Welt Machbaren vermittelt wurde und wird.

Und St. Stephanus? Auch dieser Kirchraum kann als eine Vision von Kirche gelesen werden, die nach einem intensiven Entscheidungsprozess reflektiert und entschlossen bestimmte historische Linien und Prägungen – wie hier das vereinsähnliche Gemeindehauskonzept – hinter sich lässt, um Freiräume für das jetzt anstehende kirchliche Handeln zu schaffen. Die Zwischenzeiten können derzeit pragmatisch genutzt werden. Wenn der Gebäudekomplex nach seinem Verkauf an einen privaten Investor zu Wohnungen, Büros und Veranstaltungsraum (als dieser ist die Kirche geplant) umgebaut worden ist, wird sich zeigen, ob hier der reine Pragmatismus gesiegt hat oder ob etwas von der Vision, die jedem kirchlichen Ort inhärent ist, erkennbar bleibt. Christliche Lebenskunst befindet sich in der gleichen Spannung zwischen der Vision jenseits der Welt und dem pragmatisch Lebbarem in der Welt, die manchmal – wie bei den kirchlichen Orten – zu Kompromissen nötigt, immer aber auch von der Vision genährt wird.

Georg Vischer

Ein Kirchgang in Basel

Dem Sonntagmorgen wohnt ein Zauber inne. Noch immer liegen in der Stadt die Strassen ruhig da. Früh machen sich nur Wanderer auf den Weg. Mit ihren Jacken, Säcken, Stöcken versammeln sie sich an der Tramhaltestelle Richtung Bahnhof. Gelegentlich begegnet eine Hundebesitzerin im Trainingsanzug, Leine und Plastiksäcklein in der Hand, oder ein Nachbar, der die Sonntagszeitung vom Automaten holt. «Guten Sonntag!» Der Gruss belebt ein Gesicht. Weitherum Friede.

Ich nähere mich der Theodorskirche. Da taucht schon da und dort eine andere Kirchgängerin, ein anderer Kirchgänger auf. Meist vertraute Gesichter. Wir grüssen uns, gehen vielleicht einige Schritte gemeinsam. Vor dem Eingang zur Kirche sind die Sandsteinplatten am Boden sauber abgespritzt, die Hinterlassenschaften der Samstagsnachtbenutzer des Kirchpatzes weggefegt und -geputzt bis auf einen leise verwehenden Hauch von Urin. Im Innern empfangen uns der Sigrist und die Gemeindehelferin. Belebte Ruhe im Kirchenraum. Kurzer Händedruck und Austausch über das Befinden, das Gesangbuch genommen und Platz gesucht. Meist ist die Auswahl gross. Aber der Stammplatz wartet, wenn da nicht irgendwo ein Gesicht ist, neben das man sich gerne setzt, um sich vor Beginn des Gottesdienstes noch etwas auszutauschen.

Ein kurzes stilles Gebet der Sammlung, bevor ich den Blick ringsumschweifen lasse und die Gesellschaft erkunde, in der ich mich befinde. Da und dort wird ein freundschaftliches Zunicken ausgetauscht.

Weniger sind wir schon geworden in den Jahrzehnten, seit ich zum ersten Mal hier Gottesdienst gefeiert habe. Viele altvertraute Gesichter sind nicht mehr. Die Namen einiger wären, in Stein gemeisselt, auf dem Friedhof am Hörnli zu finden. Andere sind weggezogen. Neue Gesichter sind hinzugekommen, bekannte und unbekannte, doch gleichen sie die Zahl der Abgänge nicht aus. Eines leisen Anflugs von Trauer kann ich mich nicht erwehren.

Das Klagelied von der Entkirchlichung stimme ich nicht an. Der zahlenmässige Schwund reformierter Kirchgängerinnen und Kirchgänger ist einerseits die Folge des demographischen Wandels in unserer Stadt. Gerade aus den bürgerlichen Schichten, aus denen sich die Mitglied-

schaft unserer Kirche vorwiegend rekrutiert, sind viele jüngere Familien in den Grüngürtel der Stadt hinausgezogen und haben damit auch das Kantonsgebiet verlassen, innerhalb dessen sich unsere öffentlichrechtlich strukturierte Kirche organisiert. In den Innenstadt-Quartieren, dem Wirkungsfeld meiner Kirchgemeinde, wohnen neben einer abnehmenden Zahl betagter Menschen überproportional viele Singles und viele Menschen, die aus andern Kulturkreisen eingewandert sind. Andererseits spiegeln sich im Rückgang der Zahl der Kirchgänger auch das veränderte Bindungsverhalten an kollektive Organisationen und neue Formen der Freizeitgestaltung. Zu den Veränderungen bezüglich Demographie und Lebensstil in unserer Stadt hat Albrecht Grözinger im einführenden Kapitel seiner Homiletik (Gütersloh 2008) das Nötige übersichtlich zusammengestellt. Am Sonntagabend wird übrigens die Kirche, in der ich am Morgen einen ruhig gemessenen reformierten Wortgottesdienst feiere, gut gefüllt sein von jüngeren Menschen einer freikirchlichen Gemeinschaft, die, beschallt von einer Combo mit Verstärker und Lautsprechern, rhythmisch klatschend ihre an eine Leinwand projizierten Chorusse singen.

Kein Klagelied ist angezeigt, wohl aber die selbstkritische Frage, ob sich im erlebten Rückgang des Gottesdienstbesuchs nicht auch ein Glaubwürdigkeitsverlust der kirchlichen Botschaft zeige, die Frucht einer Kirchen- und Religionskritik, die aus den Erfahrungen der Konfessionskriege sowie der beiden Weltkriege erwuchs, die vom «christlichen Abendland» ausgingen, und der Pogrome, insbesondere des Holocaust, die von den Kirchen nicht nur nicht verhindert, sondern mit gefördert wurden. Ideologiekritische Überprüfung der eigenen Botschaft und Praxis wird den Kirchen zwar nicht die Massen zuführen, aber dem, was sie feiern, vielleicht mehr Verständlichkeit und Widerstandskraft geben.

Das Orgelspiel setzt ein. Unsere Organistin ist eine famose Musikerin. Sie weiss die vielseitigen Qualitäten unseres Instruments zu nutzen, hergestellt von einem Strassburger Orgelbauer. Ein Vorrecht unserer Basler Kirchgemeinden, dass wir Organistinnen zur Verfügung haben, die von der Schola Cantorum Basiliensis aus allen Teilen der Welt in unsere Stadt gezogen wurden. Und vorzügliche Instrumente.

Vorn am Lesepult ist der Pfarrer aufgetreten. Feierlich nennt er nach dem Verklingen des Präludiums den Namen des dreieinen Gottes: Gott, dem wir gehören, Gott, der auf uns zukommt, Gott, der in unserer Mitte wirkt. Ob ich genau hinhöre oder nicht, da ist von zuständiger Stelle proklamiert worden, wem der Raum und die Stunde hier gehören. Ich bin hineingenommen in eine Gemeinschaft der Menschen vor Gott, welche die heute hier versammelte Gruppe in grosser Weite umfängt, in die Wolke der Zeugen, Menschen, die vor uns waren und nach uns sein werden, unter ihnen auch, die ich geliebt habe und die mir leiblich jetzt fehlen. Die Vormittagsstunde ist neu bestimmt, Vorewigkeit. Ich alter Mensch finde mich in einer neuen Zeit, in einer Geschichte, die nicht meine Alltagsgeschichte ist und doch alle meine Tage bestimmt und umfängt.

Nach der feierlichen Ansage fährt der Pfarrer fort, begrüsst uns als Gemeinde und benennt, locker in Mundart, das Thema des heutigen Gottesdienstes. Sein Dialekt verrät seine Herkunft aus dem ländlichen Baselbiet, mir vertraut und doch Fremdsprache. Den wohlgefällig eigenen und artigen Klang des Gesprochenen mit Ohr und Gemüt aufnehmend, frage ich mich kurz, ob sich heute in unserer Grenz- und Messestadt Basel kein Mensch in diese Kirche verirrt hat, dem die Standardsprache das Verständnis erleichtern würde und eher ein Gefühl der Zugehörigkeit gäbe.

Zum Dialektgebrauch im Gottesdienst:

Es liegt mir als Schweizer nahe, im kleineren, vertrauten Kreis Dialekt zu sprechen. Ich empfinde das als vertraulicher, direkter, weniger förmlich. Beim Dialektgebrauch lohnt es sich aber, im Auge zu behalten:

- *Hoch- oder Standardsprache ist in den heutigen Medien derart präsent, dass der Dialektgebrauch auch für Kinder kaum ein höheres Mass an Verständlichkeit herstellt.*
- *Dialekt ist Gruppensprache, signalisiert im öffentlichen Bereich benutzt: «Wir Einheimischen unter uns» Insbesondere im urbanen Kontext kann es leicht vorkommen, dass Zuhörende durch Dialektgebrauch von Zugehörigkeitsempfinden und Verstehen ausgeschlossen werden.*
- *Wenn Dialekt gesprochen wird, muss das einigermassen korrekt geschehen. «Reiner» Dialekt kann nicht gefordert werden, da es Derartiges beinahe nur noch in abseitigen geschlossenen Siedlungsgebieten oder in geschlossenen Milieugruppen gibt, beides Raritäten heute. Schwer erträglich für meine Ohren ist aber, wenn standardsprachliche Texte durch mundartliche Aussprache in Scheindialekt verwandelt werden, meist sogleich erkennbar durch die Verwendung von im Schweizerdeutschen unmöglichen Relativsätzen. Dialekt ist Mundart, nicht Schriftsprache, nötigt daher eigentlich zur freien Rede und damit auch zur erzählerischen Verflüssigung schematischer Gedankengebilde und abstrakter Begriffe. Sofern eine*

Predigerin oder ein Prediger dieser Notwendigkeit nachgibt, kann allerdings ein Mehr an Verständlichkeit und Nähe gewonnen werden.

Wir erheben uns zum ersten Lied. Ich freue mich, dass ein vierstimmig gesetzter Choral angesagt ist, ein der Gemeinde vertrauter zudem, den man so recht nach Herzenslust mitsingen kann. Und wohl tut das Stehen, bei dem man zum Singen auch Luft holen kann. So öffnet sich das Herz und entspannt sich die Seele, Vorbereitung und Einleitung für das Gebet, das jetzt folgt, in dem Gott die Ehre gegeben wird. Kann ich heute ablegen, was mich unruhig macht, mich mit Beschlag belegt an Sorgen von gestern und Plänen für morgen?

Ich bin dankbar für die Förmlichkeit und den Reichtum der Sprache der Lieder, Psalmen und Gebete, ihre Strenge und Schönheit, die sich nicht anbiedert, mich nicht vereinnahmen will, die mich aber verbindet mit der grossen Gemeinschaft der Glaubenden weit über die Zeit und den ummauerten Raum dieses Sonntagvormittags hinaus.

Inzwischen ist eine Lektorin ans Lesepult getreten. Sie liest einen Abschnitt aus der Bibel. Welchen auch gleich? Das habe ich nicht mitbekommen. Ich bin abgeschweift, bin vielleicht zu lange hängengeblieben am Fresco an der Seitenwand mir gegenüber, dem riesigen Christophorus mit seinen grossen Augen und dem Christuskind auf dem Arm, Bild aus alten Zeiten in dieser Kirche am Rheinfluss, Trostbild für Flussüberquerer. Christophorus macht nicht den Eindruck des Überlasteten mit dem segnenden Kind im Arm.

Die Lektorin liest, sorgfältig, ehrfurchtsvoll. Vielleicht finde ich in die Stelle hinein, die sie liest, erkenne den Zusammenhang, vielleicht auch nicht, erbaue mich nur am Vorgang, dass da ein Glied der Gemeinde aus dem Buch liest, das die Mitte ist, um die wir uns versammeln, aus dem wir die Stimme erwarten, die in unsere Herzen spricht, uns beleben, trösten, ausrichten kann. Einerlei, ich bin dabei, was auch immer ich heute zu hören und zu verstehen vermag. Ich gehöre zur Lesegemeinschaft, die sich seit Jahrtausenden um diese heiligen Schriften gesammelt hat, wohl ohne sie je in ihrer ganzen Tiefe zu verstehen, aufzunehmen und zu befolgen. Und die dennoch weiss, dass das Wort, das diese Schriften überliefern, ihr Grund und Fundament legt.

Ins nachfolgende Lied finde ich auf jeden Fall wieder hinein. Da finde ich vertraute Sätze, die ich mitsinge, auch wenn ich sie selbst so nicht sagen würde, Wendungen vielleicht, die mir früher einmal aus dem Herzen gesprochen erschienen, heute aber fremder geworden sind, oder andere, die mir früher fremd erschienen, jetzt aber auf einmal etwas aufgehen lassen, was ich so wohltönend selbst und für mich allein nicht zu sagen vermöchte – allemal aber Worte und Klänge, die meine Sprache erweitern, mir mehr zu sagen und singen geben, als was ich für mich und aus mir selbst auszudrücken vermöchte.

Das Lied verklingt, und der Prediger erscheint auf der Kanzel. Es ist schon eine kleine Epiphanie, wenn ein Mensch auf dem Türmchen mit Brüstung und Schalldeckel erscheint, wie es in unserer Theodorskirche an der vordersten Säule rechts des Hauptschiffs befestigt ist. Und es ist auch ein Stück Vermessenheit, wenn einer oder eine da hochsteigt, um, vom Matthäus-Engel, vom Markus-Löwen, vom Lukas-Stier und vom Johannes-Adler umstellt und bewacht, die unten Sitzenden mit Worten von oben zu belehren. Nicht umsonst steht im Basler Münster auch am Sonntagvormittag beim Kanzelaufgang ein Schild «Besteigen der Kanzel verboten!». Verbotenes tut, wer sich in die Position bringt, von oben und also mindestens der Richtung nach von Gott her zu seinen Mitmenschen zu sprechen.

Und doch erwarte ich jetzt genau dies von der Stimme, die zu mir spricht: dass ich etwas zu hören bekomme, was mich stärkt, belebt, tröstet und zurechtbringt, von oben her, als Wort, das meinem unruhigen Herzen von noch vorhandener Ruhe kündet, das mich fragt, wo ich hingehöre und auf was ich im Tiefsten und Letzten aus bin, und mir zuspricht, was, in der Sprache meiner reformierten Väter und Mütter gesagt, «mein einziger Trost im Leben und im Sterben» ist. Weltanschauliche Betrachtungen und lebenskundliche Erläuterungen, historische Darlegungen, Lesefrüchte aus Literatur und Gazetten, geistreiche Beobachtungen und pointierte Anmerkungen zum Zeitgeschehen, Szenen aus dem Alltag – all das mag mitkommen und je nach Geschick und Glück die Predigt kurzweilig oder langfädig machen, umrahmt aber nur und bildet nicht den Kern der Sache.

Ich habe Glück mit meinem Prediger heute. Er stellt sich seinem Text, hat daran gearbeitet, Wege der Auslegung erwogen, sich ihm mit der eigenen Lebenserfahrung gestellt. Er erzählt von seinem Verstehen, er belehrt mich nicht. Ich höre ihm gerne zu, mit Zustimmung da, mit Widerspruch dort, kann ihm gut folgen. Vielleicht bleibe ich an einem seiner Bilder oder Gedanken hängen, nachdenkend, Eigenes dagegen setzend, und finde mich von seinem Duktus abgehängt. Kein Schade, vielleicht bin ich gerade da angelangt, wo ich heute hinkommen musste.

Natürlich habe ich auch das andere schon erlebt, dass mich ein Prediger abgrundtief ärgerte mit den Ansichten und Gefühlen, die er transportierte, und ich die Kirche im Zorn verliess, zornig auch über mich und uns als Gemeinde, die wir uns solches widerspruchslos gefallen lassen.

Dazu ist zweierlei zu sagen. Zum Ersten: Gemeinden in unsern Breitengraden lassen sich von den Gedanken ihrer Predigerinnen und Prediger nicht gross stören. Sie nehmen auf, was sie brauchen können, und lassen das andere liegen. Das kann Gleichgültigkeit sein, aber auch Mündigkeit. Einmal, auf dem Heimweg aus der Kirche mit einem Freund, machte ich meinem Ärger über die gehörte Predigt Luft. Mein Freund antwortete ruhig: «Ich weiss nicht, was du hast. Der Prediger hat doch den Bibeltext stehen lassen.» Er hatte sich beim Hören auf die Schrift vom Prediger nicht stören lassen.

Zum Zweiten aber: Wo die Gemeinde ihre Predigerinnen und Prediger allein lässt und nicht in Zustimmung und Widerspruch Mitverantwortung für die Aufgabe der Predigt, die Verkündigung des Evangeliums, übernimmt, gibt sie ihre Mündigkeit preis und lässt sie ihre Predigenden im Stich. Wenn sie um des störungsfreien Ablaufs ihres beruhigenden und erbaulichen Rituals willen die Auseinandersetzung um die Wahrheit seiner Botschaft meidet, wird ihr Ritual belanglos, ja, schädlich. Ich hatte einen nahen Freund, der in den letzten Jahren seiner schweren Krankheit wohl Sehnsucht nach dem Feiern inmitten einer Gemeinde hatte, aber die Gottesdienste in seiner Dorfkirche mied, weil er deren tiefe Unstimmigkeit nicht ertrug.

Ernst Herhaus und seinem Roman «Kapitulation – Aufgang einer Krankheit» (München 1977) verdanke ich diese Unterscheidung, die ich so verstehe: Erzählende Sprache lässt leben, belehrende Sprache präpariert, erzählende Sprache beschreibt staunend den Flug des Schmetterlings, belehrende bemächtigt sich seiner, spiesst ihn auf und beschreibt seine Strukturen. Es geht also, homiletisch gewendet, nicht um den Unterschied von narrativer und Lehr-Predigt. Auch Lehre kann erzählt werden, ebenso wie ein erzählter Vorgang zum zeitlosen Exempel erstarren kann. Es geht vielmehr um eine Sprache, die im Gedenken und im Erwarten offen bleibt, das Leben nicht festlegen will, sondern es als unverfügbares, zukunftsoffenes erleidend und feiernd darlegt.

Ich höre das «Amen» des Predigers von der Kanzel, das so sicher auf die Predigt folgt wie das Amen in der Kirche eben, und frage mich: Warum sagt der eigentlich selbst das bestätigende Amen zu seinem Wort? Müsste er das nicht mir überlassen, uns, die wir ihm zugehört haben? Wehmütig denke ich an die Gemeinde der afroamerikanischen Baptisten zurück, in deren Mitte ich ein Jahr lang Gottesdienst gefeiert habe: Da waren es die Hörerinnen und Hörer, nein, die mitpredigenden Gemeindeglieder, die «Amen» riefen und sangen, auch «Halleluja» oder «say it!», nicht nur am Ende der Predigt, sondern wo immer sie etwas hörten, was sie dankbar aufnahmen und bestätigen konnten. Ich brauchte nach meiner Rückkehr eine ganze Weile, bis ich mich wieder an die passiv dasitzenden Predigtgemeinden hierzulande gewöhnen konnte, die sich sogar das Amen noch vorsagen lassen.

Und nun kommt das obligate Orgelspiel nach der Predigt. Ich habe mich daran gewöhnt, dass ich in meiner protestantischen Schweizer Kirche zur Besinnlichkeit nach dem Predigtvortrag genötigt werde. Das hat ja sein Gutes, vor allem, wenn die Organistin, wie ich es jetzt erlebe, Einfühlungsvermögen zeigt, gute Literatur auswählt die zur Predigt stimmt. Aber lieber möchte ich jetzt antworten, nachdem ich gehört habe, möchte einstimmen in ein Lied und dann zum Tisch gehen und feiern, dass wir die von Gott Herbeigerufenen, Zurechtgebrachten und Versöhnten sind. Aber der Abendmahlstisch bleibt leer, die Kerzen und Blumen, die seit einiger Zeit auch in den reformierten Kirchen Mode geworden sind, ersetzen nicht Brot und Wein, die Gaben, die sonntäglich dort bereitstehen müssten und die das beste «Anschauungsmaterial» für das wären, worum es in jeder Predigt gehen muss.

Als rudimentäres Relikt der Tischgemeinschaft folgt das Fürbitte-Gebet. Der Prediger ist herabgestiegen von der Kanzel, wieder auf gleicher Ebene mit der Gemeinde. Die Sozialdiakonin tritt ans Lesepult, nimmt im Gebet die Kranken, die Leidenden, die Trauernden, die Hungernden, die Friedlosen mit herein in den Raum unseres Zusammenseins. In ihrem Gebet gehen die Türen und Fenster auf, bleiben wir nicht in der Geborgenheit unseres friedlichen Sonntagvormittags, berührt und bewegt uns, was andernorts, nah im Quartier und der Stadt und fern, Mitmenschen und Mitgeschöpfe bedroht, bedrängt, bedrückt, zerreisst und zerstört. Was die Predigt vielleicht fast zu versöhnlich zum zustimmenden Amen gebracht hat, wird hier wieder aufgerissen: Das noch nicht Stimmige, noch nicht Versöhnte wird zur Sprache gebracht. Und in der Stille, die den vorgesprochenen Gebetssätzen folgt, habe ich Zeit, die Namen derer zu nennen, die mir in Sorge oder Trauer nahe sind.

Ich bin der Vorbeterin dankbar, dass sie weiss, was Fürbitte ist, und die Unsitte meidet, im Gebet weiterzupredigen und der Gemeinde über den lieben Gott Handlungsanweisungen für die Herstellung einer besseren Welt zu geben.

Nach der Stille fällt die Gemeinde ein in das gemeinsam gesprochene Unservater. Hier ist nochmals Stimmwerdung und Stimmung der Tischgemeinschaft, kein gemeinsam gebrochenes Brot zwar, aber gemeinsam gesprochenes Wort. Immerhin.

Und nun die Litanei der Gemeindeveranstaltungen. Ich werde es nie verstehen, warum in der Zeit von Drucksachen und Internet und bei Aufliegen aller möglichen Programme und Zettel am Ausgang der Kirche immer noch minutiös alles Mögliche, was in der kommenden Woche stattfinden soll, aufgezählt werden muss. Sei's drum, Ausgangsritual offenbar, das überstanden werden muss.

Auch das nimmt ein Ende. Wir erheben uns zum Schlussgesang, noch einmal darf ich singen. Wie wohl das tut. Und dann erhebt der Pfarrer seine Hände zum Segen, wie in der Bilderbibel meiner Kindheit Mose in der Amalekiterschlacht, und spricht mir Gottes Segen, Geleit, Gnade und Frieden zu. Er tut an mir einen priesterlichen Dienst, gibt mir Trost und Stärke mit auf meinen Weg, der mich aus der versammelten Gemeinde weg in meinen einsamen Kampf führen wird.

«Dann stehen sie da vorn und kriegen die Hände nicht hoch», soll Lothar Steiger in Heidelberg einmal gesagt haben über die Liturgen, die aus dem Segen eine letzte Fürbitte für die Gemeinde und sich selbst machen, weil sie in missverstandener Demut der Gemeinde nicht gegenübertreten wollen (sie haben es als Predigende ja schon längst getan) und nicht wissen, dass in der Bibel den Menschen die Vollmacht zum Segnen zugeeignet ist. Wir können sogar Gott segnen, ihm Ehre und Kraft zusprechen. So können wir das auch einander schenken, wir sagen auch «Grüss dich Gott», was ja dasselbe heisst wie «Gott segne dich», und nicht «Grüss uns Gott», wenn wir einander begegnen, und sagen «A Dieu. Sei Gott befohlen!», wenn wir auseinandergehen.

Wir setzen uns wieder zum Ausgangsspiel der Orgel. Das gebietet der Respekt vor der Kunst der Organistinnen seit etlichen Jahren. Ich gestehe, dass ich mich ein wenig nach der Zeit zurücksehne, zu der man eine von den Klängen der Orgel erfüllte Kirche verlassen durfte, von festlicher Musik geleitet beim Ausgang und beim Einlegen der Kollekte. Ich muss auch gestehen, dass ich selten die innere Ruhe habe, das Ausgangsspiel konzentriert zu hören, weil ich schon dies und jenes Gesicht sehe, dessen zugehörigen Hände ich beim Hinausgehen noch drücken, und dies und jenes Wort mir denke, das ich noch wechseln möchte.

Doch nun ins Freie. Die Konzentration der Sammlung löst sich, gelöst begrüssen und verabschieden wir einander in und vor der Kirche. Auch dem Sigristen und dem Pfarrer noch die Hand gegeben, vielleicht ein Wort über die Predigt gewechselt, meist ein Dank. Am liebsten ist mir, wenn ich nicht allein auf den Heimweg muss, wenn ich noch Begleitung finde und vielleicht sogar noch Gesellschaft für einen sonntäglichen Aperitif und eine Fortsetzung des Gesprächs.

Noch immer sind die Strassen ruhig auf dem Nachhauseweg. Hundehalterinnen sind keine mehr unterwegs, die Sonntagszeitung liegt längst angelesen neben der Couch, die Wanderer sind auf den Höhen der Umgebung angelangt. Ich bin erquickt und gestärkt für den Wochenanfang.

Eine ausnehmend bürgerliche Angelegenheit allerdings sind unsere reformierten Gottesdienste in Basel, anspruchsvoll auf der Ebene von Wort und Musik, E-, nicht U-Gottesdienste, Klassik, nicht Jazz, nicht Pop, auch nicht experimentelle Avantgarde. Gut, gibt es sie in ihrer gepflegten, nüchternen Beschaulichkeit, gut aber, gibt es auch andere, den «Mitenand-Gottesdienst» etwa am Sonntagabend in der Matthäuskirche, angefangen mit und heute noch hauptsächlich getragen von Immigrantinnen und Immigranten aus Afrika und Asien, lebhafter, mit dem Rollenspiel einer Theatergruppe als Hinführung zur Predigt, und mit Musik aus den Heimatländern der Mitfeiernden. Oder die pfingstlich ausgerichteten südamerikanischen, afrikanischen und asiatischen Gemeinden, Heimat auch für Menschen, die ohne amtlich zugebilligtes Daseinsrecht unter uns leben, Freikirchen verschiedener Couleur, serbisch- und griechisch-orthodoxe Kirchen, christ- und römisch-katholische Gemeinden, unter Letzteren auch charismatisch oder hochkirchlich ausgerichtete, singende, tanzende, lateinisch, griechisch, kirchenslawisch zelebrierte Gottesdienstfeiern – kurz, eine weithin unsichtbare weltweite Ökumene hier am Ort, die in ihren vielgestaltigen «Kirchgängen» sichtbarer zu machen eine lohnende, auf uns noch wartende Aufgabe ist.

Ralph Kunz

Der Pfarrer unterwegs in der Kirchgemeinde

Bilderbuchszenen

Dass ein Pfarrer durch seine Kirchgemeinde geht oder gar flaniert, ist eine schöne Vorstellung aus dem Bilderbuch. Meine erste Assoziation: Ich sehe einen etwas beleibten Herrn, schlendernd, Hände auf dem Rücken, mit sich, dem Herrgott und der Welt zufrieden. Er wird gegrüsst und grüsst zurück, weicht dabei geschickt dem endlosen Schwätzchen mit Frau Müller aus, beschleunigt den Schritt, spaziert weiter und passiert eine Gruppe spielender Kinder. Die meisten sind zukünftige Kandidaten seines Unterrichts. Unser Bilderbuchpfarrer tätschelt dem einen oder der andern den Kopf – wie Jesus einst. Seine Bilderbuchgemeinde ist ein Bilderbuchdorf. Ein Schornsteinfeger fährt auf dem Fahrrad vorbei, klingelt und scherzt, Wäsche flattert lustig im Wind, die Vögel singen und überall ist fröhliche Betriebsamkeit. Man ahnt, dass sie am Sonntag unterbrochen wird und die Menschen in die Kirche strömen, um eine Bilderbuchpredigt zu hören, die danach wie ein kostbarer Schatz andächtig und ergriffen nach Hause getragen wird. Wer weiss, vielleicht gelingt es unserem väterlichen Pfarrer sogar, einen schrägen Vogel in die Kirche zu locken.

Natürlich ist nicht der Vogel schräg, sondern die Szene schief. Blättern wir weiter. Zweite Assoziation: Wir sehen eine Pfarrerin. Sie flaniert nicht durch ihre Kirchgemeinde. Sie rast. Sie beeilt sich, um nicht zu spät zu kommen – von einer Sitzung in die nächste. Frau Müller, die ein Schwätzchen schätzen würde, zahlt zwar Kirchensteuern, kennt ihre Pfarrerin aber nicht. Die Kinder spielen nicht auf der Strasse, sondern sitzen vor dem Computer. Und die meisten werden sowieso nicht konfirmiert. Man ahnt, dass am Sonntagmorgen eine kleine Schar – die so genannte Kerngemeinde – den Gottesdienst besucht. Das Thema heisst: die neue Langsamkeit. Leider hatte die Pfarrerin zu wenig Zeit, um ihre Predigt vorzubereiten. Sie liefert einen Schnellschuss von der Kanzel!

Aber vielleicht ist auch dieses Bild ein Schnellschuss und ziemlich verwackelt, überblendet und unscharf. Denn es gibt ‹den Pfarrer›, das ‹Unterwegs› in ‹der Kirchgemeinde› nicht. Hingegen gibt es eine irritierende und faszinierende Fülle von Persönlichkeiten, die den Beruf des

Pfarrers/der Pfarrerin ausüben in einer ebenso faszinierenden wie irritierenden Vielfalt von Kirchgemeinden. Jedes Standbild wäre schief. Denn alles ist im Fluss, alle sind unterwegs, alles verschwimmt: das Berufsbild und das Gemeindebild. Man wird also, wenn man dem Thema gerecht werden will, Geschichten erzählen, Bildfolgen, in denen unverwechselbare Pfarrerpersönlichkeiten unterwegs sind. Und man muss damit rechnen, dass es nur noch schiefe Bilder gibt.

Flaneur im Aug

Auch schiefe Bilder haben Rahmen. Wenn Pfarrer oder Pfarrerinnen *in* ihrer Gemeinde unterwegs sind, bewegen sie sich auf einem institutionell definierten Territorium. Das pastorale Praxisfeld ist eingepfercht, die Kirchgemeinde ein abgestecktes Revier. Sie hat Grenzen, die buchstäblich definiert sind. Es gibt auch andere Berufe, die territorial organisiert sind! Jäger, Polizisten und Prostituierte haben ihre Reviere. Aber die Diener des göttlichen Wortes sind in ihrer Gemeinde nicht unterwegs, um Sünder zu bestrafen oder Liebe zu verkaufen. Und ihr Revier ist mehr als ein Hoheitsgebiet, in dem sie gewisse Privilegien geniessen, wenn auch die alte germanische «pfarre» wie das verwandte «Pferch» an diese Bedeutung erinnert.

Eingedenk der angemahnten Vielfalt sei noch einmal die Frage gestellt, *wie* der Pfarrer als Berufsmensch in einem solchen Gebiet unterwegs ist. Lassen wir uns vom Titel dieser Festschrift anregen und nehmen den Pfarrer als Flaneur ins Aug. Stellen wir uns vor, ein Pfarrer *flaniert* tatsächlich durch seine Gemeinde. An einem ganz gewöhnlichen Tag in einer ganz gewöhnlichen Kirchgemeinde. Warum soll das nicht möglich sein? Flanierend unterwegs, um das, was vor Ort ist, in sich aufzunehmen oder etwas, was beschäftigt, innerlich zu bewegen und langsam anzugehen. Beim Flanieren lässt man sich Zeit. Es ist ein Gang ohne Hektik. Vielleicht mit einem Gebet auf den Lippen, aber nicht tief versunken wie ein Träumender oder zielstrebig wie ein Pilgerer. Der Flaneur ist leichtfüssig unterwegs, eher schlendernd, bereit sich überraschen zu lassen von dem, was kommt: sei es eine Begegnung, sei es ein Einfall. In dieser Haltung der gleichschwebenden Offenheit ist er höchst aufmerksam, aber nicht wie ein Jäger auf seine Beute, und keineswegs immun gegenüber den Umweltsignalen wie ein Pendler hinter seiner Morgenzeitung. Der Flaneur lässt sich Zeit und lässt sich von dem inspirieren, was auf dem Weg liegt. Vielleicht sogar vor Augen!

In dieser unaufgeregt erwartungsvollen Haltung, die sich dem zuwendet, was sich einstellt, entsteht eine Gemeinde, die noch nicht definiert ist, eine Gemeinde, die wahrgenommen werden muss als ein höchst prekäres, nicht vorhersehbares und flüchtiges Gebilde aus Begegnungen. Denn wer rennt, hat ein Ziel und wer im Verkehrsfluss schwimmt, will von hier nach dort und ist, wenn er unterwegs ist, nicht mehr ganz hier und noch nicht ganz dort. Das verträgt sich schlecht mit dem Habitus des Flaneurs. Darum geht es beim Unterwegssein in der Gemeinde: sie als Leib wahrzunehmen, wie sie sich präsentiert, wie sie im unscheinbaren Alltag leibt und lebt.

Unterwegs in Los Angeles

Aber unverhofft sind wir schon wieder in der Bilderbuchwelt gelandet. Sähe man dann etwas von dieser Gemeinde? Robert Banks, ein australischer Theologe, den ich in Pasadena am Fuller Seminary kennen gelernt habe, stellte in der ersten Seminarsitzung uns Studierenden eine simple Aufgabe. Wir sollten ein Semester lang regelmässig spazieren. Das war einfacher gesagt als getan. Los Angeles ist eine Stadt, in der man mit dem Auto fährt. Wer sich kein Auto leisten kann, fährt Bus. Und wer sich den Bus nicht leisten kann, schiebt einen Einkaufswagen mit seinen Habseligkeiten. Flaniert wird nur in dafür vorgesehenen relativ eng abgesteckten Bezirken oder Strassenabschnitten. In der amerikanischen Grossstadt ist die Gangart, die man wählt, vom Zweck bestimmt, den man verfolgt. Flaniert wird in der Freizeit, um ein Angebot zu prüfen, Schaufensterauslagen anzuschauen, Preise zu vergleichen. Vielleicht entdeckt man etwas. Wer wandern will, geht in einen Park auf einen Trail. Im Alltag wird gerannt.

Die Übung des verrückten Australiers entpuppte sich als einmalige Erfahrung – hin und wieder als gefährliche Beinah-Überfahrung. Natürlich existieren viele Zonen, die sich nicht für Spaziergänge eignen. In amerikanischen Innenstädten gibt es Territorien, die man auch mit einer fahrbaren Blechhaut meiden sollte. Doch selbst in der fussgängerfeindlichen Grossstadt gibt es Passagen, die man begehen kann. Das Flanieren an diesen Orten offeriert neue Einblicke. Interessant war, dass die Autofahrer den einsamen Fussgänger hemmungslos und fassungslos anglotzten, als ob ihre Blechhaut sie tarnen würde. Natürlich konnte keine Rede davon sein, dass man in einer Gemeinde unterwegs sei. Das macht in einem nicht-parochialen System keinen Sinn.

Flaniermeilen kennt man auch in Europas Innenstädten. Dem Europäer, der diese Übung mitmachte, wurde durch den kulturellen Perspektivenwechsel bewusst, wie *weltfremd* die territoriale Definition der Kirchgemeinde eigentlich ist. Die real existierende Gemeinde – das ist irgendwo und nirgendwo. Sie kommt von überall her und geht irgendwohin. Entsprechend wäre, wenn man eine ähnlich Übung in Kleinbasel oder in Zürich-Altstetten starten würde, die Erfahrung der Gemeinde. Es wäre ein Zufall, sähe man ein Gemeindeglied. Die Dichte der (evangelischen) Gemeindeglieder ist in den urbanen Territorien sehr dünn geworden. Sie sind so selten wie Birkwild im Zürcher Oberland. Es braucht also Sperberaugen und nicht nur Augen eines Flaneurs, um ein paar gläubige Exemplare zu erspähen. Los Angeles ist überall.

Gemeinden unterwegs zu Menschen

Sag mir, wo die Gemeinde ist, wo ist sie geblieben? Auch bei uns und selbst in den konfessionell geschlossenen intakten Landgemeinden ist sie eine Suchgrösse geworden. Ein Vexierbild – je nach Perspektive entdeckt man ihr Profil im Gewirr anderer Bilder. Ihre Umrisse sind überzeichnet und durchzogen von vagabundierenden Grenzen kunterbunter Sinnbezirke. Würde man das Geflecht der unterschiedlich definierten Provinzen auf die Karte der Kirchgemeinde übertragen, wäre ein Gewusel erkennbar, ein Wildwuchs an Einpferchungen, eine Art gegenseitige Invasion von System-Umwelt-Grenzen. Die Frage, wo Gemeinde ist, stellt sich ja auch hinsichtlich der politischen, wirtschaftlichen und kulturellen Existenz heutiger Individuen. ‹Gemeinde› ist als Ort insgesamt eine Suchgrösse geworden. Nicht nur in der Stadt der Engel.

Was ist Gemeinde – der Ort, an dem ich wohne, arbeite, die Freizeit verbringe, einkaufe oder in die Kirche gehe? Das weltläufige Leben mit seinen hundert verschiedenen Geschäftigkeiten schert sich einen Deut um alte Grenzen. Lebenswelt im Singular n'existe pas. Ist die ortsgebundene Gemeinde eine Schimäre? Hat sie sich ins Nichts aufgelöst? Und wie sinnvoll sind parochiale Modelle in einer mobilen, individuellen, pluralen, postmodernen Unterwegs-Gesellschaft?

Noch sind sie sinnvoll, wenn auch nicht überall und nicht überall gleich viel. Noch haben wir da und dort und dann und wann kleinräumige Verhältnisse. Nicht alle, aber einige Menschen sind sich der alten Grenzen noch bewusst. Sie wissen, zu welcher Gemeinde sie gehören und legen Wert darauf, von ihrem Pfarrer besucht zu werden. Auf dem Land spielt das noch eine Rolle. Unter Umständen auch in überalterten Stadtquartieren. Und wenn man die Definition der kleinräumigen, übersichtlichen und abgesteckten Territorien etwas weitet, werden Spital, Krankenheim und Gefängnis zu Ortsgemeinden. Das Unterwegssein der Pfarrerin in ihrer Kirchgemeinde hat also noch eine Bedeutung. Und sei es der Gang von Zimmer zu Zimmer durch die Flure eines Spitals mit den flüchtigen oder herzlichen Kontakten zum Pflegepersonal und den Begegnungen am Bett. Die Seelsorgerin verkörpert Kirche mit ihrem Leib. Sie bringt den Leib Christi mit, womöglich in Form des Abendmahls und gibt denen, die nicht mobil sind, das Sakrament der Verbundenheit. Die geistliche Grösse ‹Gemeinde› wird sichtbar gemacht, verstehbar, greifbar und verzehrbar. Das Unterwegssein des Pfarrers hat insofern eine priesterliche Funktion. Ob Gemeinde an einem Ort entsteht oder sogar aufersteht, ist nicht (nur) eine Frage der Dichte der vorhandenen Gemeindeglieder, wenn der priesterliche Dienst als verdichtende Präsenz der Kirche angesehen wird.

Menschen unterwegs zur Kirche

Ob die Kirche ihren priesterlichen Dienst an allen Orten wahrnehmen kann, wird immer stärker zur Frage nach vorhandenen Ressourcen. Der finanzielle Aufwand, den die Grosskirchen für den flächendeckenden Kirchenbetrieb treiben müssen, ist enorm. Diesen Betrieb aufrechtzuerhalten, ist zwar immer noch das strategische Ziel der Kirchenleitungen, die Frage ist aber, wie intensiv die pastorale Betreuung sein kann. Das territoriale Denken erlaubt eigentlich keinen Rückzug. Wenn die Flagge einmal gehisst ist, gibt es kein Zurück. Definiert wird die Gemeinde ja dadurch, dass jemand für ein Gebiet zuständig ist. Wie gross das Gebiet ist, ob seine Grenzen einer politischen Gemeindegrenze entsprechen oder von Rehetobel bis Schwellbrunn reichen, ist nicht entscheidend. Hauptsache, wir haben eine Gemeinde. Und wenn der Pastor fliegen müsste. So ist und so bleibt es. Habemus parochiam.

Ist es wirklich so? Natürlich kann die Karte neu gezeichnet werden. Natürlich ist es rein theoretisch möglich, eine Gemeinde vom Kaukasus bis zu den Pyrenäen einzurichten und einen Pfarrer für die Betreuung anzustellen. Das Unterwegssein ist zwar etwas umständlich, aber es ist – rein theoretisch – möglich. Natürlich ist das – ganz praktisch – Unsinn. Tatsache ist, dass in entkirchlichten Regionen Europas Gemeinden existieren, die bei Lichte betrachtet nur noch theoretisch Gemeinden sind. Tatsache ist, dass das Zauberwort der Regionalisierung nicht darüber hinwegtäuschen kann, dass ‹der Pfarrer› nicht mehr ‹seine› Gemeinde, sondern kirchliche Orte betreut. Wer verschiedene Herden hütet oder zerstreute Einzeltiere besucht, wird zwangsläufig zum Oberhirten. Die Einheit der Pfarrgemeinde ist dann durch eine komplexeres Gebilde ersetzt worden.

Die Gemeindekirche ist an die Grenzen ihrer Bedeutung gekommen, aber noch ist die parochial definierte Gemeinde kein Auslaufmodell. Sie wird laufend ergänzt und nicht ersetzt. Zum Festnetz kommt ein Mobilnetz von Bahnhof-, Flughafen- und Ladenkirchen. Diese sind weder strukturell noch phänomenologisch gesehen Gemeinden. Allenfalls entsteht eine Gemeinde im Stillschweigen, wenn zwei oder drei sich in einer Kappelle treffen. Wichtig ist: In diesen Kirchen darf die Pfarrerin nicht unterwegs sein, weil die Menschen es sind. Sie muss stationär bleiben. Sie ist, wie der dicke Engel im Bahnhof Zürich, Symbol für ein Wesen, an dem Verbindungen zusammenkommen. Los Angeles ist überall.

Pfarrer zu Hause unterwegs

Das ist die Pointe der Bahnhofskirche: Nicht der Pfarrer ist unterwegs in der Gemeinde, sondern die Gemeinde entsteht im Raum, der durch die Präsenz eines Pfarrers definiert wird. Die Umkehrung lässt die klassische Gemeinde noch einmal neu ins Blickfeld rücken. Denn im Unterschied zur Gemeinde im Mobilnetz einer Bahnhofkirche wohnt die Gemeindekirche am Ort. Es ist jemand zu Hause. Wenn man kirchliche Visitationsberichte und Mitgliederumfragen liest, fällt zweierlei auf: Den Mitgliedern ist es wichtig, dass ihre Pfarrerin sie einmal zu Hause besucht oder negativ ausgedrückt: Es wird registriert, dass sie sich dafür nie die Zeit genommen hat. Ob diese Erwartung berechtigt ist oder nicht, sei einmal dahingestellt. Ich höre von vielen Kollegen und Kolleginnen, dass es schwierig ist, solche Besuche zu machen. Man ist schon genug unterwegs, um Konfirmandeneltern, Jubilare oder Kranke zu besuchen. Weiter fällt auf, dass der Besuch des Pfarrers an eine konservative Vorstellung seiner *stabilitas loci* geknüpft ist. Man will nicht irgendeinen Angestellten, sondern den Ortspfarrer.

Der Ort, an dem der Ortspfarrer zu Hause ist, hat deshalb eine hohe symbolische Bedeutung für die Kirchgemeinde. Wenn im Pfarrhaus ein Licht brennt, ist die personale Verkörperung des Leibes Christi zu Hause. Am liebsten mit Frau und Kindern, der Not halber mit Mann und Kindern. Andere Lebensformen – zum Beispiel Mann mit Mann oder Frau mit Frau – führen zu Bildstörungen. Darüber, dass das Pfarrhaus zur letzten Bastion der bürgerlichen Musterexistenz geworden ist, wurde schon viel geschrieben. Meine Quintessenz: Es ist erstaunlich, wie hartnäckig und zäh sich diese Vorstellung hält. Die Betroffenen, die im Amtshaus wohnen, müssen lernen, mit den Projektionen umzugehen.

Zum Umgang gehört auch die gekonnte Inszenierung des Unterwegsseins in der Gemeinde, der mobilen Existenz im kirchlichen Festnetz. Ein Kollege erzählte mir, dass er einige Gänge ins Dorf bewusst zu Fuss gehe, auch bei Wind und Wetter. Als Fussgänger werde er erkannt. Er sei dann ansprechbar und signalisiere mit seinem Tempo Gesprächsbereitschaft. Seelsorge en passant nennt er seine Erfindung, die natürlich nicht neu ist, sondern bewährt. Das *en passant* des pastoralen Passanten sendet Signale der Ortsverbundenheit. Nur ein Einheimischer kann sich diese Gangart leisten. Das wird geschätzt. Und es ist kein Zufall, dass andere Revierberufe zu dieser Form der gemächlichen Präsenz zurückgreifen. Der Quartier- oder Dorfpolizist weckt Vertrauen und das Gefühl der Sicherheit. Entscheidend ist das Schritttempo. Es erlaubt den Sichtkontakt und die Wahrnehmung eines Menschen, der die Präsenz stabilisierender Mächte verkörpert.

Unterwegs in Zonen des Heiligen

Pfarrer sind im übertragenen Sinn immer unterwegs. Sie haben ein Ziel und vermitteln Orientierung. Sie wollen nicht den Eindruck erwecken, sie wüssten, wo Gott hockt. Aber sie verstehen sich gleichwohl als Führer, die andere den Weg in die Nachfolge weisen. Sie kennen sich aus in Zonen, die durch die Anrufung Gottes auf Menschen wirken, und sie führen andere in diese Zonen hinein und durch sie hindurch. Glieder der Gemeinde sehen ihren Pfarrer als Geistlichen – auch ausserhalb der liturgischen Räume. Wenn Theologen unterwegs sind, nähren sie die Ahnung, dass der Geist Gottes weder ein Weltenbummler noch ein Stubenhocker ist.

Das scheinbar simple Thema des Unterwegsseins in der Kirchgemeinde entpuppt sich als Gratwanderung. Es kommt ein weiterer Gesichtspunkt dazu, wenn die phänomenologischen Betrachtungsweisen für diesen Gang berücksichtigt werden. In der religionsphänomenologisch inspirierten pastoraltheologischen Wahrnehmung des Amtscharismas spielt das räumliche Denken eine wichtige Rolle. Das Heilige füllt und durchzieht wie eine Wolke oder eine Nebelbank einen Raum. Religion ist wie ein Energiefeld – wo das Heilige präsent ist, lädt sich die Atmosphäre auf. In den Zonen des Heiligen sind Mächte am Werk, die heilen, verzaubern und begeistern können. Der Funktionsträger ist auch ein Geistträger, der Kräfte weckt. Was geschieht, wenn Pfarrer in ihrer Gemeinde unterwegs sind? Sieht man in ihnen nicht nur Funktionen oder Angestellte einer Organisation, kommt etwas Numinoses in Gang. Wenn Geistträger durch Strassen und Gassen schreiten, geschieht etwas. Knistert es? Lädt sich etwas auf?

Man muss Manfred Josuttis nicht in jede Zone seiner Argumentation folgen, aber die Erweiterung der Wahrnehmungsräume macht für die Risiken und Chancen des Gehens in einem Bereich sensibel. Energetisch geladene Visionen des pastoralen Kraftfeldes bleiben kurzschlussgefährdet. Ich will darum die phänomenologische Steckdose mit einer Erdung versehen und vorsichtig bleiben: Es kann das unverhoffte und überraschende Auftauchen einer kirchlichen Geist- und Wortarbeiterin, die unterwegs ist in ihrer Gemeinde, eine Wirkung haben, die man mit energetischen Metaphern treffend umschreiben mag, die aber durchaus natürlich ist. Gesprächsthemen werden gewechselt, Spannungen erhöhen sich oder Verlegenheiten entstehen. Die Präsenz eines Trägers von Amtscharisma führt zu mikroklimatischen Stimmungsschwankungen. Die können freilich auch beim Auftauchen eines Polizisten oder eines anderen Repräsentanten der Staatsgewalt eintreten.

Weltfremde und weltläufige Wanderer

Wenn trotz der Vielfalt der Bezüge für das Unterwegssein einer Pfarrerin ein Bild gefunden werden müsste, würde ich das Bild einer Wandernden wählen. Es ist gar nicht mehr möglich, *in* der Welt der Kirchgemeinde unterwegs zu sein, ohne dauernd ihre Grenzen zu überschreiten und in anderen Welten zu landen. Man soll das nicht dramatisieren: Die Kirchgemeinde, die sich mit der Wohn-, Arbeits- und Freizeitwelt deckt, hat es wohl gar nie gegeben. Eine solche Deckung ist eher eine Fiktion, die in einigen Köpfen als Ideal und in anderen als Schreckensvision existiert!

Produktiver als ein ideologischer Streit über den idealen Deckungsgrad der sozialen, kulturellen und geistlichen Gemeinschaft ist die Beobachtung, dass sich die Grenzen dieser Welten in unserer Kultur verschieben. Es gibt deutliche Zeichen für ein Auseinanderdriften vormals verbundener Sinnprovinzen. Wenn theologische Existenz bedeutet, Welten zu verbinden, heisst das, dass Unterwegssein heute spannungsvoller geworden ist. Das Bewusstsein dafür, nirgends ganz zu Hause und überall ein wenig fremd zu sein, hat zugenommen. Pfarrer, die nicht in der Parochie arbeiten, erfahren es noch intensiver als Gemeindepfarrer. Sie vertreten Kirche in einer fremden Welt. Aber beide vertreten immer auch ein Stück Himmelreich, das sich nicht mit anderen Welten (auch nicht mit der Kirche) verrechnen lässt. Dass sie als Kirchenvertreter nicht ganz zum Betrieb gehören, macht sie als Gesprächspartner attraktiv. Wenn sie ihre *Weltfremdheit* glaubwürdig übermitteln, wirkt diese produktiv, kreativ und unter Umständen provokativ. Das Auseinanderdriften der Welten bedeutet also keineswegs einen Bedeutungsverlust der Kirche. Im Gegenteil!

Gemeindepfarrer machen auf ihrer Wanderung auch die gegenteilige Erfahrung. Das Weltfremde des Berufs kann zur Last werden, wenn man auf Schritt und Tritt – zum Beispiel im Kontakt mit anderen Behörden oder in gemischten Gremien – auf Unverständnis stösst. Zur Gratwanderung der theologischen Existenz gehört deshalb auch die umgängliche *Weltläufigkeit.* Wenn sie beides üben, das weltfremde und das weltläufige Auftreten, sind Pfarrer gut unterwegs.

Thomas Schlag

«Schul-Wege»
Zur theologischen Präsenz in einer besonderen Gemeinde

7.15 Uhr am frühen, dunklen Morgen. Nicht die reguläre Zeit, um sich per Fahrrad durch die Gemeinde zu bewegen. Aber zweimal in der Woche gibt dies der pfarramtliche Wochenplan vor. Bei der Jahresplanung der Wochentafel zeigte sich die Schulleitung – wie immer – kooperativ und billigte dem Religionsunterricht jeweils die ersten beiden Stunden des Unterrichts am Dienstag und Freitag in der 2. und 4. Klasse zu: Hier, auf württembergischen Terrain, sind die Verhältnisse noch in Ordnung.

Der stellvertretende Schulleiter, dessen Tochter bei mir im Konfirmandenunterricht ist, hat bei der Planung seine ganze Barmherzigkeit – so empfindet er es wenigstens – aufgeboten und meinen Unterricht an die privilegierte Stelle gesetzt: Keine 6. Stunde am Freitag, keine Stunde am freien Montag, sondern eben zweimal in der Woche ab 7. 40 Uhr. Ich vermute, er meinte, dass die Schüler zu dieser frühen Zeit am Morgen noch einigermassen zu kontrollieren sind, zumindest aber aufgrund ihrer Müdigkeit die Durchführung des Unterrichts nicht zu torpedieren drohen. Gesagt hat er das nicht, sondern es damit begründet, dass ich dann eben auch die Aufgaben im Pfarramt besser planen könne. Gemeint war wohl, dass bei diesem Arrangement möglichst wenig Religionsunterricht ausfallen soll.

Auf dem Radweg begegnen mir im Halbdunkel bereits die ersten Schülerinnen und Schüler, freundlich und mich mit Namen grüssend. Ich fahre an ihnen vorbei, grüsse – ganz gegen meine Art, mit dem frühen Morgen umzugehen – beinahe überschwänglich zurück. Ich weiss aber auch, dass ich einige von ihnen gleich wieder treffen werde. Während ich ihnen einen Blick zuwerfe, ertappe ich mich dabei, gleichsam schon jetzt, im Vorfeld des Unterrichts abzuklären, wie sie heute Morgen drauf sind: Wer zeigt schon jetzt erste Anzeichen von Mitwirkungsbereitschaft? Von wem ist Übles zu erwarten? Jedenfalls signalisiere ich den Kleinen, deren leuchtend schwingende Schulranzen bereits erhebliche Aktivität ausstrahlen, schon auf dem Weg Präsenz und Vorfreude auf den gemeinsamen Unterricht, gleichsam prophylaktisch.

Schon aus weiterer Entfernung zeigt sich der Schulkomplex. Ein durchaus gelungener Betonbau der 80er Jahre, nicht zu gross, nicht zu hoch, geradezu überschaubar. Ein klug konzipiertes Gebäude mit viel Glas, das den Versuch erkennen lässt, die funktionale Notwendigkeit der vielen standardisierten Klassenräume durch eine luftige Architektur zu verhüllen. Von allen Klassenzimmern aus eröffnet sich ein herrlicher Blick in die freie Natur, auf das Dorf und den Sportplatz – was natürlich auch umgekehrt gilt: Das Dorf sieht an den erleuchteten Klassenzimmern, wann hier morgens der Betrieb beginnt und abends endet. Die Schule ist der Bildungsstolz der Gemeinde.

Mein Fahrrad stelle ich zwischen all den Fahrrädern der Schüler der Grund- und Hauptschule ab. Angesichts der Räderschar beschleicht mich leichte Schadenfreude: Deren Inhaber werden den ganzen Vormittag hier verbringen müssen, ich werde nach zwei Stunden wieder wegfahren dürfen. Ich schliesse das Fahrrad ab – eben Hauptschule – man kann ja nie wissen. Immer mehr Schüler bewegen sich von allen Seiten her auf die Schule zu. Einige Jugendliche, die den Konfirmandenunterricht bei mir besuchen, begrüssen mich aus der Ferne auf dem Schulhof. Ich freue mich, sie zu sehen und über deren Gruss freue ich mich auch.

Wenige Meter vor mir öffnen Schüler die Tür des Schulgebäudes. Achtlos – und ich nehme es als gewissen Affront wahr – lassen sie knapp vor mir die Tür hinter sich zufallen, auch wenn sie eigentlich gesehen haben müssten, dass hinter ihnen ein Erwachsener auf dem gleichen Weg ist wie sie selbst.

Ich betrete das Gebäude und bin auf alles gefasst. Nach der frischen Morgenluft erwischt mich die geballte Desinfektionsabsicht des Hausmeisters. Eine Duftmischung aus viel zu gut gemeinter, überbordener Zentralheizungswärme, Schüleraktivitäten des Vortages und Linoleumpflegemittel umgreift mich: Gegenwehr ist hier nicht möglich. Auch wenn ich seit über einem halben Jahr zweimal wöchentlich an der Schule auftauche, erscheint mir mein Gang an diesen Ort der Gemeinde immer noch wie eine Begehung fremden Terrains.

Gleich hinter dem Eingang öffnet sich der Blick auf die Aula der Schule, das Zentrum des Ganzen, mit riesenhaftem Volumen, aber offenbar gegenwärtig für die Schüler ohne erkennbaren Nutzen. Die Geräusche der eintreffenden Schüler erscheinen mir noch wie durch Watte gedämmt. Aber in meinem inneren Ohr höre ich bereits, wie sich die akustische Kulisse in den nächsten Stunden entwickeln wird. Die Kinder und Jugendlichen sind auf dem Weg zu den engen Gängen vor ihren Klassenzimmern. Vor den noch verschlossenen Türen werden bereits erste morgendliche Positionskämpfe durchgeführt.

Das Lehrerzimmer befindet sich im 2. Stock. An den Wänden des Treppenaufgangs dorthin sind bunte Zeichnungen und Collagen einer Hauptschulklasse zum Thema Integration aufgehängt. Neben dem schwarzen Brett ist eine Fotoserie zum letzten Londonbesuch der Oberstufe ausgestellt. Tower Bridge, Union Jack, Madame Tussauds, Schüler vor bärenfellbemütztem Wachpersonal. Lustige Fotos von lustigen Lehrern. Die üblichen Motive.

Vor dem Sekretariat hat sich eine Schlange von Schülern gebildet, die schon um diese Zeit einen gestressten und verzweifelten Eindruck machen. Ich nehme Lehrkräfte wahr, die bereits auf unnatürliche Weise wach und aktiv sind. Mit durchdringendem Blick ausgestattet, stehen sie mit einzelnen Schülern über bestimmte Dinge, die sich mir entziehen, in Verhandlungen.

Eine «Kollegin» – ich weiss nicht, ob ich diese Bezeichnung stimmig finden soll – begrüsst mich mit einem eigenartig empathischen Blick, der mir beinahe seelsorgerlich vorkommt. So als ob sie mir signalisieren will: «Sie schaffen das schon». Vielleicht ist es auch gastfreundlich gemeint in dem Sinn: «Schön, dass Sie auch wieder einmal da sind.» Immerhin bin ich aufgrund einer kirchlichen Fortbildung die letzten beiden Wochen nicht an der Schule gewesen. Die offizielle «Entschuldigung» für mein Fehlen, die ich der Schulleitung zugesandt hatte, löste bei mir selbst eine Art *déjà vu* aus: Ich erinnere mich an die Briefe, mit denen mich meine Eltern früher bei der Schule als krank gemeldet hatten. Wenigstens darf ich jetzt selbst unterschreiben. Vor der Fortbildung war zudem eine Woche Ferien. Ich muss mich erst wieder in den Schulalltag hineinfinden.

Zu Beginn des Schuljahrs hatte ich mir vorgenommen, an meinen beiden Unterrichtstagen immer schon einige Minuten früher im Lehrerzimmer zu sein, um wenigstens punktuell an den Geschehnissen im Kollegium zu partizipieren. Die Hoffnung, wenigstens einmal in der Woche noch bis zur grossen Pause im Lehrerzimmer zu bleiben, liess sich kaum einmal verwirklichen: Zu viele Termine in der Kirchengemeinde, die ich als wichtiger erachtete, haben das schnell verunmöglicht. Jedenfalls habe ich mich im Fall der Terminkollision immer sofort und keineswegs unglücklich für die kirchliche Verpflichtung entschlossen. Nicht selten habe ich dann die schriftliche Entschuldigung bei der Schulleitung zusätzlich dramatisiert und damit meine Unverzichtbarkeit am anderen Ort signalisiert: «Überraschender Trauerfall», «Notwendige Sterbebegleitung», «Personalgespräch beim Oberkirchenrat». Und von Seiten der Schulleitung kam nie auch nur ein rückfragendes oder kritisches Wort, was ich als prinzipielles Einverständnis interpretiert habe.

Nichtsdestotrotz bemühe ich mich nach Möglichkeit, deutlich zu machen, dass mir an der Schule und ihren Menschen liegt. Auf unterschiedliche Weise versuche ich, Teil des Ganzen zu werden. Die ersten Grundentscheidungen treffe ich bereits früh am Morgen zu Hause: Sakko oder Pulli? Pulli. Mit dem Fahrrad oder mit dem Auto? Mit dem Fahrrad, um selbst innerlich etwas vorbereiteter und frischer anzukommen.

Ich betrete den mit Neonlicht bis in den letzten Winkel ausgeleuchteten Raum des Lehrerzimmers. Draussen ist es noch so trüb, dass sich der ganze Raum nicht nur unnatürlich grell in den Fenstern spiegelt und verdoppelt, sondern auch jeglichen Blick nach draussen versperrt. Mein Postfach ist im Unterschied zu den anderen fast ganz leer. Lediglich eine Einladung zum bevorstehenden Elternabend finde ich vor: Auch ich als Religionslehrer bin eingeladen, den interessierten Eltern Rede und Antwort zu stehen. Beim letzten Elternabend der 4. Klasse bestand wenig Interesse am Religionsunterricht – beinahe alles drehte sich um die so genannten «Empfehlungen» für die weiterführenden Schulen. Nervöse, angespannte Mütter mit dem Blick gereizter Löwinnen und müde Väter, zusammengesackt auf den hölzernen Zwergenstühlchen ihrer Kinder. An den Seiten dieser Stühle habe ich die gleichen Plastikfarbpunkte zur Markierung der Klassenstufe wie vor fünfundzwanzig Jahren entdeckt.

Einen festen Platz im Lehrerzimmer habe ich zwar nicht, aber da in der ersten Stunde am Morgen immer einige Lehrkräfte noch nicht anwesend sein müssen, konnte ich mir ein Provisorium am grossen Tischrechteck ergattern – ganz in der Nähe der einzigen Lehrkraft, die ich aus meiner Kirchengemeinde kenne.

An der Stirnseite des Tischrechtecks, dort, wo zu Mitteilungen und Konferenzen Rektor und Konrektor sitzen, sind bedeutungsschwanger mehrere Stapel von Mappen, nach Farben geordnet, aufgetürmt. Daneben eine kleine bronzene Tischglocke, die bei Konferenzen dem Einläuten des offiziellen gemeinsamen Teils dient. Ihr Klang erinnert mich jedes Mal an das Einläuten des familiären Heiligabends im Wohnzimmer. So trübt jeder Konferenzbeginn meine Erinnerung an das kindliche Weihnachtsfest und den feierlichen Moment des erleuchteten Weihnachtsbaums. Die Glocke steht übrigens permanent auf dem Tisch und ich frage mich, welches Signal davon ausgehen soll.

Unter den Lehrkräften herrscht frühe Geschäftigkeit, der ich mich weder biorhythmisch noch thematisch anzuschliessen vermag. Ich beobachte das Biotop und stelle fest, dass bereits jetzt am frühen

Morgen unter den knapp zwanzig Lehrkräften die eingespielten Rollen reinszeniert werden: Der Kunstlehrer, ersichtlich ein Bonvivant, der den Eindruck erweckt, als ob er sich heute morgen nur zufällig hierher verirrt habe, die hyperaktive Englischlehrerin, die sich schon um 7.30 Uhr unüberhörbar über einen ihrer renitenten Schüler erregen kann, die Deutschlehrerin, die mir signalisiert, dass ihr schon wieder alles – und vor allem die Kollegen – zu viel ist, die eifrige Referendarin, die nervös hin und her hetzt und noch schnell wichtige Dinge kopieren muss, das Lehrerehepaar in einer eigentümlich verschworen-depressiven Koalition, die unsichere Schulleiterin, die mit unsicherer Sanftheit Präsenz zu markieren versucht, schliesslich der agile Konrektor, der erkennbar alle wichtigen Fäden in der Hand hält und – körpersprachlich unübersehbar – sein Revier markiert. Mir kommt es vor, als ob alle nach einem geheimen Drehbuch agierten, und ich ertappe mich in der Rolle des ethnologischen Beobachters. Gleichzeitig versuche ich zu vermeiden, dass man mich als Beobachter wahrnimmt.

Meine Unterlagen für den Unterricht nehmen sich vergleichsweise mager aus im Vergleich zu den umfangreichen Materialsammlungen der Kollegen auf dem Tisch. Wie zu einzelnen Schutzwällen haben sich vor ihnen Bücher, Hefte, Kopien, Folien und vor allem Klassenarbeiten aufgetürmt. Arsenale roter und grüner Stifte weisen drohend auf die anstehenden und erledigten Korrekturarbeiten hin. Auf beinahe jedem abgegrenzten Tischareal befinden sich eine bunte Frühstücksbox und jede Menge Obst mit Bioland-Signet. Riesenhafte, mehr oder weniger geschmackvoll gestaltete Tontassen von wahlweise toskanischer, provençalischer oder lokaler Machart, zum Teil mit Namensverzierung, scheinen Individualität, ökologisches Bewusstsein und mediterran-gelassene Distanz zum Schulbetrieb ausdrücken zu wollen. Ganz am Anfang hat man mir freundlich signalisiert, welche Tassen im Schrank der Teeküche für den «allgemeinen Gebrauch» gedacht sind. Nur kurz wage ich, mir vorzustellen, was wohl im Lehrerzimmer passieren würde, wenn eines der persönlichen Stücke von mir benutzt würde oder dabei gar zu Bruch ginge.

Manche Kollegen erwecken den Eindruck, als ob sie irgendwie auf meine pfarramtliche Herkunft eingehen wollen. Durch freundliche Blicke und Worte versuchen sie, mich in ihr morgendliches Gespräch einbinden. Der Kunstlehrer wirft mir einen solidarischen Blick zu, so als ob er sich in seiner inneren Distanz mit mir tief verbrüdert wisse – offenbar ist mir mein Unbehagen doch deutlicher anzumerken, als es mir lieb ist. Andere sehen glatt durch mich hindurch – ob sie unsicher sind oder einfach ignorant, kann ich nicht einschätzen. Jedenfalls kenne ich das so aus meiner kirchlichen Arbeit nicht. Dort werde ich bei Begegnungen der unterschiedlichsten Art in aller Regel freudig begrüsst, ganz abgesehen davon, dass mir dann immer eine der schönsten Tassen und ohnehin ein bevorzugter Platz angeboten wird.

Ich blicke auf die Uhr und warte auf das akustische Aufbruchssignal in mein Klassenzimmer. Der Klingelton hat nicht mehr die blecherne, durch Mark und Bein fahrende Schrille wie zu meiner eigenen Schulzeit, sondern er kommt so pseudowarmherzig daher wie auf öffentlichen Ämtern – als akustische Unterstützung für die am Schalter aufblinkende Nummer. Ich packe meine Sachen unter den Arm und auf wiederum verdächtig empathische Weise wünscht mir eine Kollegin eine «gute Stunde». Ich wünsche zurück und bin mir sicher, dass sie es gleich wesentlich besser machen wird als ich. Dass sie das Gleiche denkt, spüre ich am Tonfall ihres Wunsches.

Mein morgendliches Wirkungsfeld liegt in einem kleinen, eingeschossigen Nebengebäude, in dem die Grundschulklassen ihre Räume haben. Schon von aussen wirkt alles wie im Zwergenreich. Auf den Fensterscheiben zeigen sich beinahe anarchisch verstreute Fingerfarben-Handabdrücke, so als ob die Schüler versucht hätten, sich mit bemalten Händen gegen das Fensterglas zu stemmen, um einen Ausweg aus ihrem Klassenraum zu finden. Im Flur des Gebäudes ist es ebenfalls bunt, schillernde Papierfisch-Mobiles hängen von der Decke und lassen den gläsernen Vorraum wie ein abgeschlossenes Aquarium erscheinen. Vor den Türen der einzelnen Klassenräume sind in den letzten Minuten bunte Reihen von aufgehängten Jacken entstanden. Aus den Zimmern, deren Türen inzwischen aufgeschlossen sind, fällt erkennbar wärmeres Licht auf den Flur als im Hauptgebäude.

Einmal tief durchatmend und dann mit einem beherzten «Guten Morgen» betrete ich den Raum der 4b – etwas mehr als zwanzig zehnjährige Kinder sind versammelt, besser: noch recht wild im Raum verstreut. Auf meinen unüberhörbaren Gruss hin gehen sie wie selbstverständlich sogleich an ihren jeweiligen Platz, was mich durchaus positiv überrascht. Erstaunt frage ich mich, wer jetzt gerade eigentlich wen für die kommenden 45 Minuten motiviert hat. Jedenfalls kann die Stunde beginnen.

Der geschilderte «Weg in die Schule» mit all seinen Fremdheitserfahrungen mag eine Ausnahme darstellen und manche beschriebene Unsicherheit schlichtweg der pädagogischen Unerfahrenheit des jungen Pfarrers in den ersten Amtsjahren geschuldet sein. Wenn manches in der Schilderung dieses Schul-Wegs als überzeichnet erscheint, so ist dies durchaus als bewusste Zu- und vielleicht Überspitzung gemeint. Schon gar nicht soll behauptet werden, dass die beschriebenen Erfahrungen für alle Pfarrerinnen und Pfarrer, die schulischen Religionsunterricht erteilen, repräsentativ sind.

Andererseits ist etwa auf Pfarrkonventen und in Fortbildungen immer wieder von ebensolchen oder doch sehr ähnlichen Erfahrungen zu hören. In der Theologenzunft scheint ein «Leiden an der Schule» durchaus verbreitet zu sein. Die Verpflichtung, Religionsunterricht zu erteilen, wird nicht selten als zusätzliche Last, als Störung der kirchengemeindlichen Abläufe und von manchen sogar als *opus alienum* der «eigentlichen» pastoralen Praxis empfunden.[1]

Dies soll nun nicht heissen, dass nicht auch jede Menge religiöser Lehr-Kunst unter Pfarrerinnen und Pfarrern vorhanden wäre. Unbestreitbar gibt es viele Pfarrpersonen, für die der Gang in die Schule mit Lust am Unterrichten und Leidenschaft für die SchülerInnen verbunden ist. Natürlich erinnert sich wohl jeder Religionslehrer an Religionsstunden, die möglicherweise ganz überraschend zu Highlights wurden. Und selbstverständlich gibt es religionspädagogische Profis unter den Pfarrpersonen, für die die schulische Praxis eine wesentliche, geliebte und unverzichtbare Dimension ihrer theologischen Arbeit und guter Religionsunterricht eine Frage ernsthaften Bemühens darstellt.[2]

Aber selbst für diese gelingenden Fälle stellt sich «auf dem Weg in die Schule» für die religionspädagogische Reflexion die sehr grundsätzliche Frage, ob und in welchem Sinn der schulische Religionsunterricht als eine selbstverständliche Aufgabe des Pfarramtes anzusehen ist, und noch grundsätzlicher gefragt, ob die Schule eigentlich als ein natürlicher Teil-Ort im Bewusstsein der individuellen theologischen Existenz im Kontext der eigenen Kirchengemeinde verstanden wird. Zwar werden Unterricht und Bildung offiziell neben Verkündigung und Seelsorge zu den Kernaufgaben des Pfarramts gezählt, aber nicht nur im Ausnahmefall oftmals als ein «Neben» empfunden und die Schule selbst als ferne, fremdartige Provinz angesehen.

Dies ist insofern erstaunlich, als der schulische Religionsunterricht mindestens in Deutschland nicht nur verfassungsrechtlich auf einem ausgesprochen stabilen Fundament aufruht, sondern sich Theologie und Kirche seit ihren reformatorischen Anfängen ein Verständnis reli-

---

1 Vgl. Christoph Th. Scheilke: Kirche, Kirchenentwicklung und Religionsunterricht, in: Hartmut Rupp; ders. (Hg.): Bildung und Gemeindeentwicklung. Jahrbuch für kirchliche Bildungsarbeit, Stuttgart 2007, S. 126.

2 Vgl. Stefan Herok: Moralisch, missionarisch, mystisch ... oder: Von einem, der auszog, nicht mehr das Fürchten zu lehren, in: Christoph Bizer u.a. (Hg.): Was ist guter Religionsunterricht?, Neukirchen-Vluyn 2006 [Jahrbuch der Religionspädagogik, Bd. 22], S. 23–26.

giöser Erziehung zugute halten, das den öffentlichen Bereich schulischer Bildung ausdrücklich mit umfasst. Bereits mit Luthers Aufforderung an die Ratsherren, christliche Schulen aufzurichten und zu erhalten, wurde die schulische religiöse Erziehung nie als das Andere oder Uneigentliche, sondern immer als die notwendige zweite Seite reformatorischer Bildungsverantwortung und religiöser Kommunikation angesehen. An dieser Grundüberzeugung des sachlichen Zusammenhangs von Schule und Kirche hat sich trotz aller institutionellen Ausdifferenzierung über die Jahrhunderte hinweg prinzipiell nichts geändert. Dies gilt selbst und gerade dann, wenn Schleiermacher unter der Zielsetzung religiöser Bildung als freiem Gebrauch des göttlichen Wortes für die Trennung des kirchlichen und des schulischen Religionsunterrichts plädierte und dies aus pädagogischen Gründen. Und immerhin warnte schon er in seiner praktischen Theologie davor: «Wo die Tendenz ist, die Schule aus der Verbindung mit der Kirche herauszureissen, ist auch das Bestreben, die kirchlichen Gegenstände aus der Schule zu verdrängen».[3]

Diese lange Kooperationstradition spiegelt sich gegenwärtig eindrücklich innerhalb der wissenschaftlichen Religionspädagogik wider, insofern diese sich hinsichtlich ihrer literarischen Produktionen und ihres Reflexionsniveaus als hochinnovative und unbestreitbar modernitätsfähige Teildisziplin der Praktischen Theologie darstellt.[4] Intensiv werden theologische und aussertheologische Bezugshorizonte für die Profilierung der eigenen Disziplin sondiert, rezipiert und in vielfältiger Weise für die Zusammenarbeit von schulischem und kirchlichem Bildungsauftrag im Zielhorizont von «Identität und Verständigung» fruchtbar gemacht. Längst hat die Disziplin ihre ausschliessliche Binnenorientierung unter dem Signum einer Theorie evangelischer Unterweisung aufgegeben und sich zu einer hermeneutisch profilierten Wissenschaftstheorie weiterentwickelt, die der schulischen Bildungsaufgabe ihren theologisch gut begründeten Ort zuweist und dies durch

---

3 Friedrich Schleiermacher: Die praktische Theologie: nach den Grundsätzen der evangelischen Kirche im Zusammenhange dargestellt; aus Schleiermachers handschriftlichem Nachlass und nachgeschriebenen Vorlesungen, hg. von Jacob Frerichs, Berlin 1850, S. 356.

4 Vgl. Bernd Schröder: Religionspädagogik – methodisch profiliert, international, binnendifferenziert, in: Theologische Literaturzeitung 132 (2007), S. 747–762.

entsprechende Annäherungen im Modus qualitativer und quantitativer Unterrichtsforschung zu untermauern versteht.[5]

Diese breite Analyse- und Rezeptionsfähigkeit im Licht der Kooperation von Schule und Kirche findet auch an der Basis der praktischen Aus- und Weiterbildung ihren Niederschlag: Die religionspädagogischen Institute der einzelnen Landeskirchen entwickeln auf hohem pädagogischem Niveau Unterrichtsmaterialien und zeichnen für kreative Fortbildungsangebote verantwortlich. Die Wahrnehmung allgemeinpädagogischer Qualitätsdebatten sowie die Auseinandersetzung mit aktuellen bildungspolitischen Diskussionen um Bildungsstandards und Kompetenzen gehört inzwischen auch zu den Standards der unmittelbar praxisbezogenen Religionspädagogik.[6] Bei der Entwicklung von Lehrplänen und Lehrmitteln für den Religionsunterricht sind die Akteure kaum bestreitbar auf Augenhöhe mit dem konzeptionellen Reflexionsniveau anderer Unterrichtsfächer und deren jeweiligen fachdidaktischen Experten.

Die Bedeutung religiöser Bildung am Ort der Schule wird zudem weder von der Bildungspolitik noch von Wirtschaft oder Gesellschaft grundsätzlich bestritten. Eher das Gegenteil ist der Fall, insofern öffentlich eine stärkere Rolle religiöser Bildung für Fragen des Zusammenlebens sowie für die bessere Integration von Kindern und Jugendlichen in Schule und Gesellschaft gefordert wird. Die aktuellen politischen Auseinandersetzungen im Zusammenhang eines religiösen Fanatismus und Fundamentalismus scheinen der religiösen Erziehung nicht nur kräftigen Schub gegeben zu haben, sondern den Vertrauensvorschuss in den Religionsunterricht in den letzten Jahren eher gefestigt zu haben.

Auch unter den Eltern und Erziehungsberechtigten zeigt sich in jüngster Zeit ein verstärktes Interesse daran, dass ihre Kinder eigene und fremde Religionen in ihrer Substanz kennen lernen, um sich so in den multikulturellen und multireligiösen Verhältnissen besser und eigenständig orientieren können. Biblische Geschichten, Bilder und Symbole können gegenwärtig mit erheblichem Interesse bei denen

---

5 Vgl. beispielhaft etwa Dietlind Fischer; Volker Elsenbast; Albrecht Schöll (Hg.): Religionsunterricht erforschen. Beiträge zur empirischen Erkundung von religionsunterrichtlicher Praxis, Münster u.a. 2003.

6 Vgl. Dietlind Fischer; Volker Elsenbast (Hg.): Grundlegende Kompetenzen religiöser Bildung. Zur Entwicklung des evangelischen Religionsunterrichts durch Bildungsstandards für den Abschluss der Sekundarstufe I, Münster 2006; Volker Elsenbast; Dietlind Fischer (Hg.): Stellungnahmen und Kommentare zu «Grundlegende Kompetenzen religiöser Bildung», Münster 2007.

rechnen, die selbst in ihrer eigenen Kindheit und Jugend systematisch von diesen Traditionen ferngehalten und entfremdet worden sind.

Wie im geschilderten eigenen Fall kann das Fach auch an der Basis der örtlichen Schulverwaltung immer noch mit grossem Wohlwollen rechnen. Trotz der faktischen organisatorischen Schwierigkeiten der Einbindung des Religionsunterrichts in die Stundenpläne zeigt sich an vielen Schulen, dass viele Unterrichtsplaner vor Ort nach wie vor erhebliche Flexibilität und durchaus auch Verständnis für die Sondersituation der unterrichtenden Theologinnen und Theologen aufbringen.

Die tradierte und rechtlich fundierte Selbstverständlichkeit religiöser Bildung am Ort der Schule trifft nun aber offensichtlich an der Basis der Akteure nicht immer auf die gleiche Fraglosigkeit. Dieses Phänomen wird grundsätzlich auch durch empirische Erkenntnisse zum Selbstverständnis von Religionslehrerinnen und -lehrern belegt. Denn hier sind häufig vor allem staatlich ausgebildete Religionslehrerinnen und -lehrer vor Augen, die ein eigenes professionelles Verständnis ihrer Bildungsaufgabe jenseits des «klassischen» Pfarramtes und nicht selten auch jenseits kirchlicher Aufgabenbestimmungen sowie kirchengemeindlichen Lebens entwickelt haben.[7] So wird etwa im Kontext beruflicher Bildung Religionsunterricht von nicht wenigen Lehrkräften unterrichtet, die – aus welchen Gründen auch immer – irgendwann das Pfarramt bewusst verlassen, womöglich gar mit «ihrer Kirche» gebrochen haben. Gerade deshalb ist hier aber in der Regel eine erhebliche Professionalität hinsichtlich der eigenen Erteilung des Religionsunterrichts zu konstatieren. Gerade die berufsspezifische Distanz zum Pfarramt und natürlich auch der sehr viel grössere Wochenstundenumfang ermöglicht hier offenbar eine grosse Selbstverständlichkeit im Kontext religiöser Bildung.

Wie steht es aber nun mit den Pfarrerinnen und Pfarrern, die neben ihrem pfarramtlichen Alltag dieses Feld mit zu bespielen haben – die mit zwei oder vier oder sechs Stunden in der Woche ihr übliches und vertrautes Gelände der Kirchengemeinde verlassen und den Ort der Schule betreten? Verfügen Sie ebenfalls über die notwendige innere

---

7 Vgl. Bernhard Dressler; Andreas Feige; Wolfgang Lukatis; Albrecht Schöll (Hg.): ‹Religion› bei ReligionslehrerInnen. Religionspädagogische Zielvorstellungen und religiöses Selbstverständnis in empirisch-soziologischen Zugängen, Münster 2000; und Andreas Feige; Werner Tzscheetzsch: Christlicher Religionsunterricht im religionsneutralen Staat? Unterrichtliche Zielvorstellungen und religiöses Selbstverständnis von ev. und kath. Religionslehrerinnen und -lehrern in Baden-Württemberg, Ostfildern; Stuttgart 2005.

Haltung und religionspädagogische Kompetenz, um jenen geschilderten «selbstverständlichen» Traditionen, Erwartungen und Orientierungshoffnungen[8] durch ihr religionspädagogisches Handeln gerecht werden zu können? Wie fremd muss ihnen dieses Biotop erscheinen?

Ohne Zweifel ist am Ort der Schule vieles ganz anders als im restlichen Alltag des Pfarramtes. Schon die äussere Atmosphäre mit allen ihren Geräuschen, Gerüchen und ihrer spezifischen Dynamik unterscheidet sich fundamental von den sonstigen Rahmen- und Arbeitsbedingungen in der Gemeinde. Hier wird dem Pfarrer weder die kontemplative Ruhe noch die hervorgehobene Rolle einfach so zugestanden, auf die er sich im Pfarramt in der Regel verlassen kann. Hier gibt nicht er den Stunden-, Wochen- und Jahrestakt vor, sondern ein hoch institutionalisiertes System, das nach kaum diskutierbaren Regeln funktioniert. Hier bestimmt nicht primär er über die Fokussierung und Auslegung der Wissensinhalte, sondern es ist den Vorgaben eines Lehrplans und damit einer Art schulischer Dogmatik zu folgen sowie dem bildungspolitischen Lehramt Gehorsam zu leisten.

Zudem findet sich der Pfarrer hier auf einmal in Arbeitsverhältnissen wieder, die aufgrund ihrer Hierarchien und des internen Machtgefüges nach Einordnung und Anpassung verlangen – ganz abgesehen davon, dass die quantifizierende Bewertung durch Noten und Beurteilungen mit einem spezifisch protestantischem Ressentiment gegenüber einem messbaren, gar alles bestimmenden Leistungsgedanken konfligiert.

Zudem gelten am Ort der Schule unüberhörbar nicht die üblichen Kommunikationsbedingungen wie im Pfarramt. Hier gilt es, sich nicht nur akustisch, sondern auch inhaltlich plausibel mit seiner Stimme und seinen Ansichten den Raum zu verschaffen, der in der sonstigen kirchlichen Praxis scheinbar selbstverständlich für die Pfarrperson freigehalten wird. Dass zugehört und «auf einen gehört» wird, muss man sich im schulischen Zusammenhang in der Regel hart erarbeiten. Die am Ort der Kirchengemeinde mindestens nicht offen bestrittene Amtsautorität bedarf hier der dauerhaften Erklärungs- und Legitimationskompetenz.

Zwar mag es an diesem Ort noch einen Vertrauensvorschuss für den Pfarrer geben, was man angesichts der ambivalenten Geschichte des Religionsunterrichts durchaus als tröstlich empfinden kann. Wird aber dieser Vertrauensvorschuss im wahrsten Sinn des Wortes nicht

---

8 Vgl. Christoph Bizer u.a. (Hg.): Sehnsucht nach Orientierung. Vorbilder im Religionsunterricht, Neukirchen-Vluyn 2008 [Jahrbuch der Religionspädagogik, Bd. 24].

eingelöst, dann droht mehr als die stille Reaktion einnickender Gottesdienstbesucher oder irritierter Gemeindeglieder, die sich unhörbar zurückziehen. Vielmehr drohen im Fall des schulischen Versagens alsbald vehemente, laute und massive Gegenreaktionen, und dies selbst schon von zehnjährigen Kindern, denen man eigentlich doch intellektuell weit überlegen ist. Und offensiv-bemitleidende Blicke der Lehrkollegen, die natürlich über die konkrete Qualität des jeweiligen Religionsunterrichts bestens informiert sind und sich unter Umständen in ihren Pfarrbild-Projektionen noch zusätzlich bestätigt fühlen, können dieses Gefühl des Ungenügens noch weiter verstärken. Kaum irgendwo anders jedenfalls schlagen die Seismographen im Fall des Misslingens so schnell und heftig aus wie gerade in der konkreten Unterrichtswirklichkeit.

Im Lehrerzimmer ist die Pfarrperson nur noch einer unter vielen, ja – was als besonders schmerzhaft empfunden werden kann – oft noch ein Geringerer als die anderen. Trotz eines in der Regel breiteren und intensiveren universitären Studiums und eines höheren akademischen Abschlusses verfügen Pfarrerinnen und Pfarrer nicht automatisch über ein ähnlich grosses Repertoire an Materialien, Kompetenzen und Erfahrungen mit dem schulischen Alltag wie die hauptamtlichen schulischen Lehrkräfte. Diskursive Konzentration, differenziertes Abwägen im Gespräch, Aufmerksamkeit für die gegenseitige Wahrnehmung, das Gewicht des besseren Arguments, politische Subversivität im Licht einer *just community* sowie die kreative und ästhetische Suche nach individueller religiöser Lebenskunst – für all diese pastoralen Zugänge zur Wirklichkeit scheint der Weg in die Schule denkbar ungeeignet.

Und so stehen die Pfarrpersonen vermutlich an keinem anderen Ort in einem vergleichbaren Risiko, bei mangelnder Professionalität schlicht der Lächerlichkeit preisgegeben zu werden. Bei scheiterndem Unterricht kann die eigene hochgehaltene Sonderrolle «in der Welt» schnell in den Vorwurf des unbrauchbaren Sonderlings umschlagen und dann als grösstmögliche Infragestellung des eigenen Amtes und schliesslich der eigenen Person empfunden werden. Die Angst, mit dem eigenen Beruf nur noch als belangloser Fremdkörper angesehen zu werden, nimmt gerade im schulischen Kontext reale Gestalt an. Und im worst case mag sich der Pfarrer angesichts mangelhafter Beurteilungen sogar in die eigene Schulzeit und die eigenen Erfahrungen des Defizitären zurückversetzt fühlen. Dann verwundert es kaum, wenn – wie gesagt, manche – Pfarrpersonen am Ort der Schule den Gang in die innere Emigration antreten und alle Konzentration auf «das Eigentliche» der pfarramtlichen Tätigkeiten im engeren Sinn richten.

Solche selbst gewählten Verengungs- und Rückzugsstrategien sind aber offenbar nicht nur auf den Ort und die Berufsrolle des pastoralen Individuums eingeschränkt; vielmehr lassen sich diese nicht zuletzt im Zusammenhang aktueller kirchlicher Reformprozesse und entsprechender Papiere konstatieren. Diese drohen gleichsam von offizieller Seite aus die Fremdheitsgefühle noch weiter zu verstärken. Zwar mag das Impulspapier «Kirche der Freiheit» dazu aufrufen, Bildung wieder als Kernaufgabe ernst zu nehmen und weiterzuentwickeln. Was aber hier letztlich im Zentrum steht, sind Aufforderungen zu neuer evangelischer Unterweisung ohne ausreichende Reflexion der eigentlichen Knackpunkte, nämlich der theologischen und pädagogischen Professionalität der verantwortlichen Akteure und der Frage der Integration kirchlichen Handelns am öffentlichen Ort schulischen Handelns. Mit einer neuen innerschulischen Katechetik und dem Pfarrer als schulischen Katecheten, der ein festes Repertoire von Geschichten und Lieder beizubringen hat, werden aber gerade nicht die notwendigen Brücken zwischen beiden Lebensbereichen gebaut, sondern eher neue Grenzwälle aufgerichtet und die schon bestehenden Fremdheitserfahrungen bestätigt. Und vielleicht ist es deshalb kein Zufall, dass in eben jenem Papier zwar vielfach von den evangelischen Schulen die Rede ist, die öffentlichen Schulen aber praktisch nur am Rande mitlaufen.[9]

Erstaunlich erscheint auch die Tatsache, dass kybernetische Reflexionen etwa zur Frage zukunftsfähiger Gemeinden bzw. Möglichkeiten ihres Aufbaus und Wachstums so gut wie gar nicht auf Aspekte schulischer Bildung zu sprechen kommen, so als ob sich die Frage der Identitätsstiftung, Beherbergung und Beheimatung ausschliesslich unter dem schützenden Schatten des Kirchturms beantworten liesse. Ein solches praktisch-theologisches Grundverständnis befördert die Auseinanderentwicklung von Bildung und Gemeindeentwicklung in zwei ebenfalls weitgehend voneinander getrennte Bereiche und wird im schlimmsten Fall dazu führen, dass sich beide Seiten je länger je weniger für den anderen Bereich zuständig fühlen.

Von diesen Beobachtungen aus stellt sich die Frage, wie Pfarrerinnen und Pfarrer die Schul-Wege wieder so beschreiten können, dass diese für sie selbst und ihre schulischen Kommunikationspartner als selbstverständlich und im besten Fall als notwendig verstanden werden.

---

9 Vgl. Kirche der Freiheit. Perspektiven für die evangelische Kirche im 21. Jahrhundert. Ein Impulspapier des Rates der EKD, Hannover 2006.

Hier ist es als erstes hilfreich, den schulischen Religionsunterricht tatsächlich nicht primär als äussere Pflicht des Amtes, sondern als Verpflichtung gegenüber den Kindern und Jugendlichen zu verstehen. Das viel beschworene Recht der Kinder auf Religion kann nur konkret werden, wenn es von den verantwortlichen Bildungsakteuren tatsächlich auch durch ein intrinsisches Bildungsethos und eine Haltung religiöser Lehrkunst materialisiert wird. Und hier gilt natürlich in besonderer Weise, dass Kunst von Können kommt, soll heissen: Die Ausübung der Kunst erfordert neben Motivation, Spontaneität und schierer Lust eben auch professionelle theologische und pädagogische Kompetenz.

Und diese beginnt sinnvollerweise mit der Bereitschaft, die Verhältnisse vor Ort sowie die darin agierenden Personen tatsächlich erst einmal möglichst vorurteilsfrei wahrzunehmen. Und wie geschildert, eröffnet der Ort der Schule mit seiner Atmosphäre und Ästhetik sowie den vielen unterschiedlichen Settings, Arrangements und alltagskultureller Symbole viele Möglichkeiten, der inneren Dynamik der jeweiligen Schule auf die Spur zu kommen. Keines der Exponate, sei es in den Gängen, Fluren oder Zimmern, ist ja zufällig so entstanden oder wird gar ohne Grund präsentiert. Sondern dahinter stehen Motive und Gründe, denen es sich zu widmen lohnt, weil durch all die sichtbaren Dinge die Schule für sich zu sprechen beginnt. Diese sind je für sich wesentliche Ausdrucksgestalten für die Befindlichkeit der dort versammelten Kinder, Jugendlichen, Eltern sowie des schulischen Personals von der Sekretärin über den Hausmeister bis zum Rektor.

Die religiöse Lehrkunst beginnt folglich sinnvollerweise damit, sich mit der eigenen Person tatsächlich auf die realen Arrangements und damit auf die schöpferischen Akteure dieser Arrangements einzulassen, für die die Schule einen massgeblichen Teil der eigenen Lebenswelt und Lebensführung darstellt. Und in diesem Zusammenhang dürfen Pfarrerinnen und Pfarrer nach wie vor von dem Privileg zehren, dass vor ihnen diese Lebenswelten in der Regel in grosser Offenheit ausgebreitet werden. Verbleibt man hingegen erkennbar in der Rolle des distanzierten Ethnologen, ist damit dieses Privileg alsbald verbraucht.

Das Pfund, mit dem Pfarrpersonen an der Schule nach wie vor wuchern können, ist das mindestens latent vorhandene Bewusstsein bei Lehrern, Eltern und Schülern, dass es doch wohl gute Gründe für die Sonderexistenz des Pfarramts an der Schule geben muss. Und dieses Bewusstsein in Form eines kulturellen Gedächtnisinhalts lässt sich eben nicht nur rechtlich-verfassungsmässig begründen, sondern muss sich an der Art und Weise der pastoralen Präsenz an der Schule manifestieren. Nach wie vor trägt hier tatsächlich der Pfarrer nicht nur als Lehrperson das Amt, sondern er hat auch durch seine eigene Person und eine persönlich glaubwürdige Haltung die Sonderwelten «Kirche» und «Schule» in ein sich wechselseitig stabilisierendes Gleichgewicht zu bringen.[10]

Dazu gehört es, sich als verantwortliche Pfarrperson zuallererst über das tatsächliche Gewicht des schulischen Terminkalenders klar zu werden und im Zweifelsfall die bisherigen Prioritätensetzungen neu abzuwägen. Solange die Ereignisse am Ort Schule vor allem als störende Unterbrechungen des pfarramtlichen Alltags wahrgenommen werden, wird auch die äussere und innere Präsenz der Pfarrpersonen an der Schule immer als nebensächlich empfunden werden.

Hier zeigt die Erfahrung, dass schon allein die Teilnahme und Mitwirkung an Klassen- und Schulereignissen bis hin zum Jahresabschlussessen des Lehrerkollegiums immer noch jede Menge Aha-Effekte erzeugen kann – abgesehen von der Seelsorge bei Gelegenheit, die sich gerade bei solchen Anlässen vielfältig ereignet. Die Teilnahme am Klassenausflug oder Lehrerausflug des pfarramtlichen Religionslehrers sollte dieser mit Fug und Recht als Gemeindeveranstaltung verstehen und dies im Fall der Terminkollision auch genau so begründen. Auch die immer noch weithin stattfindenden Gottesdienste zum Schuljahrsanfang und -ende rufen geradezu nach einer Kooperation mit den Lehrkräften, die in grundsätzlich mehr besteht, als die Klassen bestimmte Lieder für den Gottesdienst einüben zu lassen.

Die religiöse Lehrkunst hat ihren Ausgangspunkt folglich in der inneren Haltung, die schulischen Akteure – Lehrkräfte, Eltern und Kinder – tatsächlich als Glieder einer eigenen Gemeinde auf Zeit anzusehen, selbst dann, wenn diese dort weder registriert noch aktiv sind. Es wird für das Selbstverständnis des Pfarrers an der Schule und auch für seine Kommunikationssignale von erheblicher positiver Auswirkung sein, wenn dieser die Schule als selbstverständlichen *homeground* empfindet und versteht.

In diesem Zusammenhang haben die von aussen kommenden Theologinnen und Theologen aber auch die Chance und Verantwortung, zu bestehenden Machtverhältnissen in geeigneter Weise einen Kontrapunkt zu setzen. Die hohe individuelle und organisatorische Freiheit des Pfarramtes und die dort vorhandenen erheblichen demokratischen Mitwirkungspotentiale sollten gerade nicht dazu dienen, auf dieser Folie die schulischen Macht- und Abhängigkeitsverhältnisse

---

[10] Vgl. Albert Biesinger; Julia Münch; Friedrich Schweitzer: Glaubwürdig unterrichten. Biographie – Glaube – Unterricht. Freiburg; Basel; Wien 2008.

lediglich negativ zu beurteilen. Sondern gerade die eigenen beruflichen Erfahrungen grosser individueller Autonomie können kreative und möglicherweise sogar subversive Potentiale für das eigene Wirken an der Schule entbinden. Dass gerade auch in dieser Hinsicht die Religionslehrer von Schulleitungen als mündigkeitsorientierte Störungsfaktoren wahrgenommen werden, sollte als Chance verstanden werden, die eigene Mündigkeit tatsächlich auch ins Spiel zu bringen – gerade dort, wo Hierarchien fest zementiert zu sein scheinen.

Pfarrerinnen und Pfarrer können immer noch in grossem Mass an die Erwartungen anknüpfen, dass ihre Präsenz an der Schule nicht nur durch diesen Mut zur Freiheit, sondern auch durch eine spezifische theologische und pädagogische Haltung fundiert ist. Dieses professionelle Selbstverständnis und diese innere Haltung erweisen sich – etwa im Krisenfall misslingenden Unterrichts – im Bemühen um fachliche Begleitung durch die erfahrenen KollegInnen der Schule. Ein solches Signal eigener Bedürftigkeit wird von den allermeisten schulischen Lehrkräften mit Sicherheit als Ausdruck pädagogischer Ernsthaftigkeit und gerade nicht als unprofessionelle Schwäche empfunden werden. In diesem Zusammenhang stellen die immer wieder aufkommenden Erinnerungen an die eigene Schulzeit eine erhebliche Chance dar, sich die eigenen positiven wie negativen Schulerfahrungen aus der Kindheit zu vergegenwärtigen und von dort aus die eigenen Bildungsmotive möglichst selbstkritisch zu überprüfen.

Schliesslich kann von den umtriebigen, dynamischen und manchmal schlichtweg unbarmherzigen Bedingungen am Ort der Schule noch in einer anderen Hinsicht Erhebliches für die eigene theologische Kommunikationsfähigkeit gelernt werden. Denn die Herausforderung, die eigene theologische Rede plausibel zu machen, stellt sich letztlich auch in der Kirchengemeinde kaum anders dar, selbst wenn dort das Nicht-Verstehen und Unverständnis aus Gründen der Konvention und Höflichkeit sehr viel versteckter zum Tragen kommt. Insofern kann man von der schulischen Herausforderung schulischer Bildung für alle Kommunikationsakte pastoraler Praxis lernen – ganz abgesehen davon, dass die Schule mit all ihren irritierenden Erfahrungen auch ein vorzüglicher Ort der Orientierung ist, wieder einmal über die hochgradig ambivalenten und nicht selten ebenso sonderbaren Personen und eigenen Verhaltensweisen im kirchlichen Biotop nachzudenken. Die vermeintlich fremde Sonderwelt Schule kann somit die Sensibilität für die spezifische Sonderwelt der kirchlichen Gemeinde deutlich erhöhen.

In diesem Sinn ist der «Weg in die Schule» und die Präsenz an diesem Ort *on the long run* nicht nur eine ausgesprochen hilfreiche Probe für die Plausibilität der eigenen professionellen Wahrnehmungs- und Kommunikationskompetenz, sondern als Ausgangs-Punkt für die Verbindung von Gemeinde-Wegen und Schul-Wegen auch sinnenfälliger Ausdruck für die eigene religiöse Lehr- und Lebenskunst. Und damit liefert gerade der Weg an die Schule vielfältige und bedeutungsvolle Inspirationen für das grundsätzliche Verständnis und Selbstverständnis des eigenen Amtes und der pastoralen Praxis. Insofern ist die Schule für Pfarrerinnen und Pfarrer in mehrfachem Sinn ein wesentlicher Ort bedeutsamen Lernens.

Bedeutungslos können die zu Beginn geschilderten Schul-Wege für die eigene theologische Existenz jedenfalls kaum gewesen sein, denn sonst würde man sich nach mehr als zehn Jahren wohl kaum noch an so vieles und so viele erinnern können.

Jan Hermelink

Gemeindeleitung im Gespräch

Wie engagierte Gruppen den Kirchenvorstand bereden

Im Rahmen der jüngsten Mitgliedschaftsuntersuchung der EKD[1] sind eine Reihe von Gesprächen dokumentiert worden, in denen kirchliche und nicht-kirchliche Gruppen sich – angeregt durch kurze Impulsfragen einer Interviewerin – etwa über den Sinn des Lebens unterhalten, über das, was nach dem Tode zu erwarten ist, oder über den möglichen Bau einer Moschee in der Nachbarschaft.[2] Wer sich in die umfänglichen Transkripte hineinliest, unternimmt gleichsam eine Wanderung durch die kirchlich-religiöse Gesprächskultur der Gegenwart, in ganz verschiedenen Milieus ost- wie westdeutscher Provenienz.

Zu den thematischen Impulsen, auf die die meisten Gruppen besonders engagiert reagieren, gehört die Einschätzung der aktuellen kirchlichen Situation. In den Gesprächen werden unterschiedliche *Kirchenbilder* exponiert, kritisiert, differenziert, gemeinsam konstruiert – und nicht selten begegnen in diesen ekklesialen Diskursen Wahrnehmungs- und Gesprächsmuster, die *typisch* erscheinen, die man wieder erkennt, sei es aus den eigenen Bezugsgruppen oder aus Begegnungen mit anderen kirchlichen Milieus.

Für den kirchentheoretisch interessierten Diskursflaneur, der – einen Aufsatz lang – Beobachtungen notieren und reflektieren will, erscheinen besonders die Passagen aufschlussreich, in denen die Gruppen ihre *Erfahrungen mit der Gemeindeleitung*: mit dem Kirchenvorstand, dem Presbyterium und anderen lokalen Leitungsgremien, austauschen. Diese Sequenzen benennen die Probleme und Konflikte, in denen kirchlich Engagierte sich – in und mit dem Kirchenvorstand

---

1 Wolfgang Huber; Johannes Friedrich; Peter Steinacker (Hg.): Kirche in der Vielfalt der Lebensbezüge. Die vierte EKD-Erhebung zur Kirchenmitgliedschaft, Gütersloh 2006; Jan Hermelink; Ingrid Lukatis; Monika Wohlrab-Sahr (Hg): Kirche in der Vielfalt der Lebensbezüge. Die vierte EKD-Erhebung über Kirchenmitgliedschaft. Band 2: Analysen zu Gruppendiskussionen und Erzählinterviews, Gütersloh 2006. – Die beiden Bände werden im Folgenden zitiert als KMU IV/1 und KMU IV/2.

2 Eine CD mit den Transkripten aller 15 Gruppengespräche ist auf Anfrage von Forschenden und Ausbildenden beim Kirchenamt der EKD erhältlich.

oder gegen ihn – positionieren, und sie lassen die kommunikativen Strategien erkennen, mit denen einzelne Milieus diese Leitungskonflikte für sich bearbeiten. Der folgende Streifzug durch vier (ausführlich zitierte) Gruppengespräche mag zeigen, in welche typischen *Wahrnehmungshorizonte* die kirchlichen Konflikte gestellt werden, welche *Differenzen* das Gespräch bestimmen, und wie die einzelnen Gruppen, im Umgang mit jenen Differenzen, nicht zuletzt *selbst* Gemeindeleitung betreiben.

1. «Die Engagierten werden wie gesagt, die werden frustriert» – ein ostdeutscher Gemeindegesprächskreis

Markus[3]: Ja, man wünschte sich Harmonie in der Kirche oder auch in den Leitungsgremien. Meine Frau war gestern im Strukturausschuss. /Mhm./ [...] Also wenn ich da hör, was die erzä- Ich frage immer dann, bin neugierig den nächsten Tag, was gab's Neues. /Mhm./ Das ist nur Intrigantentum, äh wer kriegt, sichert seine Pfründe. //Wer kriegt wie viel in Verteilungskämpfe /Mhm./

Armin: //Das kriegen immer die Gleichen.

Markus: Also alles, was in der Wirtschaft .. normal ist, Krieg praktisch auf gut deutsch, ist auch Krieg in der Kirche. /Mhm./ Das Wort spricht zwar keiner aus, aber das ist genau dasselbe. /Mhm./ Und und die .. ja die Menschen, .. die Christen, die haben alle 'n anderen Charakter, das ist ja logisch, und alle haben sie auch dann dadurch andere .. äh /Elke: Interessen./ andere Interessen, Ziele und so weiter. Sind eben .. keine *Engel.* /Elke: Mhm./ Aber Engel sieht man in der Kirche immer hängen irgendwie. Aber es sind keine Engel. /Mhm./ Und das zerreibt die Leute .. und die wenigen, die noch äh Engagement zeigen, die ham nach ner gewissen Zeit .. keen Interesse mehr, sind *verbraucht*, verheizt.

---

3 Hinweise zur Transkription: Die Namen der Diskutanden sind geändert, ebenso Ortsnamen. *Kursiviert* sind betonte Worte. Einwürfe sind mit «/Wortlaut/» notiert, «//» meint gleichzeitiges Sprechen. «?Wort?» markiert Passagen, die nur mutmasslich zu verstehen sind; «unv.» ist unverständlich. In Klammern stehen parasprachliche Bemerkungen. «..» weist auf eine kurze Sprechpause hin. – Die Zitate sind um einer besseren Lesbarkeit willen etwas geglättet.

Elke: Ja. Genau.[4]

Diese Sequenz stammt aus dem Gesprächskreis einer ostdeutschen Grossstadtgemeinde. Die Mitglieder sind zwischen 40 und 55 Jahre alt, in sozialen und Dienstleistungsberufen tätig; sie kennen sich meist schon aus der Jungen Gemeinde. ‹Armin› ist Mitglied im Kirchenvorstand, auch die anderen sind kirchlich hoch engagiert.

Der Monolog von ‹Markus› über die «Leitungsgremien», von anderen zustimmend begleitet, versucht die Differenz zwischen Wunschbild und Wirklichkeit des kirchlichen Lebens zu bearbeiten. Aus der Position eines engagierten Beobachters («was gab's Neues») wird zwar zugestanden, dass «die Menschen», und daher auch «die Christen» ihre Interessengegensätze in den kirchlichen Gremien austragen müssen. Gleichwohl bleibt das Ideal einer harmonischen Kirche erkennbar, die sich von «den Verteilungskämpfen», ja dem «Krieg» in der «normalen» Welt abhebt und in der die Engagierten nicht «verbraucht, verheizt» werden.

Die kirchlichen Strukturkonflikte werden in diesem Gespräch gedeutet, indem sie einerseits mit einem positiven, durch Gemeinschaft und wechselseitige Unterstützung bestimmten Kirchenbild kontrastiert werden, und andererseits im Horizont von Erfahrungen mit «der Wirtschaft» erscheinen. Dort haben die Beteiligten «ihren Lebenskampf geführt tagsüber»[5] – nun scheint sich dies in der Kirche fortzusetzen. – Weitere typische Wahrnehmungshorizonte zeigen sich in einer späteren Sequenz des Gesprächs:

Armin: Die die Landeskirche *beschliesst* und das Fussvolk, das versucht da wie so 'n Ameisenhaufen, wo überall diese Grenzen gesenkt sind, //gesteckt sind//

Elke: //die Stöckchen hin und her zu schleppen.

Armin: die Stöckchen hin und her zu schleppen. Und die meisten Stöckchen ?hat? die Gemeinde .. zuzutrauen (unv.). (jemand lacht)

Markus: Na ja, dies- die Diskrepanz ist natürlich immer .. zwischen der *Kirchenleitung* und zwischen den so genannten *Laien*, obwohl ich das Wort .. hasse. /Mhm./ Laien. Laienspieltruppe. (Ge-

4 Transskript Gemeindegesprächskreis Ost, Z. 857–877. Vgl. zur Interpretation auch Claudia Schulz: Kirche in Veränderung. Wahrnehmung einer sich wandelnden Organisation, in: KMU IV/2, S. 195–228, hier: S. 205ff.; 213f.; und Kornelia Sammet: Lebensstile in Gruppendiskussionen: Gruppenidentitäten, Abgrenzungen und Konfliktlinien, in: KMU IV/1, S. 247–262, hier: S. 257–260.

5 Transskript Gemeindegesprächskreis Ost, Z. 891.

lächter) So hat man schon unsere Po-, Nachwendepolitiker, de Maiziere und so weiter. Die äh, die Westdeutschen haben gesagt, ist das ne Laienspieltruppe. (Carola lacht) Ja also, die sind .. praktisch Staffage, .. sind wir so *Statisten*. /Katja: (unv.)/ Oder Komparsen, so ne Art Komparsen wie im Theater, stehen rum /Mhm./ und der Bischof oder der Pfarrer, der .. schon anders angekleidet als ich, der ist der Oberzampano. (allg. kurzes Gelächter) Ähm, ja aber die Engagierten werden wie gesagt, die werden frustriert. /Mh./ Wir haben gute Leute .. in der Kirche, die mit im Kirchenvorstand machen und so weiter und die .. die resignieren, die gehen ja bald am *Stock*. [...]

Armin: Soll der Bischof *alleine* die Kirche machen. .. Oder die EKD. Sollen sich versammeln da in Berlin und sich //freuen dass se da sind.//

Markus: //und dann, dann hör ich immer, dass die so genannten Laien dann die sollen mehr machen. (wird laut) Ja, wir sollen missionieren. Wir sollen die Kirche erhalten. .. Ja die .. die .. das //Kirchenvolk

Elke: //Gemeinde aufbauen, ahh.

Markus: Es gibt *kein Volk* mehr richtig. ..

Elke: Mhm.[6]

Die kirchlichen Strukturkonflikte, die weite Strecken das Gespräch bestimmen, werden mit einer durchgehenden Differenz gedeutet: *«die da oben / wir da unten»*. Diese kritische, allgemein bekannte Sichtweise schliesst hier an ein kirchlich verbreitetes Deutungsmuster an, das «die Gemeinde» vor Ort der Landeskirche oder der EKD gegenüberstellt. Auch «der Pfarrer» erscheint als Repräsentant des überregionalen Apparats oder – mit einer anderen kirchlichen Grunddifferenz – als Geistlicher, der «schon anders angekleidet» die Ehrenamtlichen zu «Komparsen» degradiert.

Zugleich, jene Differenz verstärkend, ist ein anderer Wahrnehmungshorizont erkennbar, nämlich die *ostdeutsche Kränkungserfahrung* seit 1989/90, in der (nicht nur) die «Nachwendepolitiker» nur als «Staffage» westdeutscher Inszenierungen erschienen. «Es gibt *kein Volk* mehr» – dieser Satz kann dann politische wie kirchliche Frustration bündeln.

In wechselseitiger Bestätigung der Gesprächsteilnehmer bildet sich hier die Überzeugung, gegenüber der Kirchen- wie der Gemeindeleitung – trotz allen Engagements – ohnmächtig und unterlegen zu sein.

---

6 Transkript Gemeindegesprächskreis Ost, Z. 1071–1086, 1091–1100.

Diese Selbstwahrnehmung gewinnt ihre Plausibilität nicht zuletzt im Horizont des spezifischen *sozialen Milieus*, dem dieser Kreis zugehört: Mit ihrer (mittleren) Bildung und sozialen Berufen, mit einer starken Familien- und Nachbarschaftsorientierung sowie mit ihrer engagiert-altruistischen Lebenshaltung lassen sich die Teilnehmenden zum «geselligen» oder Integrationsmilieu zählen,[7] für das (auch) die Kirche vor allem durch familiennahe und andere kommunikative Sozialformen in den Blick kommt.

Wer sich aus diesem Milieu in der Kirche engagiert, bildet – wie der Gesprächsausschnitt zeigt – eine eigentümliche Sichtweise aus: «Kirchenvolk ist nur, wer Kirche auch selbst gestaltet»[8], oder genauer: Die eigentliche Kirche findet sich in der *Gemeinschaft der Engagierten vor Ort*, die sich im Gegenüber nicht nur zur Welt der «Wirtschaft» sieht, sondern auch zur überregionalen, hierarchischen Organisation der Kirche.[9] Insofern «Leitungsgremien» und «Strukturausschüsse» die Imperative der kirchlichen Organisation verkörpern, tragen sie – in diesem Gespräch – zur Resignation der Engagierten, ja zu ihrer inneren Emigration aus der verfassten Kirche bei.

2. «Um es mal 'n bisschen noch anders zu sehen» – ein westdeutscher Gemeindegesprächskreis

Auf den ersten Blick ganz ähnlich wird die Erfahrung mit der Gemeindeleitung in einem westdeutschen, grossstädtischen Gesprächskreis formuliert. Die – durchweg gut gebildeten – Teilnehmer sind im Ruhestand oder stehen kurz davor; auch die Frauen waren oder sind berufstätig. Der Kreis dient – neben gegenseitiger Unterstützung – gemeinsamen kulturellen, auch kirchlich-religiösen Aktivitäten, dazu dem Engagement in der Ortsgemeinde. Hinsichtlich der kirchlichen Situation wird recht bald die Mitarbeit im Gemeindekirchenrat zum Thema:

Sofie: Ich würde vor allen Dingen auch sagen, ich- seit ich in der- im

7 Vgl. zur Milieuperspektive nur Claudia Schulz; Eberhardt Hauschildt; Eike Kohler: Milieus praktisch. Analyse und Planungshilfen für Kirche und Gemeinde, Göttingen 2008. Zum Milieu der «Geselligen» vgl. a.a.O. S. 75ff; vergleichbar ist das «Integrationsmilieu» nach Gerhard Schulze oder die «Bürgerliche Mitte» nach den SINUS-Studien.

8 Claudia Schulz: Kirche in Veränderung, S. 227.

9 Zur kirchlichen Deutungsdifferenz von ‹Gemeinschaft› und ‹Organisation› vgl. Kornelia Sammet: Lebensstile in Gruppendiskussionen, S. 131f.

Gemeinde*kirchen*rat mitarbeite, hätte ich mir gewünscht, ich hätte das *nie* gemacht. (Jemand lacht) Weil das, was ich dann erleben musste, in diesen sechs Jahren, das ist wirklich dazu angetan, um .. also die Kirchentür hinter mir zuzumachen und zu sagen .. Hallelujah, nicht mehr weiter. Weil das ist unglaublich für mich gewesen zu erfahren, *wie schlimm* .. ja, Dinge passieren, dass ich sage, (imitiert Schreckenslaut) das hab ich ja nicht mal im Krankenhaus erlebt, dass *so* gegeneinander gekämpft wurde. (Jemand schnauft belustigt) Und dass so so un- so er*bittert* geradezu *oder*, Lehr- innerhalb einer Gemeinde, der eine sacht, *nur* das Neue Testament güldet, //wunderbar //(jemand lacht kurz)// Der nächste sacht, tss, was hab ich mit'm Alten Testament zu tun? Nur das- also nun der eine das Alte, der andre das Neue, der- (Jemand lacht) Also, der eine sagt, Kinderarbeit ist *ganz* wichtig, der Nächste sagt, also Hauptsache, wir haben uns auf die Alten konzentriert, also, *das* ist .. sehr schwierig, auch als *einfaches* Gemeindeglied, das auszuhalten. Ich denke, du /Frau: Jo./ hast ähnliche //Erfahrungen gemacht.

Helga: //Jo, jo. Also wie gesagt, nach sechs Jahren (unv.) nicht länger.

Sofie: Nie mehr, nie mehr würde ich noch mal in einen Kirchenrat gehen, *nie* mehr! (Jemand lacht kurz) Also ich würde so was von verzweifeln über diese Situation.

Wolf: Aber .. dafür sehen Sie aber noch *sehr* gut aus.

Sofie: (lacht)

Helga: Ja, (lacht) gut erhalten, ne?

Wolf: Ja.

Helga: Wir haben ja auch nach sechs Jahren aufgehört.

Mehrere: Sofie (unv.)

Elli: Ähm, ich hab es auch sieben Jahre ja mitgemacht, allerdings nicht hier in dieser Gemeinde, also hier //Berlin-Brandenburg

Sofie: //(unv.)

Elli: Sondern im Rheinland. /Sofie: Ja./ Ländliche Gemeinde war das. /Mhm./ .. Ich muss eins- äh, ich muss zwei Dinge dazu sagen, um es mal 'n bisschen noch anders zu sehen, als du's jetzt sagst. .. Ich war damals- ich bin sieben Jahre wie gesagt drin gewesen (räuspert sich) und ich hab .. wenn ich *ehrlich* bin, war ich dankbar, dass ich dann auch 'n Schlussstrich ziehen konnte, (jemand schnauft belustigt) weil ich nach C-Stadt zog. .. Warum war ich dankbar? Weil ich eben auch vieles erlebt habe, was du eben auch angedeutet hast, aber ich hab auch vieles .. andere erlebt, was sehr positiv für mich und mein Leben gewesen ist, ich hab sehr viel gelernt, in dieser

> Zeit, sehr viel gelernt. Für mich selbst, für mein eigenes Leben. Und insofern hab ich die Arbeit als .. positiv gesehen. Aber nach den sieben Jahren war ich natürlich dann .., hatte ich *überlegt*, wie finde ich hier wieder Fuss in C-Stadt. Und da [...] hab ich 'n Schlussstrich gezogen, hab gesagt, hier fängst du nicht noch mal wieder an, in so ein Gremium zu gehen. Und lässt dir äh, irgendwie deine Kraft für was anderes dann offen, und musst abwarten, was sich dann eben entwickelt, ne ..[10]

Auch ‹Sofie› vergleicht ihre Erfahrung im Gemeindekirchenrat mit den beruflichen Auseinandersetzungen; auch sie kann sich religiöse Erfahrung – Stichwort «Hallelujah» – nur noch mit geschlossener Kirchentür im Rücken vorstellen; auch sie positioniert sich als «einfach strukturiertes Gemeindeglied» gegenüber dem Streit der theologisch-kirchlichen Experten.

Gleichwohl erscheinen die Auseinandersetzungen doch in einem ganz anderen Licht. Nicht organisatorisch-strukturelle, sondern *inhaltlich* überspitzte Debatten werden hier kritisiert; und die Position der (verzweifelten) Zuschauerin erscheint keineswegs als einzig mögliche. Dazu geht die Gruppe mit diesem Erfahrungsbericht anders um: Er wird u.a. von ‹Wolf› ironisiert und insofern in seiner (selbst-) stilisierenden Überspitzung durchsichtig, und er wird auch durch eine andere, ebenso ausführlich entfaltete Sichtweise *relativiert*. ‹Elli› markiert die regionale wie die Stadt-/Land-Differenz, sie stellt ihre Erfahrungen aber vor allem in eine rückblickende, biographische Perspektive. Sie deutet ihre Arbeit im Presbyterium als eine komplexe persönliche Lernerfahrung, die sie nicht aus aussengesteuertem «Verzweifeln» (Sofie), sondern aus selbstbestimmtem «Überlegen» beendet hat. Auf diese Weise stilisiert sie sich als reflexives *Subjekt*, und eben nicht als passive, ohnmächtige Zuschauerin.

Auch diese Passage spiegelt die Selbst- und Kirchensicht eines bestimmten sozialen Milieus, nämlich des hochkulturellen «Niveaumilieus»[11] (Gerhard Schulze). Das zeigt nicht nur die Betonung individueller Entscheidung, reflexiver Distanz und inhaltlichen Niveaus,

---

10 Transkript Gemeinde-Gesprächskreis West, Z. 1064–1122. Zur Charakterisierung des gesamten Gruppengesprächs vgl. Kornelia Sammet: Lebensstile in kirchlichen Gruppen, S. 248–252. Meine Bemerkungen nutzen auch weitere, unveröffentlichte Interpretationen dieses Gesprächs durch Kornelia Sammet.

11 Vgl. dazu Claudia Schulz; Eberhardt Hauschildt; Eike Kohler: Milieus praktisch, S. 50ff.

sondern auch die Form des Gesprächs: Man lässt sich ausreden, man kommentiert, relativiert und ironisiert die Beiträge und inszeniert eben damit die hohen Ansprüche an sich, die Gruppe und die Kirche. Dass diese einer geordneten, auch überregionalen Leitung bedarf, wird nicht bestritten – gleichwohl wird auch hier die eigentliche religiöse, auch kirchliche Erfahrung in der Gruppe selbst verortet: Gemeindeleitung wird (nur) dort akzeptiert, wo sie die Kompetenz der Individuen, ihre kognitiven und biographischen Ressourcen ebenso respektiert und diskursiv vermittelt, wie man es im Gesprächskreis erlebt.

3. «Wir lassen nicht mit uns machen, sondern wir machen selbst» – eine westdeutsche Solidaritätsgruppe

Eine sozialethisch und kulturell engagierte Gruppe, die hoch qualifizierte Mitglieder aus medizinischen, sozialen und pädagogischen Berufen versammelt, kommt schon bei ihrer Selbstvorstellung en passant auf die Gemeindeleitung zu sprechen:

Jürgen: Ja. Also so zu lernen [...], wieder auszuprobieren, da .. sind wir dann einfach auch .. freier als irgend 'ne Institution vielleicht, /Mhm./ ne offizielle Kirche, /Mhm./ die das erst durch'n Kirchenvorstand oder sonst wie vielleicht bringen müsste, /Mhm./ nicht. Wir tanzen einfach so oder wir machen ne (leicht lachend) Bibelarbeit, oder .. wir feiern Gottesdienste, auch bei den bundesweiten Jahrestreffen. /Mhm./ Nicht, und das wollt ich dann auch noch mal sagen, also mir ist auch *wichtig*, und ich denk vielen auch, dass das nicht nur eine Z-Stadter oder ne *regionale* (unv.) Gruppe is, /Mhm./ sondern dass es auch diesen bundesweiten Zusammenschluss /Mhm./ gibt, wo ja .. Axel und Rainer auch viele viele Jahre .. im Gruppen.. -koordinationskreis waren, /Mhm./ [...].[12]

Die Passage lässt eine durchaus komplexe kirchliche Selbstdeutung erkennen. Indem die Gruppe kirchliche Grundvollzüge – «Gottesdienste», «Bibelarbeit» – selbst praktiziert, präsentiert sie sich als die den Beteiligten angemessene, vielleicht einzig angemessene kirchliche Sozialgestalt. Diese ‹wahre› Kirche wird weiter konturiert durch eine

[12] Transkript Solidaritätskreis West, Z. 384–395. Zu diesem Gespräch vgl. auch Kornelia Sammet: Vergemeinschaftung in Gruppen: Lebensstile, Gruppenidentität und Abgrenzungen. Analysen der Gruppendiskussionen, in: KMU IV/2, S. 59–136, hier: S. 65–70.

doppelte Differenz, nämlich zur «offiziellen», die Eigeninitiative einschränkenden «Institution» und zu «nur» lokalen oder regionalen Vereinigungen. In beiden Hinsichten figuriert der «Kirchenvorstand» als Paradigma – wiederum scheint die Gemeindeleitung also im Gegensatz zur ‹Kirche in der Gruppe› zu stehen. Dieser erste Eindruck täuscht freilich, wie eine weitere Passage aus der Selbstvorstellung zeigt.

Axel: Ich bin im Kirchenvorstand und .. ich find die Zeit unheimlich interessant, weil .. sich in der Kirche .. was *bewegt* und was bewegen *muss* äh aus finanziellen Gründen, aber .. wir sind ne Gemeinde, wir sagen, wir lassen nicht mit uns machen, sondern wir machen *selbst*. Und versuchen (2)[13] also wir .. *wir* öffnen uns wieder. Wir haben schon fusioniert .. und in (unv. ..) wird wahrscheinlich *eine* aus sieben Kirchen eine werden, das *wollen* wir. .. Das /Mhm./ und das find ich so unheimlich reizvoll, dass da immer noch was .. *passiert*. Und wir bestimmen das mit, was passiert. *Das* reizt mich dann doch, obwohl ich da nicht so ganz .. ?hin? finde.
Paul: Da erlebst du .. da erlebst du Kirchengeschichte.
Axel: //Ja .. ja. Ja. Ja, *genau*.
Astrid?: //Ja ja, klar. Ja (Lachen)
Jürgen: Für mich gehört das .. //nee, klar. Mhm. Das finde ich auch.
Axel: //Genau, das .. das Gefühl hab ich auch.
Astrid?: Ja, das //(unv.)
Paul: //Das steht später in den Geschichtsbüchern.[14]

‹Axel›, der auch schon in der Landessynode aktiv war (Transkript Solidaritätskreis-West, Z. 742f.), deutet die Arbeit im Kirchenvorstand geradezu als Idealfall kirchlichen Engagements: nicht nur persönlich «unheimlich interessant» und «reizvoll», sondern auch als Beitrag zur erneuten institutionellen Öffnung und als Gelegenheit (orts-)gemeindlicher Selbstgestaltung.

In den Einlassungen von ‹Jürgen› und ‹Axel›, von anderen Gesprächsteilnehmenden jeweils zustimmend begleitet, sind wiederum milieutypische Wahrnehmungsmuster auszumachen. Das Engagement in der Gruppe wie auch im Kirchenvorstand ist dezidiert eigenverantwortlich, dabei zugleich an individueller Selbstverwirklichung wie an sozialem Fortschritt interessiert. Hier zeigen sich Orientierungen des «Selbstverwirklichungsmilieus» (Gerhard Schulze), der «Kritischen»

13 Dauer einer Sprechpause in Sekunden.
14 Transkript Solidaritätskreis West, Z. 809–828.

(Claudia Schulz u.a.)[15] – und zwar nicht zuletzt in der rhetorischen Figur spielerischer Antizipation: Wer sich in künftigen «Geschichtsbüchern» sieht, relativiert das eigene Engagement selbstironisch – und betont zugleich dessen Relevanz. Diese hochgemute Selbstdeutung zeigt sich auch in einem weiteren Kommentar zur kirchlichen Lage:

Axel: Und die ganze Entwicklung der Kirche, also die Strukturen werden sich ändern, /Mh./ *müssen* sich ändern, /Mh./ das ist ganz klar, das beunruhigt mich auch schon gar nicht .. *mehr*. Mich beunruhigt bloss, dass die, die das eigentlich machen müssen, das auch noch immer noch nicht so richtig begriffen haben. [...] Ich hab da mal so'n Workshop mitgemacht, /Mhm./ also mit denen, die eigentlich Verantwortung tragen in der U-Landeskirche. Und dieser Workshop war für mich ne völlige *Resignation*. Die denken, na ja, da noch'n bisschen abspecken, da noch'n bisschen abspecken, aber /Mh./, also ich glaub', die werden überrollt. /Mhm./ .. Genau so, das erleben wir im kleinen Kreis bei uns in den Gemeinden hier, äh da gibt's Gemeinden, die .. zusammenkommen, /Mhm./, jetzt wieder aktuell, und überlegen, was machen wir jetzt, und da gibt's einige Gemeinden, die nicht mitmachen. .. Und viele sind äh natürlich sauer auf die, ich sag, .. irgendwann werden wir für *die* Gemeinde, die grade nicht mitmacht, *da* sein müssen. Denn die werden ja irgendwo *bleiben* müssen. Das kann .. denn als Gemeinde werden die auch verschwinden. /Mhm./ Das is voll vorauszusehen, ne. /Mh./ [...][16]

Der Sprecher markiert seine Position im kirchlichen Diskurs durch eine ganze Reihe (teils impliziter, teils expliziter) Abgrenzungen. Während viele über die strukturellen Umbrüche noch «beunruhigt» sind oder sich dem «Mitmachen» verweigern, argumentiert er aus abgeklärter Distanz. Diese kritische Distanz wahrt er nicht nur «im kleinen Kreis bei uns», sondern auch gegenüber denen, «die eigentlich Verantwortung tragen». Während die Kirchenleitung noch in «Resignation» und Strukturfixierung befangen erscheint, kann er wiederum Einsichten formulieren, die die Gegenwart überschreiten.

Die Schlusswendung macht auf subtile Weise deutlich, wie sich auch in diesem kirchlichen Milieu Nähe und Distanz zur Organisation verbinden. Indem die Norm der Solidarität, die die hier diskutierende

---

15 Vgl. die Skizze in Claudia Schulz; Eberhardt Hauschildt; Eike Kohler: Milieus praktisch, S. 69ff: «Die Kritischen und die aufgeschlossene (!) Kirche».

16 Transkript Solidaritätskreis West, Z. 1412–1431.

Gruppe konstituiert, nun auch auf die noch uneinsichtigen Gemeinden bezogen wird («irgendwann werden wir für die [...] *da* sein müssen»), annonciert der Sprecher seine Gruppe nochmals als die bessere Kirche: Sie realisiert überregional mehr Verantwortung als die «eigentlich» für die Landeskirche Zuständigen; und sie praktiziert zugleich eine verbindlichere Gemeinschaft als die Gemeinden vor Ort. Indem dieser Solidaritätskreis also Gemeinschafts- und Organisationsdimension der Kirche zu verbinden behauptet, markiert er zugleich einen sowohl konstruktiven wie kritischen Anspruch an die Gemeindeleitung.

4. «Aber diese Kommunikation denk ich funktioniert doch gar nicht so gut» – eine westdeutsche Frauenhilfe

Auf dem kybernetischen Streifzug soll ein letzter Blick dem Gespräch in einer westdeutschen Frauenhilfe gelten. Die – meist über 60-jährigen – Teilnehmerinnen engagieren sich seit langem für diverse gemeindenahe Sozialprojekte, etwa einen Mittagstisch, und unterstützen sich auch gegenseitig. Nach Herkunft, Bildung und normativer Orientierung gehört diese Gruppe zum «bodenständigen», traditionsverbundenen «Harmoniemilieu», das – gemeinsam mit dem «Niveaumilieu» – den Grossteil der kirchlich Hochverbundenen stellt.[17]

Die Frage nach der Situation der Kirche wird hier zunächst nur zögernd diskutiert. Als jedoch ein aktueller Konflikt in der Gemeinde angesprochen wird, entsteht eine ausgesprochen heftige Kontroverse, in der die Sprecherinnen nicht nur die Gemeindeleitung, das Presbyterium, differenziert wahrnehmen, sondern zugleich in aufschlussreicher Weise selbst kirchliches Konfliktmanagement praktizieren. Insofern lohnt hier ein längeres Zitat.

Charlotte: Gestern Abend hatten wir das Thema Pfarrerinnen und *Pfarrer* /I[18]: ja/, wie viel Macht die *Pfarrer* hatten und die Pfarrerin, die die Diakonin nicht, und das ist eigentlich immer noch so *auch* bei uns. (Mehrere stimmen zu) Das sag ich Ihnen ganz ehrlich /I: Mhm/, es ist nur ein Beispiel, ich denk jetzt mal an unsre Paramente, wir haben sehr *schöne* alte Paramente .. und auch ne sehr schöne *Decke*, Altar-Decke, (in schärferem Ton) und die *bestehen* aber da *drauf*, dass das *nicht* da *hinkommt*. Das ist doch .. jetzt schon ein *Macht*- äh bezeichnis für .. /I: ja/

---

17 Vgl. dazu Claudia Schulz; Eberhardt Hauschildt; Eike Kohler: Milieus praktisch, S. 55ff.

18 I = Interviewerin.

für die Pfarrer und Frau

Edda: //(unv.) und die Gemeinde

Charlotte: //Classen glaub ich *muss* sich da *unterordnen*. /I: mhm/ Ich denke, ich weiss ja nicht, vielleicht hätte sie sich doch, wenn wir da sie öfter drum gebeten hätten //erweichen lassen.

Edda: //Aah hamm wir ja. Haben wir genug. (Andere stimmen zu)

Charlotte: Aber *das* ist dann wieder der Druck von den *Männern*.

I: Wieviel Pfarrer haben Sie denn noch?

?: //Zwei.

Edda: Aber sie möchte's *auch* nicht.

(Durcheinanderreden, nur einzelne Sätze zu verstehen, 22)

Edda: Frau Classen möchte das auch nicht.

Agnes: Nein nein sie ist auch nicht mehr dafür.

Charlotte: Ich sag ja, vielleicht ist das jetzt auch von ihr schon, aber ..

Edda: Sie ist eine moderne junge Frau und sie sieht das anders als wir.

Charlotte: Und unsre Paramente sind doch nicht schlecht, das sind wirklich ganz schöne. Ich möchte jetzt nur zum Beispiel sagen /Agnes: Mhm/, wo *Druck* ausgeübt wird auf uns Gemeinde, wo sich einfach die Presbyter, die wir ja jetzt gewählt haben, oder die auch ernannt worden sind /I: Mhm/ .. für uns äh stark machen, dass die da *nicht* draufkommen. //Also ..

Edda: //*Gegen* uns stark machen /I: Ja/

Magda: Aber diese Kommunikation denk ich funktioniert doch gar nicht so gut Presbyter und Gemeinde.

Ottilie: Das ist schon Jahrzehnte

Inge: Da haben die schon einiges kaputt gemacht. Aber das muss man hier mal wirklich sagen, dass *wir* kaputt gemacht wurden

I: Von den Presbytern? (Durcheinander reden, unv., 5)

Agnes: Passt mal auf, (schärferer Ton) *die* Diskussion *bitte* nicht.

Inge: Nein es sollte doch davon //gesprochen werden

Agnes: //(scharfer Ton) *Nein nein nein nein*, Inge pass auf, wir .. um *eins* muss ich sehr bitten, .. wir *müssen* wirklich einen *Strich* ziehen. Die Ära Wörner is jetzt zu Ende. /I: mhm/ .. Und es sind jetzt *neue* Leute gekommen ins *Presbyterium*, in den Vorstand, *und* ne neue Pastorin. /I: mhm/ So. Und *damit* müssen wir jetzt fertig werden /Ja./ und uns auseinandersetz- aber vor allen Dingen *nicht* auseinandersetzen //das ist jetzt schon wieder// ein zu hartes Wort.

Edda: //Nee nicht auseinander

Inge: //Das hat jetzt mit Wörners gar nichts zu tun

Agnes: Ja *doch* das sind ja alles Dinge aus der *Zeit*, aus der Ära Wörner, einwandfrei Inge, gibt's kein Vertun.

(Mehrere verneinen vehement) Nein nein nein nein. Nein nein nein nein.

Agnes: Na ja, aber Ihr *bringt* im Grund genommen *diese* Dinge, und ich *weiss* es von Frau Classen, dass sie *auch* nicht dafür ist, dass sie sagt, dass der *Kirchenpfleger* /I: Mhm/ .. gesagt hat .. vom Optischen her und dem *Aussehen* des *Altars* und äh des Lesepultes, dass man auf *diese* Sachen wie *die* eben konstruiert sind /Charlotte: ja/ und und geschaffen worden sind von dem Künstler, //dass da äh das *nicht* mehr aussieht und eben

Charlotte: //Hat sie uns ja *alles* erklärt und erzählt

Agnes: die Kirchenpfleger und Denkmalschützer und wer eben alle dazugehört [...]

Agnes: Was ich vorhin gesagt habe, dass man *einfach* andere Dinge /Charlotte: ja/ die jetzt *anders* sind .. als vorher, *akzeptieren* muss und sagen muss, *gut* .. es ist jetzt *so*. /I: mhm/ Und man sich damit dann ja auch zu- was heisst zufrieden geben, aber einfach sagen, gut, die *wollen* das jetzt so. Und .. da //bricht uns doch kein *Zacken* aus der Krone, ob da jetzt ne *Deckel*/

Lilly: //Das ist auch schön so .. Da muss man ja auch n Blick für entwickeln.

Agnes: drüber liegt oder nicht. Also das ist etwas was *mich* .. äh *nicht* so tangiert, muss ich sagen. Und ich da immer über Euch erstaunt bin, //dass das ja

Charlotte: //Doch Agnes, ich habe ja auch das nicht gemeint, dass ich das jetzt nicht akzeptiere /Agnes: ne/ das *muss* ich ja, wie Du schon sagst, //aber das ist wieder ein Zeichen, dass (//Agnes: Nee deswegen//) *da* ja .. die *Stärkeren* sitzen, dass wir Gemeinde //da nicht viel sagen können

Agnes: //Nein da ist aber, wie schon gesagt, sie hat mir das ja auch dieser

//Denkmalspfleger und und

Charlotte: //Sie hat uns das ja auch gezeigt bei der Führung

Agnes: //Kirchen äh äh also *diese* Leute eben .. das auch gesagt haben, dass das

Lilly: //Ja sie hat das

Agnes: jetzt nicht nur eine Sache des Presbyteriums und der Pastöre ist, sondern eben auch *diese* Leute, *fachlich* kompetente, architektonisch und /I: Mhm/ künstlerisch ausgerichtete Leute eben auch *der* Meinung sind. Und dann muss man das, wir *richten* uns ja heutzutage zu Hause auch /Charlotte: Ja./ anders ein als unsere Grosseltern, ne.

Charlotte: Aber wer geht denn, //wer geht denn in die *Kirche*? Die *Älteren* gehen in die Kirche

Magda: //Aber wir gehen in die Kirche, genau.
Charlotte: Die kennen die alten Paramente, die kennen ihre gestickte Tischdecke. //Die können das nicht so verstehen.
Agnes: //Ja, in Ordnung Lotti aber ne .. gut, aber auf der einen Seite, Du hast vorhin selber gesagt, Du gehst in die Kirche wegen Gott. /Charlotte: Ja/ Ich geh ja nicht wegen der *Paramente* in die Kirche.
Charlotte: Aber ich fände das auch schön, wenn unsre Kirche .. auch in etwa geschmückt ist. *Unsre* Kirche ist nämlich *sehr* kalt und schlicht und einfach eingerichtet. //Also (unv.)
Magda: //Ja das ist ne Geschmackssache.
(Mehrere reden durcheinander, nur einzelne Sätze zu verstehen, 5)[19]

In dieser Reinszenierung des Konflikts positioniert sich die Mehrzahl der Frauen zunächst im Gegenüber zur Gemeindeleitung. Dazu nutzt die Gruppe eine ganze Reihe sozial eingespielter Oppositionen: Frauen/Männer, Laien/Experten, Ältere/Jüngere, Engagierte/Distanzierte. Indem die Sprecherinnen jeweils die ‹schwächere› Position einnehmen, reklamieren sie implizit das Recht auf stärkere Beachtung. Eine ähnliche rhetorische Funktion hat die kirchenspezifische Opposition Gemeinde/Presbyter: Mit dieser Gegenüberstellung wird der Gemeindeleitung, «die wir ja gewählt haben», von ‹Charlotte› und ‹Magda› gleichsam die Legitimation entzogen; sie repräsentiert die «Gemeinde» eben nicht (mehr). Und mit dem anfänglichen Hinweis auf die Meinungsunterschiede zwischen der jüngeren Pfarrerin und ihren Kollegen wird eine geradezu feministische Strategie genutzt, die Gemeindeleitung subversiv, ‹von unten› zu schwächen.

Im Unterschied zum ostdeutschen Gemeindekreis (s.o. 1.) verharrt die Frauenhilfe freilich nicht in starrer Opposition zum Presbyterium, sondern tritt in ein inhaltlich wie rhetorisch differenziertes Gespräch ein. Das liegt wohl nicht nur daran, dass ‹Agnes› über weite Strecken die Position der Gemeindeleitung vertritt, sondern ihre Kontrahentinnen sind auch selbst durchaus zu einer Übernahme der Leitungsperspektive bereit, etwa indem die dort vorgebrachten ästhetischen Argumente z.T. akzeptiert werden. Diese Frauenhilfe erlebt sich keineswegs nur als ohnmächtig, sondern sieht sich in der Lage, in jenem Konflikt ihrerseits eine konsensfähige Position zu formulieren.

Es ist nun höchst aufschlussreich, wie die Gruppe dabei diverse Formen der Konfliktbearbeitung – und damit der Gemeindeleitung! –

[19] Transkript Frauenhilfe West, Z. 1968–2050, 2060–2108. Vgl. zu diesem Gruppengespräch auch Kornelia Sammet: Lebensstile in Gruppendiskussionen, S. 252–257.

erprobt, verwirft und akzeptiert. Die Versuche von ‹Agnes›, die Debatte abzuwürgen (*«die* Diskussion bitte *nicht»*) oder konsequent zu historisieren («Die Ära Wörner ist jetzt zu Ende»), scheitern ebenso wie der Rekurs auf externe Expertise (Charlotte: «Hat sie uns ja *alles* erklärt und erzählt»). Eher überzeugt am Ende der Verweis auf verschiedenartige Verantwortungsbereiche sowie der geschickte Rückgriff auf die von ‹Charlotte› selbst, in einem früheren Gesprächsgang, behauptete Differenz zwischen Gottesbegegnung und kirchlicher Realität. Es ist zum einen diese ausdrücklich *theologische* Argumentation, die die Debatte zum Erliegen bringt; zum anderen ist es die Reduktion auf *ästhetische* Differenzen (Magda: «das ist ne Geschmackssache») – eine vielleicht sachgemässe, aber derzeit auch typische kirchliche Befriedungsstrategie.

Auch die Gruppe aus der Frauenhilfe präsentiert sich in diesem Gesprächsgang als ‹die› Gemeinde, als repräsentative Gemeinschaft der engagierten und treuen Kirchgänger. Aber indem sie im Gespräch auch andere kirchliche Positionen und Milieus zu Wort kommen lässt, indem sie selbst diverse Aussen- wie Innenperspektiven artikuliert, erweist sich diese Gruppe als fähig, nicht nur die fremde, sondern auch die eigene Kirchlichkeit zu relativieren.

5. Kirchenleitung als Inszenierung von Konflikten – einige Schlussfolgerungen

Am Ende des Rundgangs sei resümiert: Welche (Selbst-)Bilder von Gemeinde und Gemeindeleitung sind in den Gesprächsausschnitten erkennbar, welche Einsichten zur Kirchenleitung lassen sich gewinnen?

Für die betrachteten Gruppen kommt die Gemeindeleitung vornehmlich dort in den Blick, wo kirchliche *Konflikte* – sei es um strukturelle Transformation, inhaltliche Priorität oder ästhetische Präferenz – zum Thema werden. In der Kommentierung solcher Konflikte nutzen die Gruppen jeweils milieutypische Wahrnehmungs- und Deutungsmuster; auf diese Weise, mittels gesamtgesellschaftlich eingespielter Positionen und Oppositionen, verorten sie sich in den jeweiligen kirchlichen Auseinandersetzungen, auch im – aktiv gestaltenden oder passiv-kritischen – Verhältnis zur Gemeindeleitung.

In der kommunikativen Abgrenzung zu anderen Positionen, auch zu den Verantwortungsträgern in der Gemeinde, artikuliert sich der Zusammenhalt der Gruppe und zugleich ihr religiös-kirchliches Selbstverständnis. Dabei fällt auf, dass die Gruppen das Verhältnis zur Gemeinde- (oder Kirchen-) Leitung durchgängig nutzen, um sich selbst in jenen Auseinandersetzungen als *‹eigentliche› Kirche* zu präsentieren. Der Kirchenvorstand, das Presbyterium wird offenbar ebenfalls als (engagierte) kirchliche Gruppe wahrgenommen und an den Selbstbildern und Idealen der je eigenen Gemeinschaft gemessen.

Der Durchgang durch jene kybernetischen Sequenzen lässt die eigentümliche Komplexität der innerkirchlichen Kommunikation erkennen. Nicht nur im Vergleich, auch in den jeweiligen Gesprächen selbst erscheint das kirchliche Leben alles andere als einheitlich und eindeutig. ‹Die› Kirche artikuliert sich hier vielmehr in einer ganzen Reihe kommunikativer Oppositionen, oder genauer: in einer Reihe sozial wie kirchlich eingespielter *Perspektivdifferenzen.* Zum Gespräch über ‹die› Kirche und ihre Leitungsinstanzen gehört stets die Sicht von innen wie von aussen, von ‹unten› wie von ‹oben›, dazu gehören verschiedene Grade und Ebenen von Identifizierung und Distanzierung, die in den einzelnen Gesprächen kontrastiv, zum Teil aber auch gleichzeitig formuliert werden. Auch angesichts der gängigen Kontraste von Gemeinschaft – Organisation oder Gemeinde – Region positionieren sich die Gruppen keineswegs nur eindeutig, sondern lassen, gerade im Blick auf die Gemeindeleitung, oft beide Positionen zu Wort kommen.

Zugespitzt: Gerade im Gespräch engagierter, kirchlich hoch identifizierter Gruppen wird die Kirche als ein vielstimmiger, sich immer wieder selbst kommentierender und damit auch relativierender *Gesprächszusammenhang* erkennbar. Und man wird annehmen dürfen, dass Gespräche unter ‹Kirchenferneren› vielleicht weniger komplex und intensiv, aber doch in ähnlicher Vielstimmigkeit ablaufen – und auf diese Weise ähnliche vielschichtige Kirchenbilder erzeugen.

Für die Position der Gemeindeleitung entwickeln die Gruppen nun immer dort Verständnis, wo es ihnen gelingt, jene Vielfalt kirchlicher (Selbst-)Wahrnehmung wenigstens im Prinzip zu *akzeptieren.* Verbannt eine Gruppe die kirchlichen Konflikte nicht einfach in das institutionelle ‹Aussen›, sondern artikuliert, ja *inszeniert* aktuelle Debatten im eigenen Gespräch, so kann sie dafür offenbar milieuspezifische Wahrnehmungsmuster nutzen (s.o. 2. u. 3.), aber auch die eigene positionelle Pluralität (s.o. 2. u. 4.). Und nicht zuletzt sind es ethische Normen wie Diakonie und Solidarität (s.o. 3.) oder religiöse Einsichten wie die Priorität der Gottesbegegnung (s.o. 4.), die es den Gruppen erlauben, die kirchlichen Konfliktmuster kommunikativ gleichsam zu *verflüssigen.* Auf diese Weise markieren die hier betrachteten Diskurse ein Niveau kybernetischer Reflexion und Kompetenz, das auch von den geordneten Instanzen der Gemeinde- und Kirchenleitung nicht unterschritten werden sollte.

Bücher, Bilder und Geschichten | Reisen

Kim Apel

Erlesenes Predigen
Ein literarischer Spaziergang in Karl Philipp Moritz' «Anton Reiser» in predigtpraktischer Absicht

1. Einladung zu einem literarischen Spaziergang

Ein Spaziergang also, nicht in das Buch der Natur, sondern in ein Buch der Literatur, ein Spaziergang in den «Anton Reiser» von Karl Philipp Moritz.[1] Zum ersten Mal wagte ich diesen Spaziergang vor einigen Jahren. Ich hoffte, auf diesem mehr durch Zufall entdeckten Weg bestimmte Früchte zu finden: erzählte Predigten – und ich wurde reichlich fündig. Doch kaum ein Roman erschliesst sich schon bei der ersten Lektüre in all seinen Facetten. So habe ich mich also immer wieder auf den Weg in den «Anton Reiser» gemacht, um seine Welt Stück für Stück zu erkunden und mich gerade durch seine Predigterzählungen zu immer neuen Gedanken inspirieren zu lassen.

Ich möchte im Folgenden nicht einfach von einem meiner vergangenen Spaziergänge in den «Anton Reiser» erzählen. Reizvoller erscheint es mir, mich erneut in die Welt des Romans aufzumachen, und Sie, geneigte Leserin, geneigter Leser, dazu einzuladen, mich auf diesem Spaziergang zu begleiten. Ich möchte also – jedenfalls zunächst – nicht *über* den «Anton Reiser» reden, sondern *in* ihn hineinführen, ihn selbst zu Wort kommen lassen, in der Hoffnung, dass Sie auf diesem Spaziergang einen lebendigen Eindruck von der Welt dieses Romans gewinnen und vielleicht schon erste Erfahrungen in ihr sammeln.

Unser Spaziergang in die Welt des «Anton Reiser» hat ein Ziel. Wie bereits angedeutet, richtete sich mein persönliches Interesse am «Anton Reiser» zunächst vor allem auf diejenigen Romanabschnitte, die von Gottesdiensten und Predigten erzählen. Einige dieser Passagen zählen sicherlich zu den erzählerischen Höhepunkten des Romans. Zu

---

1 Karl Philipp Moritz: Anton Reiser. Ein psychologischer Roman. Herausgegeben von Karl Philipp Moritz, Erster Theil, Berlin 1785; Zweiter und Dritter Theil, Berlin 1786; Vierter Theil, Berlin 1790; zitiert wird aus der Ausgabe von Heide Hollmer; Albert Meier (Hg.): Karl Philipp Moritz: Werke in zwei Bänden, Bd. 1: Dichtungen und Schriften zur Erfahrungsseelenkunde [Bibliothek deutscher Klassiker, Bd. 159], Frankfurt a.M. 1999.

eben diesen Gipfelpunkten der Romanwelt möchte ich Sie hinführen. Dabei mag dieser Spaziergang insbesondere für Predigerinnen und Prediger zu einer interessanten Erfahrung zu werden. Ich jedenfalls habe die Erfahrung gemacht, dass das Lesen dieser Predigterzählungen auf eine besondere Weise dazu anregen kann, sich über das Predigen, und zwar gerade auch über das eigene Predigen, Gedanken zu machen. Wie das Lesen literarischer Predigterzählungen zu Gedanken über das Predigen inspirieren, wie es dieses vielleicht sogar verändern kann, darum soll es dann im Folgenden gehen.

2. Ein Spaziergang in die Predigterzählungen des «Anton Reiser»

Der Weg, der zu den angekündigten Predigterzählungen führt, sei in aller Kürze skizziert. Vieles, durchaus auch Bedeutendes, bleibt dabei am Wegesrand, Moritz möge es verzeihen. Unser Spaziergang in den Roman beginnt auf dem Titelblatt: «Anton Reiser. Ein psychologischer Roman. Herausgegeben von Karl Philipp Moritz. Erster Teil.»[2] Keine Verfasserangabe. Ein Kupferstich zeigt uns zwei Jungen im angeregten Gespräch, im Hintergrund scheinen Felle zum Trocknen aufgehängt. Bevor es jetzt richtig losgeht, will sich der Herausgeber erklären, also erst durch die Vorrede spaziert: Was will der «psychologische Roman»? Erzählt werden soll die «*innere* Geschichte des Menschen»[3], nicht um zu unterhalten, sondern um zu schärfen: den «Blick der Seele in sich selber». Wagen wir also den Weg in die «*innere* Geschichte» des Titelhelden Anton Reiser, lassen wir uns den Blick für die Innen-Wahrnehmung schärfen, und wer weiss, vielleicht wird der Blick in die Seele des Helden unversehens zum Blick in die eigene Seele.

Wir betreten das Innere durch das Äussere, nähern uns der Seele des Helden über sein Umfeld, den sozialen Kontext. Da sieht es nicht günstig aus: Die Verhältnisse sind ärmlich, die Ehe der Eltern eine «Hölle von Elend»[4], angeheizt nicht zuletzt durch die religiöse Zwietracht zwischen den Eheleuten, sie Lutheranerin, er radikalpietistischer Quietist[5]. Dazu die strenge Erziehung, Vernachlässigung und Demüti-

---

2 A.a.O., S. 85.
3 A.a.O., S. 86.
4 A.a.O., S. 90.
5 Der Quietismus ist eine ursprünglich katholisch-mysthische Bewegung, deren bedeutendste Vertreter der Spanier Miguel de Molinos (1628–1696) so-

gung: «Unter diesen Umständen wurde Anton geboren, und von ihm kann man mit Wahrheit sagen, dass er von der Wiege an unterdrückt ward.»[6] Wen wundert es da, dass die so unterdrückte Seele Schaden nimmt: Sie entwickelt «*zu wenig eigene Existenz*»[7], kommt nicht ins Gleichgewicht. Immer wieder überfällt den Jungen «eine Art von Seelenlähmung»[8], dann wieder überhitzt sich seine Einbildungskraft – mit ambivalenten Folgen.

Da sind die *Freuden der Einbildungskraft*: Die hypertrophe Phantasie macht Anton das Leben im elenden Alltag erträglich, sie ermöglicht die Flucht in phantastische Welten und tröstet über die elende Lage hinweg. In den Figuren der idealischen Roman- und Theaterwelten sucht das labile Ich die gefestigte Identität, von der er nur wehmütig träumen kann, in den fremden Schicksalen sucht es Kompensation für vorenthaltene Aufmerksamkeit und Anerkennung, in wilden Zerstörungsspielen lebt das gedemütigte und beschämte Selbst seine Machtphantaisen aus. Doch der unnachgiebig analysierende Erzähler lässt keinen Zweifel: Der so gefundene Trost trägt nicht. Indem die hypertrophe Einbildungskraft in die Flucht vor und in die Anbiederung an die Wirklichkeit führt, in süsse Wehmutsphantasien, übersteigerte Rollenphantasien und heuchlerisch-affektierte Selbstinszenierungen, löst sie Antons Probleme nicht: Anstatt sein Leben zu gewinnen, verliert Anton die Realität. Das müsste den wehmütig Träumenden nicht weiter stören, hätten die Freuden der Einbildungskraft nicht ihre Kehrseite in den «*Leiden der Einbildungskraft*», und die «raubten ihm die Freuden seiner Jugend.»[9] Nicht nur Märchen, auch allerhand religiöse, abergläubische und magische Vorstellungen bereiten der überspannten Einbildungskraft höllische Qualen. Überall sieht und sucht der Abergläubische Zeichen, alles Geschehen bezieht er auf sich und sein Geschick.

Im Alter von zwölf Jahren wird das empfindsame und melancholische Kind von seinen Eltern zum Hutmacher L... nach B... geschickt.[10] Damit bricht eine schwere Leidenszeit für Anton an. Der Hutmacher ist ein abergläubischer und menschenverachtender, «äus-

---

wie die Franzosen Jeanne Marie de Guyon de la Motte (1648–1717) und Francois de Salignac de la Mothe-Fénelon (1651–1715) sind.

6 Heide Hollmer; Albert Meier (Hg.): Karl Philipp Moritz: Werke in zwei Bänden, Bd. 1, S. 91.

7 A.a.O., S. 442.

8 A.a.O., S. 226.

9 A.a.O., S. 157.

10 Der Roman anonymisiert zahlreiche Personen- und Ortsnamen.

serst hypochondrischer Schwärmer»[11]. Seine Schwärmerei zeichnet sich durch eine Mischung aus Quietismus und Calvinismus aus, die seinen Angestellten nicht eben zugute kommt. Zwar kann sich Anton, geübt in religiöser Heuchelei, zwischenzeitlich eine begünstigte Stellung im Hause erarbeiten, doch schon bald gilt er in den Augen des Hutmachers als von Gott verworfenes Werkzeug, dessen rücksichtsloser Ausbeutung nichts im Wege steht. Dem Verworfenen bleibt die Flucht in die Welt der Phantasie. Und zum Glück ist da noch die Freundschaft mit August, seinem Leidensgenossen, dem wir schon auf dem Kupferstich des Titels begegnet sind. In der quecksilberhaltigen Atmosphäre der Trockenstube vertiefen sich die beiden in vertraute Gespräche.

Wir nähern uns dem angekündigten Wegabschnitt: «Nun sassen Anton und August einmal um Mitternacht zusammen in der Trockenstube, und sprachen über verschiedene Prediger, die sie gehört hatten, als der letztre dem Anton versprach, ihn künftigen Sonntag mit in die B...kirche zu nehmen, wo er einen Prediger hören würde, der alles überträfe, was er sich denken und vorstellen könnte. Dieser Prediger hiess P..., und August konnte nicht aufhören, zu erzählen, wie er oft durch die Predigten dieses Mannes erschüttert und bewegt worden sei.»[12] Schon kommt Antons Einbildungskraft auf Touren, denn: «Nichts war für Anton reizender, als der Anblick eines öffentlichen Redners, der das Herz von Tausenden in seiner Hand hat. Er hörte aufmerksam auf das, was August ihm erzählte. Er sahe schon im Geist den Pastor P... auf der Kanzel, er hörte ihn schon predigen. Sein einziger Wunsch war, dass es nur erst möchte Sonntag sein!»
Nicht nur Antons Interesse ist geweckt, auch mein Predigerherz lässt sich von der gespannten Erwartung anstecken: Was für ein Prediger wird das sein? Wie wird er predigen? Was wird ihn auszeichnen? Wird er die Erwartungen erfüllen können?

«Der Sonntag kam heran.» Wir sehen Anton bei seinen morgendlichen Verrichtungen, da ertönen auch schon die Glocken. Machen wir uns also mit Anton auf den Weg: «Man ging zur Kirche. Die Strassen, welche nach der B...kirche führten, waren voller Menschen, die stromweise hinzueilten.» Die Kirche ist voll, überfüllt sogar! Als Anton und August die Kirche betreten «konnten sie kaum noch ein Plätzchen der Kanzel gegenüber finden. Alle Bänke, die Gänge und Chöre

---

11 Heide Hollmer; Albert Meier (Hg.): Karl Philipp Moritz: Werke in zwei Bänden, Bd. 1, S. 134.

12 A.a.O., S. 144–147, ebenso die folgenden Zitate.

waren voller Menschen, welche alle einer über den andern wegzusehen strebten.»

Durch die «ungeheuren langen bogigten» Fenster fällt ein schwaches Licht, das die alte, gotische Kirche in eine feierliche Atmosphäre taucht – Stille! Ich höre die Luft förmlich knistern. «Auf einmal ertönte die vollstimmige Orgel, und der ausbrechende Lobgesang einer solchen Menge von Menschen schien das Gewölbe zu erschüttern.» Als Orgel und Gesang verstummen, sind «aller Augen auf die Kanzel geheftet, und man bezeigte nicht minder Begierde, diesen fast angebeteten Prediger zu sehen, als zu hören». Und da ist er! «Endlich trat er hervor, und kniete auf den untersten Stufen der Kanzel, ehe er hinauf stieg. Dann erhob er sich wieder, und nun stand er da vor dem versammleten Volke. Ein Mann noch in der vollen Kraft seiner Jahre – sein Antlitz war bleich, sein Mund schien sich in ein sanftes Lächeln zu verziehen, seine Augen glänzten himmlische Andacht – er predigte schon, wie er da stand, mit seinen Mienen, mit seinen stillgefaltenen Händen. Und nun, als er anhub, welche Stimme, welch ein Ausdruck! Erst langsam und feierlich, und dann immer schneller und fortströmender: so wie er inniger in seine Materie eindrang, so fing das Feuer der Beredsamkeit in seinen Augen an zu blitzen, aus seiner Brust an zu atmen und bis in seine äussersten Fingerspitzen Funken zu sprühen. Alles war an ihm in Bewegung; sein Ausdruck durch Mienen, Stellung und Gebärden überschritt alle Regeln der Kunst, und war doch natürlich, schön, und unwiderstehlich mit sich fortreissend. Da war kein Aufenthalt in dem mächtigen Erguss seiner Empfindungen und Gedanken.»

Jede dieser Zeilen atmet Bewunderung, Begeisterung für diesen Prediger. Ich sehe ihn vor mir, diesen begnadeten Redner, hier predigt einer mit Leib und Seele, seine Gedanken und Gefühle sprudeln nur so aus ihm heraus, der ganze Leib ist von den Gedanken und Empfindungen durchdrungen. Ein gewaltiger Auftritt, emotional, ausdrucksstark, überwältigend. Wer kann sich diesem Prediger entziehen? Wer wollte nicht so predigen können?

Das Bild des «natürlich, schön, und unwiderstehlich mit sich fortreissend[en]» Predigers ist mir so präsent, dass mir ganz entgeht, *was* der Prediger hier eigentlich zu seiner Gemeinde sagt! Nur mir? Die Erzählung, selbst fasziniert und begeistert von der Performance dieses Predigers, hat es mit keinem Wort erwähnt. Erst jetzt, merklich abgekühlt, referiert sie, *was* so affektvoll gepredigt wird: «Er sprach nach Anleitung des Evangeliums gegen Ungerechtigkeit und Unterdrückung, gegen Üppigkeit und Verschwendung.» Eine Gerichtspredigt also, die Tacheles spricht: «[I]m höchsten Feuer der Begeisterung redete er zuletzt die üppige und schwelgerische Stadt, deren Einwohner grösstenteils in dieser Kirche versammlet waren, mit Namen an; deckte ihre Sünden und Verbrechen auf.» Anton ist gebannt, er «glaubte einen der Propheten zu hören, der im heiligen Eifer das Volk Israel strafte, und die Stadt Jerusalem wegen ihrer Verbrechen schalt».

Ja, solch eine Anklage muss Funken sprühen, sie muss mit Feuer gehalten sein, mit heftigem Affekt – das passt, das ist stimmig, das gefällt! «Anton ging aus der Kirche nach Hause, und sagte zu August kein Wort; aber er dachte von nun an, wo er ging und stund, nichts als den Pastor P... Von diesem träumete er des Nachts, und sprach von ihm bei Tage; sein Bild, seine Miene, und jede seiner Bewegungen hatten sich tief in Antons Seele eingeprägt.» Antons Phantasie hat ein neues Spiel: «Beim Wollekratzen in der Werkstatt und beim Hütewaschen beschäftigte er sich die ganze Woche über mit den entzückenden Gedanken an die Predigt des Pastor P..., und wiederholte sich jeden Ausdruck, der ihn erschüttert oder zu Tränen gerührt hatte, zu unzähligen Malen. Seine Einbildungskraft schuf sich dann die alte majestätische Kirche, und die lauschende Menge, und die Stimme des Predigers hinzu, welche itzt in seiner Phantasie noch weit himmlischer klang. – Er zählte Stunden und Minuten bis zum nächsten Sonntage.»

Und die nächste Predigt, sie sollte noch gewaltiger werden. Diesmal geht es dem Meineidigen an den Kragen. Mit pathetischen Versen eröffnet der Prediger die Anklage, der Gemeinde treibt es den Schweiss auf die Stirn. «Und nun wurde die Natur des Meineides untersucht, seine Folgen in ein schreckliches und immer schrecklicheres Licht gestellt. Der Donner rollte auf das Haupt des Meineidigen herab, das Verderben nahte sich ihm, wie ein gewappneter Mann, der Sünder erbebte in den innersten Tiefen seiner Seele – er rief, ihr Berge fallet über mich, und ihr Hügel bedecket mich! – Der Meineidige erhielt keine Gnade, er wurde vor dem Zorn des Ewigen vernichtet.»[13]
Alle überfällt ein panischer Schrecken. Doch jetzt erfolgt der Zuspruch: Sollten lebenslange Tränen, Reue und gute Werke die Schuld nicht doch noch abwaschen können? Aber, so hören wir ironisch den Erzähler, die «Gnade wurde dem Verbrecher nicht so leicht gemacht; sie musste durch Gebet und Tränen errungen werden. Und jetzt war es, als wolle er sie durch sein eignes Gebet und Tränen vor allem Volke vor Gott erringen, indem er sich selbst an die Stelle des seelenzerknirschten Sünders setzte. – Dem Verzweifelnden wurde zugerufen: knie nieder in Staub und Asche, bis deine Knie wund sind, und sprich: ich habe gesündiget im Himmel und vor dir.»

---

[13] A.a.O., S. 147–150, ebenso die folgenden Zitate.

Durch «das ganze Register der Freveltaten» wälzt sich das pathetische Bekenntnis der Schuld, die periodisch wiederholten, verzweifelten Rufe um Gnade wirken wie elektrische Schläge auf die Empfindungen der Hörer: «Alles zerschmolz nun in Wehmut und Tränen – [...] da war kein Kind, das nicht sympathetisch mitgeseufzt und mitgeweint hätte.»

Unbestritten: Das ist grosses Kino. Dieser Prediger zieht seine Gemeinde in den Bann, machtvoll spielt er auf der Klaviatur der Gefühle seiner Hörerinnen und Hörer, treibt sie in Panik, Wehmut und Tränen. Doch was sind das für Tränen – Tränen der Reue? Wohl kaum. Der einzige, der hier Reue zeigt, ist der bemitleidenswerte Verzweifelte. Mit ihm wird mitgefiebert, mitgelitten und sympathetisch mitgeweint – ein grossartiges Schauspiel, das der Gemeinde rührig zu Herzen geht. Nach zweieinhalb Stunden schliesst der Prediger erschöpft.

Anton ist begeistert, alle Schritte dieses Predigers werden ihm nun heilig. In der folgenden Woche geht all sein Hoffen darauf, nur einen kurzen Blick vom Pastor zu erhaschen, und als es gelingt, da «eilte er schnell nach Hause, um diesen Blick gleichsam in seinem Herzen zu bewahren». Eine Ernüchterung folgt, als Anton sein übermenschliches Idol zufällig plattdeutsch reden hört: «[W]ie der simpelste Handwerksmann»[14] redet da der Pastor mit dem Küster über die heilige Taufe. Die Abgötterei stimmt sich herab, doch schon hat Anton «sich sein Ideal von Glückseligkeit völlig von dem Pastor P... abstrahiert»[15]. Anton will nicht mehr verehren, er will selbst verehrt werden: «Er konnte sich nichts Erhabeners und Reizenderes denken, als, wie der Pastor P..., öffentlich vor dem Volke reden zu dürfen, und alsdann, so wie er manchmal, gar *die Stadt mit Namen* anzureden. – Dies letzte hatte insbesondre für ihn etwas Grosses und Pathetisches».

Sieht Anton auf der Strasse ein paar Jungen sich balgen, kann er es nicht unterlassen, «im Geiste die Worte des Pastor P... zu wiederholen und die ruchlose Stadt vor ihrem Verderben zu warnen, wobei er zugleich den Arm drohend in die Höhe hob. – Wo er ging und stand, haranguierte er in Gedanken für sich selber, und wenn er dann in recht heftigen Affekt geriet, so hielt er die Predigt gegen den Meineid.»

Die angenehmen Phantasien machen selbst die härteste Arbeit erträglich, «das Wollekratzen in der kalten Stube, das Hütewaschen im Eise, und den Mangel des Schlafs, wenn er oft mehrere Nächte hindurch wachen musste». Die «Stunden entflohen ihm zuweilen wäh-

---

14 A.a.O., S. 153.

15 A.a.O., S. 154, ebenso die folgenden Zitate.

rend der Arbeit wie Minuten, wenn es ihm gelang, sich in den Charakter eines öffentlichen Redners hinein zu phantasieren».
Wer möchte Anton das verdenken? Das gedemütigte Selbst kompensiert sein Elend in der Phantasie des machtvollen Predigers, der von allen angebetet wird, der die Massen mit seiner überwältigenden Rhetorik in der Hand hat.

Es war schon von Antons Aberglauben die Rede, er plagt Anton auch in B..., als es zu einer dramatischen Ereignisfolge kommt. «Es war eines Abends in der Dämmerung»[16], bei einem Kräuterbad des Hutmachers, als dieser, im Bade schwitzend und von Angst geplagt, starr in die Ecke blickend mit markerschütternder Stimme zu Anton spricht: «Anton! Anton! hüte dich vor der Hölle! [...] Anton zitterte bei diesen Worten, ein plötzlicher Schauder lief ihm durch den ganzen Körper. Alle Schrecken des Todes überfielen ihn, – denn er zweifelte nicht im geringsten, dass L... in diesem Augenblick eine Erscheinung gehabt habe, wodurch ihm Antons Tod angedeutet sei.»[17]

Überall sieht Anton jetzt Zeichen seines bevorstehenden Todes, überall, wo er geht und steht, plagen ihn «lauter Todesgedanken»[18]. Als Anton in dieser Verfassung in die Kirche geht, um den Prediger P... zu hören, gibt ihm dessen Predigt den Rest: «Dieser stand schon auf der Kanzel und predigte über – *den Tod*. Das war für Anton ein Donnerschlag; denn da er nun einmal gelernet hatte, nach dem, was ihm von einer *besondern göttlichen Führung* in den Kopf gesetzt war, alles auf sich zu beziehen – wem anders als ihm sollte nun wohl die Predigt vom Tode gehalten werden? – Mit nicht mehr Herzensangst kann ein Missetäter sein Todesurteil anhören, als Anton diese Predigt.»[19]

Da mag der Prediger noch so viele Trostgründe anfügen, Anton trifft diese Predigt ins Mark, «vierzehn Tage lang machte ihn diese Predigt melancholisch, die der Pastor P..., wenn er gewusst hätte, dass sie noch auf zwei Menschen solche Würkung wie auf Anton tun würde, wahrscheinlich nicht würde gehalten haben.»[20]

Nein, beabsichtigt hat der Prediger eine solch fatale Wirkung seiner Predigt nicht, aber ist er deswegen schuldlos? Wurde Antons Einbildungskraft nicht gerade auch durch die affektvollen Auftritte dieses Predigers zum Sieden gebracht? Das Fazit des Erzähler jedenfalls fällt

---

16 A.a.O., S. 155.
17 Ebd.
18 A.a.O., S. 157.
19 Ebd.
20 A.a.O., S. 158.

sarkastisch aus: «So war Anton nun in seinem dreizehnten Jahre, durch die besondre Führung, die ihm die göttliche Gnade, durch ihre auserwählten Werkzeuge hatte angedeihen lassen, ein völliger Hypochondrist geworden, von dem man im eigentlichen Verstande sagen konnte, dass er in jedem Augenblick *lebend starb*.»[21]

Da könnte mir als Prediger angst und bange werden, was haben meine Predigten schon alles angerichtet, ohne dass ich es gewollt hätte?

Erst die Stimme der Natur, das Erwachen des Frühlings, vermag bei Anton allmählich «wieder gutzumachen, was die Gnade verdorben hatte».[22] Anton fängt sich wieder und er wird noch so manche Predigt mit Begeisterung und Rührung hören. Er wird aber auch lernen, Predigten nicht nur mit dem Herzen, sondern auch mit dem Verstand zu hören, sich nicht nur emotional überwältigen zu lassen, sondern auch auf den Inhalt der Predigten zu merken. Ganze Predigten schreibt Anton zu Hause auf und lernt sie auswendig, um sie dann, in theatralischen Selbstinszenierungen als Prediger, vor auserwähltem Publikum – seien es seine Brüder oder Handwerksburschen – zu affektvollen Wiederaufführungen zu bringen. Sein sehnlichster Wunsch, auf dem Wege des heftigen Affektausdruckes die Massen zu beherrschen, wird Wirklichkeit, zumindest im Kämmerlein.

Doch Antons Phantasie, als Prediger zu Ruhm und Beifall zu gelangen, ist nicht von Dauer. Sind die Möglichkeiten des überwältigenden Affektausdrucks auf dem Theater mit seinen vielfältigen Rollenangeboten nicht weitaus reichhaltiger als auf der Kanzel? In der Tat: Mehr noch als der Beruf des Predigers verheisst der Beruf des Schauspielers Ruhm und Anerkennung, Gewalt über die Emotionen der Massen. Und so wird das Theater mehr und mehr zur bestimmenden Grösse in Antons Phantasie. Die Bühne löst die Kanzel, der Schauspieler den Prediger ab, aus der Predigergrille erwächst die Schauspielergrille. Schauspielerei also! Der Weg eines grandiosen Scheiterns nimmt seinen Lauf; am Ende zerschlagen sich alle Hoffnungen, die Schauspielträume zerstäuben wie eine zerstreute Herde.

3. Erfahrungen im literarischen Spiel

Karl Philipp Moritz (1756–1793), Begründer des ersten deutschen psychologischen Fachmagazins, des «Magazins zur Erfahrungsseelen-

---

21 Ebd.
22 Ebd.

kunde»[23], legt mit dem «Anton Reiser» eine erfahrungsseelenkundliche Studie in literarisch-fiktionaler Form vor. Im Zentrum des «psychologischen Romans» steht die «*innere* Geschichte» der fiktiven Figur Anton Reiser, die bis auf ihre «kleinsten Nüancen»[24] nachgezeichnet wird. In aufklärerischer Absicht will der Roman, der «auch allenfalls eine Biographie genannt werden [könnte], weil die Beobachtungen grösstenteils aus dem wirklichen Leben genommen sind»[25], zeigen, auf welche Weise die unterschiedlichsten Faktoren die psychische Entwicklung eines Menschen prägen und beeinflussen können. In der Lektüre dieser Geschichte sollen sich so den Leserinnen und Lesern wesentliche Einsichten über das Innere des Menschen und seine Entwicklung erschliessen. Es ist dem Roman dabei nicht zuletzt an der Erkenntnis gelegen, dass die Entwicklung eines Menschen nicht zufällig ist, dass sich gerade auch für Fehlentwicklungen der Seele gezielt äussere und innere Ursachen benennen, ja Verantwortlichkeiten aufzeigen lassen.

Es ist nun schon den Zeitgenossen Karl Philipp Moritz' aufgefallen, dass die Lebensgeschichte Anton Reisers eine kaum zu übersehende Ähnlichkeit mit der Lebensgeschichte des Autors aufweist. Die Moritz-Forschung hat viel Mühe darauf verwandt, die im Roman begegnenden Personen, Orte und Begebenheiten auf ihre historischen Vorbilder zurückzuführen: «B...» wird dann als Braunschweig, die «B...kirche» als Braunschweiger Brüdernkirche, der Hutmacher «L...» als Johann Simon Lobenstein (1730–1807), der Pastor «P...» als Johann Ludwig Paulmann (1728–1807) und die Titelfigur als Karl Philipp Moritz identifiziert. Offensichtlich verarbeitet Karl Philipp Moritz im «Anton Reiser» seine eigene Lebensgeschichte in fiktionalisierender Form. Die detaillierten Beschreibungen und Beobachtungen des Romans gerade auch in den Predigterzählungen verdanken sich offenbar zu einem wesentlichen Teil der konzentrierten Erinnerungsarbeit und schonungslosen Selbstanalyse des Autors.

Von den Predigten P...s erzählt der «psychologische Roman» deshalb, weil sie in der Bildungsgeschichte Antons, in der Entwicklung seines Selbst eine wesentliche Rolle spielen. An den skizzierten Predigterzählungen im «Anton Reiser», fällt nicht nur die Detailgenauig-

---

23 Karl Philipp Moritz (Hg.): Gnothi sauton oder Magazin zur Erfahrungsseelenkunde als ein Lesebuch für Gelehrte und Ungelehrte. 10 Bde., Berlin 1783–1793.

24 Heide Hollmer; Albert Meier (Hg.): Karl Philipp Moritz: Werke in zwei Bänden, Bd. 1, S. 186.

25 A.a.O., S. 86.

keit auf, mit der das Geschehen beschrieben wird, sondern vor allem auch die Konzentration auf die sinnlich-leibliche Dimension des erzählten Predigtgeschehens. Die betont ästhetisch orientierte Wahrnehmung der Predigten, die den affektvoll auf der Kanzel agierenden Prediger geradezu in der Nähe eines der Kultur der Empfindsamkeit verpflichteten Schauspielers stellt, zeigt in eindrücklicher Weise, dass Predigt eben nicht nur ein verbalsprachliches, sondern auch – und zwar wesentlich – ein körpersprachliches Geschehen ist. Luzide beschreibt die Erzählung die Mechanismen, über die die verbalsprachliche und körpersprachliche Beredsamkeit des Predigers auf die Empfindungskraft und die Einbildungskraft der Rezipienten einwirkt.[26] Die Aufklärung, in deren Gefolge auch der Erfahrungsseelenkundler Moritz die Verstandeskräfte eines jeden Menschen gestärkt wissen will, wendet sich in ihrer empfindsamen Spielart auch und gerade der Aufklärung der unteren Seelenkräfte zu.

Natürlich gehört die empfindsame Welt des «Anton Reiser», der Vergangenheit an. Prediger wie den Prediger P..., der mit seiner eindrucksvollen, affektgeladenen Rhetorik die Massen in seinen Bann zieht, findet man, zumindest im volkskirchlichen Kontext des deutschsprachigen Raums, kaum einmal auf einer Kanzel und auch vom Hörer Anton trennen uns offensichtlich Welten, haben sich doch gerade in den letzten Jahrzehnten die Rezeptionsgewohnheiten der Menschen eklatant verändert. Doch haben sich damit die Beobachtungen und Erkenntnisse des «psychologischen Romans» erledigt? Treffen sie noch die heutige Wirklichkeit?

Geht man dieser Frage nach, ist zunächst festzuhalten, dass schon der «Anton Reiser», selbst nicht deshalb von Anton und dem Prediger P... erzählt, weil er glaubt, damit *den* typischen Predigthörer und *den* typischen Prediger charakterisiert zu haben. Der Erzähler weiss auch von überaus langweiligen Predigern zu berichten und selbst Anton wird sich als Hörer noch ein gutes Stück entwickeln. Doch fiktionalen Romanen geht es letztlich nicht um das Besondere der dargestellten Geschichte, sondern um das an diesem Besonderen, an dieser erzählten Geschichte aufleuchtende Allgemeine. So hat auch der «Anton Reiser» den Anspruch, an der getreuen Darstellung dieses einen Menschenlebens etwas vom Wesen des Menschen und an den auf kleinste Nuancen achtenden Predigterzählungen etwas vom Wesen der kirchlichen Komunikationspraxis Predigt zur Anschauung zu bringen.

---

[26] Vgl. dazu Lothar Müller: Die Erziehung der Gefühle im 18. Jahrhundert. Kanzel, Buch und Bühne in Karl Philipp Moritz' «Anton Reiser» (1785–1790), in: Der Deutschunterricht 48 (1996), Heft 2, S. 5–20.

Heben wir also den garstigen Graben der Geschichte nicht zu tief aus. Damals wie heute begegnen sich in der Predigtsituation Menschen, damals wie heute spricht in der Predigt ein leiblich anwesender Prediger oder eine leiblich anwesende Predigerin auf sinnliche Weise, nämlich durch Stimme, Gestik und Mimik, in einer sinnlich erfahrbaren Atmosphäre zu leiblich anwesenden Personen. Es sollte darum nicht zu schnell ausgeschlossen werden, dass auch eine Predigterzählung aus dem 18. Jahrhundert, die im Falle des «Anton Reiser» ja überaus detailliert und wirklichkeitsnah gestaltet ist, auch heutige Predigt in (vielleicht sogar *den*) wesentlichen Aspekten zu treffen vermag. Zu denken ist etwa an die erzählerisch vermittelte Erkenntnis, dass Mimik und Gestik von Predigerinnen und Predigern, ihre körpersprachliche Beredsamkeit im Predigtgeschehen ganz offensichtlich eine wesentliche Rolle spielen oder dass Predigthörerinnen und -hörer durchaus das Bedürfnis haben können, im Gottesdienst etwas *erleben* und nicht nur etwas *bedenken* zu wollen, dass überhaupt die Ebene der Gefühle im Predigtgeschehen von fundamentaler Bedeutung ist. Oder auch die Einsicht, dass Predigthörende die Predigten vor dem Hintergrund ihrer je persönlichen Bildungsgeschichte rezipieren und dass sie deshalb vielleicht manches anders verstehen als es die oder der Predigende gemeint hat. Die Lektüre von Romanen, die wie der «Anton Reiser» von Predigten erzählen, könnte sich vor diesem Hintergrund gerade für Predigerinnen und Prediger als überaus fruchtbar erweisen.

Es zeichnet Literatur aus, dass sie ihre Wahrnehmungen, Beobachtungen und Erkenntnisse auf eine für Kunst spezifische Weise vermittelt. Im Unterschied etwa zur Sachliteratur geht es der künstlerischen Erzählliteratur nicht in erster Linie darum, objektive Sachinformation zu vermitteln, sondern darum, dem Leser die Wirklichkeit subjektiverlebnismässig nahe zu bringen.[27] Der Leser soll erlebnismässig in die erzählte Geschichte verwickelt werden und gerade auf diese Weise zu neuen Einsichten über die Wirklichkeit gelangen. Wer einen Roman zur Hand nimmt und sich auf die Lektüre einlässt, geht daher das Wagnis ein, dass die Lektüre ihn nicht unbehelligt lässt, dass er verwickelt wird in die Geschichte, die er liest, dass die Lektüre etwas mit ihm macht. Indem der Leser sich in das fiktionale Spiel der Literatur verwickeln lässt, indem er im fiktionalen Rollenspiel die von der Erzählung angebotenen Rollen spielerisch aufnimmt, kann er im «Akt

---

[27] Vgl. Franz von Kutschera: Ästhetik, Berlin; New York [2]1998, S. 270.

des Lesens»[28] ihm bis dahin fremde Erfahrungen erproben und so seinen eigenen Erfahrungsraum erweitern. Entscheidend dabei ist, *dass* der Leser sich auf die erzählte Welt und ihre Figuren einlässt, *dass* er im imaginären Spiel mitspielt, die angebotenen Rollen aufnimmt und so die vorgestellten Perspektiven auf die Wirklichkeit einnimmt. Der literarische Spaziergänger muss schon bei der Sache sein, er muss hineingehen in das Buch, den Weg der Erzählung mitgehen, nur dann wird ihn die Erzählung auch etwas angehen.

Welche Erfahrungen die Leserin bei ihrer Lektüre dann konkret machen wird, das hängt auf der einen Seite natürlich von der Erzählung ab, ihrem Thema, der Geschichte, die sie erzählt, den Figuren, die sie zur Identifikation anbietet, von der Art und Weise, in der sie ihre Geschichte präsentiert, auf der anderen Seite aber auch von der Leserin selbst, von der Situation ihrer Lektüre im weitesten Sinn, von ihrer Persönlichkeit, ihren bisherigen Erfahrungen, ihren Interessen und Einstellungen, davon, auf welche der angebotenen Rollen sie sich wie einlässt.

Ermöglicht Lesen neue Erfahrungen, eröffnet es neue Perspektiven und Sichtweisen auf die Wirklichkeit, verändert Lesen also den Leser, dann ist doch auch dies denkbar: dass ein Prediger, der sich in einer Mussestunde entspannt der Lektüre eines von Predigten erzählenden Romans widmet, im Eintauchen in die imaginäre Welt der Erzählung, in der Identifikation mit den fiktiven Prediger- und Predigthörerfiguren, mit ihrem Handeln und Erleben im Predigtgeschehen, neue Erfahrungen mit der doch eigentlich so vertrauten kirchlichen Praxis Predigt macht, dass er über die spielerisch gewonnenen Erfahrungen vielleicht zu neuen Einsichten und Erkenntnissen bezüglich des Predigens und Predigthörens kommt, dass er – wagen wir doch auch diese Vermutung – vielleicht sogar sein eigenes Predigen neu zu bedenken beginnt. Sollte das nicht Folgen haben können für sein künftiges Predigen? So mag das Lesen literarischer Predigterzählungen schliesslich gar so etwas wie eine literarisch-künstlerische Predigtschule werden, Teil der pastoralen Lebenskunst.

4. Erste Schritte in eine Praxis der literarischen Predigtübung

Die Romane der Weltliteratur bieten der interessierten Predigerin und dem interessierten Prediger eine kaum überschaubare Vielzahl literari-

---

28 Vgl. Wolfgang Iser: Der Akt des Lesens. Theorie ästhetischer Wirkung, München ^{4}1994.

scher Predigterzählungen.[29] In den imaginären Räumen der Literatur halten die unterschiedlichsten Predigerinnen und Prediger den unterschiedlichsten Gottesdienstbesucherinnen und -besuchern die unterschiedlichsten Predigten. Die predigenden und predigthörenden Figuren der Romanwelten warten nur darauf, von lesenden Predigerinnen und Predigern imaginiert und erspielt zu werden, um diesen an ihren Erfahrungen und Erlebnissen Anteil zu geben und sie zu eigenen Erfahrungen und Gedanken zu inspirieren. Wie könnten solche Erfahrungen konkret aussehen? Zu welchen Gedanken vermögen Predigterzählungen anzuregen? Wenden wir uns noch einmal der Welt des «Anton Reiser» zu, in die wir hineinspaziert sind, und lassen wir einmal den Gedanken eines den «Anton Reiser» lesenden, exemplarischen PredigerInnen-Ichs ihren Lauf.

Als lesende Predigerin kann ich mir das Hören von Predigten erlesen. Ich kann mich zum Beispiel in die Erwartungen und das Erleben der gottesdienstlichen Gemeinde hineinversetzen. Die Hörerinnen und Hörer der Predigten in B... möchten etwas erleben im Gottesdienst, sie wollen auch in ihren Gefühlen angesprochen werden. Geht mir das als Predigthörerin auch so? Werde ich dem als Predigerin gerecht? Spreche ich in meinen Predigten den ganzen Menschen an oder nur seinen Kopf? Natürlich will ich als Predigerin keine Schauspielerin oder Entertainerin sein, aber anschaulich und spannend, das könnten meine Predigten schon sein, oder nicht?

Als lesender Prediger lasse ich mich von der Darstellung der Ezählung dazu anregen, mir über die Rezeption von Predigten Gedanken zu machen. Wie werden Predigten, wie werden *meine Predigten* gehört und verarbeitet? Kenne ich meine Gemeinde gut genug, um die Wirkungen meiner Predigten richtig einschätzen zu können? Wie kommen meine Hörerinnen und Hörer zur Predigt, was bewegt und beschäftigt sie? Und wie gehe ich mit der Erkenntnis um, dass Predigthörerinnen und -hörer das von mir Gesagte offensichtlich auch ganz anders verstehen können, als es von mir gemeint war, dass sich die Rezeption meiner Predigten also in vielerlei Hinsicht meiner Kontrolle entzieht? Wo will ich unbedingt verstanden werden? Wo gebe ich von mir aus einen Spielraum für vielfältiges Hören?

---

[29] Eine kleine Zusammenstellung literarischer Predigterzählungen findet sich in: Werner Welzig (Hg.): Predigten der Barockzeit. Texte und Kommentar, durch Zeugnisse zur Predigt in der deutschen Literatur vom 18. bis zum 20. Jahrhundert ergänzt [Österreichische Akademie der Wissenschaften. Philosophisch-historische Klasse. Sitzungsberichte, Bd. 626], Wien 1995, S. 759ff.

Über das Einfühlen in die Person des empfindsamen und melancholischen Predigthörers Anton bekomme ich die Möglichkeit, einen mir vielleicht fremden Typ Hörer zu erkunden, seiner Art des Predigthörens nachzuspüren, um mich auf diese Weise für ein solches Hören sensibilisieren zu lassen. Wie hören empfindsame Menschen wohl meine Predigten? Kalkuliere auch ich ein, zwei Opfer mit ein, wie der Erzähler dem Prediger P... unterstellt? Vielleicht lässt die Überprüfung des eigenen Predigens an einem imaginierten Hörer Anton so manche Formulierung, so manchen Gedanken der eigenen Predigt noch einmal in einem neuen Licht erscheinen – und mein Predigen verändert sich.

Als lesende Predigerin kann ich mir das Predigen erlesen. Die Lektüre des «Anton Reiser» kann mich daran erinnern, dass ich als Predigerin stets mit meiner ganzen Person predige, mit meinem Herzen, natürlich, aber auch mit meinem Leib: Wie wirke ich als Predigerin in meinem Auftreten? Welche Atmosphäre strahle ich mit meiner Mimik und Gestik aus? Als zurückhaltende Predigerin mag ich mich im Raum des Imaginären vielleicht einmal als theatralische und ausdrucksgewaltige Predigerin versuchen, um dann auch auf der Kanzel einmal mehr zu wagen, meiner Gestik ein wenig mehr Spielraum zu gönnen. Oder sollte ich etwa einem Pastor P... ähnlich sein? Bin ich zu theatralisch? Stehe ich in der Versuchung, meine Hörerinnen und Hörer mit meiner Ausdruckskraft zu überrumpeln und sie ihrer Rezeptionsfreiheiten zu berauben?

Als lesender Prediger mag ich mich an meine Vorbildfunktion erinnern lassen, die ich als Prediger innerhalb und ausserhalb des Gottesdienstes ausübe. Welches Prediger- und Pfarrerbild verkörpere ich? Wo lade ich in meinem Predigen und Auftreten zu Projektionen ein? Und vom phantasierenden Anton aus gedacht: Wie ist es um mein Bedürfnis nach Anerkennung und Verehrung als Prediger bestellt, welche Rolle spielt dieses Bedürfnis in meinem Predigerdasein?

So weit die Gedanken meines exemplarischen, den «Anton Reiser» lesenden PredigerInnen-Ichs. Das Anregungspotential, das der «Anton Reiser» für die lesende Predigerin und den lesenden Prediger zu entfalten vermag, ist sicher nicht ausgeschöpft und es liesse sich viel über diese Gedanken reden und diskutieren, schnell ist man mitten drin im homiletischen Diskurs. Hier aber ging es mir nicht um Homiletik, sondern um die Möglichkeiten literarischer Inspiration für Predigende. Wer das exemplarische Ich zum eigenen Ich werden lassen möchte, wer eigene Erfahrungen mit Anton, dem Prediger P... und all den anderen hier übergangenen Predigerfiguren des «Anton Reiser» sammeln möchte, der fange an, den «psychologischen Roman» selbst zu lesen. Und da ist nicht nur der «Anton Reiser». Die Weltliteratur ist voll von Predigterzählungen, die zu spannenden und anregenden Spaziergängen einladen.

Elisabeth Grözinger

Aschenputtel flaniert nicht. Aschenputtel wagt ihren Weg

Vorbemerkung

Ich begegne immer wieder dem Theologen Albrecht Grözinger. Zudem lebe ich mit dem Menschen Albrecht Grözinger seit weit über zwanzig Jahren zusammen. Permanenter Rollenwechsel gehört konstitutiv in unsere Beziehung. Das spiegelt sich auch in diesem Beitrag. Stellenweise beziehe ich mich auf Albrecht Grözinger, als schriebe ich ihm einen Brief. Dann wieder werde ich zur theologischen Essayistin, scheinbar ohne jeden persönlichen Bezug zu dem Erwähnten.

Die unterschiedlichen Ebenen unserer Beziehung wollte ich hier nicht nivellieren, sondern vielmehr nutzen. So habe ich auch bei der Auswahl der zitierten Literatur ab und an darauf geachtet, sie mit Episoden von unseren Spaziergängen am Rande wissenschaftlicher Tagungen zu verknüpfen.

Einleitung

«Aschenputtel flaniert nicht. Aschenputtel wagt ihren Weg» – die Überschrift klingt provokativ, was ich nicht vermeiden wollte. Unsere vielen gemeinsamen Wege, lieber Albrecht, sind oft schön, nie langweilig und manches Mal voller Herausforderungen. Sie zeichnen sich auch dadurch aus, dass sie uns eigene Wege nicht erschweren.

Meinen Weg will ich hier andeuten, indem ich vom Flaneur, von Aschenputtel, ja überhaupt von hilfreichen Gefährten einer theologisch reflektierten Kunst des Lebens erzähle.

Flaneur und Aschenputtel

Gemeinsamkeiten und Gegensätze

Als Rainer Volp 1991 seinen 60-sten Geburtstag feierte, schriebst Du, Albrecht, für ihn einen Beitrag mit dem Titel «Flaneur und Theologe».

Du plädierst da für eine Wiederentdeckung der Kunst des Flanierens, denn in der Figur des Flaneurs ist für Dich die Haltung der aufmerksamen Wahrnehmung beschrieben. Der Flaneur erahnt, wie die begrenzte Lebenszeit der Menschen, die er beobachtet, vor allem als Kairos, als Augenblick voller Gottesgegenwart, kostbar wird. Der Flaneur wird Dir zum Paradigma der Theologie, die Dir vorschwebt, schliesst Du Deinen Artikel doch mit diesem Ausblick: Die Theologie «ist dann nicht mehr allein Textwissenschaft, sie wird zur Wahrnehmungswissenschaft, indem sie – geschult am Buch der Bücher – die Menschen und die Dinge, die Welt mithin, wahrnimmt: aufmerksam, mit Phantasie und Empathie, in Schmerz und Sehnsucht – wie einst der Flaneur, der uns heute entschwunden ist.»[1]

Ein Plädoyer für die Kunst des Flanierens musstest Du damals nicht nur deshalb halten, weil das Flanieren überholt worden ist, und bis heute neben dem Nordic Walking und verwandten Gangarten das Shoppen in gläsern glitzernden Cities favorisiert wird.

Ein Plädoyer für das Flanieren wolltest Du jedenfalls auch deshalb halten, weil «das Flanieren [...] nie eine deutsche Kunst (war)».[2] Du erinnerst daran, dass das Land unserer Herkunft auch das Land der Marschmusik ist. Wo lange der Gleichschritt gefördert wurde, hält sich hartnäckig der Verdacht, der Flaneur sei elitär. Du rehabilitierst den Flaneur, weil er weiss: «Besonderheit ist [...] nicht mühsam erkämpftes, durch Niederlagen anderer erkauftes Terrain, sondern der unverwechselbare Farbtupfer auf einem nicht-hierarchischen Gemälde mit dem Titel ‹Der Mensch dem Menschen ein Mensch›.»[3]

Auch mir geht es um die Rehabilitation einer Figur mit schlechtem Ruf. Mir geht es um die Protagonistin des Grimm-Märchens «Aschenputtel»[4]. Deren «Story» fasse ich in Abschnitt 4 dieses Beitrags – unmittelbar vor der hier zentralen Betrachtung des Textes – zusammen.

Die Grundstruktur der Geschichte – ein(e) verachtete(r) HeldIn wird schliesslich in ihren/seinen Qualitäten erkannt – ist weltweit in zahl-

---

1 Albrecht Grözinger: Flaneur und Theologe, in: Ders.: Es bröckelt an den Rändern. Kirche und Theologie in einer multikulturellen Gesellschaft, München 1992, S. 39–52, hier: S. 51f.

2 A.a.O., S. 40.

3 A.a.O., S. 47.

4 Ich zitiere nach: Brüder Grimm: Kinder- und Hausmärchen, Stuttgart 1995, Bd. 1, KHM Nr. 21, S. 137–144.

reichen Varianten verbreitet.[5] Ich möchte jetzt eine der Versionen nennen, die zum schlechten Ruf der «Cinderella-Stories» zumindest beitrug. Das ist «Aschenputtel (Cendrillon) oder der kleine gläserne Schuh» von Charles Perrault (1628–1703), einer wichtigen Vorlage zu Walt Disneys weltbekanntem Zeichentrickfilm «Cinderella» (1950).

Perraults Aschensitzerin traut sich nicht, den Wunsch zu äussern, den königlichen Ball zu besuchen. Erst als die meisten Familienmitglieder aus dem Haus sind, entlockt eine Patin ihr diesen Wunsch und hilft ihr, ihn zu realisieren. Viel Eigeninitiative braucht die «Heldin» nicht. Für ihre Erlösung reicht es, wenn sie sich brav an vorgegebene Regeln hält und den Prinzen auf sich aufmerksam macht.[6]

Auch in der Geschichte von Cendrillon/Cinderella mag man Spuren einer Entwicklung von Autonomie entdecken. Es dominiert im Bild dieser Protagonistin aber die Hilfsbedürftigkeit. Deshalb gerieten Aschensitzerinnen in der Anfangszeit der neueren Frauenbewegung unter den Verdacht, hervorragend in das Bild männlicher Erwartungen zu passen. Der Märchen-Experte Ulf Diederichs berichtet dazu: «Furore machte Colette Dowling mit der Enthüllung des ‹Cinderella-Complex› (1981) als einer regelrecht weiblichen Angst vor Unabhängigkeit.»[7]

Es verwundert mithin nicht, dass Mazenauer und Perrig in ihrer «Archäologie der Märchen» den Essay zu den Aschenputtel-Stories mit der These beenden: «Es liegt offensichtlich im Wesen der *Aschenputtel*-Geschichte begründet, die Frau auf Wohlgefälligkeit und Anmut zu verpflichten und die zugrunde liegende Ethik und Mentalität zu bekräftigen.»[8]

Die Brüder Jakob und Wilhelm Grimm (1785–1865 bzw. 1786–1859) tragen jedoch noch andere Züge in ihre Aschenputtel-Geschichte hinein, was ich später zeigen möchte.

Wie Du, Albrecht, möchte ich mit «Aschenputtel» eine Figur rehabilitieren, die in Verruf kam. Aber meine Figur ist eben nicht der Flaneur. Dieser Umherstreifende besitzt offenbar das Privileg der Distanz. Der Flaneur scheint sich auf das Risiko einer Begegnung nicht einzulassen.

---

5 Vgl. Ulf Diederichs: Who's who im Märchen, München ^{2}1996, S. 31.

6 Der Text von Perrault findet sich z.B. bei: Beat Mazenauer; Severin Perrig: Wie Dornröschen seine Unschuld gewann. Archäologie der Märchen, Leipzig 1995, S. 206–212.

7 Ulf Diederichs: Who's who im Märchen, Stichwort ‹Aschenputtel›, S. 36.

8 Beat Mazenauer; Severin Perrig: Wie Dornröschen seine Unschuld gewann, S. 252.

Er lebt – so heisst es auch in Deinem Aufsatz – aus der Verweigerung[9], ist dabei zwar leidenschaftlich offen für das Auffinden des Besonderen und Unverwechselbaren.[10] Aber: Gibt er sich zu erkennen? Macht er sich schmutzig?

Ich vermute, Albrecht, Dir lag auch deshalb an der Rehabilitation gerade des Flaneurs, weil Du ein Mann bist. Die Wahl der Figuren, die wir in einem ‹neuen› Licht sehen möchten, scheint mir geschlechtsspezifisch. Das relativiert die Relevanz dieser Figuren nicht. Vielleicht können das Grimmsche Aschenputtel und der Flaneur ja Seite an Seite weiter mit an der Aktualisierung des theologischen Feldes arbeiten. Dennoch: Es scheint mir kein Zufall, dass Dir der Flaneur wichtig ist und mir Aschenputtel. Ich möchte diese Hypothese mit Hilfe der Position der Entwicklungspsychologin Doris Bischof-Köhler zu geschlechtsspezifischen Dispositionen erläutern.

Doris Bischof-Köhler hat etwa in einem Vortrag in Loccum (2004) zu geschlechtstypischen Unterschieden zwischen Jungen und Mädchen aufgezeigt, dass Jungen sich bereits früh als Spezialisten in Selbstdarstellung profilieren sowie ihre Rangansprüche direkt formulieren. Auch Mädchen sind einem hohen Sozialstatus nicht abgeneigt. Sie setzten sich dafür ein, indem sie die Anerkennung anderer Mädchen zu gewinnen suchen.[11] Sie kämpfen anders als Jungen. Bischof-Köhler schreibt: «Aggression äussert sich [...] vor allem als so genannte Beziehungsaggression, die im Wesentlichen auf soziale Ausgrenzung abzielt.»[12]

Zeitlebens sind Frauen mehr als Männer auf andere Personen bezogen. Schon weibliche Säuglinge suchen – so Bischof-Köhler – «von den ersten Tagen an häufiger den *Blickkontakt* mit einer anderen Person und halten diesen länger aufrecht. Diese Verhaltensbesonderheit ist für die gesamte Entwicklung und auch noch für erwachsene Frauen typisch. [...] Ferner tritt schon bei neugeborenen Mädchen öfter das Phänomen der *Gefühlsansteckung* auf.»[13]

---

9 Vgl. Albrecht Grözinger: Flaneur und Theologe, S. 41.

10 A.a.O., S. 46.

11 Zur Problematik ‹natürlicher› Geschlechtsdifferenzen siehe: Doris Bischof-Köhler, Von Natur aus anders. ‹Die kleinen Helden› aus evolutionärer Perspektive.Vortrag in der Evangelischen Akademie Loccum, 12. November 2004, S. 1f. Doris Bischof-Köhler erläutert und begründet ihre Position intensiv auch in: Dies.: «Von Natur aus anders.» Die Psychologie der Geschlechterunterschiede, Stuttgart [3]2006.

12 A.a.O., S. 2.

13 A.a.O., S. 4.

In entwicklungspsychologischer Perspektive könnte die Beziehungsferne des Flaneurs mit der geringeren Personenorientierung bei Männern erklärt werden. Es gibt übrigens immer individuelle Unterschiede in der Realisierung der Dispositionen, die mit der Geburt gegeben sind.[14] Man(n) kann auch eine Schwäche für den Flaneur haben, ohne einer zu sein. Individuelle Ausprägungen dürfen jedoch die Augen nicht dafür verschliessen, dass es unterschiedliche (allerdings modifizierbare) Grundmuster bei Männern und Frauen gibt.

Der distanzierte Flaneur übrigens behauptet in Deiner theologischen Konzeption, Albrecht, schon längst nicht mehr allein das Feld. Du machst längst auch die Haltung der Empathie stark, die Du am Flaneur ebenso wahrnimmst. Dies gilt besonders dann, wenn der flanierende Theologe, die flanierende Theologin sich in der Kunst der Predigt übt. Da – so hebst Du, Albrecht, hervor – «[...] geht es darum, dass Predigerinnen und Prediger auf der Kanzel darin erkennbar werden, wie sich in ihrem individuellen Leben Glauben ausbildet, was ihn nährt und was ihn in Frage stellt. Von Gott kann [...] nur in der Weise eines *verwickelnden* Redens (gesprochen werden), das die eigene Existenz und eigenen Erfahrungen nicht ausblendet.»[15]

Aber ich möchte zu Aschenputtel, dem Menschen mit der weiblichen Disposition, zurück. Aschenputtel ist mit den Geschichten in ihrem Umkreis verwickelt. Sie kann ihre Freiheit bis zum Schluss nicht durch Distanzierung von der Anstössigkeit des Lebens gewinnen. Es bleibt zum Beispiel auffällig, wie blind sie für das Schicksal ihrer Schwestern, denen die Augen ausgehackt werden, scheint.

Aschenputtel steckt mitten in *family affairs*. Sie kann es sich nicht leisten, zu flanieren. Sie läuft treppauf und treppab, um das Haus ihres Vaters in Ordnung zu halten. Sie läuft zum Grab ihrer Mutter. Sie tanzt mit dem Königssohn, entspringt ihm und klettert auf einen Baum. Sie geht mit ihrem Bräutigam zur Kirche.

---

14 An dieser Stelle möchte ich darauf hinweisen, dass auch Bischof-Köhler keinen Menschen auf das festlegen möchte, was an geschlechtstypischen Unterschieden als ‹statisches Mittel› beobachtet werden kann. So schreibt sie explizit: «Die Wirksamkeit geschlechtstypischer Verhaltensdispositionen ist [...] dahin gehend zu verstehen, dass eine Verhaltensmodifikation durch Erziehung prinzipiell möglich ist.» (A.a.O., S. 6).

15 Albrecht Grözinger: Homiletik. Lehrbuch Praktische Theologie, Bd. 2, Gütersloh 2008, S. 135.

Wenn Aschenputtel sich bewegt, dann geht es um ihre Geschichte. Es ist dieses klare Engagement für das eigene Leben, was mir an der Grimmschen Aschenputtel-Protagonistin so imponiert. Bei der Figur des Flaneurs vermisse ich eben die Transparenz für den eigenen Hintergrund und den Mut, sich zu profilieren. Ich schätze aber die Unabhängigkeit, die Scheu sowie das ‹Ja› des Flaneurs zum Fragmentcharakter des Lebens.[16] Es bleibt durchaus zu erwägen, ob Aschenputtel nicht mehr von jener Qualität der Verweigerung erlernen sollte, die den Flaneur davor bewahrt, seinen Konkurrenten die Wahrnehmungsfähigkeit zu nehmen.

Märchen-Lektüre mit Hilfe einer ‹jungianischen› Brille

Aschenputtel wagt den Weg. Viel anderes bleibt ihr vielleicht nicht übrig. Was nach aussen wie ein mutiges Wagnis wirkt, kann aus der Innenperspektive ohne Alternativen sein. Aschenputtels Weg ähnelt meiner Ansicht nach einer Geburt. Wie eine Geburt ist der Weg schockierend, auf den man sich macht, wenn man sich selbst nicht in der Unsichtbarkeit verkommen lassen will.

Man kann die Geschichte des Grimmschen Aschenputtel mit der Brille des von Carl Gustav Jung (1875–1961) entwickelten Ansatzes als einen «Individuationsweg» lesen. Individuationswege lassen sich mit der selbst regulierenden Kraft der Psyche erklären. Diesen Wegen wohnt kein unverwundbarer Automatismus inne. Sie sind – wie alle vitalen Prozesse – störanfällig. Weil sie Leiden auch schaffen, braucht es Kraft, sie durchzuhalten.

Kurz möchte ich hier einige Aspekte von Jungs Konzept «Individuationsweg» präzisieren. Dazu ein Blick nach Barcelona:

Das haben wir gemeinsam durchstreift, als ich dort an einem Kongress für Analytische Psychologie teilnahm. Wir hatten damals Blickkontakt mit Murray Stein, der führend in der Internationalen Gesellschaft für Analytische Psychologie arbeitete. Dir war Stein auf Anhieb sympathisch. Auch deshalb beziehe ich mich jetzt auf sein Buch «C.G. Jungs Landkarte der Seele»[17].

---

[16] Dazu noch einmal Albrecht Grözinger: «... jedem Fragment (haftet) der Schmerz und die Sehnsucht, ganz zu werden, an. Auch daran erinnert der Flaneur, indem er aus den Bruchstücken, die er wahrnimmt, Geschichten entsinnt.» (Ders.: Es bröckelt an den Rändern, S. 44f.).

[17] Murray Stein: C.G. Jungs Landkarte der Seele, Düsseldorf; Zürich 2000.

Stein schreibt zum Individuationsprozess: «Die treibende Kraft der lebenslangen Entfaltung, die Jung als Individuation bezeichnet, ist das Selbst, und der Mechanismus, durch den es in das bewusste Leben des Individuums einbricht, ist die Kompensation [...] In (der) [...] zweiten Phase der Individuation liegt die Betonung nicht mehr auf der Loslösung des Ich von seinem Hintergrund und von seinen Identifikationen mit dem Milieu, sondern stärker auf der Einung der ganzen Persönlichkeit [...] Diese Entwicklung in der zweiten Lebenshälfte entspricht der klassischen jungianischen Auffassung von Individuation – zu werden, was man potentiell schon ist, nun aber tiefer und bewusster wird.»[18]

Die Auseinandersetzung mit dem eigenen Schatten, unbewussten Schwächen und unbegriffenen Stärken, sowie die Arbeit an der eigenen Persona, den sozialen Aussenhäuten, die uns zum Zweck des Schutzes so wie der gelingenden Kooperation mit anderen zuwächst, sind nach dem Modell der Analytischen Psychologie Stationen auf dem Weg der Selbstentfaltung. Dabei entwickeln archetypische Symbole, die in Träumen oder in der umgebenden Kultur plötzlich mit Wucht auftauchen können, eine orientierende Energie. Besonders spannend wird die Situation, wenn die archetypischen Bilder ‹Animus/Anima› wirksam werden.

Dazu noch einmal Stein: «Abstrakt gesehen ist Animus/Anima eine psychische Struktur, die ... das Ich mit der tiefsten Schicht der Psyche verbindet, mit dem Bild und der Erfahrung des Selbst.»[19]

Zum von Jung angenommenen Archetyp des «Selbst» schreibt er: «Das Selbst ist der magnetische Mittelpunkt in Jungs psychologischem Universum. Seine Gegenwart gibt der Kompassnadel des Ich die Richtung.»[20]

Stein verknüpft Jungs Theoriebildung mit dessen Biographie. Erst als Jung 53 Jahre ist, entspannt sich eine krisenhafte Entwicklungsphase. Eng damit verbunden ist der Traum von einer blühenden Magnolie im Zentrum einer radförmigen Strassenkreuzung in Liverpool (*pool of life*).[21] Dazu kommentiert Stein: «Aus diesem Traumerlebnis, so schreib er [Jung, E.G.], ergab sich mir meine erste Ahnung meines Mythus'. In dieser Schlüsselpassage erklärt Jung das Selbst zum Mittelpunkt seines persönlichen Mythus.»[22]

---

18 A.a.O., S. 207.
19 A.a.O., S. 155.
20 A.a.O., S. 187.
21 Vgl. a.a.O., S. 186.
22 A.a.O., S. 187.

Jung war offenbar bewusst, dass er als Wissenschaftler persönlich in die Entwicklung seiner Theorie verwickelt war. Er war allenfalls phasenweise ein Flaneur in seiner eigenen Traumstadt, einer, der sich selbst, nämlich den von der Magnolie faszinierten Träumer Jung, auch distanziert beobachten konnte. Er wechselte wohl immer zwischen dem Sich-Involvieren und dem Flanieren.

In der Analytischen Psychotherapie werden oft Narrationen mit dem Ziel aktuell, die Fixierung auf das eigene Ich aufzulösen und sich durch die kontextuelle Verwurzelung stärken zu lassen. Dazu schreibt Verena Kast, die Du, Albrecht, bei einem Kongress zur Analytischen Psychologie in Kapstadt als energisch nach vorn weisende Dame erlebt hast: «Persönliche Probleme können in der Resonanz auf archetypische Erzählungen und Bilder in einen Raum der schon immer möglichen Veränderung hereingestellt werden.»[23]

Das Grimmsche Aschenputtel war und ist mir ein solcher Impuls. Ich lese dieses Märchen als Story voller Empowerment. Die Lektüre dieser Geschichte ermutigt zu eigenen Wünschen sowie dazu, relativ familienunabhängig eigene Wege zu gehen, Regeln zu übertreten, Heimlichkeiten und Einsamkeit auszuhalten, kurz: sich in Autonomie und Selbstentfaltung zu üben. Aschenputtels Weg wird bei den Grimms als Aufbruch aus einer schweren Krise, aus einer langen Beschäftigung mit den Restbeständen ihrer Familie gezeigt. Der Weg führt über die Bereitschaft sich zu öffnen, Hilfe anzunehmen und Phantasien und Visionen zuzulassen sowie über Übungen in Mässigung und Lebensgenuss hin zu sich selbst. Die Märchenheldin zeigt sich am Ende als weniger verstrickt. Sie entpuppt sich als Mensch, dessen Liebesfähigkeit deutlicher aufstrahlt und Resonanz findet.

Aschenputtels Geschichte

Die Stationen von Aschenputtels Weg, der weder ein Spaziergang noch ein Marsch ist, aber ab und an ein Tanz, möchte ich nun für die zusammenfassen, die mit diesem Märchen nicht (mehr) vertraut sind.

«Einem reichen Mann, dem wurde seine Frau krank, und als sie fühlte, dass ihr Ende herankam, rief sie ihr einziges Töchterlein zu sich ans Bett und sprach ‹liebes Kind, bleibe fromm und gut, so wird dir

---

23 Verena Kast: Die Tiefenpsychologie nach C. G. Jung, Stuttgart 2007, S. 92.

der liebe Gott immer beistehen und ich will vom Himmel auf dich herabblicken und will um dich sein.›»[24]

Ist der erste Winter nach dem Tod seiner Frau vorbei, heiratet der Vater erneut. Seine Tochter bekommt zwei Stiefschwestern. Sie wird zum ‹Aschenputtel› (A.). Sie muss Holzschuhe und einen grauen Kittel tragen und Küchenarbeit leisten.

Der Vater vergisst sein Kind nicht völlig, fragt er doch immerhin noch nach seinen Wünschen. Die nun von allen «Aschenputtel» genannte Tochter weiss, was sie will: einen grünen Zweig. Den pflanzt A. auf das Grab der Mutter. Regelmässig besucht A. den Haselbaum, betet dort und erhält Unterstützung von einem weissen Vogel.

Dann lädt der König zu einem dreitägigen Brautwahl-Fest, der so genannten «Hochzeit». Gehorsam hilft A. den Schwestern bei deren Vorbereitungen, weint aber, weil sie auch gern am Fest teilnähme. Sie bittet so beharrlich die Stiefmutter, dass diese sich bereit zeigt, die Erlaubnis zu geben, falls A. in zwei Stunden eine Schüssel Linsen aus der Asche lesen könne.

A. holt sich Hilfe aus dem Garten, indem sie nach Tauben und Vögeln ruft. Mit Hilfe der geflügelten Tiere gelingt es, die Linsen rechtzeitig zu lesen. Dennoch verbietet die Stiefmutter den Besuch des Balls – nun mit der Begründung, die Familie müsse sich für A. schämen, da sie über keine vorzeigbare Garderobe verfüge.

Allein gelassen, geht A. zu ihrem Haselbaum und bittet erfolgreich um eine goldene und silberne Hülle. Erkennbar schön, wie sie nun ist, zieht sie auf dem Fest das Interesse des Königssohns auf sich, so dass dieser ihre Herkunft erforschen will. Sie entwischt ihm, legt das Festkleid ab und kehrt im schmutzigen Kittel in die Asche zurück. Dieser Vorgang wiederholt sich an den beiden folgenden Tagen. Die Suche des Prinzen bleibt vergeblich.

Am letzten Festabend gelingt die Flucht jedoch nur noch unter dem Verlust des linken goldenen Pantoffels. Der Königssohn hat sich auf A.'s Verschwinden vorbereitet, indem er die Treppe mit Pech bestreichen liess. Der Schuh wird ihm Identifikationsinstrument. Beide Stiefschwestern geben vor, ihnen passe dieser Pantoffel. Zwei Tauben auf dem Haselbaum entlarven sie als falsche Bräute.

Beharrlich fahndet der Königssohn weiter. A.'s Vater erwähnt seine Tochter, nennt sie aber ‹nur ein verbuttetes Aschenputtel›. Da der Prinz insistiert, muss A. nach oben geholt werden. In Arbeitskleidung, jedoch rein gewaschen, begrüsst A. den Königssohn höflich,

---

24 Brüder Grimm: Kinder- und Hausmärchen, S. 137.

zeigt ihm allerdings erst dann das Gesicht, als ihr der Schuh wie angegossen sitzt.

Fortan begleiten weisse Tauben A. Ihr Hochzeitskleid wird nicht mehr erwähnt. Bezüglich der Eheschliessung ist nur wichtig, dass die Tauben den Schwestern zuletzt die Augen auspicken.

Aschenputtels Weg in wechselnden Gewändern

Das Aschenputtel-Märchen bietet vom Baum bis zum Vogel eine Fülle von Symbolen. Dieser märchenhafte «Wald dieser Symbole» (Victor Turner) könnte mir zum Irrgarten werden, wenn ich keinen roten Faden finde. Den finde ich, indem ich mich auf die Symbolik von Aschenputtels grau-goldener Garderobe konzentriere.

Diese Beschränkung ist m.E. durchaus im Sinne Jungs, der etwa bei der Traumanalyse gegen die ‹freie Assoziation› und für die text- und kontextbezogene Assoziation plädierte, die sich auf die Situation der Träumenden bezieht.[25]

Wo Märchen rezipiert werden, wird auch geträumt. Ich kann hier nur mich befragen, die ich während meiner Re-Lektüre von «Aschenputtel» in mir den Text ja auch neu ‹inszeniere›. Was ist mir an meinem ‹Aschenputtel-Traum› wichtig? Für mich ist Kleidung wichtig – auch übrigens bei unseren Wegen durch die Innenstädte, wie Du, Albrecht, ja weisst.

Ich habe für meine Wahl ein weiteres Argument: Auch den Erzählern der Aschensitzer-Geschichten geht es um das Erscheinungsbild ihrer Hauptfigur, lenken sie doch schon mit dem Titel die Aufmerksamkeit darauf, das es hier um einen Menschen geht, der durch das Aschgrau auffällt.

Die Bezeichnung «Aschenputtel» hat eine lange Geschichte. Mit dem ‹*asschenbrodel inn der kuchen*› verglich bereits Luther die Aussenseiter*söhne* biblischer Familien.[26] Dieser Hinweis mag eine etymologische Recherche ersparen, zeigt er doch schon: Im Zentrum von «Aschenputtel» steht ein marginalisierter Mensch, dessen Ausgrenzung durch das Erscheinungsbild signalisiert wird.

---

[25] Vgl. dazu etwa: Carl Gusatv Jung: Zugang zum Unbewussten, in: Ders. u.a.: Der Mensch und seine Symbole, Solothurn; Düsseldorf 1995, S. 20–103, bes. S. 55–58.

[26] Vgl. Beat Mazenauer; Severin Perrig: Wie Dornröschen seine Unschuld gewann, S. 235.

Inspiriert von der Perspektive der Analytischen Psychologie lässt mich die Symbolik «Kleidung» an «Persona» denken. Jolande Jacobi interpretiert einmal einen Mantel als Symbol der «Persona».[27] Stein nennt die «Persona» eine «psychische Haut zwischen Ich und Welt»[28].

Das Jungsche Konzept der «Persona» ist am ehesten dem vergleichbar, was wir umgangssprachlich unter ‹soziale Rolle› verstehen. Es ist psychischer Komplex, der Resultat der psychischen Gewalt sein kann, die sich ein Individuum selbst antut, um in das gültige Raster seines Umfeldes zu passen. Die Persona kann auch das Produkt der Gewalt einer Gesellschaft sein, die einen Menschen auf das Gespinst ihrer engen Erwartungen dressiert. Die Identifikation mit jeder Form einer dem Individuum nicht angemessenen Prägung der Persona reduziert auf genau das Spektrum, das das Gewebe dieser Persona zulässt. Die «Persona» kann jedoch für ihren ‹Träger›, ihre ‹Trägerin› auch anders wirken. Dazu Stein: «Eine voll entwickelte Persona weist ein so breites Spektrum auf, dass sie nicht nur die sozial erwünschten Aspekte der Persönlichkeit verkörpert, sondern daneben auch echt und plausibel ist.»[29]

Die Persona gilt als hoch plastisch.[30] Sie kann sich mit jeder Entwicklungsphase transformieren, falls das Ich in der Lage ist, gewohnte Muster zu modifizieren.

Was trägt dieses Konzept für das Verständnis von Aschenputtels Geschichte aus? Ist das Märchen nicht schon aufgrund seiner Bilder, die ich im Folgenden rekapituliere, eindrücklich genug?
Staub und Asche verschmutzen im Lauf ihrer Arbeit die alten Kleider dieses Mädchens. Sie muss den Spott ihrer Schwestern ertragen. Sie genügt nicht den modischen Standards. Sie erleidet ‹Beziehungsaggression› (Bischof-Köhler).

All das mag für Aschenputtel einnehmen. Daraus muss sich jedoch noch kein Respekt für Aschenputtel entwickeln. Man kann diese Geschichte ja auch lesen, als ginge es dabei allein um geschwisterliche Rivalität und die Rückeroberung eines hohen sozialen Status. Für mich aber ist Aschenputtel nicht ein oberflächliches Geschöpf, das seine weiblichen Reize schliesslich nur effektiver einsetzt als die Schwestern.

---

[27] Vgl. Jolande Jacobi: Symbole auf dem Weg der Reifung, S. 286f., in: Carl Gustav Jung u.a.: Der Mensch und seine Symbole, S. 272–315.

[28] Murray Stein: C.G. Jungs Landkarte der Seele, S. 145.

[29] A.a.O., S. 145.

[30] Vgl. a.a.O., S. 150.

Lese ich die wiederholte Auseinandersetzung mit dem Thema «Kleidung» in Aschenputtel mit einer «tiefenpsychologischen Brille», dann eröffnet sich mir noch eine andere Dimension der Geschichte. Den «alten grauen Kittel», den Aschenputtel zugewiesen bekommt, verstehe ich nun als Symbol für ein internalisiertes Muster, das die Realisierung des eigenen Potenzials nur in begrenztem Umfang zulässt. Grau und unsichtbar wird Aschenputtels Tun, solange sie unter der Dominanz dieser diskriminierende Persona steht. Depressiv wirkt sich die zur Selbstbewertung gewordene Fremdbewertung als «Aschenputtel» aus.

Grau ist allerdings auch eine Schutz- und Tarnfarbe. Während man grau wirkt, kann sich unter der unscheinbaren Oberfläche ein neues Potential herausbilden. Ein Küchen- und Hausmädchen hat sich mit den Resten auseinanderzusetzen, von denen man in der Beletage nichts wissen will. Es bereitet zudem Mahlzeiten zu, entscheidet also, was schädlich und was nahrhaft ist. Diese Arbeit in der Grauzone kann das Bewusstsein für die Felder schärfen, die zum Tod oder zum Leben führen.

Grau ist zudem eine Übergangsfarbe. In der christlichen Tradition verweist sie letztlich auf die Auferstehung. Auf Darstellungen des Jüngsten Gerichts etwa, das als Zwischenzeit zwischen altem und neuem Äon gilt, ist Christus mit einem grauen Mantel zu sehen.[31]

Aschenputtel nun ist auf die sie selbst einengende und entwertende Form der Persona nicht fixiert. Im Schutz der Unsichtbarkeit hat sie offenbar ein Gespür für ihre Kraft entwickelt und will diese auch zur Geltung bringen. Internalisierung ist hier nicht mit Identifikation gleichzusetzen. Aschenputtel weiss, dass sie mehr ist als Staub und Asche. Sie ist auch Gold und Silber. Dreimal ruft sie: «Bäumchen, rüttel dich und schüttel dich, wirf Gold und Silber über mich.»[32] Aschenputtel will nicht länger getarnt bleiben, sondern auch mit ihren Talenten glänzen.

Zur Bedeutung des Glanzes formuliert der Märchenforscher Max Lüthi: «Krone und Prachtkleid [...] lassen den Glanz, das Licht der im Inneren erreichten hohen Vollendung sichtbar werden. [...] Gold ist [...] für das allgemeine menschliche Empfinden Repräsentant einer hohen menschlichen und kosmischen Vollendung.»[33]

---

[31] Zur Farbe Grau in der christlichen Symbolik siehe Klementine Lipffert: Symbol-Fibel, Kassel 1956, S. 76.

[32] Vgl. Brüder Grimm: Kinder- und Hausmärchen, S. 137–144.

[33] Max Lüthi: Es war einmal ..., Göttingen [6]1983, S. 107.

Silber hingegen gilt als Sinnbild der Reinheit und wird in der christlichen Tradition mit Maria und dem Mond in Verbindung gebracht.[34]

Zur Vollkommenheit der Heldin gehört, dass sie nicht nur im Gold der Sonne aufstrahlt, sondern auch Kontakt zum nächtlichen Silbermond hat. C.G. Jung kommentiert den Traum einer Frau von einem gold-silbrigen Fisch so: «Das Silber und das Gold des Fisches bezeichnen [...] das Weibliche und das Männliche, also den hermaphroditischen Aspekt des Fisches [...]»[35]

Übertrage ich diese Deutung der Färbung auf die Aschenputtel-Story, so scheint mit den glänzenden Festkleidern der Protagonistin auch eine neue innere Verbindung von so genannten ‹weiblichen› und ‹männlichen› Seiten gegeben zu sein. Die Lust am prachtvollen Kleid mag mit der Freude an der eigenen Attraktivität zu tun haben; sie ist darüber hinaus Ausdruck von persönlichen Wachstum.

Kleider dienen also nicht immer nur dem schönen Schein. Sie können auch zur Geltung bringen, was wirklich in einem steckt. Ein gut sitzendes und schönes Kleid – Symbol einer adäquaten Persona – kann den Weg der Selbstentfaltung zum Ausdruck bringen, den ein Mensch geht.

Aschenputtel übrigens klebt nicht am Festgewand. Sie muss mehrfach üben, sich davon zu trennen. Sie muss wiederholt in den alten Kittel zurück. Am Ende trägt unsere Heldin wohl ein Brautkleid. Aber dessen Pracht wird nicht einmal mehr erwähnt. Prinzessin Aschenputtel hat sich als Mensch entpuppt, der über seiner schönen Schale steht.

Ich selbst vermag Aschenputtels innerpsychische Arbeit hin zur Prinzessin erst wirklich zu würdigen, wenn ich die grauen und die strahlenden Kleider von Aschenputtel als Ausdruck von Emanzipation, ja von Individuation verstehe. Aschenputtels Entwicklung geht von einer sichselbstentwertenden und nur an persönlichkeitsfremde Normen angepassten Kommunikationsform zwischen «Ich» und «Welt» hin zu einem selbstbewussten und sich selbst respektierenden, offenen Austausch mit dem Leben. Der Kleiderwechsel symbolisiert einen Innenweg voll Leid und Leidenschaft.

---

[34] Vgl. Klementine Lipffert: Symbol-Fibel, S. 78.

[35] Carl Gustav Jung: Aion. Beiträge zur Symbolik des Selbst [Gesammelte Werke, Bd. 9/2], Düsseldorf 1995, S. 164.

Aschenputtel und Königssohn gehen zur Kirche

«Als nun die Brautleute zur Kirche gingen […]»[36], heisst es in der Schlussszene des Märchens. Aschenputtel ist nun nicht mehr allein. Tauben sitzen auf ihren Schultern, der Prinz ist an ihrer Seite, die Schwestern suchen, sich in ihrem Glanz zu sonnen.

Bisher habe ich die Story dieser Märchenheldin als die einer starken Frau erzählt, die eben nichts mit dem Klischee einer allein von königlicher Rettung abhängigen verkannten Schönheit gemein hat. Aschenputtel arbeitete sich durch den Schmutz ihres Familiensystems hindurch und erlaubte sich auch Tränen. Sie pflegte die Erinnerung an die liebevollen Augen ihrer Mutter, die ihr einst versprochen hatte: «[I]ch will vom Himmel auf dich blicken.»[37] Am Ende kann Aschenputtel alle Tarnung aufgeben und in ihrer Kompetenz, lösungsorientierte Wege zu finden, aufstrahlen. Sie wird allerdings auch nicht zur Self-made-Frau.

Neben den Vögeln, die Aschenputtels Begabungen (Intelligenz und Phantasie) symbolisieren könnten, ist die Hilfe des Prinzen entscheidend, der so beharrlich nach seiner Tänzerin sucht. Der Königssohn ist ihr ebenbürtig, was sich z.B. an seiner Idee zeigt, die Treppe mit Pech zu bestreichen. Dieser Prinz kennt ebenfalls Not, muss er doch lange Zeit eine vergebliche Suche ertragen. Anders als Aschenputtel leidet er jedoch nicht ohnmächtig. Er kann Aschenputtels Vater allein durch sein Wort dazu bewegen, Aschenputtel in die oberen Stockwerke des Hauses zu holen.

Es gibt zweifellos Parallelen zwischen Aschenputtel und ihrem Prinzen, wozu übrigens auch zählt, dass beide auf den Beistand jener Vögel angewiesen sind, die mehr sehen als sie selbst. Die Unterschiede zwischen beiden beginnen, wo es um den sozialen Status bzw. die damit verbundene Macht geht. Der Prinz verfügt über einen Handlungsspielraum, der ihm Wirksamkeit erlaubt, wo er mit Leid konfrontiert ist. Er spricht ein Wort und die Treppe ist mit Pech bestrichen.

Wenn Aschenputtel allein von einem solchen Königssohn wüsste, der sein Leid doch auf einem ganz anderen Hintergrund erlebt, so würde sie nur von Beziehungen wissen, in die Hierarchien eingeschrieben sind. Nun sehen aber beide – Aschenputtel und ihr Bräutigam – (so meine Phantasie) in der Kirche eine andere Gestalt. Ich stelle mir jedenfalls vor, da ist irgendwo auch ein Kruzifix. In der Kirche werden sie an den erinnert, der ohnmächtig Angst und Pein erlitt. Der mag

---

36 Brüder Grimm: Kinder- und Hausmärchen, S. 144.
37 A.a.O., S. 137.

ihnen den Horizont öffnen, denn dieser Erlöser rettet nicht als ein Externer jenseits aller Ohnmacht. Er stärkt den «Lebensmut»[38], ein radikales Vertrauen in das Leben, weil er selbst, ausgeliefert und verwundbar, in der Angst nicht unsichtbar unterging. Hans Joas schreibt zu einem solchen Vertrauen: «Der Christ erwartet Trost und Hilfe in der grössten Bedrängnis nicht einfach von einem starken Helfer, der, als er selbst verfolgt wurde, seine Feinde einfach mit übermächtiger Kraft niedergestreckt [...] hätte. Der Christ wendet sich vielmehr an einen, der selbst die Todesangst ganz durchlitten hat, und findet seinen Trost darin.»[39]

Vielleicht sind die Brautleute, die am Ende des Märchens zur Kirche gehen, solche Christen, die sich Gott in dem Wissen anvertrauen, dass Gott selbst eine absolut nicht privilegierte Existenz durchschritt. Vielleicht.

Die beiden haben sich jedenfalls nicht zu «Supermenschen» entwickelt. Sie scheinen ja blind für das, was Aschenputtels Schwestern am Ende erleben. Genau damit bleiben sie bedürftig. Aschenputtel und ihr Prinz brauchen, wollen sie nicht im Blick füreinander gefangen bleiben, einen, der ihnen die Augen weiter öffnet.

Aschenputtel, Flaneur, Jesus

Lieber Albrecht, um die Rehabilitation von Aschenputtel ging es mir, wie es Dir um die Rehabilitation des Flaneurs ging. Ich plädiere für Aschenputtel, die den Exodus aus ihren Grauzonen wagt, denn ihr Leben steht auf dem Spiel. Sie gibt am Ende den tarnenden Schmutz auf. Sie lässt sich berühren, wird erkennbar und tanzt glänzend mit dem Königssohn. Diese Art des aktiven Interesses am Leben wünsche ich mir für jede Kunst des Lebens.

Ich wünsche es mir auch für die Theologie. Attraktive Theologie kann sich m.E. nur entwickeln, wenn ihren Autoren und Autorinnen bewusst ist, dass ihre wissenschaftliche Arbeit sie auch persönlich tangiert.

Übrigens hatte die Theologie, mit der ich aufwuchs, noch etwas von einem Aschenputtel, präsentierte sie sich doch vorwiegend als Mahnerin, die am Rand der Gesellschaft auf das verwies, was jene

---

38 Vgl. dazu: Hans Joas, Braucht der Mensch Religion?, in: Ders.: Braucht der Mensch Religion? Über Erfahrungen der Selbsttranszendenz, Freiburg 2004, S, 11–62, hier: S. 29f.

39 Ebd.

verbockte. Vielleicht hat sich die Theologie, die Kirche lange Zeit allein mit dem ihr auch zugeschobenen Büssergewand identifiziert.

Die Theologie hat sich – zum Teil vielleicht dank ihrer wachsenden Feminisierung – in den letzten Jahrzehnten auch transformiert zu einer Theologie des Empowerments. Sie wagt erfolgreicher, was in ihr steckt. In Kopenhagen (Juni 2008) fiel mir während eines homiletischen Kongresses zur Frage «In search for meaning: does preaching make a difference?» auch ein neues Selbstbewusstsein mancher Fachleute für die Kommunikation von Religion im kirchlichen Kontext auf.

Auf die Frage jener Juni-Woche 2008 fand ich zwar noch keine Antwort, aber spätestens nach unseren Streifzügen durch Kierkegaards Stadt ist mir bewusster, dass weder Aschenputtel noch Flaneur den gesuchten Unterschied ausmachen.

Aschenputtel und der Flaneur, zwei Repräsentanten für die Wege der Theologie, sind beide wegen eines Lebens jenseits schmerzhafter Fixierung unterwegs. Aber beide, die Märchenfigur und der literarische Protagonist, brauchen den, von dem Heilige Schriften erzählen: Jesus.

Das klingt fromm. Und kommt doch nur aus meiner Sehnsucht nach einem Bezirk, der Gewohntes unterbricht oder überschreitet. Da sollten Beziehungen, die von Hierarchien oder Privilegien geprägt sind, keine Rolle mehr spielen. In diesem Bezirk des «Dazwischen» oder des «Darüberhinaus» brillieren die Besonderheiten.

Hans-Günter Heimbrock

HANNS GUCK-IN-DIE-LUFT

Die Geschichte vom Hanns Guck-in-die-Luft.

Wenn der Hanns zur Schule ging,
Stets sein Blick am Himmel hing.
Nach den Dächern, Wolken, Schwalben
Schaut er aufwärts, allenthalben:
Vor die eignen Füße dicht,
Ja, da sah der Bursche nicht,
Also daß ein Jeder ruft:
„Seht den Hanns Guck-in-die-Luft!"

Kam ein Hund daher gerannt;
Hännslein blickte unverwandt
In die Luft.
Niemand ruft:
„Hanns! gieb Acht, der Hund ist nah!"
Was geschah?
Pauz! Perdauz! — da liegen zwei!
Hund und Hänschen nebenbei.

(21)

1. Bilderbuch-Theologie

Die Formel von der Praktischen Theologie als «Wahrnehmungswissenschaft» ist inzwischen standortübergreifend im Gebrauch. Der genauere Blick auf die Wirklichkeit soll dabei der Steigerung der Wirkungen des eigenen Handelns dienen. Dort, wo das Programm der «Wahrnehmungswissenschaft» nicht nur als Reduktion von «Denken» auf «Gucken» missdeutet wurde, sind mancherlei Anstrengungen unternommen worden, der Eigenart einer theologie-tauglichen Wahrnehmung auf die Spur zu kommen. Dabei wurden in der Regel schwere theoretische Geschütze aufgefahren, ob Rezeptionsästhetik, ob Husserls Lebensweltkonzept, Schütz' Sozialphänomenologie oder Maurice Merleau-Pontys leibphänomenologischer Wahrnehmungsbegriff.[1] Formeln wie diejenige vom «schrägen Blick»[2] hielten über Bernhard Waldenfels und Henning Luther Einzug in die Praktische Theologie, prägten die Debatte und sind inzwischen mancherorts im Gebrauch wie weiland fett gedruckte Luther-Zitate in Festreden von Oberkirchenräten.

Wer sich selbst an dieser Anstrengung beteilig hat, darf auch von ihr ironischen Abstand nehmen. Dazu lädt mich das Programm der Festgabe für Albrecht Grözinger ein, in der Flaneure und Spaziergänger theologisch zu Ehren kommen sollen. Gehört zur «Kunst der Wahrnehmung»[3] auch die Kunst des Spazierengehens? Was zeigt sich in der Wahrnehmung dieses Phänomens? Wie geht eigentlich ein Praktischer Theologe? Einer, der seine Arbeit im Horizont von Wahrnehmung und im Hin-Blick auf Alltag betreibt?

An anderer Stelle habe ich den Habitus des Detektivs zur Erläuterung von praktisch-theologischer Wahrnehmungswissenschaft gebraucht. Wahrnehmungswissenschaft zielt u.a. auf einen Prozess, bei dem sich *ein Mensch auf den Weg macht* wie ein Detektiv. Der sucht nach etwas, das er noch nicht kennt, Religion im Alltag, die er noch nicht aus dem Schulbuchwissen der gelehrten Theologie kennt. Und in diesem Suchprozess ist Sensibilität erforderlich, Beteiligung der Sinne, die

---

1 Maurice Merleau-Ponty: Phänomenologie der Wahrnehmung, München 1966.

2 Bernhard Waldenfels: Im Labyrinth des Alltags, in: Ders.: In den Netzen der Lebenswelt, Frankfurt a.M. ^{2}1994, S. 153–178; Henning Luther: Religion als Weltabstand, in: Ders: Religion und Alltag. Bausteine zu einer Praktischen Theologie des Subjekts, Stuttgart 1992, S. 22ff.

3 Albrecht Grözinger: Praktische Theologie als Kunst der Wahrnehmung, Gütersloh 1995.

sprichwörtliche Spürnase. Es geht darum, die Augen und Ohren aufzusperren, um Wahrnehmungen gerade auch von übersehenen Kleinigkeiten zu ermöglichen, die Religionshaltigkeit des Alltags neu zu entdecken. Erforderlich sind neben den offenen Sinnen freilich auch ein wacher Geist, Kombinationsgabe, kognitive Leistungen, detektivische Kleinarbeit, um die Einzelwahrnehmungen zu einem sinnvollen Ganzen zusammenfügen und in Kohärenz bringen zu können. Spurensuche meint empirisch-theologisch einen Habitus, eine bestimmte Aufmerksamkeit auf die Welt, die nicht vom Gestus des Wissens lebt, sondern nach etwas sucht, was man noch nicht kennt, die aber dennoch kein planloses Umherirren ist.

Doch nicht Sherlock Holmes oder Kurt Wallander sollen hier als Anreiz zu theologischen Spaziergängen genutzt werden, sondern ich bediene mich – selbstverständlich fernab von allem Lokalpatriotismus – einer genuinen Frankfurter Gestalt. «Wenn der Hanns zur Schule ging, stets sein Blick am Himmel hing.» So beginnt eine der berühmtesten Spaziergängergeschichten der deutschen Literatur. Sie steht in einem aus Frankfurt abkünftigen und bis heute weit verbreiteten Kinderbuch, dem «Struwwelpeter» von Dr. Heinrich Hoffmann. Im Jahre 1844 schrieb und zeichnete der Frankfurter Stadtphysikus und Nervenarzt seinem dreijährigen Sohn als privates Weihnachtsgeschenk diese Bildergeschichte. 1847, in der fünften Auflage, enthielt die inzwischen zum Bestseller avancierte und gedruckte Sammlung von Geschichten erstmals neben der vom Fliegenden Robert auch die von jenem unglücklichen Hanns. Darin ist in Szene gesetzt, wie ein Junge sich auf den Weg zur Schule macht, beständig in die Luft schaut, über einen Hund stolpert und schliesslich ins Wasser fällt. Zwei Männer ziehen ihn heraus. Am Ende steht er triefnass als ein Häufchen Elend da.

In dieser Geschichte kommt allem Anschein nach weder das Spazierengehen noch das Schauen gut weg. Viele urteilten so:

> «Hanns ist der typische Träumer, der seinen Gedanken nachhängt, seine Umwelt kaum wahrzunehmen scheint und von einem Unglück ins andere gerät.» [4]

Auf den ersten Blick ist sie dann auch eine moralische Geschichte aus dem Genre der «Schwarzen Pädagogik»[5], abkünftig aus kleinbürgerlich-enger Moralerziehung des 19. Jahrhunderts, von der fast alle, die

---

4 So urteilt Klaus Schüttler-Janikulla: Struwwelpeter-ABC für Erwachsene, Frankfurt a.M. 1988, S. 177.

5 Katharina Rutschki (Hg.): Schwarze Pädagogik. Quellen zur Naturgeschichte der Erziehung, Berlin u.a. 1977.

als Kinder damit konfrontiert wurden, als Erwachsene ja doch immer schon wissen, dass wir so nicht mehr erziehen wollen können. Eine Geschichte, welche sinnliche Wahrnehmung als Grundhaltung des Phänomenologen so madig zu machen scheint, dass man meinen möchte, aus ihr lasse sich für phänomenologisch orientierte Praktische Theologie nun wirklich nichts gewinnen. So sprichwörtlich der «Struwwelpeter» zum Anti-Typus einer aufgeklärten menschlichen Grundhaltung geworden ist, so wenig sind Hoffmanns Kinderbücher für Theologen von Interesse gewesen. Religion und Kirche kommen in Hoffmanns Bilderbüchern beinahe nicht vor,[6] was seine Texte nicht vor pfäffischen Deutungen zu schützen vermochte. Aber was eine «Struwwelpeter-Theologie» nur sein kann, schien immer schon klar. Der Darmstädter Theologe Karl Dienst hat das denn auch schon vor längerem so zusammengefasst: «Die Tugenden, die Dr. Hoffmann vermitteln möchte, gelten unter uns als ‹säkular›; die hier vermittelte Ethik braucht kaum die Religion. Was zum Guten dient, versteht sich aus Alltagswissen und Erfahrung.»[7]

Wohin führt die Geschichte von «Hanns Guck-in-die-Luft» den, der nicht literatur-, erziehungs- oder politikwissenschaftlichen Analysen auf der Spur ist?[8] Der nicht den symbolisch verschlüsselten Vaterkonflikt des Autors ans Licht bringen will.[9] Der vielmehr als praktisch-theologischer Spaziergänger mit der Wahrnehmungsschärfung zugleich gerade auch auf Alltagswissen und Erfahrung setzt? Und das Ganze durch das Medium des Bilderbuchs annähert? Schauen wir doch hin! Die Liebe zum Detail ist in dieser knappen Bildergeschichte vom Autor in allen Einzelheiten praktiziert. Gehen wir ihr nach, hier wenigstens in Gedanken. (Den geneigten Leserinnen sei anempfohlen,

---

6 Als einzige Ausnahme käme m.W. das Buch Heinrich Hoffmanns «Im Himmel und auf Erden». Herzliches und Scherzliches aus der Kinderwelt, Frankfurt a.M. 1858 in Betracht, in welchem es immerhin von Engeln nur so wimmelt, fleissigen, versteht sich.

7 Karl Dienst: Eine Struwwepeter-Theologie, in: Wingolfsblätter 108 (1989), S. 155–159; Nachdruck in Ders.: Geschichte und Geschichten. Bildung in der Predigt, Darmstadt 1993, S. 24–29.

8 Aus der Fülle der gelehrten Literatur verweise ich exemplarisch auf Marie-Luise Könneker: Untersuchungen zum Entstehungs- und Funktionszusammenhang von Dr. Heinrich Hoffmanns «Struwwelpeter», Stuttgart 1977; Anita Eckstaedt: «Der Struwwelpeter» Dichtung und Deutung, Frankfurt a.M. 1998.

9 Georg Groddeck: Der Struwwelpeter (Vortrag 1918), in: Ders.: Psychoanalytische Schriften zur Literatur und Kunst, neu ausgewählt und herausgegeben von Helmut Siefert, Frankfurt a.M. 1978, S. 195–219.

den Band aus dem Bücherschrank zu ziehen und sich auch die Bilder vor Augen zu stellen. Es ist auch diese kurze Geschichte ein «Gesamt-Kunstwerk».)

2. In die Luft gucken

> «Wenn der Hanns zur Schule ging, stets sein Blick am Himmel hing. Nach den Dächern, Wolken, Schwalben schaut er aufwärts allenthalben.»

Mit dem Gehen und dem Sehen fängt es an. Sinne und Bewegung werden aktiviert, gut phänomenologisch. Der Held macht die Augen auf und sieht in die Welt, aber hier nicht, um den Über-Blick oder den Durch-Blick zu bekommen. Er sieht nach oben. Für manche überschwänglichen Kommentatoren symbolisiert diese Blickrichtung wahre Höhenflüge, zeigt, wie Kinder «in der Welt des Geistes leben, die ‹oben› ist.»[10]

Hoffmanns Text und Bilder freilich sind etwas nüchterner. Hanns schaut «in die Luft», wie der Titel verheisst. Schaut aber keineswegs «nach innen», wie manche psychologischen Kommentatoren meinten.[11]

Er schaut und geht. Aber er schaut beim Gehen eben nicht vor die eigenen Füsse. Das erscheint unzweckmässig. So kommt man nicht weiter, schon gar nicht in die Schule. Wenn ich einen Wanderweg durch unbekanntes und unwegsames Gelände unternehme, muss ich sehen, wohin ich meine Füsse setze, damit ich nicht mit dem Fuss umknicke. Nicht so der Hanns, «Hännschen blickte unverwandt in die Luft». «Wer den Fernsinn in die Ferne richtet, gar dem Fernweh erliegt, beschwört Gefahren in der Nähe herauf»[12] urteilt aus solcher Perspektive einleuchtend Reinmar Klein.

Den Blick nach oben zu richten, empfiehlt auch die religiöse Dichtung. Die Texte unserer Gesangbuchverse sind voll davon. Der neugierig-erneuerte Blick an den Himmel brachte Weltbilder zum Einstürzen, er wurde zum Ausgangspunkt für die Astronomie der frühen Neuzeit, mit ihrer Bewegung zu neuer «theoretischer Neugier» gegen das Wissen der Alten. Bei Hoffmann ist das aber lange Geschichte geworden.

---

10 So Christa Meves: Der Weg zum sinnerfüllten Leben, Freiburg 1980, S. 47.

11 So auch Christa Meves, a.a.O., S. 48.

12 Reinmar Klein: «Sieh einmal, hier steht er!» Struwwelpeters beschädigte Kinderwelt betrachtet von Reinmar Klein, Frankfurt a.M. 2005.

Was macht Hanns da mit den Augen in Richtung auf den Himmel? Zweifellos sieht er nicht nur Luft, sondern er gewärtigt Phänomene, sieht ein etwas. «Nach den Dächern, Wolken, Schwalben schaut er aufwärts allenthalben.» Das haben Kommentatoren als kindisch- introvertierte Träumerei kritisiert. Die lebenskluge Kritik am unzweckmässigen Verhalten sollte ein paar Kleinigkeiten in der Geschichte nicht über-sehen. Der wohlfeile Kommentar aus dem Off der Geschichte rügt zwar «Also dass ein jeder ruft: Seht den Hanns Guck-in-die-Luft!». Der Held der Geschichte hält es aber eigentlich anders. Er versucht es zumindest, probiert die Beschränkung auf das Nächstliegende zu suspendieren. Sein Blick-Ziel ist im Oben, im Himmel gar. Aber noch wichtiger scheint mir, wie er das macht.

Im ersten Bild wird Hanns nämlich mit hoch gerecktem Kopf und kess ausgreifendem Schritt gezeichnet. Die Haare fliegen. Bei genauerem Hinsehen haben wir gar keinen kindlich-verträumten Spaziergänger vor uns. Das ist nicht «Hanns der Träumer» mit «kindlich poetischem Gemüt» aus E.T.A. Hoffmanns Märchenwelt.[13] Die vom Arzt Heinrich Hoffmann gemalten Bilder zeigen nicht den absichtslos schlendernden, nicht den kontemplativ versunkenen und auch nicht den romantischen Träumer, welcher der Realität entrinnen möchte. Und es wird sogar vermerkt, dass Hanns den Blick auf eigene Rechnung riskiert «Niemand ruft: Hanns gib acht, der Hund ist nah!». Das sollte man festhalten, es steht auch in Spannung zur Behauptung, Hanns laufe «mit festem Schritt in sein Unglück»[14].

Der Autor empfiehlt zumindest visuell nicht absichtloses Gucken, sondern eher Visualität als Aktivität. Also findet schon am Beginn der Geschichte eine wahrnehmungsorientierte Theologie mannigfache und wegweisende «Daten», auch wenn der Held auf Ab-Wege kommt. Literarische Gegebenheiten verweisen hier mit kräftigem Nachdruck darauf, das Gehen und Sehen ernst zu nehmen sind, theoretisch die Unentbehrlichkeit eines Leib-Subjektes, auch wenn unser Held erst auf dem Wege sein mag, solche Subjektivität zu bilden.

---

13 E.T.A. Hoffmann: Meister Floh. Ein Märchen in sieben Abentheuern zweier Freunde, Frankfurt a.M. 1822.

14 Reinmar Klein: «Sieh einmal, hier steht er!», S. 89.

3. Der Fall

Aber die Neugier und alle kreative Wahrnehmung entbinden weder Hanns noch die Praktische Theologie von den harten Grenzen des Alltags. Auch nicht von ihrer Wahrnehmung. Ob man hier Kausalitäten aufstellen und sagen kann: «Weil damals ‹sein Blick am Himmel hing›, musste er mit der irdischen Welt schmerzliche Erfahrungen machen»[15], scheint mir als säkularisierte Ordnungstheologie eher fraglich. Aber es bleibt die Begebenheit: Hanns sieht und sieht doch nicht, nämlich das Wasser vor ihm. Und fällt.

[15] A.a.O., S. 88.

Einer will hoch hinaus und fällt tief. Das Bild ist so sinn-fällig wie Alltagsweisheit nur sein kann. Das hätte Hanns ahnen können, wo er doch den Weg zur Schule täglich geht. Und alle haben es kommen sehen, fast alle. Das gefällige Identifikationsmuster, das Hoffmann seinen Leserinnen mit der Geschichte vom Hanns-Guck-in-die-Luft bietet, bringt für den Betrachter kostenlosen Spott, ohne dass man im Lehnstuhl etwas hätte riskieren müssen. Wenn wir heute über solchem Spott mit manchem Kommentar die Keule politischer Kritik an kleinbürgerlicher Denkhemmung schwingen, sollten wir uns aber in Erinnerung rufen, dass das Buch zunächst für Betrachter im Kindesalter bestimmt war. Denen ist das Lachen zu gönnen.

Hanns stürzt schrittweise, erst über den Hund, dann gar ins Wasser. Und da liegt er zeitweise wie eine veritable Wasserleiche. Aber dieses Wasser ist metaphorisch tief. Die Metapher vom Abstürzen reicht in die Tiefen der Philosophiegeschichte, und gerade auch in der ironisch-bespotteten Erzählvariante, denkt man an die thrakische Magd, welche den Philosophen Thales bespottete.[16] Das Bild des Hieronymus Bosch vom Ikarus, der dem Rat seiner Vaters nicht folgte, zu nahe an die Sonne flog und abstürzte, scheint für gebildete Betrachter auf. Da war das antike Fall-Motiv aufgenommen worden, am Beginn der Neuzeit technik-kritisch gewendet. Davon ist beim Hanns nur noch ein Fall aus zwei Meter Höhe in den Main geworden. Aber gleichfalls ein lebensbedrohlicher.

Vielleicht ist der Absturz, der «Fall», deshalb ein durch und durch religiöses Thema, von den ersten Seiten der Bibel angefangen. Wo aber die gelehrte scholastische Dogmatik eine spekulative Auslegung des Menschen zwischen Prädestination und Engellehre bemühte und sich in die Auslegung der Bedeutung von supra- und infra-lapsarisch verstrickte, da geht es in der Geschichte Hoffmanns irdisch und sinnlich-handfest zu. Dennoch bleibt die Story nicht bei der Inventarisierung von empirischen Faktizitäten wie der Schwerkraft und den Folgen des Wassers stehen. Praktisch-theologische Wahrnehmung richtet sich eben nicht nur auf das, «was der Fall ist», sondern verbindet Sinnlichkeit mit Reflexion über das Sichtbare und das nicht Sichtbare.

Am Anfang steht das Staunen. Literarisch gestaltet kommen hier die Zeugen des Falls zur Geltung. Es wird vom Dichter ausdrücklich vermerkt, dass nicht alle einfach nach Schulweisheit mit dem dramatischem Ausgang gerechnet haben: «Und die Fischlein in der Reih', sind *erstaunt* sehr, alle drei.» Staunen, der schräge Blick, die Grundhaltung des Phänomenologen, vermerke ich mit Betonung.

---

[16] Hans Blumenberg: Das Lachen der Thrakerin, Frankfurt a.M. 1987.

4. Glück im Unglück

Kluge Köpfe haben schon vor längerem darauf aufmerksam gemacht, dass die Geschichte vom Hanns Guck-in-die-Luft innerhalb der ganzen Struwwelpeter-Serie die einzige mit halbwegs gutem Ausgang ist. Der Held steht zwar als begossener Pudel da, aber er wird gerettet. Alle anderen Geschichten, vom Struwwelpeter über Zappel-Philipp und Paulinchen bis zum Fliegenden Robert gehen dramatisch schlecht aus: Kastration, Tod durch Verbrennen, Ertrinken im Brunnen usw. Nicht so bei Hanns. «Doch zum Glück, da kommen zwei Männer aus der Näh' herbei. Und die haben ihn mit Stangen aus dem Wasser aufgefangen.»

Hanns Guck-in-die-Luft ist nicht gerade Hans im Glück. Und doch kommt das Wort «Glück» vor. Der Spaziergang hat ein jähes Ende gefunden. Der verunglückte Held kommt aber bekanntlich wieder auf die Beine. Der Held steht da wie am Pranger, das Wasser läuft triefend an ihm herunter, aber er steht, und zwar durch eine Rettungsaktion. Und jetzt richtet er zum ersten Mal auch den Blick auf die eigenen Füsse und auf die Naturgewalt des Wassers unter ihm, könnte es jedenfalls, wenn er endlich die Augen aufmachen würde.

Aber das Glück ist nur eine flüchtige Episode im Text. Die zwei Männer, die ihn an langen Stangen aus dem Wasser ziehen, sie sind so etwas wie der antike *deus ex machina*. Denn so schnell sie aufgetaucht sind, fast selbstverständlich, auf Abruf, so schnell sind sie dann auch schon wieder verschwunden. Bei genauem Hinsehen zeigt sich, dass auch nur einer wirklich Hand anlegt, der andere guckt nur zu, bleibt im Schauen. Die beiden Männer wenden sich dem Geretteten nach Vollendung der Aktion auch nicht mehr mit Trost (oder mit Vorhaltungen) zu. Das deutet wohl darauf hin, dass hier für den Autor nicht die Pointe der Geschichte liegt. Schon gar nicht eine in theologischer Hinsicht. Der wahrnehmungsinteressierte Praktische Theologe wird sie ohnehin eher in Höhen-Luft und Wasser-Tiefe suchen. Aber er hat eine Ahnung (Mahnung) davon bekommen, dass nicht jedes Schauen zu jeder Zeit gleich praktisch ist.

5. Die Mappe

Von der Mappe war schon die Rede. In der Geschichte gehört eine Schulmappe zu den Insignien dieses Spaziergängers, mit kräftigem Federstrich gezeichnet und vom Dr. Hoffmann karminrot angemalt. Sie fehlt in keinem der Bilder, ist der unabdingbare Begleiter durch die fünf Episoden, für den alltagspraktisch orientierten Betrachter sozusagen die Ordnung stiftende Macht, Artikulation des Selbstverständlichen, des Schulwegs. Was in ihr steckt, ist nicht der Rede wert, wir als Praktische Theologen und Theologinnen wissen es ja immer schon.[17] Hanns jedenfalls wollte sich mit seiner Art Spaziergang der Unausweichlichkeit der Schulmappe wenigstens probeweise entziehen. Allerdings hat er sie auch nicht einfach zu Hause liegen lassen, «vergessen» oder was dergleichen mehr Verdrängungsleistungen sein könnten.

Und nun dieses blamable Resultat!

> «Eigentlich schade. Da hat sich nun jemand vom Alltäglichen losgelöst. Sein bisher erworbenes Wissen trägt er zwar in der roten Mappe mit sich, vergisst es aber vollständig angesichts des Neuen, das da im ‹blauen Himmel› ihm vor-schwebt. Und jetzt erweist sich plötzlich das Nach-Schweben als schwierig.»[18]

Das Ende vom Lied scheint klar: Dem Hanns schwimmt über den Fall schliesslich die Mappe weg: «Und die Mappe schwimmt schon weit», ist die letzte Zeile der Geschichte. In der ursprünglichen Version war sie noch zum Übersehen klein gezeichnet. Das uns bekannte Schlussbild verfährt anders: Die Mappe «treibt aus dem Bild hinaus, wird aber mit einem zeichnerischen Kunstgriff, der Schraffierung, zurückgeholt».[19]

Eine ethisch interessierte Deutung wird vielleicht urteilen, dass für den Helden der Geschichte auch der Verlust der Mappe eine Art Strafe darstellt.[20] Andere haben auf zumindest eine «Spur von Utopie» verwiesen.

---

[17] Und psychoanalytisch orientierte Interpretation der Geschichte wusste es auch immer schon, Groddeck schloss von der Farbgebung auf ein Sexualsymbol des Mütterlichen: «[S]ymbolisch scheint Rot immer dasselbe auszudrücken.» G. Groddeck: Der Struwwelpeter, S. 216.

[18] U. Wiedmann: Vom Erhabenen und vom Lächerlichen. Ein paar Bemerkungen zu Hanns Guck-in-die-Luft, in: Struwwelpost 3 (1997), S. 12.

[19] Reinmar Klein: «Sieh einmal, hier steht er!», S. 87.

[20] So die Deutung bei Marie-Luise Könneker: Untersuchungen zum Entstehungs- und Funktionszusammenhang von Dr. Heinrich Hoffmanns «Struwwelpeter», S. 133.

«Während Hanns ins Wasser fällt und auf den Boden der Tatsachen zurückgeholt wird, entschwindet das Werkzeug und Symbol seiner am Realitätsprinzip orientierten Tätigkeit am Horizont [...]»[21]

Solcher Ausgriff auf die Weltjenseitigkeit verträgt sich mit einem emphatischen Wahrnehmungsbegriff allemal, scheint Adorno und Husserl kongenial zu verbinden.

Aber auch hier haben wir uns an der Widerständigkeit der Gegebenheiten zu reiben. Im letzten Bild hält Hanns die Augen geschlossen, nimmt die Chance zur Wahrnehmung des Nahen nicht wahr. Zu gross dürfte die Schande sein. Kommt man von der Utopie auf die Erde zurück, so scheint mir wiederum ein Detail bemerkenswert. Während Hanns am Beginn der Geschichte derjenige ist, der sich bewegt, gehenderweise, steht er am Ende «auf dem Boden der Tatsachen» – die Mappe der Schulweisheit jedoch, zu Beginn fest unter den Arm des Helden eingeklemmt, kommt im Verlauf der Geschichte in Bewegung. Das möchte ich für die Praktische Theologie uneingeschränkt als hoffnungsvolles Zeichen lesen.

Fazit

Mit diesen knappen Skizzen muss es hier sein Bewenden haben, ein DFG-Projekt zu empirisch-theologischer Forschung wäre sicher dringendes Desiderat. Mit meinen Anmerkungen ist die Geschichte des Frankfurter Spaziergängers natürlich weder phänomenologisch noch theologisch ausgeschöpft. Es fehlen Analysen zu so bemerkenswerten Phänomenen wie dem Hund oder den drei Fischen, die den Helden wie ein antiker Chor begleiten – staunend, erschreckend und lachend. Auch andere Phänomene der Trias, etwa die drei Vögel am Himmel, wurden hier zwar nicht über-sehen, aber doch übergangen. Und wer genauer hingesehen hat auf die Zeichnungen, wird vielleicht gar Kommentare zu den überdeutlich gezeichneten Schnörkeln der beiden ersten Szenen vermissen.

«Und die Moral von der Geschicht?» So darf man als empirischer Theologe natürlich gar nicht fragen. Empirie und Normativität sind, das zeigt auch diese Geschichte, so komplex ineinander verschlungen, dass platte Differenz von Daten und Interpretation einem komplexen Wahrnehmungsbegriff weichen müssen. Auch das wäre weiter auszu-

[21] Dieter Richter; Jochen Vogt (Hg): Die heimlichen Erzieher. Kinderbücher und politisches Lernen, Reinbek 1974, S. 23.

arbeiten. Deutlich geworden sein dürfte in empirisch-theologischer Wahrnehmung, welch elementare Begegnungen mit den Elementen auch ein Spaziergang mitunter zu bieten hat. Und überdeutlich wurde zumindest für mich, wie viel Theologie man im Spaziergang inszenieren kann, wenn man als aufmerksamer Betrachter nur mit-geht. Wahrnehmungwissenschaft und Wahrnehmungskunst der Praktischen Theologie berühren sich hier aufs Engste.

Weiter: Spaziergänge mit Kontakt zur Höhenluft sind riskant, aber unerlässlich, in der Wissenschaft ebenso wie im Leben. Was methodisch neutral als Fallgeschichte beginnt, endet mitunter in einer Fall-Geschichte. Der Praktischen Theologie als Wahrnehmungswissenschaft tut jedenfalls im Sinne Henning Schröers die Phänomenologie mit «Höhenluft der Theorie» gut, weil genau die an die «Erdenschwere der Praxis»[22] zurückverweist. Spaziergehen muss nicht in allen Schritten dem Hanns Guck-in-die-Luft folgen. Gleichwohl sind Spaziergänge durch Gebrauchspoesie mehr als unterhaltsam.

P.S.

Obwohl der phänomenologische Zugang zur Wahrnehmung auch für Praktische Theologen unabdingbar an reflektierte, und eben nicht ausgeklammerte Subjektivität gekoppelt ist, muss ich mir an dieser Stelle versagen, näher auf den Namen Hanns einzugehen. Schliesslich hiess der Patenonkel, dem ich einen Teil meines eigenen Vornamens verdanke, Hans auch nur mit einem N.

---

[22] Henning Schröer: Höhenluft und Erdenschwere. Alltagsorientierte Religionspädagogik oder Rückkehr zur Phänomenologie?, in: EvErz 36 (1984) S. 618–625.

Hans-Ulrich Gehring

Der Flaneur geht ins Kino

Siegfried Kracauers Filmtheorie und die Praktische Theologie

Lehrt der Gang ins Kino eine eigene Art der Achtsamkeit? Wären hier Fundstücke zu heben für eine Praktische Theologie, die sich als ‹Kunst der Wahrnehmung› versteht, Fragmente gar einer ‹religiösen Lebenskunst›? Ich mache mich auf den Weg und werde unterwegs Anleihen an einer der profiliertesten Filmtheorien des 20. Jahrhunderts nehmen. Mein Ausgangspunkt und Erfahrungshintergrund sind zum einen eigene Kinobesuche, zum anderen eine mehrjährige Praxis von Filmgottesdiensten, die gehaltvolle Kinoproduktionen mit biblischen Traditionen zu konstellieren versuchen. Ich frage deshalb auch nach dem Anregungspotential, das Kino und Film für die kirchliche Praxis und die Praktische Theologie enthalten. In Art und Fortgang der Darstellung will ich versuchen, mich dem Gegenstand gegenüber mimetisch zu verhalten. Mit harten Schnitten und weichen Überblendungen soll das Folgende selbst gleichsam filmisch montiert sein.

Das Auge des Flaneurs und die filmische Erfahrung – in zweierlei Hinsicht wäre offenbar dieses Verhältnis zu beleuchten: Zum einen der Gang ins Kino, der Kinobesuch, zum anderen die filmische Handlung, der Fluss der Bilder selbst. Wäre beides in der ‹Gangart› des Flanierens zu fassen? Keiner scheint mir dazu auskunftsfähiger und anregender als Siegfried Kracauer.

Kracauer, Soziologe, Schriftsteller, Essayist und Feuilletonist, passionierter Kinogänger und -theoretiker, hat in den 1920er Jahren die (deutsche) Filmkritik zu einem eigenen Genre entwickelt und auf theoretisch anspruchsvolles Niveau gebracht. Immanente Filmanalyse, phänomenologische Wahrnehmung und soziologisch-politische Kritik sind in seinen in die Hunderte gehenden Filmrezensionen untrennbar miteinander verbunden. Allein zwischen 1921 und 1930 werden 499 Texte (vorwiegend für die «Frankfurter Zeitung») verfasst, die auf ca. 740 Filmproduktionen jener Jahre Bezug nehmen. Diese kaum fassbare Fülle an konkretem Material verdichtet sich nach Kracauers Emigration in die USA und angesichts der nationalsozialistischen Diktatur zunächst in der 1947 erschienen Studie «Von Caligari zu Hitler», und bündelt sich dann vor allem in seiner cineastischen ‹Summa›, der «Theorie des Films» von 1960 (dt. 1964).[1]

Der Literaturkritiker Axel Schmitt gibt seiner Rezension der Ausgabe von Kracauers «Kleinen Schriften zum Film» den Titel «Der mikrologische Blick eines engagierten Flaneurs». Das gibt Tenor und Duktus auch meiner Darstellung aufs Beste wieder. Ich wüsste auch kaum eine bessere Charakterisierung der Persönlichkeit und Schriften jenes Praktischen Theologen, dem diese Überlegungen dankbar gewidmet sind!

I. Siegfried Kracauers Filmtheorie

I.1 Der Kinogänger

> «Ist schon die Psychologie des ‹Film-Fan›, d.h. des passionierten Filmliebhabers geschrieben worden? Jedenfalls gehört er nicht zur Menge derer, die in erster Linie zu den gross angekündigten Premieren strömen und nur der Verführungskraft weltberühmter Stars erliegen. Im Gegenteil. Vom Abenteuerdrang der umherschweifenden Kamera beseelt, die gerade das Inoffizielle, Unbeobachtete visiert, liebt auch er es vor allem, aufs Geradewohl durch die Kinos zu schlendern und abseits von der Heerstrasse seine Entdeckungen zu machen. [...] Solche Funde sind das eigentliche Glück des ‹Film-Fan›, der insofern dem wahren Sammler gleicht, als ihm nur die Besitzstücke etwas gelten, die er auf seinen Streifzügen und wie durch Zufall erbeutet hat.» (Werke 6.3, 309f.)

Unschwer lassen sich in dieser Charakterisierung des «Film-Fan» die Züge ihres Autors selbst erkennen. Kracauer schreibt diese im Juni 1940 in der «Neuen Zürcher Zeitung» veröffentlichten Zeilen im Zusammenhang einer Rezension eines französischen Films kurz vor sei-

---

1 Meine Darstellung hält sich vor allem an das späte Hauptwerk, zieht aber auch einige Essays und Rezensionen vor allem aus den 20er Jahre heran. Nicht berücksichtigt ist die ‹Caligari-Schrift›. Zitiert wird nach: Siegfried Kracauer: Theorie des Films. Die Errettung der äusseren Wirklichkeit, Frankfurt a.M. [5]2003, bzw. seine Filmrezensionen nach dem in drei Teilbänden edierten sechsten Band seiner Werkausgabe: Siegfried Kracauer: Werke, hg. von Inka Mülder-Bach und Ingrid Belke, Bd. 6, S. 1–3: Kleine Schriften zum Film, Frankfurt a.M. 2004. Der Einfachheit halber erscheinen die Quellenangaben im Haupttext unter den Stichworten ‹Theorie› bzw. ‹Werke›, gefolgt von der Angabe des Bandes und der Seitenzahl.

ner Flucht aus Paris vor den anrückenden deutschen Truppen. Die teils martialische Metaphorik des Textes spiegelt also seinen Entstehungszusammenhang. Bei aller situativen Bedingtheit enthalten diese Zeilen jedoch auch schon in nuce wesentliche Gedanken der späteren Filmtheorie wie überhaupt des Kracauerschen Grundanliegens: Die Aufmerksamkeit, der Blick, das Plädoyer für das Unbeachtete, Beiläufige, scheinbar Oberflächliche. Kracauers Werk, seine Studien sind als Versuche zu verstehen, in den Randzonen und Niederungen der (Grossstadt-)Kultur, in ihren Bruchstücken, Schattenzonen und Seitengassen, Signaturen der Moderne zu erfassen.

Walter Benjamin, mit dem Kracauer bis zu dessen Tod eine gedankliche und zunehmend auch persönlich-freundschaftliche Nähe verbindet, charakterisiert ihn unter dem bezeichnenden Titel «Ein Aussenseiter macht sich bemerkbar» wie folgt:

> «So steht von Rechts wegen dieser Autor am Schluss da: als ein Einzelner. Ein Missvergnügter, kein Führer. Kein Gründer, ein Spielverderber. Und wollen wir ganz für sich uns in der Einsamkeit seines Gewerbes und Trachtens ihn vorstellen, so sehen wir: Einen Lumpensammler frühe im Morgengrauen, der mit seinem Stock die Redelumpen und Sprachfetzen aufsticht, um sie murrend und störrisch, ein wenig versoffen, in seinen Karren zu werfen, nicht ohne ab und zu einen oder den anderen dieser ausgeblichenen Kattune ‹Menschentum›, ‹Innerlichkeit›, ‹Vertiefung› spöttisch im Morgenwinde flattern zu lassen. Ein Lumpensammler, frühe – im Morgengrauen des Revolutionstages.»[2]

Verrät diese Charakterisierung einiges auch über ihren Urheber, so könnte man umgekehrt in Kracauers Beschreibung des Benjaminschen Programms (in seiner Rezension «Zu den Schriften Walter Benjamins») auch das eigene Anliegen formuliert sehen: Benjamin möchte demnach

> «die der theologischen Kontemplation zukommende Tat der *Rettung* vollbringen. Stets ist es seine besondere Angelegenheit, nachzuweisen, dass das Grosse klein, das Kleine gross ist. Die Wünschelrute seiner Intuition schlägt im Bereich des Unscheinbaren, des allgemein Entwerte-

2 Walter Benjamin, Briefe an Siegfried Kracauer. Mit vier Briefen von Siegfried Kracauer an Walter Benjamin, hg. vom Theodor W. Adorno Archiv, Marbach a.N. 1987, S. 112.

ten, des von der Geschichte Übergangenen an und entdeckt gerade hier die höchsten Bedeutungen.»[3]

Das ist nach Kracauer denn auch das gleichsam ziellose Ziel, das hier und da ihm/ihr zufallende Glück des passionierten Kinogängers – denn zugleich ist dies das ureigene Charakteristikum und Potential des Filmmediums: Im Fluss der bewegten Bilder jene flüchtigen Momente einzufangen, die sich dem Betrachter einbrennen und ihm unverhofft als ‹Beutestücke› zufallen. Und hier, im Bild vom ‹umherstreifenden› Bildersammler, der sich in einer absichtsvoll-unabsichtlichen Weise vom ‹Abenteuerdrang der umherschweifenden Kamera beseelen› lässt, hätten wir auch die Gangart des Flanierens treffend formuliert – in Hinsicht sowohl auf den Kinogänger wie auf den Gang der filmischen Handlung selbst.

Ich gehe ins Kino. Samstagabend. «The Dark Knight», der neue Batman-Film (Christopher Nolan, 2008) – ein Hollywood-Blockbuster, einer der grössten Kassenschlager aller Zeiten. Vor dem Multiplexkino und an den Schaltern der Kinokassen lange Schlangen, vorwiegend jüngeres Publikum. Lärmendes Gedränge. Auf den Monitoren werden Filmtitel, Anfangszeiten und restliche Plätze angezeigt. Alle Plätze sind nummeriert, es sind kaum noch welche frei.

•

Ich gehe ins Kino. Ein normaler Wochentag, spätabends. «Blue» (Derek Jarman, 1993), ein experimenteller Film, in dem über die gesamte Dauer von knapp 80 Minuten hinweg nichts weiter zu sehen ist als eine in tiefes Blau («Ives-Blau») getränkte Leinwand. Das Kommunale Kino in Stuttgart ist einer der wenigen Orte in der Region für solche Filme. Im Foyer reicht mir ein ehrenamtlicher Mitarbeiter das Ticket über die Theke.

•

Rasch die breite Treppe mit dem roten Teppich hinauf, an den Theken für Getränke und Knabberzeug vorbei in den schon abgedunkelten Vorführraum, der mehrere hundert Zuschauende fasst. Dann das Versinken im weichen Klappsessel, in Erwartung der Traumwelt, die sich mir auftun, die mich, so hoffe ich, in ihren Bann schlagen wird.

•

---

3 A.a.O., S. 103. Die Rezensionen der Schriften des jeweils anderen sind dieser Briefedition als Anhänge beigefügt.

Auch hier rasch die Stufen hinauf, ein nüchternes Treppenhaus, das zu einem Vorführraum führt, wenig grösser als ein Klassenzimmer – mit einer Ausstrahlung, die an Schule, bestenfalls Volkshochschule erinnert. Ich nehme auf einem der eher unbequemen, in losen Reihen aufgestellten Metallstühle Platz – als einer von sieben Zuschauenden.

Wer geht schon heutzutage noch ins Kino? Die Preise für Film-DVDs fallen rapide unter dem Druck der im Netz verbreiteten Möglichkeiten zum Kopieren auch aktueller Kinoproduktionen. Videotheken lassen sich fast an jeder Strassenecke finden, grosse Versandunternehmen im Internet liefern leihweise ihren Abonnenten auch ausgefallene Filme zu attraktiven Konditionen frei Haus. Die technischen Möglichkeiten sind inzwischen vorhanden und für viele auch erschwinglich, die eigene Wohnstube zum ‹Kinocenter› auszubauen. Der Hang zur Bequemlichkeit, aber auch Kaufkraftverlust und nachlassende Konsumlust – viele Faktoren schlagen sich in zurückgehenden Zahlen von Kinogängern nieder. Lichtspielhäuser und Filmindustrie klagen über schwindende Besucherzahlen und massive Umsatzeinbrüche. Kann das Medium der bewegten Bilder immer weniger Menschen dazu bewegen, die eigenen vier Wände zu verlassen? Genauer: Hat der Film seine Zukunft noch vor, das Kino die seine jedoch schon hinter sich?

Ich gehe ins Kino: Ein Stuttgarter Vorortkino hat sich den Charme der 1950er Jahre bewahrt und damit sein Nischenpublikum gefunden. Rendezvous unterm Nierentisch: Wer will, kann auf der hölzernen Ablage vor sich das kleine, mit langen Fransen geschmückte Tischlämpchen anknipsen. Kalte Getränke gibt es im hinteren Teil des Kinoraumes an der Theke, der Inhaber bedient selbst. Wer möchte, kann den vorgeführten Film auch vom Tresen aus anschauen: «Into the Wild» (Sean Penn, 2007).

«The Dark Knight»: Ein Film (auch) über das Böse des/im Guten. Spiegelbild einer Gesellschaft, die an ihrem Traum von Sicherheit und Wohlstand für alle – und an der Idee eines politisch-‹messianischen› Gutmenschentums irre geworden ist. Wo viel Licht ist, ist auch viel Schatten. Ein Film also, wie gemacht für die Lichtspielhäuser. Kino: Ein Licht- und Schattenspiel, fast wie im richtigen Leben.

•

«Blue»: Der letzte Film des an AIDS erkrankten, partiell erblindeten Derek Jarman. Eine Meditation über Wahrnehmung, Leben und Tod, ein cineastisches Vermächtnis. «Blue movie»: Bildentzug als letzte Konsequenz des Kinos? Filme: Bewegte Bilder, die immer nur Gewesenes, immer nur schon Vergangenes wiederzugeben vermögen. «Film heisst, dem Tod bei der Arbeit zuschauen.» (Jean Cocteau)

•

«Into the Wild»: Es hat etwas Merkwürdiges an sich, in einem 50er-Jahre-Kino Sean Penns Geschichte von einem, der alles hinter sich lässt, in die Einsamkeit zieht und am Ende darin umkommt, zu verfolgen: Der ‹Ruf der Wildnis›, betrachtet aus der Wohlstandswarte einer Wirtschaftswunderwelt. Kino: Die grosse Illusionsmaschine, die Traumfabrik.

Diesem ‹Traum-Charakter von Filmen› widmet Krakauer eingehende Überlegungen. Grundsätzlich geht er davon aus,

> «dass Filmbilder ungleich anderen Arten von Bildern vorwiegend die Sinne des Zuschauers affizieren und ihn so zunächst physiologisch beanspruchen, bevor er in der Lage ist, seinen Intellekt einzusetzen». Bewegung ist ihm «das A und O des Mediums» (Theorie, 216).

Dieser Sog der bewegten Bilder zieht Menschen in seinen Bann, ihr Ich-Bewusstsein zieht sich zurück und macht einem wachtraumartigen Zustand Platz.

Um diese Wirkung, insbesondere für ein breites Publikum, zu erzielen, muss die ‹Traumfabrik› Hollywood aber auch den Wünschen und Wachträumen der grossen Menge Rechnung tragen. Krakauer nimmt eine enge Beziehung an

> «zwischen ihren Stories und gewissen Wunschträumen, wie sie das breite Publikum zu nähren scheint. In anderen Worten, die Vorgänge auf der Leinwand dürften auf wirklich existierende Träume verweisen und so zu Identifizierungs-Versuchen anregen.» (A.a.O, 223)

Filme bedienen somit individuelle Bedürfnisse und spiegeln damit zugleich gesellschaftliche Verhältnisse. In seinem grossen Essay «Film und Gesellschaft» von 1927 geht Krakauer diesem Wechselverhältnis nach: Um die Gesellschaft zu erforschen, so seine Ausgangsthese,

> «hätte man also den Erzeugnissen ihrer Filmkonzerne die Beichte abzunehmen. Sie plaudern alle ein unzartes Geheimnis aus, ohne dass sie es eigentlich möchten. In der unendlichen Reihe der Filme kehrt eine begrenzte Zahl typischer Motive immer wieder; sie zeigen an, wie die Gesellschaft sich selber zu sehen wünscht. Der Inbegriff der Filmmotive ist zugleich die Summe der gesellschaftlichen Ideologien, die durch die Deutung dieser Motive entzaubert werden.» (Werke 6.1, 311)

In Form dieses ‹kleinen Musteralbums› analysiert Krakauer hier ideologiekritisch und ingeniös (freilich nicht eben gender-sensibel) die Tagträume der ‹kleinen Ladenmädchen› und entwirft auf diese Weise im Spiegel der Filmproduktion ein Panorama der sozialen Lage Ende der 20er Jahre. Seine eigenen Arbeiten als Filmrezensent und Kinokritiker gleichen demnach, so liesse sich sagen, einer Traumanalyse. Sie verdanken sich dem schockartigen Erwachen aus jenem im Kinoraum entstehenden tranceartigen Traumzustand, dem auch der Kritiker sich aussetzen muss, will er die sinnlich-materialen Anmutungen des Films angemessen erfassen.

> Cecilia: «I just met a wonderful new man. He's fictional but you can't have everything!»
>
> •
>
> Tom Baxter: «I was thinking about some very deep things. About God and his relation with Irving Saks and R.H. Levine. And I was thinking about life in general. The origin of everything we see about us. The finality of death. How almost magical it seems in the real world, as opposed to the world of celluloid and flickering shadows.» - Hooker (to another hooker): «Where did you *find* this clown?»
>
> •
>
> Tom Baxter: «I guess I have to get a job.»
> Cecilia: «That's not gonna be so easy either. Right now the whole country's out of work.»
> Tom Baxter: «Well, then, we'll live on love. We'll have to make some concessions, but so what? We'll have each other.»
> Cecilia: «That's movie-talk.»[4]

Kracauer schreibt:

> «Man geht wohl nicht fehl in der Annahme, dass das Kino seine Habitués hat, die es aus einem fast physiologischen Bedürfnis aufsuchen. Sie gehen nicht aus dem Wunsch ins Kino, einen bestimmten Film zu sehen oder angenehm unterhalten zu werden; wonach sie wirklich verlangen, ist, einmal vom Zugriff des Bewusstseins erlöst zu werden, ihr Ich im Dunkel zu verlieren und die Bilder, wie sie gerade auf der Leinwand einander folgen, mit geöffneten Sinnen zu absorbieren.» (Theorie, 218)

So spricht einiges dafür, dass auch in Zukunft das Kino sein Publikum finden wird, die grossen Multiplexe das eine, die kleinen Kinos mit ihren Nischenprogrammen das andere (man wollte es ihnen wenigstens wünschen). Vieles spricht dafür, dass dem ‹Heim›- und ‹Pantof-

4 Filmzitate aus: Woody Allen, The Purple Rose of Cairo (1985).

felkino› eben doch ein Gutteil jener Aura fehlt, die noch immer das besondere Faszinosum des Kinobesuchs ausmacht: Der Eintritt in den anderen Raum, die andere Welt der Lichtspielhäuser.

I.2 Der Kinofilm

> «Von einer filmischen Konstruktion ist in der Mehrzahl der Fälle keine Rede. Wahllos wird zu Vorlagen gegriffen, die nicht im geringsten optisch gemeint sind [...]. Das heisst: der so entstehende Film ist die fortlaufende Illustration eines fremden Textes, während er selbst der zu lesende Text sein sollte. Seine Auftritte folgen sich nach der Anweisung einer Fabel, die unabhängig von ihnen verläuft, nicht aber entwickelt sich die Fabel nach einem in der Bildfolge beschlossenen Gesetz [...]. Ein solches Verfahren beraubt zwangsläufig viele Details ihrer Bedeutung, die das tragende Gerüst eines Films zu sein hätten; denn ist sein Fortgang an eine ausser ihm gelegene Handlung geknüpft, so sind die sie vergegenwärtigenden Bildteile nur ein Zubehör. Damit die optische Einstellung die ihr gebührende Funktion erhielte, müsste sie ein wesentliches Bestandteil der visuell völlig erschöpfenden Handlung sein [...] – [A]ber alle diese Fragmente haben nur einen ornamentalen Sinn, und man könnte sie getrost entbehren, ohne dass der Film an Verständlichkeit verlöre. Sehr zum Unterschied vom richtigen Film, der sofort unverständlich wird oder doch spürbar seine Vollkommenheit einbüsst, wenn ein Bildatom aus ihm herausfällt.» (Werke 6.2, 156f.)

Die Polemik gegen alles ‹Unfilmische› im Film, gegen einen rein illustrativen, «ornamentalen» Gebrauch seiner Bildsprache ist Kracauers *ceterum censeo*. Filme haben ihre eigene Ästhetik, ihre eigene Bildsprache, ihren eigenen Fluss, ihr eigene Gangart – wenn man so will: ihre eigene Narrativität. Gerade dort, wo literarische Vorlagen umgesetzt werden sollen, stellt sich leicht das Missverständnis ein, als könne literarische Textualität filmisch umgesetzt werden, ohne sich den Eigenheiten des Mediums anzuschmiegen. Gute Filme zeichnen sich nach dieser Ansicht vor allem durch die innere Stimmigkeit ihres Bildflusses aus.

Exemplarisch lässt sich die Position Kracauers an seiner Rezension der Verfilmung von Alfred Döblins «Berlin Alexanderplatz» herausarbeiten. Döblins Roman ist für Kracauer insofern eine besonders interessante ‹Vorlage›, weil sie in ihrer dem Grossstadtleben der 20er Jahre mimetisch werdenden, collageförmigen Heterogenität gleichsam selbst ‹filmische Qualitäten› enthält. Umso enttäuschender, so Kracauer, ihre Umsetzung durch Phil Jutzis Kinoproduktion aus dem Jahr 1931:

> «Mit der Feststellung, dass der Allianz-Film Berlin – Alexanderplatz, für dessen Manuskript auch Döblin selber verantwortlich zeichnet, sich kaum über den Durchschnitt unserer Unterhaltungsfilme erhebt, ist nur wenig getan. Wichtiger ist: sich Rechenschaft über die Gründe dieses Versagens abzulegen. Zunächst erklärt es sich daraus, dass man den Roman falsch benutzt. Er ist ein episches Werk, das durch die in ihm angewandte Assoziationstechnik den Bedürfnissen des guten Films mehr als die meisten anderen Prosaerzeugnisse entgegenkommt. Ganze Abschnitte des Buches schlagen sich kreuz und quer durch die Welt, ohne ängstlich an der Fabel zu haften. Sie sind selber die Fabel, die nicht so sehr in einer geschlossenen Handlung als in einem lockeren Schlendern besteht, das mit Recht auf feste Perspektiven verzichtet. Genauso schlendert aber auch jeder Film, der wirklich ein Film ist. Er schöpft seine Spannung aus der Freizügigkeit der Kamera, die nur dann ihre Aufgabe erfüllt, wenn sie bewusst durch das Milieu panoramiert und Stück für Stück die Umwelt herbeiholt. [...] Das Ergebnis ist ein Film, der den Eindruck erweckt, als ob er einen Kolportagestoff verarbeite; während er doch faktisch aus einem Roman, der grosse filmische Möglichkeiten gewährte, in das Schema der Kolportage flüchtet.» (Werke 6.2, 547)

Da hätten wir sie also wieder: Das «lockere Schlendern» des Films, die umherschweifende, sich den Dingen, der Umwelt, dem Milieu aussetzende und all dies einsammelnde, aufbewahrende Kamera. Der spezifisch filmische Umgang mit ‹Wirklichkeit›, die filmische Erfahrung dann auch des Betrachters liegt nach Kracauer im (Kamera-)Auge des Flaneurs. In ihnen liegt das spezifische Potential des Mediums – und seine ihm eigentümliche spirituelle Dimension.

I.3 Das Filmmedium

> «Wenn Film Kunst ist, dann eine solche, die sich von den anderen Künsten unterscheidet. Zusammen mit Fotographie ist Film die einzige Kunst, die ihr Rohmaterial mehr oder weniger intakt lässt. Was an Kunst in Filme eingeht, entspringt daher der Fähigkeit ihrer Schöpfer, im Buch der Natur zu lesen. Der Filmkünstler hat Züge eines fantasiebegabten Lesers oder eines Entdeckers, der von unersättlicher Neugier getrieben wird.

All dies heisst, dass Filme sich an die Oberfläche der Dinge klammern. Sie scheinen umso filmischer zu sein, je weniger sie sich direkt auf inwendiges Leben, Ideologien und geistige Belange richten. […]
Vielleicht ist unsere Situation so geartet, dass wir das sich uns entziehende Wesentliche im Leben nur dann zu ergreifen vermögen, wenn wir uns das scheinbar Unwesentliche einverleiben? Vielleicht führt der Weg heute vom Körperlichen, und durch es hindurch, zum Spirituellen? Und vielleicht hilft das Kino, uns von ‹unten› nach ‹oben› zu bewegen? Es ist in der Tat meine Überzeugung, dass der Film, unser Zeitgenosse, eine definitive Beziehung zu der Epoche hat, in die er hineingeboren ist; dass er unseren innersten Bedürfnissen genau dadurch Rechnung trägt, dass er – zum ersten Mal – die Aussenwelt exponiert und so, nach Gabriel Marcels Worten, unser Verhältnis zu ‹dieser Erde, die unsere Wohnstätte ist›, inniger gestaltet.» (Theorie, 13f.)

Sicherlich liesse sich trefflich darüber streiten, was an diesen im Vorwort zu Kracauers cineastischem Hauptwerk eher tastend und thetisch formulierten Sätzen ein halbes Jahrhundert später epigonal geworden und durch die Weiterentwicklung des Filmmediums, insbesondere durch die Möglichkeiten der Digitalisierung, überholt ist. Hohe Aufmerksamkeit aber darf meines Erachtens noch immer seine Zeitdiagnose und die an sie geknüpfte Aussicht auf die Chancen des Filmmediums beanspruchen.

Die theologischen Anklänge schon im Untertitel seiner Filmtheorie (im englischen Original: «Theory of Film. The Redemption of Physical Reality») sind offenkundig. Kracauer formuliert sie in einer geistigen und gesellschaftlichen Situation, die er als «ideologische Obdachlosigkeit» nach dem «Zusammenbruch umfassender Glaubensinhalte» kennzeichnet (Theorie, 375). Unter dem Einfluss vor allem der so genannten exakten Wissenschaften und einer zunehmend technisch-instrumentellen Zurichtung der Welt leben die Menschen der Gegenwart «nicht nur zwischen den Ruinen alter Glaubensinhalte, wir leben zwischen ihnen bestenfalls mit einem schattenhaften Bewusstsein der Dinge in ihrer Fülle.» (A.a.O., 379)

In diesem Wahrnehmungsverlust kann das Filmmedium dort, wo es seine spezifisch filmischen Möglichkeiten nutzt, die Menschen «sehen lehren» (vgl. a.a.O., 397). Denn das Kino

«kann als ein Medium definiert werden, das besonders dazu befähigt ist, die Errettung physischer Realität zu fördern. Seine Bilder gestatten uns zum ersten Mal, die Objekte und Geschehnisse, die den Fluss des materiellen Lebens ausmachen, mit uns fortzutragen» (A.a.O., 389). Indem es hilft, die «Zahl und Qualität unserer Sinneswahrnehmungen zu vermehren, wird es zu einem mächtigen Ferment der Spiritualität» (400). Vielleicht, so Kracauer schliesslich im «Epilog» seiner Theorie, und wieder in tastenden Worten, «führt der Weg, wenn es überhaupt einen solchen gibt, durch die Erfahrung der Oberflächen-Realität? Vielleicht ist der Film eher ein Tor als eine Sackgasse oder eine blosse Ablenkung?» (A.a.O., 373)

Für Kracauer ist diese besondere Qualität des Filmmediums schon in seinen Ursprüngen angelegt. Mehrfach kommt seine Filmtheorie auf jenen starken Eindruck zu sprechen, den ein eher unscheinbares Naturphänomen den ersten Betrachtern der Bilder Lumieres machte: Das ‹Zittern der im Winde sich regenden Blätter› (vgl. Theorie, 58 und 393), ein Beispiel für jene Epiphanien der kleinen, ansonsten unbeachteten Momente des materiellen Lebens, die der Film aufleuchten zu lassen vermag. Kracauers Insistieren auf dieser Dimension als der eigentlich filmischen Qualität speist sich aber offenkundig auch aus autobiographischen Erfahrungen, aus frühen, ersten Eindrücken des Kinogängers:

«Ich will mit einer persönlichen Erinnerung schliessen. Ich war noch sehr jung, als ich meinen ersten Film sah. Der Eindruck, den er in mir hinterliess, muss berauschend gewesen sein, denn ich beschloss dann und dort, meine Erfahrung zu Papier zu bringen. Wenn ich mich recht erinnere, war dies mein erstes literarisches Projekt. [...] Der Titel lautete: ‹Film als Entdecker der Schönheiten des alltäglichen Lebens›. [...] Was mich so tief bewegte, war eine gewöhnliche Vorstadtstrasse, gefüllt mit Lichtern und Schatten, die sie transfigurierten. Einige Bäume standen umher, und im Vordergrund war eine Pfütze, in der sich unsichtbare Häuserfassaden und ein Stück Himmel spiegelten. Dann störte eine Brise die Schatten auf, und die Fassaden mit dem Himmel darunter begannen zu schwanken. Die zitternde Oberwelt in der schmutzigen Pfütze – dieses Bild hat mich niemals verlassen.» (A.a.O., 14)

II. ... und die Praktische Theologie

II.1 Der sperrige Klassiker

Die komplexe Rezeptionsgeschichte dieser Filmtheorie kann und werde ich nicht nachzeichnen. Ich beschränke mich auf die Frage nach ihrer Relevanz für die Praktische Theologie. Die eher spärlichen bisherigen Versuche einer Rezeption der Kracauerschen Gedanken in praktisch-theologischen Publikationen zu Kino und zum Filmmedium vermitteln den Eindruck einer Randständigkeit seiner Theorie innerhalb der praktischen Theologie.[5] Angesichts der von Kracauer selbst beschriebenen zwei Haupttendenzen des realistischen und des fiktionalen Films, repräsentiert schon in den Anfängen des Mediums durch die Pionierarbeiten von Lumiere bzw. Méliès (vgl. Theorie, 57ff.), scheint im Verlauf der Filmgeschichte die ‹formgebende Tendenz›, also im Wesentlichen der fiktionale Film, den Zuschlag erhalten zu haben. In der dieser Grundalternative entsprechenden Konkurrenz zweier klassischer Filmtheorien scheint damit Kracauers Plädoyer für die «Errettung der *äusseren* Wirklichkeit» gegenüber der Position von Rudolf Arnheims vor allem am expressionistischen deutschen Film orientierten Werk «Der Film als Kunst» (erschienen 1932) gänzlich ins Hintertreffen geraten zu sein. Bezeichnend für diesen Befund ist das Fazit, welches Jörg Herrmann in einem kurzen filmtheoretischen Exkurs seiner Studie über die «Sinnmaschine Kino» zieht: «Hinsichtlich der Dichotomie von Realismus und Expressionismus ist die aktuelle Entwicklung expressionistisch geprägt. Die Illusionssteigerung des populären Kinos wie ihre postmoderne Brechung betonen filmische Reflexivität und filmische Gestaltungsmöglichkeiten.»[6]

Die auch von Herrmann repräsentierte Konzentration der praktisch-theologischen Reflexion des Film- und Kinomediums auf die grossen Hollywoodproduktionen, aber auch die inzwischen weit verbreitete kirchengemeindliche Praxis von Filmgottesdiensten oder -gesprächskreisen, welche sich in der Regel ebenfalls meist mit populären Kinofilmen befassen, finden zweifelsohne in Kracauer einen eher sperrigen Gesprächspartner. Zwar liesse sich wohl in ihm ein Pionier der Analyse filmischer Motivik und ihrer gesellschaftlichen Bedingtheiten entdecken. Freilich erschiene dann wohl sein (auch) von marxistischen Kategorien geprägter Ansatz inopportun und von der Geschichte erledigt. Zwar fände sich bei ihm durchaus die eine oder andere treffende Beschreibung des Kinogängers und seiner cineastischen Erfahrung. Aber die Abständigkeit der von Kracauer beschriebenen Phänomene

---

5 Eine positive Ausnahme bildet die Auseinandersetzung Inge Kirsners mit Kracauers Theorie in ihrer Dissertation, vgl. dies.: Erlösung im Film. Praktisch-theologische Analysen und Interpretationen, Stuttgart 1996, bes. S. 131 und 252ff. Kirsner nimmt diese Auseinandersetzung wieder auf in ihrer aktuellen Publikation Dies.; Thomas H. Böhm: Wo finden wir die blaue Fee? Spiritualität im Film, Münsterschwarzach 2008, vgl. bes. S. 35–45.

6 Jörg Herrmann: Sinnmaschine Kino. Sinndeutung und Religion im populären Film, Gütersloh [2]2002, S. 88.

aus dem Deutschland der 1920er und 1930er Jahre erschiene dann wohl doch eher als anachronistisch und obsolet.

Diese Mühe mit Siegfried Kracauers Filmtheorie hat ohne Zweifel Anhalt am Gegenstand. Kracauers Ausgangspunkt bei und seine Bevorzugung von Schwarz-Weiss-Produktionen, von Stummfilmen gar, seine These vom fotographischen Ursprung und Charakter des Filmmediums erscheinen mit den vorherrschenden Tendenzen der Filmindustrie, aber auch mit heutigen Wahrnehmungsweisen und medialen Bilderwelten kaum mehr kompatibel. Ist also, um es mit Kracauers oben (vgl. I.3) zitierten Worten zu formulieren, seine Filmtheorie selbst, mit ihren unbestreitbaren Zuspitzungen und Einseitigkeiten, heute noch weniger «ein Tor als eine Sackgasse»?

Ein zweiter, differenzierender Blick jedoch lohnt sich. Er ergibt zunächst, dass Kracauer selbst durchaus um die Pointiertheit seiner Position, um ihre relative Randständigkeit angesichts der breiten Filmproduktion (nicht nur) seiner Zeit, ja sogar um einen gewissen Eindruck des ‹Dogmatischen› (vgl. Theorie, 66!) in seinen Überlegungen weiss. Eine genauere Betrachtung dieser Überlegungen korrigiert zum zweiten den falschen Anschein, als ginge es seiner Theorie um eine platte Entgegensetzung von ‹realistischer› und ‹formgebender Tendenz› zugunsten der ersteren, um eine einseitige Betonung gar des dokumentarischen Films. Kracauer, von aller Naivität hier frei, weiss ebenso gut um den inszenatorischen (und potentiell manipulativen) Charakter von Dokumentarfilmen (vgl. a.a.O., 64), kritisiert oft und vehement auch deren Belanglosigkeit (Werke, 6.2, 154f.). Auch sie unterliegen ihm den Kriterien der inneren Stimmigkeit ihrer Bilderfolge, der ‹vollen Versenkung ins gegebene Material und seiner durchdachten Auswahl› (Theorie, 68) sowie der Reflektiertheit ihrer gesellschaftlichen Wirkung. Umgekehrt richtet Kracauer sein Augenmerk in aller Selbstverständlichkeit auch auf formale Gestaltungsmittel und filmische Techniken der Montage, der Kameraführung usw., will diese freilich, und dies bleibt die Pointe seiner Theorie, in den Dienst der spezifischen Qualitäten des Filmmediums gestellt sehen: Alle gestalterischen Bemühungen «stimmen mit der filmischen Einstellung überein, solange sie irgendwie der eigentlichen, auf die sichtbare Welt gerichteten Intention des Mediums zugute kommen. Wie bei der Fotographie, so hängt auch hier alles vom ‹richtigen› Gleichgewicht zwischen realistischer und formgebender Tendenz ab; die beiden stehen aber nur dann im rechten Verhältnis zueinander, wenn sich die formgebende Tendenz nicht über die realistische erhebt, sondern sich schliesslich ihr einordnet.» (a.a.O., 67, vgl. S. 40f.)

In dieser Fokussierung der filmischen Einstellung auf die ‹sichtbare Welt› liegt das im besten Sinne Anstössige der Kracauerschen Filmtheorie auch für die Praktische Theologie.

II.2 Die Kunst der Wahrnehmung des Marginalen und Marginalisierten

Ich gehe – nicht ins Kino, sondern zur Verleihung des David-Preises 2008, einer vom «Forum für Christen in Film und Fernsehen e.V.» (CFF) jährlich in verschiedenen Sparten vergebenen Auszeichnung für Filmproduktionen, die in gelungener Weise christliche Inhalte und Werte vermitteln. Unter den eingesandten Beiträgen findet sich eine bemerkenswerte Nachwuchsproduktion: «El susurro de los árboles» (Tom Lempke, 2007), ein faszinierendes Porträt des indigenen südamerikanischen Volkstammes der Mapuche Pehuence, dessen Leben ganz von der Frucht der Araukarie, deren Ernte, Verzehr und Verkauf geprägt ist. Mein Urteil deckt sich mit dem der anderen Juroren: Eine hervorragende Arbeit, ein Film, der sich Zeit lässt und seinen Bildern vertraut. Der zusieht und sehen, in den Gesichtern seiner Menschen lesen und sie selbst zu Wort kommen lässt, sparsam kommentiert mit wenigen, fast in Stummfilmmanier auf Schrifttafeln eingeblendeten Sätzen.

Ich vermute: Kracauer hätte seine Freude gehabt: In der Darstellung äusserer Wirklichkeit gelingt dem Film die Erschliessung einer Symboltiefe, die sich dem Betrachter bildhaft und zwanglos eröffnet. In der Erhabenheit und Bedrohtheit eines Baumes spiegelt sich die Würde und Schutzbedürftigkeit jener Menschen, die von ihm leben und seinen Namen tragen. Errettung der äusseren Wirklichkeit: «El susurro de los árboles» – «Das Flüstern der Bäume», da ist es also: Das Flimmern der Blätter, der Himmel, der sich in einer Pfütze spiegelt ...

Eine windumspielt-tänzelnde und wie beseelt aufschwebende Plastiktüte in Sam Mendes' «American Beauty» (1999); ein zu Walzerklängen mit erhabener Leichtigkeit im Dunkel des Weltraums sich drehendes Riesenrad in Stanley Kubricks «2001 – Odyssee im Weltall» (1968); eine apokalyptisch anmutende, flutregenüberschwemmte Fahrt hinein in die ewige Stadt in Federico Fellinis «Roma» (1971); ein im Angesicht eines Liebesversprechens am Ende des Films wie ein ungläubiger Thomas staunender (und noch immer zweifelnder) Isaac in Woody Allens «Manhattan» (1978); ein anderer, nächtlicher Blick: müde, resigniert, melancholisch – Morgan Freeman in David Finchers «Seven» (1995) am Ende eines langen Tages im Angesicht einer zerfallenden Stadt verlorener Menschen; und natürlich: der «heiligste Moment der Filmgeschichte» (Patrick Roth) – die Szene des Wiedererkennens am Ende von Charlie Chaplins «City Lights» (1931).

Der Leser, die Leserin möge diese kleine Auswahl meiner besonderen Filmerfahrungen durch eigene eindrückliche Kinomomente ersetzen oder ergänzen. In den besten Momenten stellen sich im Fluss der Filmbilder jene augenblicke ein, die dem Betrachter zu Fundstücken des eigenen Lebens werden – Beutestücke im Kracauerschen Sinne. In diesen Augenblicken transzendiert das Filmmedium – und ich meine: in dokumentarischen ebenso wie in fiktionalen Produktionen – die äussere Wirklichkeit, ohne sie zu dementieren: Immanente Transzendenz taucht auf. Auf, durch, unter Oberflächen öffnet sich eine Tiefendimension. Kracauer redet hier mehrfach von «Durchdringung». So besteht für ihn das Schöpfertum des Filmkünstlers darin, dass er «die Natur in sich eindringen lässt und sie durchdringt.» (Theorie, 69) Unter seiner Hand, unter der Gangart der «schlendernden Kamera» durchdringen die filmischen Bilder «die physische Realität, brennen durch sie hindurch.» (a.a.O., 402)

Dieser schweifend-sammelnde Gang, dieser Weg «von unten nach oben», dieser Blick auf die Oberfläche der Dinge und von dort hindurch in Höhen- und Tiefendimensionen des Lebens ist für mich eine Aufgabenbeschreibung für Praktische Theologie als einer ‹Kunst der Wahrnehmung›. Man wird der praktisch-theologischen Reflexion der vergangenen Jahre sicherlich nicht vorwerfen können, sie hätte diesen Wahrnehmungsweg ‹von unten nach oben› nicht beschritten. Das ästhetische Paradigma (wenn man es als solches bezeichnen möchte) hat eine Fülle empirischer und phänomenologischer Studien hervorgebracht und insbesondere die Aufmerksamkeit für Erscheinungen und Einstellungen ‹gelebter Religion› geschärft. Berechtigung und Ertrag all dieser ‹Feldforschungen› sollen keinesfalls bestritten werden. Von Kracauer wären aber meines Erachtens Anregungen zu holen für eine Praktische Theologie, welche die Fähigkeit zur Alltagswahrnehmung mit dem Mut zu einer kritischen Analyse unserer gegenwärtigen gesellschaftlichen und globalen Situation – pointiert formuliert: Phänomenologie und Prophetie – miteinander verbindet. Meinem Verständnis nach ist nämlich eben dies die Eigenart biblischer Prophetie: Die Wahrnehmung von Wirklichkeit in einer Intensität, die die Oberfläche der Dinge in solcher Tiefenschärfe wahrnimmt und ‹durchdringt›, dass gleichsam Gottes Anruf wie von selbst daraus entspringt. Eine Aufmerksamkeit für und Berührbarkeit durch Marginales und Marginalisiertes, die gerade im Unbeachteten und Übergangenen Fingerzeige und Wegmarken Gottes zu erkennen und zu deuten vermag: Prophetie als Wahr-Nehmung in einem emphatischen Sinne.

Kracauers Filmtheorie mit ihrer beharrlichen Aufmerksamkeit für Marginales und Ephemeres, für das ‹Flüstern der Bäume› und das ‹Zittern der Blätter im Wind›, für flüchtige Blicke und verdrängtes, vergessenes Dasein könnte dazu beitragen, in filmischer Perspektive immer wieder zu jenem ‹Nullpunkt› zu gelangen, an welchem die Praktische Theologie ihre Entdeckungen machen kann (und muss), damit sie selbst wie auch die kirchliche Praxis, der sie entspringt und zugute kommen soll, vor ‹Routine und klerikaler Geschäftigkeit› bewahrt werden.[7] Kracauers Theorie scheint mir ein Plädoyer zu sein für eine Schulung unserer Wahrnehmung auch in Hinsicht auf das Wirken und Wesen eines Gottes, der «das geknickte Rohr nicht zerbrechen und den glimmenden Docht nicht auslöschen» wird (Jes 42,3), der sich im «stillen, sanften Sausen» zu erkennen gibt (1 Kön 19,12) und sich aus den Zentren der Macht, vor die Tore der Stadt und in einen schändlichen Tod hinausdrängen lässt zur Errettung der Welt.

Epilog

> «Der Gott der Bibel ist kein gestaltloses jenseitiges Wesen, sondern ein stets konkreter, geschichtlich handelnder und in Geschichten sich verwickelnder Gott. Kirchliches Handeln versteht sich als ein Handeln in den Wahrnehmungsspuren dieses Gottes. Dazu bedarf es der Treue unseres Blickes. Das Versagen der Kirche lässt sich immer auch als ein Versagen in ihren Wahrnehmungen begreifen. Deshalb müssen wir stets aufs Neue an die von uns geforderte Treue erinnert werden. Diese Treue fordert aber nicht nur etwas von uns ein, sondern – und das weitaus mehr! – schenkt uns auch etwas: Die aufregenden sinnlichen Entdeckungen, die der treue Blick auf die gute Schöpfung Gottes uns ermöglicht, deren innerstes Geheimnis ‹all Morgen› und ‹ganz frisch und neu› uns vor Augen steht. Deshalb auch werden keine praktisch-theologische Theorie und kein praktisch-theologisches Handeln je mit der Welt ‹fertig›, weil sie den stets aufs neue ankommenden Gott als Geheimnis der Welt erwarten. Als Flaneure Gottes sollen wir den Spuren dieses Geheimnisses folgen.»[8]

---

7 Vgl. Albrecht Grözinger: Praktische Theologie als Kunst der Wahrnehmung, Gütersloh 1995, S. 158.

8 A.a.O., S. 143.

Andreas Mauz

Der Strasse entlang
Über Cormac McCarthys «The Road» (2006)

Nicht Apokalypse Now, das Ende war schon

Cormack McCarthys Roman beginnt, klassisch, mit einer Szene des Erwachens: «When he woke in the woods in the dark and the cold of the night he'd reach out to touch the child sleeping beside him.»[1] Die 287 Seiten, die auf diesen ersten Satz folgen, lesen sich im Rückblick als dessen Entfaltung. «Er» ist da, und er sorgt dafür, dass «dem Kind» in Dunkelheit und Kälte nichts geschieht. Was nötig ist. Denn wie sich zeigt, ist die Unwirtlichkeit keine momentane, keine, die durch die Helle und Wärme eines neuen Tages abgelöst würde. Nach wenigen Abschnitten wird klar, dass die Welt untergegangen ist, nicht vollständig zwar, doch so, dass die Restmenschheit sich in einem permanenten Kampf um die verbleibenden Ressourcen befindet. Die Welt – als vertraute – reduziert sich auf die Person des jeweils anderen: «[E]ach the others world entire» (6), wie es später heisst.

Was genau geschehen ist, bleibt unklar, und unklar ist auch, ob die Katastrophe eine universale ist. Zumindest die Realität der beiden Protagonisten findet ihren verbalen Niederschlag in «ashes», «pale», «extinct», «rotten», «stone», «grey», «empty», «dirt», «cold». Auch zu datieren ist das Ereignis, das diese Bedingungen geschaffen hat, nur näherungsweise. Das Kind kam kurz nach dem Ende zur Welt (59), und das Kind ist etwa acht, neun Jahre alt. Bleibt die Vorgeschichte auch weitgehend im Dunkeln, so wird die herrschende Dynamik seit dem Ende doch unmissverständlich klar. Der zweite Satz: «Nights dark beyond darkness and the days more gray each one than what had gone before.» (3)

Aus «ihm» und «dem Kind» wird bald «the boy» und «Papa» (5). Die eigentliche Protagonistin aber ist «the road». Was am Leben blieb, spielt sich auf ihr ab; wer am Leben bleiben will, muss sich ihr aussetzen. Auf der Strasse bewegen sich also auch Vater und Sohn, Staubmasken vor den Mündern, einen alten Einkaufswagen mit ihren Hab-

---

1 Cormac McCarthy: The Road, New York 2006, S. 3. Seitenangaben im Text beziehen sich auf diese Ausgabe.

seligkeiten vor sich her schiebend, diesen und sich mit einer Pistole verteidigend, in der noch zwei Patronen sind. Sie wandern durch die zerstörte Landschaft, durch Ruinen, die sie durchsuchen, um Essbares zu finden. «They were moving south.» (4) Aber die symbolische Landkarte trügt. Man sein, dass Süden «vorher» zu Recht für Wärme stand; hier führt der Weg nach Süden in eine immer grössere Kälte. Die seltenen Begegnungen mit anderen Menschen gehen meist übel aus. Einige sind nur zu überleben durch die Demonstration oder den Gebrauch der Pistole.

> «Hi Papa, he said.
> I'm right here.
> I know.
> An hour later they were on the road.» (5)

Natürlich, Gott

Natürlich gehört Gott von Anfang an in diese Szene, und natürlich tut er das als Abwesender.

> «He raised his face to the paling day. Are you there? he whispered. Will I see you at last? Have you a neck by which to throttle you? Have you a heart? Damn you eternally have you a soul? Oh God, he whispered. Oh God.» (12f.)

So die ersten Worte des Vaters – sein Gebet – am Morgen des zweiten Tages. Und der Sohn? Aus der Sicht des Vaters ist er nicht weniger als die letzte Verbindung zu Gott, dessen «Wort». «He knew only that the child was his warrant. He said: If he is not the word of God God never spoke.» (5) Dies hält sich durch, der Sohn ist in den Augen des Vaters eine Lichtgestalt, die vage Möglichkeit einer Zukunft.

> «[H]e would raise his weeping eyes and see him standing there in the road looking back at him from some unimaginable future, glowing in the waste like a tabernacle.» (273)

Wer oder was Gott für den Sohn ist, schwer zu sagen. Auch und gerade in diesem Punkt ist seine Sicht zwangsläufig abhängig von jener des Vaters. Wenn dessen Gottesvorstellung wesentlich darin besteht, dass Gott ein ansprechbares Gegenüber ist (was eine Antwort weder ein-, noch ausschliesst), so verbindet ihn eben diese Eigenschaft mit dem Vater, spätestens am Ende, wenn dieser – von Anfang an hustend –

stirbt: «He tried to talk to God but the best thing was to talk to his father and he did talk to him and he didnt forget.» (286)

Doch wird den Ereignissen grundsätzlich eine religiöse Signatur verliehen, die erwartbare: «The faintly lit hatchway lay in the dark of the yard like a grave yawning at judgement day in some old apocalyptic painting.» (155) Auch im Diskurs des Erzählers, der sich meist an die Perspektive des Vaters anschmiegt, ist der religiöse Horizont also gegenwärtig: «Like Pilgrims» würden sich Vater und Sohn auf der Strasse bewegen. Die Folgefrage – pilgern, wohin? – bleibt offen. «Like pilgrims in a fable swallowed up and lost among the inward parts of some granitic beast.» (3) Später, in der entscheidenden Begegnung mit Ely (dem einzigen Menschen, der einen Namen trägt; alle anderen sind mit der alten Welt unter gegangen), formuliert der Vater einen dunkeln Spitzensatz, der die Fremdbeschreibung – «pilgrims» – durch eine Selbstbeschreibung – «prophets» – überbietet. Aber wessen Propheten: «There is no God and we are his prophets.» (170)

Die Mutter

Vater und Sohn, «each the others world entire», und ihre Welt – die Strasse – ist es auch, die der Erzähler bis in ihre dunkelsten Winkel ausleuchtet. Von der Mutter ist nur ein einziges Mal prominent die Rede – in den wenigen Abschnitten, in denen die chronologische und gegenwartsfixierte Erzählbewegung für einen Moment aussetzt, um einer Rückblende Raum zu geben. Eingeleitet wird diese durch eine Darstellung der bewussten Abkehr des Vaters von dem, was einmal war. Er inspiziert den Inhalt seiner Geldbörse, indem er alles auf dem Asphalt der Strasse ausbreitet, «[l]ike gaming cards» (51). Er lässt alles liegen, nach kurzem Zögern auch die Fotographie seiner Frau. Der Anlass, ausführlicher auf sie zu sprechen zu kommen, ist dann aber die Sehnsucht des Sohnes: «I wish I was with my mum.» Der Vater: «You mean you wish that you were dead?» (55) Die Mutter hat sich angesichts der Umstände das Leben genommen.

> «We used to talk about death, she said. We dont any more. Why is that? / I dont know. / It's because it's here. There's nothing left to talk about. […] You have no argument because there is none. […] She was gone […]. She would do it with a flake of obsidian. He'd taught her himself. Sharper than steel. The edge an atom thick. And she was right. There was no argument.» (56ff.)

Am folgenden Morgen ziehen Vater und Sohn los.

From bad to worse

Was die Apokalypse zurück lässt, kennt keine Pausen. Sie hat ihren dunklen Strich durch alles gezogen, jede Bewegung ist von ihr begleitet. Aus diesem Kontinuum wachsenden Schreckens ragen bestimmte Ereignisse heraus: die erste Begegnung mit anderen Menschen, die mit der Bilanz des Vaters endet: «I wash a dead man's brains out of his [the boy's] hair. That is my job» (74), die Untersuchung eines verschlossenen Kellers, der sich als Vorratskammer mit lebendem Menschenfleisch erweist (110ff.). Es sind die «bad guys», die auch vor Kannibalismus nicht zurückschrecken. Vater und Sohn aber sind «good guys» (128). Und hier, nach der Erfahrung, wozu Menschen unter diesen Umständen fähig sind, fällt erneut die Wendung, die jenseits tradierter Sprachangebote eine Tiefendimension des Menschseins zu bezeichnen scheint: «And we're carrying the fire. / And we're carrying the fire. Yes.» (129)

Auf die geradezu beschwörende Benennung dieser Dimension folgt unmittelbar die Erfahrung der drohenden Gegenwart des eigenen Todes. Die Vorräte sind aufgezehrt, und obwohl Vater und Sohn die Umgebung fahrlässig unvorsichtig nach Essbarem untersuchen – nichts ist zu finden. «Two more days. Then three. They were starving right enough. The country was looted, ransacked, ravaged. Rifled of every crumb.» (ebd.) In dieser Situation erblickt der Vater

> «for a brief moment the absolute truth of the world. The cold relentless circling of the intestate earth. Darkness implacable. The blind dogs of the sun in their running. The crushing vacuum of the universe. And somewhere two hunted animals trembling like groundfoxes in their cover».

Und dann folgt der masslos verstörende Reim: «Borrowed time and borrowed world and borrowed eyes with which to sorrow it.» (130)

Zweifellos gibt es so etwas wie dunklen Kitsch – der vielleicht kitschiger werden kann als seine positiven Spielarten. Warum ist «The Road» mit seinem sehr hoch dosierten Untergang kein dunkler Kitsch? Warum geht die Darstellung, wie alles schief ging und geht, nicht ihrerseits schief?

... wächst das Rettende auch: Gegenszene

Und warum geht sie selbst dann nicht schief, wenn Vater und Sohn im nächsten Moment auf einen verborgenen Bunker stossen, unberührt und voller Esswaren, Kleider, Werkzeuge? Die unerwartete Gegenszene löst die unmittelbare Lebensbedrohung nicht ab. Das Kontrastschema wirkt nicht billig, weil die Kontrasterfahrung gewissermassen auf halber Strecke einbricht: «Is it real?» (139) fragt der Junge, und der Vater – beim Öffnen der ersten Dose, Birnen – fürchtet aufzuwachen: «You could wake in the dark wet woods at any time.» (141) Die plötzliche Erfahrung materieller Überfülle, die «richness of a vanished world» (139), überfordert nicht nur Vater und Sohn, sie ist auch für den Leser zu viel. Denn wie ihnen, so geht auch ihm die Strasse unter die Haut. Die Erleichterung bricht auf halber Strecke ein, weil die momentane Rettung permanent unter dem Vorbehalt des Scheins steht, weil der Bunker nie aufhört, nichts als eine üppig bestückte Falle zu sein.

Aber – nichts passiert. Die beiden können den Raum nutzen, um sich zu erholen. Sie essen sich satt, sie baden, der Vater rasiert sich. Nichts passiert? Es ist nicht nötig, dass etwas passiert. Denn ein Ziel ist dieser Bunker nicht. Der Aufenthalt kann nur ein provisorischer sein, und daher ist jede Handlung zweckrational ausgerichtet auf das, was später folgen wird, draussen. Von einem gegenwartsbezogenen zwecklosen Geniessen kann nicht die Rede sein. Es geht um eine maximale Ausschöpfung der vorhandenen Güter, um nichts anderes.

Die Guten, die Bösen; das Feuer tragen

In der Welt der Strasse orientiert sich die Selbst- und Fremdwahrnehmung am schlichtesten Schema: Hier die Guten, dort die Bösen – *wir* die Guten, *sie* die Bösen Und gerade weil die Umstände diese Differenz allzu leicht ins Wanken bringen, muss mit aller Macht an ihr festgehalten werden.

> «Are we still the good guys? [...]
> Yes. We're still the good guys.
> And we always will be.
> Yes. We always will be.
> Okay.» (77)

Selbstvergewisserungen dieser Art zeigen an, wie ungewiss und labil Identitäten hier werden, die eigene und die der Anderen.

> «Who is it? said the boy. / I dont know. Who is anybody?» (49)
> «What are you? / They'd no way to answer the question.» (162) Wenn

> sich der rasierte Vater dem Sohn zeigt – «How do I look?» –, antwortet dieser: «I don't know.» (152)

Am deutlichsten zeigt sich der Versuch, die eigene Identität trotz allem zu bewahren, aber in den wieder kehrenden Gedankenexperimenten: Was würden wir, die Guten, in diesem oder jenem Moment tun? Was tun die anderen – die anderen Guten, die Bösen? Immer wieder dienen diese Fragen zur Orientierung des eigenen Handelns.

> «Is it a good place to stop? / Well, people dont like to stopp on hills. And we dont like for people to stop. / So, it's a good place for us. / I think so.» (160) Und angesichts der Schätze im Bunker fragt der Junge etwa: «Is it ok for us to take it?» Der Vater: «Yes. It is. They would have want us to. Just like we would want them to.» (139)

Was vor dem ersten richtigen Mahl zum Problem führt, ob und wie man «ihnen» danken soll (145f.).

Doch ist das geläufige Schema von den Guten und den Bösen eben nur eine Form der Selbstbestimmung. Hinzu tritt die bildhafte Rede von «denen, die das Feuer tragen». Damit gerät etwas in den Blick, das über das blosse Gut-Sein hinaus geht – ohne dass dieser Überschuss genau benannt werden könnte. Die Wendung gewinnt ihre Bestimmtheit nicht aus einem begrifflichen Antagonismus (gut vs. böse), sie beschreibt die Eigenschaft weniger, als dass sie sie evoziert. Das aber heisst nicht, dass die Rede von denen, die das Feuer tragen, diffus bliebe. Der Kontext macht klar: Damit wird bezeichnet, was man unter keinen Umständen verlieren darf, wenn man alles verloren hat.

Habseligkeiten, Technik

Wie öffnet man ohne Öffner eine Büchse Bohnen? (208) – Leben im Modus des Überlebens hat eine ausgeprägt technische Seite. Mit dem blossen Besitz ist es nicht getan, man muss ihn auch zu nutzen wissen. Das zeigen die wiederholten detaillierten Schilderungen technischer Verrichtungen: der Bau einer Lampe, eines Ofens, die Herstellung von Munition usw. Manche Passagen lesen sich wie das Manual eines Bausatzes, in dem statt des Imperativs versehentlich die dritte Person gewählt wurde:

> «He checked the valve of the tank that it was turned off and swung the little stove around on the footlocker and sat and went to work to dismantle it. He unscrewed the bottom panel and he removed the burner assembly and disconnected the two burners with a small crescent

wrench. He tipped out the plastic jar of hardware and sorted out a bolt to thread into the fitting of the junction and then tightened it down. He connected the hose from the tank and held the little pot-metal burner up in his hand, small and lightweight.» (154)

Auch hier gleicht sich die Perspektive des Erzählers jener der Figuren an. Was ihre Aufmerksamkeit bindet, wird auch von ihm ausführlich erzählt. Die Details müssen benannt werden, weil mehr an ihnen hängt als nur die Funktionalität des jeweiligen Gegenstandes: das Leben. So nehmen denn auch die Schilderungen der Durchsuchung verlassener Häuser breiten Raum ein. Dass Vater und Sohn minutiös verfahren, wird nicht behauptet, sondern vorgeführt. Und insbesondere Verluste – das Verlieren oder Vergessen eines Gegenstandes, gar der Pistole (232) – müssen erzählerisch breit entfaltet werden, der Verlust und dessen praktische und psychologische Folgen für die Zweiergemeinschaft. Ob man einen Rückspiegel am Einkaufswagen hat, der es erlaubt, auch das bereits absolvierte Wegstück im Auge zu haben oder nicht, macht einen wesentlichen Unterschied.

Sextant, Signalpistole

Die Szene des Bunkerfundes, der Vater und Sohn im letzten Moment vor dem Tod rettet, kehrt gegen Ende des Romans in einer Variation noch einmal wieder. Die beiden stossen auf ein am Strand treibendes Schiff, das noch eine Menge nützlicher Dinge birgt. Aber es sind nicht die Esswaren, welche die Aufmerksamkeit des Vaters fesseln, und auch nicht die Signalpistole, die ihnen wenig später unentbehrlich sein wird. Es ist ein Gerät, das in ihrer Situation völlig unbrauchbar ist: ein alter Sextant.

«He lifted it from the fitted case and held it in his hand. Struck by the beauty of it. The brass was dull and there were patches of green on it that took the form of another hand that once had held it but otherwise it was perfect. He wiped the verdigris from the plate at the base. Hezzaninth, London. He held it to his eye and turned the wheel. It was the first thing he'd seen in a long time that stirred him.» (227f.)

Mag der Sextant als solcher zwecklos sein, so ist er doch von eminenter Bedeutung. Er berührt unerwartet ein nahezu verschüttetes Sensorium, die ästhetische Empfindung, die Wahrnehmung von etwas als zweckfrei schön, die Rührung durch etwas, das nicht restlos der Überlebenslogik des «Um-zu» unterliegt. Was der Vater vom Schiff mitnimmt, ist nicht der Sextant, sondern die Erfahrung, die sich mit ihm verbindet.

Und die gleiche Erfahrung kehrt unmittelbar folgend noch einmal wieder. Was für den Vater anhand des Sextanten erfahrbar wird, erfährt der Junge durch den Gebrauch der Signalpistole, durch ein an sich sinnloses, ja unverantwortlich-verschwenderisches Feuerwerk. Beides – die kunstvolle Gestaltung des Sextanten und das Abfeuern einer Leuchtkugel – ist nicht funktional eingebettet, oder funktional nur in der gezielten *Absenz* der primären Funktion. Das liesse sich sicher auch anhand anderer Gegenstände zeigen. Kaum zufällig ist aber gerade von Sextant und Signalpistole die Rede, von Instrumenten, die dazu dienen, sich selbst zu orten bzw. von anderen geortet zu werden. Damit wird die Absenz der intendierten Funktion in gewisser Weise überboten, weil die Absenz viel eher eine *Verschiebung* ist. Der Sextant erfüllt durchaus die Funktion einer Standortbestimmung, nur nicht in einem geographischen Sinn, und die Signalpistole erfüllt durchaus die Funktion der Anzeige eines Standortes, nur nicht im konventionellen überlebenspraktischen Sinn. Im Gegensatz zu der des Sextanten kommt die Funktion der Pistole auch ausdrücklich zur Sprache:

> «They couldnt see it very far, could they, Papa?
> Who?
> Anybody.
> No. Not far.
> If you wanted to show where you were.
> You mean like to the good guys?
> Yes. Or anybody that you wanted them to know where you were.
> Like who?
> I dont know.
> Like God?
> Yeah. Maybe somebody like that.» (246)

Erinnerung, Imagination

Was die Apokalypse zurück lässt, kennt keine Pausen. Stimmt das? Was ist mit den Möglichkeiten, eine Realität zu verlassen, und sei es auf Zeit? Was ist mit Erinnerung, Imagination, Drogen? Was mit Träumen?

Drogen sind nicht verfügbar. Aber Erinnerung und Imagination, beide in enger Verbindung. Hier muss wiederum deutlich unterschieden werden zwischen Vater und Sohn. Der Sohn kennt nur diese Welt, sie ist, ungeachtet ihres Zustands, seine Normalität. Allein der Vater kennt die Vorgeschichte aus eigener Erfahrung, nur er weiss, dass sie in Resten leben; die Erinnerung wird zur Last, denn sie infiziert die Wahrnehmung der Gegenwart, die dann nur als Verfall in den Blick kommen kann. Und dies macht die Mitteilung von Erinnerungen so zwiespältig:

> «Maybe he understood for the first time that to the boy he was himself an alien. A being from a planet that no longer existed. The tales of which were suspect. He could not construct for the child's pleasure the world he'd lost without constructing the loss as well and he thought perhaps the child had known this better than he.» (153f.)

Nicht nur der Vater ist also sensibel für die Schwierigkeit, die mit Gegenwelten dieser Art einhergehen. Der Junge wehrt sich zunehmend energisch gegen Geschichten, genauer: gegen Geschichten, die nicht wahr sind, genauer: gegen Geschichten, die nicht wahr sind, weil sie von Glück und Gelingen handeln. Der gut gemeinte Kontrast wirkt nicht als Pause, sondern als Verschärfung der Wahrnehmung dessen, was ist.

> «Do you want me to tell you a story?
> No.
> Why not?
> The boy looked at him and looked away.
> Why not?
> Those stories are not true.
> They dont have to be true. They're stories.
> Yes. But in the stories we're always helping people and we dont help people.» (267f.)

Da der Sohn die Geschichten des Vaters zurückweist, bittet er ihn, selbst zu erzählen. Aber auch hier winkt der Sohn ab, diesmal mit der Begründung, er habe keine Geschichten zu erzählen, oder nur solche, die er, der Vater, schon kenne. Er sei ja dabei gewesen. Dass auch Geschichten denkbar wären, die nicht von ihnen selbst handeln und also nicht, oder zumindest weniger, der Kritik der Weltflucht verfallen würden, kommt nicht zur Sprache. Das Faktische beherrscht auch den Raum des Fiktionalen.

Die Frage des Vaters nach ihm unbekannten «stories inside» bringt das Gespräch folgerichtig auf die Gegenwelt der Träume. Aber auch dieser Versuch, ins Erzählen zu kommen, um nicht gänzlich dem Schweigen zu verfallen, führt nicht zum Erfolg; er verlängert nur, das immerhin, die Auseinandersetzung über die unmögliche Möglichkeit zu erzählen. Auch bei der Mitteilung von Träumen regiert die Gut-Böse-Differenz, allerdings in etwas anderer Weise. Was der Sohn bezüglich der Geschichten ausdrücklich fordern muss – keine guten Geschichten –, geschieht bei den Träumen von selbst:

> «I dont have good dreams anyway. They're always about something bad happening. You said that was okay because good dreams are not a good sign.» (269)

Hier wiederholt sich in Bezug auf das Medium des Erzählens das, was sich bereits vollzog hinsichtlich der Musik. Nach der traumatischen ersten Begegnung mit anderen Menschen schenkt der Vater dem Sohn eine Flöte, hergestellt aus einem Rohr. Der Sohn nimmt sie wortlos, lässt ihn vorgehen und beginnt zu spielen. Nicht nur für ihn ist diese Möglichkeit eines wortlosen Ausdrucks von Bedeutung, sie ist es auch für den Vater, dessen Wahrnehmung die Kommentierung des Spiels bestimmt:

> «A formless music for the age to come. Or perhaps the last music on earth called up from out the ashes of its ruin. [...] The man thought he seemed some sad and solitary changeling child announcing the arrival of a traveling spectacle in shire and village who does not know that behind him the players have all been carried off by wolves.» (77f.)

Der musikalische Ausdruck des Sohnes gibt auch dem Vater die Möglichkeit, ihre Situation zu benennen, in ein Bild zu bringen, so wenig erbaulich dieses auch sein mag. Aber wie später auf die Geschichten, so verzichtet der Sohn bald auch auf diese Form der Artikulation:

> «What happended to your flute?
> I threw it away.
> You threw it away?
> Yes.
> Okay.
> Okay.» (159)

Okay; handeln müssen

«Okay», dieses kleine und vertraute Wort ist fraglos das schwerste Wort des ganzen Romans. Es trägt die gesamte Last der beiden Wanderer. Es umfasst die banale Zustimmung ebenso wie – im eben zitierten Beispiel – die drohende Resignation und den liebenden Verzicht auf Widerspruch.

Das Okay ist aber auch die Spitze, in welche die Dialoge regelmässig auslaufen, die aus dem Diskurs des Erzählers herausragen. Und oft genug heisst hier «Okay», die Wiederholung des Okay durch Vater oder Sohn, dass es weitergeht, auch wenn eben nichts okay ist.

> «Can we wait a while?
> Okay. But it's getting dark.
> I know.
> Okay.
> They sat on the steps and looked out over the country.
> There's no one here, the man said.
> Okay.
> Are you still scared?
> Yes.
> We're okay.
> Okay.» (204)

Auf der Strasse unterwegs zu sein, das schliesst immer wieder den Zwang ein zu handeln, ohne über eine hinreichende Basis für die Richtigkeit dieses Handelns zu verfügen bzw. – schlimmer – ohne überhaupt eine Alternative zu haben.

> «Can we drink the water? / We don't have a choice.» (201) «What if it's the bad guys? / We'll have to take the risk. We need to find something to eat.» (79)

Die Absenz einer Entscheidungsgrundlage und die einer Handlungsalternative äussern sich regelmässig in einem Behauptungsgestus, der ebenso unvermeidlich ist wie durchschaubar:

> «How do you know? / I just know.» (35) «What if somebody finds it [our stuff]? / They wont find it. / I hope they dont. / They wont. Come on.» (81)

Und natürlich trägt der Sohn die Last dieser Absenzen ungleich stärker als der Vater; er hat, allem voran, allen Umständen zum Trotz, seinem Vater zu glauben.

> «You dont believe me.
> I believe you.
> Okay.
> I always believe you.
> I dont think so.
> Yes I do. I have to.» (185)

McCarthys Roman endet, klassisch, mit einem Tod, der zugleich ein neues Leben eröffnet. Der Vater stirbt, der Sohn wird aufgenommen in die Gemeinschaft der «good guys». Was sich enttäuschend platt und/oder überraschend positiv anhören mag, ist in seiner Durchführung – erschütternd. Denn spätestens hier wird die Gefahr, dem dunklen Kitsch zu verfallen, maximal: Wie formuliert man nach Tagen auf der Strasse, am vorläufigen Ende eines Weges, letzte Worte – des Vaters? Des Romans? Wie führt man noch einmal das weibliche Element ein, eine Frau – die von Gott spricht? Wie stellt man mit den Mitteln kargster Dialoge dar, dass der Fall ist, was der Vater im letzten Gespräch, in einer letzten ungedeckten Aussage, behauptet: «Goodness will find the little boy. It always has. It will again.» (281)

Der «little boy», von dem sie sprechen, ist nicht der Sohn. Worauf der Vater reagiert, ist dessen Sorge um einen Jungen, dem sie vor Monaten auf der Strasse begegneten – «What if he doesnt have a papa?» (85) –, den sie nicht mitnehmen konnten. «Goodness will find the little boy»: Der Sohn findet den Weg in eine neue Gemeinschaft, und sie kann nur die Gemeinschaft derer sein, die nicht nur die Guten sind, sondern auch «das Feuer tragen»:

> «Are you carrying the fire?
> Am I what?
> Carrying the fire.
> You're kind of weired out, arent you?
> No.
> Just a little.
> Yeah.
> That's okay.
> So are you?
> What, carrying the fire?
> Yes.
> Yeah. We are.» (283f.)

Das Ende des Romans – das eigentliche Ende, der letzte Abschnitt – springt noch einmal aus der Erzählgegenwart. Die Ereignisse auf der Strasse werden transzendiert durch ein «Once there were ...» eines Erzählers, der aus einem Jenseits zu sprechen scheint.

> «Once there were brook trout in the streams in the mountains. You could see them standing in the amber current where the white edges of their fins wimpled softly in the flow. They smelled of moss in your

hand. Polished and muscular and torsional. On their backs were vermiculate patterns that were maps of the world in its becoming. Maps and mazes. Of a thing which could not be put back. Not be made right again. In the deep glens where they lived all things were older that man and hummed of mystery.» (286f.)

Obwohl an exponiertem Ort, ist der Abschnitt leicht zu überlesen. Man findet nicht in ihn hinein. Die Leerzeile, welche die Abschnitte in unbeteiligter Neutralität trennt und verbindet, verdeckt den Sprung, der hier geschieht. Wer spricht? Ist es der bekannte Erzähler? Oder ist es der Vater zum Sohn, der nun bereit ist, auch solche Erinnerungen zu hören? Immerhin scheint die Schilderung anzuschliessen an einen kurzen Abschnitt zu Beginn des Romans, der ähnlich leicht zu überlesen ist: die Erinnerung des Vaters an einen Tag, verbracht mit dem Onkel, an das gemeinsame Einholen von Feuerholz auf einem See in der Nähe seiner Farm. «This was the perfect day of his childhood. This the day to shape the days upon.» (16) Aber es braucht viel Distanz, um diese Szene wahrzunehmen, um die Wiederaufnahme zu erkennen. Zunächst steht der Leser einfach da, erstarrt vor den Variationen des schrecklichen Standbildes, das «The Road» heisst.

«Are we going to die now?
No.
What are we going to do?
We're going to drink some water. Then we're going to go down the road.
Okay.» (87f.)

Vergangene, fremde und innere Welten | Expeditionen

Alex von Sinner

‹Strafe› als Bedingung urbaner Lebenskunst?

Auf Sightseeing in der spätmittelalterlichen Geschichte des lateinisch-abendländischen Strafrechts

«Herr Schmidt, ich nehme Sie fest wegen Mordes an Tobias von Dingenskirchen!». So oder ähnlich pflegt die Haupthandlung des wöchentlichen Fernsehkrimis ihr Ende und die Welt für die Zuschauenden vorübergehend wieder ihre Ordnung zu finden. Und tatsächlich steht denn auch im aktuellen Schweizerischen Strafgesetzbuch unter Artikel 111 zu lesen:

> «Wer vorsätzlich einen Menschen tötet, ohne dass eine der besondern Voraussetzungen der nachfolgenden Artikel zutrifft, wird mit Freiheitsstrafe nicht unter fünf Jahren bestraft.»[1]

Was uns Heutigen in der rituellen Darbietung des wöchentlichen Fernsehkrimis so selbstverständlich erscheint wie die in Aussicht stehende und hoffentlich gerechte Bestrafung des Täters, hat natürlich – wie so manches andere auch – seine Geschichte, und diese hier hat einen aufschlussreichen Schwerpunkt im späten Mittelalter. In diesem etwas Sightseeing zu betreiben, lohnt sich, weil in den etablierten Diskussionsgängen über «Strafe» Aspekte ins Dunkel geraten sind, die im Mittelalter des 13. Jahrhunderts, in dem das Wort «Strafe» überhaupt erst nachzuweisen ist und einen Wandel im Rechtsdenken anzeigt,[2] noch gut sichtbar zu Tage liegen.

Dabei soll keinesfalls bestritten werden, dass Sightseeing üblicherweise keine systematische Tätigkeit ist. Wer immer sich dazu von ei-

---

1 Das schweizerische Strafgesetzbuch kennt, anders als das deutsche, den Grundtatbestand der vorsätzlichen Tötung, der je nachdem auf- (zu Mord nach Art. 112 StGB) oder abqualifiziert (bspw. zu Totschlag nach Art. 113 StGB) werden kann.

2 Hans Hattenhauer: Europäische Rechtsgeschichte, Heidelberg [4]2004, Rdz. 114 und 1026; Karl Kroeschell: Deutsche Rechtsgeschichte 1 (bis 1250), Opladen [9]1989, S. 184ff.; Ernst Schubert: Räuber, Henker, arme Sünder. Verbrechen und Strafe im Mittelalter, Darmstadt 2007, S. 28; Uwe Wesel: Geschichte des Rechts. Von den Frühformen bis zur Gegenwart, München [3]2006, Rdz. 236.

nem Fremdenführer oder entsprechender Reiseliteratur leiten lässt, ist willkürlicher Schwerpunktsetzung ausgeliefert, die sich oft genug daran orientieren wird, ob illustrative Anekdoten existieren, die gut zu erzählen sind – davon, dass diese oft zweiter Hand und nicht eigener Forschung entstammen einmal ganz zu schweigen. Doch hat dies noch nie verhindert, dass der eine oder die andere mit einem systematischen Interesse an die Orte solchen Sightseeings zurückgekehrt ist. Dies darf und muss als Rechtfertigung für die folgenden Ausführungen genügen.

Was ist «Strafe»?

In der zweiten Abhandlung seiner Genealogie der Moral hat Friedrich Nietzsche eine erhellende Distinktion vorgenommen und festgehalten:

> «Man hat also, um zur Sache, nämlich zur Strafe zurückzukehren, zweierlei an ihr zu unterscheiden: einmal das relativ Dauerhafte an ihr, den Brauch, den Akt, das ‹Drama›, eine gewisse strenge Abfolge von Prozeduren, andrerseits das Flüssige an ihr, den Sinn, den Zweck, die Erwartung, welche sich an die Ausführung solcher Prozeduren knüpft.» Und folgen wir Nietzsche weiter, so sehen wir ihn schreiben, «dass die Prozedur selbst etwas Älteres, Früheres als ihre Benützung zur Strafe sein wird, dass letztere erst in die (längst vorhandene, aber in einem anderen Sinne übliche) Prozedur hineingelegt, hineingedeutet worden ist, kurz, dass es nicht so steht, wie unsre naiven Moral- und Rechtsgenealogen bisher annahmen, welche sich allesamt die Prozedur erfunden dachten zum Zweck der Strafe, so wie man sich ehemals die Hand erfunden dachte zum Zweck des Greifens.»[3]

Schwer fassbar bleibt indes der Sinn des Strafens, der Sinn also, der den überdauernden Prozeduren beigelegt wird. Dies hat nach Nietzsche einen klaren Grund:

> «[A]lle Begriffe, in denen sich ein ganzer Prozess semiotisch zusammenfasst, entziehen sich der Definition; definirbar ist nur Das, was keine Geschichte hat.»[4]

Keine Geschichte zu haben, trifft für das Thema Strafen jedoch eindeutig nicht zu, weshalb es sich als verlorene Liebesmüh erweisen

---

3 Friedrich Nietzsche (1887): Genealogie der Moral, München: 1988 [Mazzino Montinari; Giorgio Colli (Hg.): Friedrich Nietzsche: Sämtliche Werke, Bd. 5], S. 316.

4 Ebd.

dürfte, dem Phänomen der Strafe mittels begrifflicher Definitionen beikommen zu wollen.

Einen alternativen Weg hat Ludwig Wittgenstein in §67 seiner Philosophischen Untersuchungen anhand des Wortes «Zahl» aufzuzeigen versucht und dabei zum Bild des Fadens Zuflucht genommen:

> «Warum nennen wir etwas ‹Zahl›? Nun etwa, weil es eine – direkte – Verwandtschaft mit manchem hat, was man bisher Zahl genannt hat; und dadurch, kann man sagen, erhält es eine indirekte Verwandtschaft zu anderem, was wir auch *so* nennen. Und wir dehnen unseren Begriff der Zahl aus, wie wir beim Spinnen eines Fadens Faser an Faser drehen. Und die Stärke des Fadens liegt nicht darin, dass irgend eine Faser durch seine ganze Länge läuft, sondern darin, dass viele Fasern einander übergreifen. [...] Ebenso könnte man sagen: es läuft ein Etwas durch den ganzen Faden – nämlich das lückenlose Übergreifen dieser Fasern.»[5]

Wichtig und hilfreich an diesem Modell ist die Denkmöglichkeit, dass die zur Verwendung gelangten Fasern durchaus unterschiedlichsten Ursprungs sein könnten und dass nicht gesagt ist, dass die am einen Ende des Fadens vorfindbaren Fasern auch irgendetwas Essentielles mit denen an dessen anderem Ende gemein haben müssen. Die hinlängliche Bedingung für den Zusammenhalt der Fasern ergibt sich bereits daraus, dass sie über die Zeiten hinweg miteinander versponnen worden sind.

Wenn nun die Straf-Prozeduren unabhängig von den Situationen, in denen sie entstanden sind, überdauern und der mit ihnen verbundene Straf-Sinn mit einem Faden vergleichbar ist, zu dem der Gang der Geschichte unter Umständen reichlich disparate Fasern versponnen hat, so lässt sich auf der Suche nach Konstanz vielleicht mit gewissem Erfolg nach dem Nadelöhr fragen, durch das dieser Faden gezogen worden ist und noch immer gezogen wird. Oder anders gefragt: Zeichnet etwas die Situationen aus, in denen gilt, dass Strafe sein muss? Das scheint im späten Mittelalter so zu sein, weshalb auch unser Sightseeing gerade dorthin führen soll.

Die Verfluchung der Schlange hingegen, die Auferlegung von Beschwer und schmerzhaften Schwangerschaften für die Frauen, die Verfluchung des Ackerbodens, die Mühsal der Arbeit und schliesslich der Tod für alle Menschen, in die der erste im religiösen Zeithorizont der jüdisch-christlichen Überlieferung geschilderte Spaziergang nach

---

5 Ludwig Wittgenstein (1953): Philosophische Untersuchungen, Frankfurt a.M. 2003.

Gen 3,8–24 mündete, passen nicht durch dieses Nadelöhr. Es handelt sich hier vielmehr um Rache und Vergeltung des Schöpfers, den es erzürnt hatte, dass seine Anweisungen nicht befolgt worden sind. Und bei der Vertreibung des Menschen aus dem Paradies um eine Sicherungsmassnahme, damit der Mensch nicht auch noch vom Baum des Lebens esse, was so in des Schöpfers Plan nicht vorgesehen war.

Inseln des Friedens

> «Als die Bosheit der Menschen ins Kraut schoss und Übeltäter über den Weinberg des Herrn kamen wie Dorngestrüpp, das die guten Reben erstickt, beschlossen die Äbte und Bischöfe und andere heilige Männer, ein Konzil einzuberufen, das den Plünderungen Einhalt geböte, den Kirchen wieder zu dem verhülfe, was ihnen geraubt worden war, und alle andere Schande, die das Antlitz der heiligen Kirche Gottes entstellte, mit der scharfen Klinge des Anathemas hinwegschabte. Das Konzil sollte in dem Kloster Charroux stattfinden, und es zogen dorthin grosse Mengen von Gläubigen aus Poitou, dem Limousin und den benachbarten Regionen.»[6]

Mit diesen Worten beschreibt Letald von Micy, ein klösterlicher Historiograph und Zeitgenosse des auf Einladung von Erzbischof Gumbald von Bordeaux und anderen Prälaten im Jahre 989 zustande gekommenen Konzils von Charroux, Geist und Ziel jener Veranstaltung. Sie war das erste so genannte Gottesfriedenskonzil, von dem eine mit bischöflichen Unterschriften versehene Konzilsnotiz vorliegt.[7]

Die Übeltäter, denen all diese Bemühungen galten, lassen sich in drei Kategorien gliedern und sie alle sollte gleichermassen die Exkommunikation treffen: jeden, der das Kirchenasyl verletzte oder Sachen aus einer Kirche raubte, jeden der einem Bauern oder sonstigen Machtlosen das Vieh stahl und schliesslich jeden, der einen Kleriker, dem das Tragen von Waffen verboten war, angriff oder wegführte oder gewalttätig in dessen Haus eindrang. In späteren, im Rahmen dieser Gottesfriedensbewegung entstandenen Friedensstatuten ist dieser von der Exkommunikation bedrohte Schutzbereich sukzessive ausgedehnt worden und umfasste so zusätzlich zu den Klerikern bald

---

6 Letald von Micy: Delatio corporis sancti juniani, zitiert nach Robert Ian Moore: Die erste europäische Revolution. Gesellschaft und Kultur im Hochmittelalter, München 2001, S. 25.

7 Lexikon des Mittelalters (LMA), Stuttgart 1999, Bd. II, Sp. 1736.

auch Mönche, Bauern, Kaufleute, Frauen und deren Begleiter, Pilger, Jäger oder Schiffer. Der Schutz der Kirchen und der waffenlosen Bevölkerung vor jeglicher Art von Raub- und Unrechtstaten stand dabei klar im Vordergrund.[8]

Stilbildend für die Institution des Gottesfriedens war Wido I. von Le Puy, 976 auf den dortigen Bischofsstuhl gelangt und aus einer machtpolitisch einflussreichen Familie stammend, die mit Bestimmtheit einen Beitrag zu seiner Karriere geleistet hat. Dies, weil sich die herrschenden Familien im Bereich des alten Galliens über solch kirchliche Ämter zusätzlichen Einfluss versprachen, während die Bischöfe in Italien von vornherein in einem Abhängigkeitsverhältnis zu den einflussreichen Familien standen.[9] Wido nun sah sich für ein Bistum zuständig, dessen Kirchenvermögen von den Grossen der Gegend geraubt worden war und dessen faktischer Einflussbereich sich auf die Stadt Le Puy selbst zusammengezogen hatte, was nicht in seinem Sinne war. Aus diesem Grunde bestellte er alle Ritter und Bauern seiner Diözese zu einer Versammlung, auf dass sie ihm raten möchten, wie in seinem Zuständigkeitsbereich der Friede hergestellt werden könne. Gefragt war dann allerdings nicht Rat, sondern Unterwerfung, als Wido von den Anwesenden forderte,

> «dass sie den Frieden beschworen, die Armen und Kirchen nicht bedrängten, ihnen das Geraubte zurückgäben und sich wie fromme Christen verhielten».[10]

Ahnend, dass diese Forderung wohl nicht auf Gegenliebe stossen werde, hatte sich Wido von einem Verwandten ein Heer bereitstellen lassen, das seinen Bitten bei den Anwesenden Nachdruck zu verschaffen vermochte: Der verlangte Eid wurde geschworen und dessen Bindungskraft war auch durch den ausgeübten Zwang nicht mehr in Mitleidenschaft zu ziehen. Das Kirchenvermögen ging ans Bistum zurück und der Chronist vermerkt, dass Gott diesem Ruhe und Frieden gegeben habe.[11]

Dass es im Languedoc gerade die Bischöfe – später zusammen mit den Äbten bedeutender Klöster – waren, die in einem Zeitalter ‹feudaler Anarchie› Inseln des Friedens zu schaffen vermochten, wurzelt

---

8 Für viele: Robert Ian Moore: Die erste europäische Revolution, S. 25f.

9 Peter Brown: Die Entstehung des christlichen Europas, München 1999, S. 161.

10 Zitiert nach Hans Hattenhauer: Europäische Rechtsgeschichte, Rdz. 658.

11 A.a.O., Rdz. 659; vgl. Theologische Realenzyklopädie (TRE), Berlin 1976–2007, Bd. 9, S. 387.

darin, dass sich in den kirchlichen Strukturen und insbesondere auch im Amt des Bischofs funktionierende Reste der Verwaltung des römischen Reiches erhalten hatten, auf die bereits die Karolinger zurückgriffen. In der zweiten Hälfte des 9. Jahrhunderts war jenen von diesen die Verpflichtung übertragen worden, in ihren Sprengeln für Friede und Ordnung zu sorgen, den Schutz der Armen an Macht und Einfluss sowie der Witwen und Waisen zu übernehmen und das Asylrecht der Kirche zu garantieren.[12] Zudem verfügte die Kirche bereits seit Konstantins Zeiten über eine eigene Jurisdiktion, die sich unbestrittenermassen auf alle Kleriker erstreckte, in der Sicht der lateinischen Kirche jedoch tendenziell alle Christen umfassen sollte. In all dem ist kaum zu überschätzen, welche modellhafte Bedeutung Verwaltungskönnen und Rechtsentwicklung der lateinischen Kirche für das säkulare Amtsverständnis und das weltliche Recht in Europa immer wieder hatten:[13] einen Nachhall davon finden wir noch heute in der englischen Bezeichnung für den Schalterbeamten und den gerichtlichen Protokollführer, «clerk», in welcher munter der «Kleriker» der kirchlichen Verwaltung weiterlebt.

Dass die bereits angesprochenen verwandtschaftlichen Beziehungen zu herrschenden Familien und die synergetisch wirkenden Machtinteressen der Herzöge von Aquitanien die gelungene Durchsetzung des Gottesfriedens beförderten und damit zentralen kirchlichen Interessen dienten, tut dem aus bischöflicher Initiative Erreichten kaum Abbruch. Der Chronist, wenn auch kirchlicher Herkunft und somit Partei, vermeldet jedenfalls:

> «Die Bischöfe und Äbte und andere fromme Männer in Aquitanien luden alles Volk zu grossen Konzilien ein, und es wurden die Leichname vieler Heiliger und unzählige Reliquienschreine dorthin mitgeführt. Die Bewegung breitete sich nach Arles und Lyon und über ganz Burgund hinaus bis in die fernsten Winkel des fränkischen Reiches aus. Man be-

12 LMA, Bd. IV, Sp. 1588; Peter Brown: Die Entstehung des christlichen Europas, S. 126–128.

13 Vgl. für das Strafrecht etwa Lotte Kéry: Gottesfurcht und irdische Strafe. Der Beitrag des mittelalterlichen Kirchenrechts zur Entstehung des öffentlichen Strafrechts, Köln 2006; Daniela Müller: Schuld – Geständnis – Busse. Zur theologischen Wurzel von Grundbegriffen des mittelalterlichen Strafprozessrechts, in: Hans Schlosser u.a. (Hg.): Herrschaftliches Strafen seit dem Hochmittelalter. Formen und Entwicklungsstufen, Köln 2002, S. 403–420; Markus Hirte: Papst Innozenz III., das IV. Lateranum und die Strafverfahren gegen Kleriker. Eine registergestützte Untersuchung zur Entwicklung der Verfahrensarten zwischen 1198 und 1216, Berlin 2005.

schloss, dass die Bischöfe und die grossen Herren an hierzu bestimmten Orten zusammenkommen sollten, um den Frieden aufrechtzuerhalten und den heiligen Glauben zu stärken. Als das Volk das hörte, die Masse der Mittleren und Armen, waren alle voller Freude und gern bereit, dem Klerus zu gehorchen; es war, als hätten sie eine Stimme vernommen, die vom Himmel zu den Menschen sprach.»[14]

Der Friedensbruch, nicht der Geschädigte ruft nach Strafe

Dies alles wäre nebensächlich, wäre durch die Gottesfriedensbewegung nicht der eigentliche Kernbestandteil des Nadelöhrs der nach Strafe verlangenden Situation entstanden, durch welches der historisch gesponnene Faden des Straf-Sinns noch heute gezogen wird: die Tatbestandsmässigkeit. Im eingangs genannten Beispiel von Art. 111 StGB umschreibt die Passage «Wer vorsätzlich einen Menschen tötet» den Tatbestand. Die Erfüllung eines Tatbestands ist es, was idealiter die Strafverfolgung auslösen sollte.

Geändert hatte sich in grosser zeitlicher Nähe zu den Gottesfrieden und wohl auch unter deren Einfluss Folgendes: Betraf die schädigende Tat bis dahin immer und nur eine Person oder deren Verwandtschaft, die dann auch für Rache und Vergeltung oder durch Klage für eine gerichtliche Zusprechung von Sühneleistung und Wiedergutmachung besorgt zu sein hatte, so verletzte sie nunmehr ein gemeinsames Gut, den beschworenen Frieden.

Im System der bis dahin geltenden und von dem oder den Geschädigten einzuklagenden Wiedergutmachung handelte es sich bei den einschlägigen rechtlichen Bestimmungen im Wesentlichen um Tarife folgender Machart:

> «7. Wenn jemand einen Diakon tötet, werde er mit drei mal 100 Schillingen bestraft. / 8. Wenn jemand einen freigeborenen Priester tötet, werde er mit dreimal 200 Schillingen bestraft.»[15]

So beispielsweise in der «Lex Ribvaria» zu Beginn des 7. Jahrhunderts oder im zeitgleich entstandenen «Pactus Alemannorum»:

---

14 So Radulfus von Cluny, zitiert nach Robert Ian Moore: Die erste europäische Revolution, S. 28.

15 Zitiert nach Karl Kroeschell: Deutsche Rechtsgeschichte 1 (bis 1250), S. 50.

«1. Wenn jemand einem anderen den Daumen abhaut, zahle er 12 Schillinge. / 2. Wenn er gelähmt oder im ersten Gelenk abgehauen wird, zahle man 6 Schillinge [...]».[16]

Im Umfeld der Gebiete mit Gottesfrieden änderten die einschlägigen Rechtstexte plötzlich ihren Charakter und die Sanktionen verwandelten sich von einer Entschädigungszahlung primär an die Geschädigten, die dafür auf Vergeltung und Rache verzichteten, und sekundär an die Gerichte,[17] die einen Teil der Busse einbehalten konnten, in eine Drohung, die in einen begründenden Rahmen eingebettet war. So beispielsweise in den Bestimmungen zum Gottesfrieden für die Kölner Kirchenprovinz von 1083, in denen zu lesen steht:

«6. Und damit nicht diese gebotene Friedenssatzung von irgend jemandem leichtfertig und ungestraft verletzt wird, wurde solchen Übeltätern von allen gemeinsam folgendes Urteil gesprochen: Wenn ein Freier oder Adliger ihn verletzt hat, das heisst, wenn er einen Totschlag begangen, jemanden verletzt oder auf irgendeine andere Art zuwidergehandelt hat, soll er, ohne sich durch Geldzahlungen oder durch Fürsprache seiner Verwandten davon befreien zu können, aus seiner Heimatgegend verbannt werden, und seinen gesamten Grundbesitz sollen seine Erben nehmen [...] 15. Es steht nicht mehr in der Macht und im Belieben der Grafen oder Beamten oder Mächtigen, sondern in der des ganzen Volkes gemeinsam, dass sie die obengenannten Strafen gegen die Verletzter des heiligen Friedens anwenden, und sie sollen sich sehr sorgfältig davor in acht nehmen, bei den zu Bestrafenden Freundschaft oder Hass oder etwas anderes, das der Gerechtigkeit widerspricht, gelten zu lassen und einzelne Verbrechen zu verbergen, wenn man sie verbergen kann, sondern sie lieber an die Öffentlichkeit bringen. Niemand soll Geld annehmen, um die ergriffenen Schuldigen loszukaufen, noch durch Begünstigung den Schuldigen zu helfen versuchen, weil, wer das tut, sich ein unerträgliches Strafgericht für seine Seele zuzieht. Und bei allen Gläubigen soll man sich daran erinnern, dass dieser Frieden nicht Menschen, sondern Gott allein versprochen und umso fester und beständiger einzuhalten ist.»[18]

---

16 A.a.O., S. 52.

17 Bezüglich der damit verbundenen Auswüchse siehe Ernst Schubert: Räuber, Henker, arme Sünder. Verbrechen und Strafe im Mittelalter, Darmstadt 2007, S. 120–122.

18 Deutsche Übersetzung zitiert nach Karl Kroeschell: Deutsche Rechtsgeschichte 1 (bis 1250), S. 191f.

Das Modell der Gottesfrieden erwies sich als erfolgreich und wurde auch von weltlichen Machthabern übernommen, wodurch es weitere Nuancen erhielt. Im Mainzer Frieden Kaiser Heinrichs IV. von 1103, den die Geistlichkeit mitbekräftigte, leistete man beispielsweise folgenden Eid, der einen so genannten ‹Königsfrieden› begründete:

> «Keiner soll in jemandes Haus feindlich eindringen noch es durch Brand verwüsten. Keiner soll jemanden um Geldes willen fangen noch verwunden noch schlagen oder töten. Und wenn einer das tut, der soll die Augen oder die Hand verlieren. Wenn einer ihn schützt, soll er dieselbe Strafe erleiden. [...] Wenn einer einen Diebstahl begangen hat im Wert von fünf Schilling oder mehr, der soll die Augen oder die Hand verlieren. Wenn er einen Diebstahl begangen hat im Wert von weniger als fünf Schilling, soll er die Haare verlieren und mit Ruten fortgetrieben werden und das Gestohlene zurückgeben, und wenn er einen solchen Diebstahl dreimal begangen hat oder Raub zum dritten Male, soll er die Augen oder die Hand verlieren. [...] Dieser Eid dient den Freunden des Königs als Schild, den Feinden aber nützt er keineswegs.»[19]

Bei Tötung, Raub, Diebstahl und Notzucht, den so genannten «vier hohen Fällen», für die bald einmal allenthalben die Todesstrafe drohen, wenn auch nicht unbedingt vollzogen werden sollte,[20] handelte es sich, was nicht übersehen werden darf, zunächst um Fehdefolgen und noch nicht um städtische (Klein-)Kriminalität, was insbesondere im Falle von Diebstahl die drastische Sanktion und den Zusammenhang mit dem Friedensbruch nachvollziehbarer machen mag.[21] Auch zielten die blutigen Sanktionen wohl weniger auf Abschreckung als dass sie der inneren Logik der Rache folgten. In diesem Sinne seien sie zunächst einmal als Form gemeinschaftliche Notwehr zu verstehen.[22] Noch immer – und bis ins 16. Jahrhundert hinein – drohten nämlich hier und dort die Reben unter dem Dorngestrüpp des Schadentrachtens, der Einschüchterungs- und Zermürbungstechnik im Rahmen von Fehden, die in erster Linie die waffenlose Landbevölkerung zu treffen pflegten, zu ersticken.

---

19 Deutsche Übersetzung zitiert nach a.a.O., S. 193.

20 Vgl. Ernst Schubert: Räuber, Henker, arme Sünder, S. 36 und 53–61; LMA, Bd. VIII, Sp. 200.

21 Elmar Wadle: Zur Delegitimierung der Fehde durch die mittelalterliche Friedensbewegung, in: Hans Schlosser u.a. (Hg.): Herrschaftliches Strafen seit dem Hochmittelalter, S. 9–30.

22 Ernst Schubert: Räuber, Henker, arme Sünder, S. 113f.; LMA, Bd. VIII, Sp. 200.

Das Neue an der Verwendung der, mit Nietzsche gesprochen, überdauernden Prozeduren angewandter Gewalt, das sich auch an dem im 13. Jahrhundert neu aufkommenden Wort «Strafe» festmachen lässt, ist deshalb nicht die Gewalt als solche, sondern das mit der Prozedur neu verbundene Werturteil bezüglich der eine Bestrafung fordernden Tat.[23] Neu gehörte der Friedensbruch sanktioniert und nicht länger der Schaden ersetzt oder der Geschädigte besänftigt. Und genau dazu war «Strafe» da.

Inseln der Freiheit

Eine weitere Dimension bekam das Thema «Strafe», als durch einen anderen Typ von Eidesleistung weitere Inseln, nämlich solche der Freiheit entstanden. Durch eine Mauer waren diese Inseln gegen den Einflussbereich der Landesherren abgegrenzt, deren Jurisdiktionsgewalt an ihr endete.[24] Innerhalb der Mauern galt Stadtrecht, das den Hörigen in der Regel innert Jahr und Tag frei machte. «Stadtluft macht frei», formulierten darum die Rechtshistoriker nicht von ungefähr.[25]

Die Gründe dafür, dass die Landesherren den Städten Freiheiten – nie aber völlige Souveränität – zugestanden, waren vielfältig: König Alfons V. von Kastilien wollte es für Berufsleute wie beispielsweise Küfer oder Weber, die bisher nach altem Vorbild in Nähe und Abhängigkeit zum Gutsherren als ihrem Abnehmer arbeiteten, im Jahre 1020 attraktiv machen, sich in León niederzulassen. Bischof Theoduin von Lüttich liess sich den Wiederaufbau der abgebrannten Kollegiatskirche der Stadt Huy durch deren Bürger finanzieren, was er mit der Gewährung der städtischen Freiheit entschädigte.

Daneben gab es aber auch Neugründungen von Städten wie etwa Freiburg im Breisgau, von denen sich der Privilegien verleihende Stadtgründer Einkünfte erhoffte. In einer Urkunde fraglicher Her-

[23] Ernst Schubert: Räuber, Henker, arme Sünder, S. 21f., 102f. und 172; Hans Hattenhauer: Europäische Rechtsgeschichte, Rdz. 1026; Hinrich Rüping; Günther Jerouschek: Grundriss der Strafrechtsgeschichte, München [5]2007, Rdz. 68; Uwe Wesel: Geschichte des Rechts, Rdz. 236.

[24] Barbara Frenz: Si convinci potest ydoneis testibus, eadem pena ac si in civitate contigisset puniatur – Konzeptionen der Beweisführung und Sanktionierung beklagter Friedensverletzungen in Stadtrechten des 12. und 13. Jahrhunderts, in: Hans Schlosser u.a. (Hg.): Herrschaftliches Strafen seit dem Hochmittelalter, S. 133–156, S. 139ff.

[25] Karl Kroeschell: Deutsche Rechtsgeschichte 1 (bis 1250), S. 219–221.

kunft, die nichtsdestotrotz einen Einblick in entsprechendes Denken geben dürfte, stellt sich dies wie folgt dar:

> «Ich Konrad (von Zähringen), tue allen [...] kund, dass ich im Jahre 1120 in meinem Ort Freiburg einen Markt gegründet habe. Nach Einladung der Kaufleute von überallher habe ich beschlossen, durch eine Eidgenossenschaft diesen Markt zu gründen und emporzubringen. [...] Daher sei allen zu kund und Wissen getan, dass ich auf Bitten und Wunsch der Kaufleute ihnen die folgenden Rechte verliehen habe»[26].

Erneut begegnet hier der Eid und die Städter werden zuweilen als verschworene Gemeinschaft egalitärer Kaufleute idealisiert, die sie in Tat und Wahrheit so kaum je längere Zeit gewesen sein werden. Doch selbst eine ansonsten die unstreitig vorhandene soziale Schichtung der Städter betonende Stimme gesteht ein:

> «[E]s stimmt, dass das bürgerliche Modell im Ideal ein egalitäres ist, das jedenfalls auf eine horizontale und nicht, wie in der ländlichen Feudalgesellschaft, auf eine vertikale Gesellschaftsordnung abzielt.»[27]

Und dass das Recht der Kaufleute, die sich freiwillig oder erzwungen aus ihrem je angestammten Rechtsverband gelöst hatten, und nun gemeinsam neue Formen der Verbindlichkeit entwickeln mussten, einen Einfluss auf die rechtliche Entwicklung der Bürgerschaften hatte, kann ebenfalls als gesichert gelten.[28] So mussten die Kaufleute beispielsweise sicherstellen, dass Verträge eingehalten werden, und dazu bot sich schon seit altersher die Selbstverpflichtung durch Eid an. Dabei sichert der Eid die Selbstverpflichtung dadurch, dass sich der Eidbruch von selbst rächt, was explizit als bedingte Selbstverfluchung (etwa: «Möge ich tot umfallen, wenn ich nicht die Wahrheit sage») formuliert oder stillschweigend mitgedacht sein kann.[29] So erklärt es sich auch, dass das englische «to swear» ebenso wie das französische «jurer» noch heute die Doppelbedeutung von «schwören» und «fluchen» trägt. Das eine ist die Kehrseite des anderen und soweit und solange davon ausgegangen werden konnte, dass die Fluchwirkung vom Ablegen des Eides und nicht von der zustimmenden Gesinnung

---

26 Zitiert nach Hans Hattenhauer: Europäische Rechtsgeschichte, Rdz. 780.

27 Jacques le Goff: Die Geburt Europas im Mittelalter, München, 2004, S. 153; vgl. auch Ernst Schubert: Räuber, Henker, arme Sünder, S. 115.

28 Handwörterbuch zur deutschen Rechtsgeschichte (HRG), Berlin: 1964–1998, Bd. 4, Sp. 1865; LMA, Bd. II, Sp. 1042.

29 Handwörterbuch zur deutschen Rechtsgeschichte, Berlin 2004ff. (HRG^2) Bd. I, Sp. 1249f.; LMA, Bd. IX, Sp. 217 ; TRE, Bd. 9, S. 374.

des Schwörenden abhängig war, war – wir haben es bei Bischof Wido II. gesehen – auch der erzwungene Eid gültig.

Gehörte zur Freiheit der Stadt die eigene Gerichtsbarkeit innerhalb ihrer Mauern, so musste dafür auch ein eigenes Stadtrecht ausgebildet werden, in dessen Zentrum gemeinhin der von den Bürgern beschworene Stadtfriede stand. Er bestand parallel zu einem allfälligen Gottes- oder Königsfrieden ausserhalb der Stadt und seine Formulierung nahm im späten Mittelalter leicht den Charakter eines städtischen Strafgesetzbuches an, dessen Sanktionen sich weitaus härter ausnehmen konnten, als sie eine vergleichbare Tat ausserhalb der Stadt gefordert hätte. Dies dürfte den spezifisch urbanen Lebensumständen geschuldet gewesen sein, die eine Vielfalt von Möglichkeiten zum Friedensbruch bargen, für die die Städte nicht einfach auf einen vorhandenen Katalog von Strafen zurückgreifen konnten. Deshalb scheint sich der Gedanke spiegelnder Strafen aufgedrängt haben, in deren Folge der Fluch des Eidbruches den Täter spiegelbildlich zu seiner Tat ereilt: Der Mörder verliert das eigene Leben, dem Dieb wird seine Hand weggenommen, der Brandstifter verbrennt und den Strassenräuber tötet das Rad.[30] Dies als Folge des Gedankens, wonach es letztlich die Tat ist, die sich am Täter rächt. Zu solcher Genese der Körperstrafen im urbanen Milieu würde zeitlich und örtlich auch passen, dass der diese Strafen vollziehende Henker, auch «Nachrichter» geheissen, zum ersten Mal 1276 erwähnt wird und städtischen Ursprungs ist.[31]

Dass der Bruch des Stadtfriedens andere Folgen als der Bruch des Gottesfriedens nach sich zog, hat neben dem bereits Gesagten noch wenigstens drei weitere Gründe. Zum einen waren die Chancen zur Rechtsdurchsetzung in einer Stadt ungleich grösser als auf dem platten Lande[32], zum zweiten zielte der Stadtfrieden nicht nur auf den Verzicht auf Fehde und Rache sondern auf die Unterwerfung der Bürger unter die Gebote der Stadt.[33] Und drittens hatten sich alle Bürger der neugegründeten Städte durch den Bürgereid dem Stadtfrieden unterworfen und wer neuer Bürger werden wollte, musste diesem Eid beitreten. Zuweilen wurde er alljährlich feierlich bekräftigt. Gottes- und Königsfrieden hatten die schwörenden Grossen unter Drohung des Eintritts der bedingten Selbstverfluchung nur verpflichtet, als Garanten des Friedens den Friedensbruch anderer nach alter Väter Sitte

---

30 Ernst Schubert: Räuber, Henker, arme Sünder, S. 91; vgl. auch HRG, Bd. 4, Sp. 1761–1763.

31 Ernst Schubert: Räuber, Henker, arme Sünder, S. 64–69.

32 LMA, Bd. VIII, Sp. 21.

33 Ernst Schubert: Räuber, Henker, arme Sünder, S. 23.

durch auf Gewohnheit basierende Rechtsfindung zu sanktionieren. Der Bruch des Stadtfriedens, in dem Tatbestand und Rechtsfolgen einzelner Friedensbrüche bereits ausformuliert und durch den Bürgereid akzeptiert waren, wirkte sich demgegenüber viel unmittelbarer aus. Aus der bedingten Selbstverfluchung der beschworenen Gottes- und Königsfrieden war im Falle des schwörenden Stadtbürgers ein bedingtes Selbsturteil für den Fall der Verletzung des beschworenen Stadtfriedens geworden.[34]

Diesen bricht beispielsweise, «wer innerhalb der Stadtmauern Blut vergiesst», «wer einen anderen mit der Faust oder einem Stock verwundet oder schlägt, bis Blut fliesst», wer «einen anderen an den Haaren zieht oder prügelt oder verwundet» und «wer einem anderen gegen das Recht Güter entwendet oder bei irgendjemandem im Hof oder im Haus eindringt».[35]

Inseln der Lebenskunst

Die solcherart befriedete Stadt der Bürger gilt als ein europäisches Erfolgsmodell. Im 12. Jahrhundert noch von Bernhard von Clairvaux als Hure Babylon verschrien, aus deren Mitte er den eben erst entstehenden Stundentenscharen in den Klöstern Zuflucht zu suchen empfahl, war sie im 13. Jahrhundert zum erstrebten Jerusalem geworden. Die Stadt war zudem der Nährboden fleissiger und schöpferischer Arbeit, der Freude am Geschäftemachen und am Geld sowie des Sinnes für Schönheit und einer Neigung zum Luxus.[36] Zusammen bildeten sie die Grundvoraussetzung zur Entwicklung urbaner Lebenskunst.

Eine Errungenschaft solch urbaner Lebenskunst bildeten auch die Bäder, saunaähnliche Einrichtungen, die sich sogar an gewissen Tagen kostenlos den Armen öffneten. Dies in der Hoffnung, sie würden als Gegenleistung für das Seelenheil der sie freihaltenden Stifter beten. Diese Bäder waren zudem ein Lebensbedürfnis für Knechte und Gesellen, die anstelle des heute üblichen Trinkgeldes auf ein Badegeld hoffen durften, und denen das Bad als Bewohner schlecht bis gar nicht beheizter Räume ab und an zum Durchwärmen diente, was indessen

---

34 Barbara Frenz: Frieden, Rechtsbruch und Sanktion in deutschen Städten vor 1300, Köln 2003, S. 17f.

35 Beispiele zitiert nach Barbara Frenz: Si convinci potest ydoneis testibus, eadem pena ac si in civitate contigisset puniatur, S. 133f.

36 Jacques le Goff: Die Geburt Europas im Mittelalter, S. 150–152.

unabhängig ihres Standes alle Bewohner der Stadt zu schätzen wussten.

Diese Badestuben waren aber zugleich ein Ort, für den das Sprichwort, wonach die Gelegenheit die Diebe macht, in besonderem Masse zutraf. Der Diebstahl im Badehaus war nicht nur ein ausgesprochen leicht zu begehendes Delikt – man ging in seinen alten Kleidern hinein und verliess es danach in neuen – sondern auch eines, das überhaupt erst durch die spätmittelalterlich-urbane Errungenschaft des städtischen Badehauses möglich geworden war. Damit zeigte sich sozusagen eine Schattenseite der Lebenskunst – eine andere war der enorme Holzverbrauch, der nicht unwesentlich zum Niedergang des Badehauses im 16. Jahrhundert beigetragen haben dürfte.

Um dem Diebstahl im Badehaus zu begegnen, wurde der Gedanke der Bildung befriedeter Inseln unter urbanen Bedingungen dahingehend weiterentwickelt, dass das Badehaus als «befreiter Ort», als durch einen Sonderfrieden geschützter Ort galt. Vergleichbares gab es schon prä-urban für die Mühlen, die im Rahmen der Königsfrieden vor Raub und Zerstörung geschützt werden sollten. Der alltägliche Diebstahl in den Mühlen hingegen wurde durch den Königsfrieden nicht geahndet. Dies war beim Sonderfrieden des Badehauses, der gerade den Diebstahl bannen sollte, entschieden anders. Doch obwohl der Badehausdiebstahl die Recht sprechenden spätmittelalterlichen Stadträte regelmässig beschäftigte und der Badehausdieb als Verüber eines besonders schändlichen Deliktes auf keine Gnade hoffen – dafür aber exemplarisch bestraft werden – konnte, war der Frieden des Badehauses kein juridifizierter Sonderfrieden. Einzig die exemplarische Bestrafung des Badehausdiebes lässt den Schluss auf seine Existenz zu.[37] Er wäre somit ein allein im Bewusstsein der Stadtbewohner ausgebildeter Sonderfrieden gewesen, dazu bestimmt, eine Insel der Lebenskunst auszusondern und zu schützen.

Epilog

Unser Sightseeing in der Geschichte des Strafrechts wirft ein Licht auf eine eher vernachlässigte Dimension des Themas «Strafe». Neben den vieldiskutierten Fragen, wann welches überdauernde und strafend eingesetzte Prozedere angemessen sein könnte und ob es die darin

[37] Zum Badehaus und dessen Frieden siehe Ernst Schubert: Alltag im Mittelalter, Darmstadt 2002, S. 50, 56 und 297, Anm. 143 sowie Ernst Schubert: Räuber, Henker, arme Sünder, S. 197f.

gesetzten Erwartungen – beispielsweise der Besserung des Täters oder der Abschreckung potentieller Täter – auch wirklich zu erreichen vermöge, ist in den Strafdiskurs nämlich von alters her eine fundamentale Unterscheidungsbemühung eingeschrieben: Strafe unterscheidet zwischen akzeptablem und ‹verpöntem› – das lateinische «poena» für Strafe klingt unverkennbar nach – Verhalten. Als Kippfigur zum Verpönen wird zudem eine Selbstverpflichtung derer sichtbar, die sich anschicken, diese Unterscheidung zu treffen und verbindlich zu machen. Diese Selbstverpflichtung kann ausgesprochen und sichtbar sein wie bei Gottes-, Königs- und Stadtfrieden oder sie kann, wie beim Sonderfrieden des Badehauses, stillschweigend geschehen. Immer jedoch ist sie die heute wenig gesehene und diskutierte Kehrseite des Tatbestandes, der nach Strafe verlangt.

Im Vorhergehenden ist stillschweigend die Grundannahme getroffen worden, dass Lebenskunst etwas im tiefsten Kern Insuläres sei, das andere, die Inseln der Lebenskunst transzendierende und strafrechtlich umgrenzte Inseln – solche des Friedens und der Freiheit – zur Voraussetzung hat. Sollte diese Annahme berechtigt sein, so müsste es der Lebenskunst zugute kommen, wenn es gelänge, die Selbstverpflichtung der Insulaner einerseits und die Unterscheidungsbemühung zwischen ‹akzeptabel› und ‹verpönt› andererseits in den Diskurs über die Strafe zurückzuholen. Denn wie der rituelle Konsum des wöchentlichen Fernsehkrimis dreht sich das Thema Strafe im Kern um die Wiederherstellung, Transformation oder Erneuerung einer stets brüchigen Ordnung, die Inseln der Lebenskunst erst zu schaffen vermag.

Christoph Morgenthaler

Lampions in Hachiman

I.

Eigentlich ist es klar: Ich möchte von einem Spaziergang in Japan berichten. Im April dieses Jahres konnte ich dieses Land zum ersten Mal besuchen. Natürlich wäre das Spazieren in Japan nicht möglich gewesen ohne den zwölfstündigen Flug von Paris, davon sieben Stunden über den Eiswüsten Sibiriens. Undenkbar wäre es auch ohne den Shinkan-sen, der mit wundersamer Beschleunigung Hunderte von Kilometern von Landschaft – Häuschen, Vorstädte, Hügel, Reisfelder – am Auge vorbeizog. Aber diese Reise war auch eine Reise der Spaziergänge. Strecken zu Fuss gehen mitten in die Fremde, fremd inmitten von Japanerinnen und Japanern, die dort nicht fremd sind, auch wenn sie hier, wo ich nicht fremd bin, als fremd auffallen, genauso wie ich dort als fremd auffiel.

Nur: Welcher Spaziergang soll es sein? Hmm, so schrieb mir mein Freund, der mich nach Japan eingeladen hatte, als ich ihm vom Artikel berichtete, den ich zu schreiben beabsichtigte, welcher Spaziergang soll es sein? Zum Jungfrauen-Wasserfall? Zum automatischen Shishi im dunklen Tempelbezirk von Shibamata? In Gifu auf die Tatami-Matten des Restaurants? Am schönen Betonhaus von Uchiko vorbei, wo Eigelbsaft hergestellt wird? Oder in die verkehrte Richtung in Uwajima, zum Museum der deftigen Kopulationen? Zum «Gembaku-Dom» von Hiroshima? Mit Herrn T.s Hunden, denen es schlecht wurde? Durch die Menschenmengen zum Sunshine-Building in Ikebukuro in Tokyo? Zum grünen Buddha in Motoyama? Im Strom der Schirme am goldenen Kinkakuji vorbei? Oder zum Schrein des Wahrsagers von Abe no Seimei? Natürlich Hase-dera, wo sich die rote Pagode aus dem lichtgrünen Laub der Ahornbäume erhob, oder oben hinaus auf dem Koyasan? Durch das seltsam brachliegende Kitakata? Von den Fassaden von Nagatachô durch den finsteren Schrein zum Parlamentsgebäude? Durch die uralten Gräber des Ryôtanji-Tempels? Zu den teuren Melonen bei Takano?

Nein: Mit dem Kagura mitfliessend, diesen Tag möchte ich beschreiben, an dem wir mit dem Kagura mitgingen. Mein Freund hatte mir bereits lange in Aussicht gestellt, wir würden ein Götterfest besuchen: Hachiman. Auf der Karte der Firma Kümmerli & Frey ist der Name noch lesbar, in Japan später ist er in Schriftzeichen geschrieben, die ich nicht entziffern kann, jedes von ihnen jedoch eine kleine Geschichte in sich trägt, wenn sie mir erklärt werden.

Also: Das Götterfest in Hachiman. Es beginnt im kleinen Ryokan, in dem wir absteigen, unsere Gepäckstücke auf den Tatami-Matten abstellen, uns anhand eines Ortsplans kundig machen, wo wir sind (ohne meinen Freund würde ich nichts verstehen, könnte mich nur gestikulierend und radebrechend verständigen; lesen kann ich ohnehin nichts, wahrscheinlich hätte ich schon gar nicht den Weg hierher gefunden, in dieses Hachiman). Die junge Frau, bei der wir untergebracht sind, unterhält sich mit meinem Freund. Mit heller Stimme, lebhaft gestikulierend. Mein Freund spricht japanisch, aber da ist mehr als das, wenn ich ihnen so zuschaue: Er wird Teil des Austauschs, mir spürbar im lebhaften Hin und Her der Worte und Gesten, im Spiel der Mimik, und ich stehe daneben und verstehe nichts.

Sie könne uns auch nicht alles erklären. Wir befänden uns hier auf der Frauenseite des Orts. Die Umzüge mit dem Shishi, dem Löwen-Drachen, begännen gleichzeitig an zwei Stellen. Auf der Frauen- und auf der Männerseite. Wie sich das Ganze auf der Männerseite abspiele, wisse sie nicht. Könne sie nicht wissen. Dürfe sie nicht wissen. Das sei ein Geheimnis.

Ich stocke. Ich kann diesen Spaziergang nicht erzählen. Wie soll ich seine vielen Eindrücke, die Bilder, die mir durch den Kopf segeln, den seltsam spitzen und doch samtenen Klang der Flötenspieler, den Paukenschlag, das Spiel der Figuren auf den Strassen beschreiben? Und den Shishi-mai, den Tanz des Löwen. Wie kann ich einen Zugang zu dieser Welt finden, wenn nicht einmal sie, die hier wohnt, alles weiss und uns einweisen kann? Warum ausgerechnet ein Spaziergang durch das Götterfest? Ich hätte mir ein einfacheres Sujet wählen können. Ein reformierter Theologe mitten in der Emsigkeit japanischer Religiosität – oder ist auch dieser Begriff wieder nicht angemessen, Religion im Sinn jener Institutionalisierungen, die wir in Europa kennen, gibt es in Japan doch nicht.

Wir ziehen los. Die Bilder schieben sich in der Erinnerung ineinander: Kleine Strässchen. Eine Brücke über ein Flüsschen, noch mehr Strässchen. Schon von Ferne hört man den Klang der Flöten, da kommt der Zug. Ist es die Männerseite mit ihrem Trupp, der wir begegnen, ist es die Frauenseite? Wie sollte ich dies auseinanderhalten können? Eine Gruppe mit dem Shishi schiebt sich durch die Strassen. Menschen schauen aus den Fenstern, treten vor die niedrigen Türen, weisse Couverts werden in Empfang genommen. Der lockere Trupp, der in sich doch geordnet ist, formiert sich Station um Station immer wieder neu: Die kleinen Knaben in ihren grau-schwarzen Gewändern mit dem bunten Kopfschmuck, die verloren ins Leere schauen, sie setzen sich links und rechts der Strasse hin, auf die Stühlchen, die von beflissenen Eltern hingestellt werden (sind es wirklich die Eltern?). Die Männer mit den breiten, auf ihrem Kopf festgebundenen Hutkrempen setzen die Pfeifen an, und dann beginnt diese Melodie, sie geht mir tagelang nicht aus dem Kopf und doch kann ich sie nicht summen. Hinten macht der Shishi den Schluss der Prozession, der farbige Drachen mit seinem gewaltigen Gebiss, der fliegenden Mähne, den ruckhaften Bewegungen des Kopfs, der bald hierhin, bald dorthin fährt und glotzt, sich dann wieder in sich zurückzieht, so unvorhersehbar, dass er sich kaum fotographieren lässt, der Shishi, ein Wesen mit Gemüt, fruchtbringend, aber auch furchtbar (man sieht, es sind die jungen Männer aus Hachiman, sie schwitzen, wenn sie unter der Decke hervorkommen, die Maske an andere abgeben konnten, sie sind es, die das Tier in grossen Sprüngen bewegen). In der Mitte der Strasse drei Knaben, etwas älter als die links und rechts der Strasse, zwei von ihnen bewegen sich hin und her, rennen, hüpfen und schlagen inbrünstig und gleichzeitig präzise auf die Trommel, die vorne mitfährt, einer – sein Gewand in einem orangenen Seidenstoff glänzt im Sonnenlicht, nicht mehr Knabe, noch nicht junger Mann, – stellt sich vertieft-konzentriert immer wieder vor den Shishi hin, kreuzt seine gerillten Trommmelstäbe, zieht sie mit einem scharfen Ton übereinander, hebt sie beschwörend gegen das Tier (später lese ich, dass er den Shishi zurückhält, damit dieser nicht zu schnell durch die Gässchen eilt, sondern seine Lebenskraft langsam verströmt; dann wieder ist es seine Aufgabe, ihn zum Weitergehen zu bewegen, wenn er sich nicht mehr bewegen will). Und da schleicht in der Gruppe auch noch der Mann mit seiner blöde blickenden Maske mit, und die Frau (auch sie von einem Mann gespielt) mit ihrem glatten Maskengesicht schwingt ihren Fächer. Sie nähern sich, sie weichen, sie beäugen sich, berühren sich nicht und bespringen sich doch. Aus dem, was ich im Moment sehe und höre, suche ich mir ein Bild zu machen, wie denn hier nun die Götter ihr Fest feiern. Der Trupp hält an. Der Priester mit der hohen schwarzen Mütze, der auch dazugehört, beginnt seinen Sprechgesang, wedelt mit einer langen Stange, an der ein weisses Tuch befestigt ist, gegen die Eingänge der Häuser, manchmal verweilt er länger, manchmal kürzer (ob dies mit dem Umfang der Geldspende zusammenhängt, die die Menschen links und rechts von der Strasse in ihren Couverts abgeben?). Wir rücken durch die Strassen, stundenlang, kreuz und quer, immer wieder der kehlige und gedehnte Sprechgesang, das beschwörende Rätschen der Trommelstäbe, die ruckartigen Bewegungen des Löwen-Dämon-Drachen-Glücksbringers, der Tanz der Geschlechter, die Couverts. Und ausserhalb des Treibens stehen die zwei Tengus, der eine mit der gegen unten gebogenen, spitzen Nase, der andere mit der hochstehend roten Phallus-Nase, nochmals andere Figuren aus diesem Pantheon der Götter, aufrecht stehen sie, ruhig, beobachtend, magisch.

Nach der Reise erst gehe ich den Zusammenhängen nochmals nach: Der Shishi-mai sei ein Löwentanz. So eindeutig ist aber auch dies nicht, wie weitere Recherchen zeigen. In der langen Geschichte war er auch Drache, dem Wasser entstiegen, und es gab und gibt die Traditionen des Hirsch-Tanzes (Ka-no-shishi) oder des Ebertanzes (I-no-shishi), Teil der Kunst des Gigaku, Bugaku und Sangaku. Ich verirre mich in den unendlichen Querverweisen und intertextuellen, interrituellen, interkulturellen Zusammenhängen dieser Tradition. Wahrscheinlich ist der Tanz von China nach Japan gelangt, mehr als hundert unterschiedliche Formen des Shisi-mai finden sich in Japan, die Masken sind käuflich, im Internet werden sie angeboten. Drachen. Drachen sind aus unserem religiösen Kosmos verschwunden – als Kind litt ich mit dem Drachen, den der heilige Beatus mit Hilfe des lieben Gottes leider auf Nimmerwiedersehen in den Thunersee versenkte –, nur noch am Rand der Märchen und Sagen werden sie bei uns sichtbar. Der Drache hier in Japan bewegt sich mitten auf der Strasse, sein Tanz ein Gebet für die Sicherheit des Haushaltes, die Fruchtbarkeit, den erfolgreichen Gang des Geschäfts.

Später am Tag steigen wir auf den Hügel mit der Burg, an der Tempelglocke vorbei, nur von Ferne dringen die Laute und Tonfetzen noch nach oben aus dem Gewirr bunter Dächer. Und dann tauchen wir wieder ein. Die Spieler sind erschöpft, der eine der Knaben vollkommen ausgepumpt, und immer noch bewegt sich der Shishi ruckartig vorwärts, zurück. Es wird allmählich Abend. Im Ryokan steht das Essen mit seinen vielen Tässchen und Schälchen, den Gerichten der Region bereit – jedes schmeckt anders, zusammen geben sie ein ebenso buntes Bild auf den niedrigen Tischchen, an denen wir knien, wie das bunte Fest mit seinen Ingredienzen draussen. Unsere Gastgeberin will uns nun begleiten. Die Strässchen sind ins Halbdunkle getaucht. Lampions werden entzündet. Warmes Gelborange. Von weitem schon sieht man die Gruppe, die sich immer noch durch das Dorf schiebt und mit ihr die Leute, die die Lampions tragen. Sie kommen näher und näher. Unsere Gastgeberin spricht mit Bekannten. Unversehens wird meinem Freund ein Lampion in die Hand gedrückt. Mir auch. Und plötzlich ist alles nochmals anders. Ich werde mitgesogen, muss nun Sorge tragen zu meiner Fackel. Ich möchte nicht, dass ich mich mit meinem Lampion an anderen verheddere, ein Durcheinander veranstalte. Denn: Eine Frau erzählt uns aufgeregt, wir müssten nun ganz nahe beim Shishi bleiben, der Shishi müsse bald für ein ganzes Jahr wieder zurück in seinen Schrein, das behage ihm gar nicht, wir würden sehen, er sei traurig, er werde sich weigern, über die Brücke zu gehen, denn dann ist alles wieder aus, für ein Jahr, die Frau ist sehr aufgeregt, in der Nähe des Shishi sollten wir uns halten, damit das En zu ihm nicht abreisst. Wir werden mitgezogen, mitten im Pulk der Männer und Frauen und Kinder, der sich zum sanftschrillen Klang der Flöten durch das Gässchen drückt. Ich weiss, ich sollte die Trauer des Shishi sehen, ich sollte in der Nähe seiner Kraft bleiben, das wird mir helfen, das bringt Glück, das Ki, die Lebenskraft des Shishi, mein En – jene geheimnisvolle Kraft, die in Japan alles schicksalshaft miteinander verbindet. Die Brücke ist eng, die Musik klingt anders (sie stammt aus dem Bestand der so genannten Geheimüberlieferung, wie sie in alten Dokumenten gefunden werde, wie mir mein Freund später erklärt), der Shishi weicht zurück, seine Begleiter ermutigen ihn, drängen ihn, rufen ihm zu, endlich bewegt er sich wieder, seine Trauer wird mir einfühlbar, weil die Frau erzählt, mein Freund übersetzt hat. Seine Trauer hätte ich nicht gespürt, wenn die Frau nicht erzählt, mein Freund nicht übersetzt hätte. Und da: Der Shishi reisst sich los – die einzige Gewähr für Kraft und Gesundheit (und Hauptthema aller japanischen Künste) –, zieht in Richtung des Shinto-Schreins, die breiten, ausgetretenen Steintreppen hoch. Dort oben der letzte Tanz. Man sieht in den hell erleuchteten Tempel, in dem Männer in bunten Gewändern knien und das Ritual vollziehen, unerreichbar. Muss ich den Shishi nun gehen lassen?

Für Trauer bleibt keine Zeit. Ein Durcheinander des Aufräumens setzt ein, alles wird auseinander genommen, verpackt, verstaut, abrupt, unsentimental, Türe zu, fertig. Müde und entspannte Gesichter ringsum. Es ist empfindlich kühl hier draussen. Wir stiegen die breite Steintreppe vom Schrein wieder hinunter ins Städtchen.

II.

Lässt sich dieser Gang in grössere Zusammenhänge einordnen, gar auf seine Tauglichkeit als Signatur der Gegenwart hin überprüfen, wie die Herausgeber dieser Festschrift es vorschlagen? Hachiman im Auge des Flaneurs.

Ich stutze: War mein Auge das Auge eines Flaneurs? Eigentlich stelle ich mir einen Flaneur anders vor. Der Flaneur lässt auf seinem Gang entspannt an seinem Auge vorbeiziehen, was er kennt, auf der Suche nach dem kleinen Unbekannten, das sich noch nicht einordnen lässt, dem feinen Unterschied, der den ganz besonderen Reiz dieses einen Ortes sichtbar macht, durch den er schweift. Und er bleibt stehen, wann er will. In Hachiman waren die Vorzeichen anders gesetzt: Das Auge auch unterwegs, aber unruhig, hungrig, oft verständnislos, auf der Suche nach jenem einen Detail, das ihm wirklich bekannt ist. Gewiss stehen die Häuser auch in Japan auf dem Boden. Und doch: So leicht lässt sich kein Bild von den vielen Bildern machen, die auf das Auge eindringen. Jeder Entwurf eines kohärenten Bildes hinter den Bildern reisst wieder, sobald mir übersetzt wird, was die Menschen hier selbst erzählen und mein Freund mit seinen Erklärungen geschichtliche, kulturelle und religiöse Hintergründe ins Spiel bringt. Am Beispiel wird mir bewusster, dass die Figur des Flaneurs wohl an eine bestimmte kulturelle Konstellation gebunden ist. Der Flaneur bewegt sich in einem Umfeld, das genügend fremd ist, dass es das Auge reizt, und genügend verständlich, dass es sich mit kleinen Irritationen in bestehende Vorstellungen einreihen, in einen Verständnisrahmen einfügen lässt. Gerade dies macht das Erfrischende des Flanierens aus. Dies ist anders im fremdkulturellen Kontext. Was hier sichtbar wird, ist in gewisser Weise so anders «anders», dass diese Verarbeitungsmöglichkeiten an ihre Grenzen kommen. Als Ausweg bietet sich an: das Andere zum Exotischen, Pittoresken, Fremdartig-Geheimnisvollen zu stilisieren. Die Kamera zücken. Den Flaneur zum Touristen werden lassen. Oder eben doch: Sich auf eine äusserst irritierende Erfahrung einzulassen, die infantilisiert, weil Grundregeln des sozialen und religiösen Zusammenspiels neu gelernt werden müssen, und Eigenes durcheinanderwirbelt.

Nochmals anders wird dies mit den Lampions. Eben noch warfen sie ihren warmen Schein über eine Szenerie, auf der das Auge ruhen konnte. Und jetzt, plötzlich, mit meinem Lampion in der Hand, werde ich Teil des Fliessens, Teil der Musik und der Farben und spüre den Hauch der Lebenskraft, die hier durch die Strässchen springt und schleicht und tanzt, ihr Ki verströmt, und nun gebändigt werden soll, gegen ihren Willen, eingesperrt. Das Auge kontrolliert etwas ängstlich, ob sich das Lampion nicht mit den anderen verheddere. Der Körper geht mit. Der Flaneur verliert einen Augenblick seine Fähigkeit, sich sachkundig auf adäquate Distanz anzunähern, sich ironisch zu distanzieren. Die seltsame Fremdheit eines kulturell-religiösen Kosmos, der sich über Jahrhunderte erfolgreich dagegen gewehrt hatte, Teil einer auch christlich durchwirkten kolonialen Bemächtigung zu werden, diese Fremdheit, die mich so seltsam beunruhigte, da sie selbstverständliche Annahmen in Klammer setzte, Annahmen von denen ich weiss, dass man sie nicht so treffen kann, und die ich doch traf, diese seltsame Fremdheit ergriff mich ganz, für Augenblicke nur. Ob Ähnliches geschah, als Clifford Geertz mit seiner Frau davonrannte, weil die Polizei den Hahnenkampf in jenem balinesischen Dorf auflöste, in dem die Einwohner bis zu diesem Zeitpunkt durch sie hindurchgeschaut hatten, in dem sich nach dieser gemeinsamen Flucht aber in den Innenhöfen der Häuser die Zungen lösten?[1] Die Frage bleibt, nach dieser Reise: Welcher Art müssten Spaziergänge sein, dass das Fremde, das heute so nahe liegt, wieder zum wirklich Fremden wird, das selbst spricht und gleichzeitig Eigenes tief berührt? Wahrnehmen ist das eine, handeln – mitrennen, mitfliessen – offenbar doch noch etwas anderes. Handeln heisst: wach wahrnehmend einen Teil der reflexiven Distanz zurückzunehmen, partizipatorisch, identifikatorisch mitzugehen, mitzufliessen, sich zu verflüssigen.

Daran schliesst sich die Frage, inwiefern fremdkulturelles Verstehen auf einer solchen Reise denn überhaupt möglich wird. Kulturelle Horizonte prallen heute in einem Ausmass zusammen, wie dies noch vor einem halben Jahrhundert undenkbar gewesen wäre. Hachiman war einer von vielen Gängen in Japan, die immer wieder die Begegnung mit dem Fremdkulturellen herausforderten. Mitten in dieser Immersion, für mich verbunden mit einer Infantilisierung, ja, einer «Ent-mündigung» im eigentlichen Sinn des Wortes, da ich weder Schrift noch Sprache beherrschte und auch die Regeln des Benehmens, Sprechens, sich Bewegens, Schauens, Nichtschauens nur aus dürftigen Beschreibungen kannte, mittendrin standen diese rituell verlangsamten Kreuz- und Quergänge in Hachiman, die Ermächtigung durch die Lampions, die uns in die Hand gedrückt wurden, die Verlangsamung des Schritts des Flaneurs, der nicht Flaneur bleiben konnte, bis zum Stillstand der Zeit, als das Ki nicht über die Brücke wollte. Ist fremdkulturelle Begegnung nur durch einen zeitlich suspendierten Akt der «Entmündigung» möglich, durch eine Verlangsamung bis zu Stillstand auf der Brücke? Da mittendrin: ein kurzer Zusammenbruch der Wahrnehmungsraster, eine wirkliche Begegnung, ein handelnder Perspektivenwechsel. Dem Shishi den Heimweg zünden, den ungeliebten Weg zurück. Kann ich die Stelle, an der die Bilder eines fremden kulturellen Kosmos unvermittelt reissen, freihalten, damit mir daraus der Hauch des Ki einer anderen kulturellen Wirklichkeit, die zugleich religiös ist, entgegenwehen kann?

---

1 Vgl. Clifford Geertz: Dichte Beschreibung. Beiträge zum Verstehen kultureller Systeme, Frankfurt a.M. 1987, S. 205.

Die Macht der Kultur und der kulturell verfassten Religion wurden mir jedenfalls in einem Ausmass deutlich, wie ich dies nie zuvor erlebte. Über Sibirien bin ich hinweggeflogen, mit tausend Kilometern pro Stunde. In Hachiman bin ich stecken geblieben auf der Brücke, mit meinem schwankenden Lampion, eingeklemmt. Welch durchdringende Kraft Kultur ist, wurde mir bereits auf den Spaziergängen zuvor bewusst und zeigte sich auch auf den Gängen nachher. Und doch: Dort auf der Brücke streifte mich eine Ahnung, was Kultur wirklich ist, wie durchdringend meine eigenen Prägungen sind, wie fremd und unergründlich der kulturelle Treibsand, in dem die anderen stecken. Und mitten in dieser Kultur, kaum von ihr zu unterscheiden, und doch farbig-bunt präsent in den Figuren des springenden Löwen, des erhaben-dreisten Tengu, im Pfeifen und Trommeln: Religion, schwer begrifflich fassbar, multizentrisch, präsent in einem Pantheon von Gestalten, in den Tempeln und Schreinen mit shintoistischen, buddhistischen, daoistischen und anderen Elementen, die das Städtchen Hachiman auf allen Seiten umgeben. Natürlich weiss ich, dass es auf dieser Erde Orte gibt, an denen christliche Religiosität nicht den fraglosen Hintergrund der kulturellen Phänomene abgibt, die dem Flaneur entgegentreten. Und doch war dies noch anders, dort auf der Brücke, im Hinterland einer Kultur, eines Landes, das sich nach ersten Anläufen der Mission erfolgreich gegen das Eindringen christlicher Gottessymbolik abgeschottet hatte. Mitten unter fremden Göttern müssten einem reformierten Theologen doch die Haare zu Berge stehen. Ich empfand eine seltsame Zuneigung für den Shishi, der nicht zurückwollte. Der Hauch dieser fremden Kultur hat mir nachhaltig den eigenkulturellen Atem verschlagen.

In der Reflexion dieser Erfahrung wird mir schliesslich noch deutlicher, wie anders ausserhalb Europas moderne und klassische kulturelle und religiöse Traditionen einander zugeordnet sein können. Das hochtechnologische Japan, mit seiner rekordträchtigen Produktivität, leistet sich diese rituellen Vergegenwärtigungen seiner Traditionen auf den Strassen, in unzähligen Jahreszeitfesten, seinen Odori und Tänzen. Der Gang der rituellen Gruppen durch Hachiman geschah in einer Mischung von Ernsthaftigkeit und spielerischem Selbstvergessen, fernab des Folkloristischen. Am übernächsten Tag schon war ein Film dieses Abends aber auch auf «youtube» greifbar.[2] Tradition und Gegenwart stehen unvermittelt nebeneinander, Religion und Moderne gehen nochmals andere Verbindungen ein, als sie mir im europäischen

2 Im Internet einsehbar unter http://jp.youtube.com/watch?v=Q6YubzUjugQ (Zugriff 15. Oktober 2008)

Kontext geläufig sind; sie sind nicht getrennt und begrifflich neu zusammengebunden durch die Aufklärung, sondern szenisch geichzeitig neben- und ineinander da. Eine nachhaltige Irritation.

III.

Lässt sich dies für eine Theologie der Lebenskunst fruchtbar machen?

Vielleicht zuerst das: Ein Gang durch das Götterfest lässt sich nicht erzählen. Irgendwie fühle ich immer noch eine Scheu, dieser Erfahrung eine sprachliche Form zu geben, aus Angst, durch die sprachliche Darstellung den Kern dessen zu zerstören, was ich eigentlich darstellen möchte. Angesichts der vielfarbigen, schillernden Wirklichkeit eines fremden kulturellen und religiösen Kosmos beginne ich zu ahnen, was Clifford Geertz mit einer dichten Beschreibung gemeint hat. Und ich verstehe, dass ich in seinem Band zum Thema der dichten Beschreibung vergeblich nach einer dichten Definition dichter Beschreibung suchte. Beschreibungen erfordern Beschreibung. Allerdings: Kann diese jemals «dicht» werden? Möchte ich dies überhaupt, gerade als Theologe? Bleibt Beschreibung nicht brüchig, fragmentarisch, durchscheinend? Vielleicht ist dies ein erstes Kapitel einer Theologie der Lebenskunst: Elementares zu beschreiben, daran zu scheitern und dabei zu entdecken, wie viel sich mitten im Alltag dem beschreibenden Zugriff entzieht.

Vielleicht auch das: Es wäre eigentlich gar nicht nötig gewesen, sich ein Bild dessen zu machen, was sich hier «wirklich» abspielte. Es kam anders. Ich verlor einen kurzen Augenblick lang den Blick auf das Fremde, gefangengenommen von einem mythischen Augenblick der Gegenwart, in dem das Fremde und das Eigene verschwammen, das Eigene fremd, das Fremde eigen wurde, den Lampion in der Hand, welcher doch aus fremden Händen stammte. Es war ein purer Augenblick des Glücks. Ki auf meinem Gesicht. Von diesem blitzartigen Augenblick her liesse sich alles nochmals aufrollen. Ist auch dies Teil theologischer Lebenskunst: Aus der Begegnung mit dem Fremden beschenkt weitergehen? Vom Anderen her Ich werden.

Vielleicht auch dies: Zurück zu den elementaren Fragen: Wie wird Wirklichkeit konstituiert? Was ist Religion? Was geschieht mit christlicher Theologie, wenn sie sich vom Fremden wirklich affizieren lässt? Fast wage ich es nicht, solche Fragen nochmals zu notieren. Habe doch vierzig Jahre christliche Theologie in den Knochen. Theologie nochmals neu buchstabieren, nicht dominant, transversal Bezüge herstellend, tastend?

Und sicher auch dieses: Die Kraft des Polyzentrischen. Hybridität. Hinter dem Löwen und dem Tengu und dem Priester öffnen sich unendliche Zeitreihen religiöser Figuren und kultureller Traditionen, die sich in Hunderten von Jahren ineinander geschoben, durcheinander getrieben, übereinander aufgetürmt haben. Dies alles wird austariert in einem Ritual, das die verschiedenen Elemente in ein Spiel bringt. Nicht der reine kulturelle Kosmos also als kulturelles Leitbild, sondernd ein Gleichgewicht von Symbolisierungen und symbolisierten Kräften. Eine Vielfalt von Lebensmöglichkeiten nebeneinander. Und nicht die eine, unverbrüchliche religiöse Identität, die gegen Fremdes zu schützen ist, sondern multiple religiöse Identität, mit Leichtigkeit und Selbstverständlichkeit gelebt. Kann auch dies Teil einer theologischen Lebenskunst werden, die differenziert das gleichzeitig Ungleichzeitige wahrnimmt und den begrifflichen Zentrismus der Moderne hinter sich lässt? Lässt sich von dieser Erfahrung her nochmals ein anderer Zugang zur Polyzentrizität christlicher Traditionen gewinnen? Ja, und vielleicht ist multiple religiöse Identität nicht nur Resultat intellektueller Faulheit oder eines faden Synkretismus, sondern Ausdruck einer erotischen Gotteskraft, die Verbindendes sucht und aufspürt?

Und auch das: Die unglaubliche, durchdringende Kraft kultureller Zusammenhänge, nie ist sie mir so deutlich geworden wie bei diesen Gängen in Japan, und nie wurde mir so deutlich, wie schwierig es ist, diese Erfahrung der Relativität des Nicht-Relativen weiterzugeben. Die Klischees über Japan schnappen zu, sobald ich davon zu erzählen versuche. Es scheint sich kaum jemand wirklich für diese Erfahrung zu interessieren. Erzählen lässt sie sich auch nicht eigentlich. Und doch möchte ich sie teilen. Ist fremdkulturelle Erfahrung überhaupt vermittelbar? Es scheint ein Grunddilemma der «Japanologie», wie ich es nach Hachiman verstehe, dass solche Erfahrung nicht vermittelbar ist. «Japanologie» kann Hintergrundwissen geben, interessante Detailinformationen, aber Japan lässt sich als Erfahrung so nicht vermitteln. Auch Hermes, der Götterbote, muss resignieren angesichts der Distanzen, die hier klaffen. Dieses Dilemma erinnert mich an ein Dilemma der christlichen Theologie. Wie kann der fremde Gott unserer Tradition in seiner mehrfachen Gestalt, in der kulturellen Distanz seiner geschichtlichen Ursprünge heute vermittelt werden? *Tolle, lege.* Komm und sieh.

Und schliesslich das: Mein Freund, der trotzdem erzählt, der übersetzt, der hindeutet, der zu Sprachzeichen Geschichten erzählen kann, der diese fremde Kultur, die nicht seine eigene ist, liebt, ein Leben an Forschung in sie investiert hat, Spezialist, Dolmetscher, *interpres*,

Hermeneut. Nicht Theologe, sondern Kulturwissenschaftler. Er war nicht nur mein Aeneas im *inferno*, *purgatorio* und *paradiso* fremder Eindrücke. An ihm ist mir nochmals neu aufgegangen, was die Rolle auch des Theologen ausmacht: trotzdem erzählen, übersetzen, hindeuten, Geschichten zu Sprachzeichen erzählen, einen fremden Gott einer fernen Kultur verständlich machen, die unsere Kultur geprägt hat und doch fremd geblieben ist. Andere auf ihren Gängen begleiten. Ihnen nicht das Sehen und Erfahren abnehmen.

Das alles: Tastende Formulierungen, die ich kaum richtig zu interpunktieren wage, nicht begrifflich kolonisieren möchte. Poetischer Dilettantismus, undicht, ein Hauch von Ki, *pneuma*.

Gerhard Marcel Martin

Erkundungsgänge durch Traumwelten

Träume sind weder blosse Reproduktionen von Ereignissen noch Abstraktionen von Ereignissen. Sie sind die unverfälschten Manifestationen der unbewussten schöpferischen Tätigkeit. – Träume sind keine beabsichtigten und willkürlichen Erfindungen, sondern natürliche Phänomene, die nichts anderes sind, als was sie eben darstellen. Sie täuschen nicht, sie lügen nicht, sie verdrehen und vertuschen nicht, sondern verkünden naiv das, was sie sind und meinen. Sie sind nur darum ärgerlich und irreführend, weil wir sie nicht verstehen. Sie wenden keine Kunststücke an, um etwas zu verbergen, sondern sagen das, was ihren Inhalt bildet, in ihrer Art so deutlich wie möglich. Wir vermögen auch zu erkennen, warum sie so eigentümlich und schwierig sind: Die Erfahrung zeigt nämlich, dass sie stets etwas auszudrücken bemüht sind, was das Ich nicht weiss und nicht versteht.[1]

Weichenstellungen

Wer andere einlädt, mit ihm durch seine Traumwelten zu gehen, riskiert etwas (und die sich darauf einlassen, möglicherweise ebenso). Jedenfalls muss er mit überdurchschnittlich viel Skepsis und Kritik rechnen. Beide sind berechtigt. Wenn einer seine eigenen Träume und damit Teile von sich selbst exponiert, ist da nicht überall allzu viel Subjektivität bis Willkür mit im Spiel? Wo sind die Grenzen zur Exhibition, zur gestylten Selbstdarstellung? Und was bleibt gerade doch so verdeckt, unausgesprochen, aktiv und/oder unbewusst verschwiegen, wenn und wo so viel *auf*gedeckt wird? Kann das überhaupt gut gehen?

Bis zur letzten Zeile werden Skepsis und Kritik nicht nur möglich, sondern auch berechtigt bleiben. Ich kann sie nicht aus dem Weg räumen; wohl aber kann ich die Spielregeln und Absichten der Erkundungsgänge durch meine Traumwelten so offen wie möglich legen.

- Ich wähle eine bestimmte Zeitspanne und bleibe in der zeitlichen Reihenfolge der Träume.

---

1 Carl Gustav Jung: Analytische Psychologie und Erziehung (1926), in: Ders.: Gesammelte Werke, Bd. XVII, Olten [4]1982, S. 118; 121.

- Ich bleibe dem Traum selbst und dem Text der ursprünglichen Tagebucheintragung so nahe wie möglich.
- Ich gebe zu, dass ich nicht alle Traumprotokolle der gewählten Zeitspanne veröffentliche, sondern auswähle. Bei dieser Auswahl handelt es sich aber deutlich um mehr als die Hälfte des vorhandenen Materials. Kriterium war nicht eine wie auch immer zu bestimmende besondere «Qualität» der Träume (etwa in Bezug auf Komplexität oder «Tiefgang»), sondern Motiv-Wiederholung und eine Art von Persönlichkeitsschutz. (Auch so bleibt genug Intimes.)
- LeserInnen sollen ermuntert und befähigt werden, in ihren eigenen Träumen träumend/bewusst spazieren zu gehen.

Einige kurze Anmerkungen zur weiteren Umsetzung dieser Grundsätze:

- Das Material stammt aus der Zeit vom Beginn meiner Emeritierung (April 2007) und endet beim Zeitpunkt der Abfassung dieses Beitrags, ein ein Drittel Jahre später (Juli 2008). Es ist damit deutlich situiert in einer biographischen und beruflichen Übergangssituation, die dem Jubilar, dem diese Festschrift gewidmet ist, auf der Schwelle zum 61. Lebensjahr so keineswegs bevorsteht. (Das Grossartige an der Feier und an den Festlichkeiten des 60. Geburtstags besteht gerade darin, dass es danach so weitergeht, als ob nichts geschehen sei. Und doch wurde deutlich eine Schwelle hin auf ... markiert!)
- Das Lesen der Protokolle mag bisweilen gewöhnungsbedürftig sein. Ich habe meinen privaten Stil der Eintragungen weitgehendst so belassen, wie er sich bei mir über Jahrzehnte eingespielt hat (z.B. das Faktum, dass der jeweils erste Satz gewöhnlich mit Kleinschrift beginnt). *Doppelte runde Klammern* nehmen Kommentare, erste Spuren von Assoziationen und Interpretationen auf, die aus den Randzonen der Träume selbst stammen oder im Prozess des direkten Protokollierens, nicht danach entstanden sind. Bisweilen sind so etwas wie «Traumgedanken» aufgeschrieben, die mit letzter Klarheit weder dem Traum selbst noch dem Wachbewusstsein zuzuordnen sind. Gerade so gehören sie aber dazu und ins Protokoll! Einfache *eckige Klammern* sind Zusatzinformationen an die Lesenden.
- Die Träume werden nicht nur inhaltlich kommentiert, sondern es werden explizit auch kleinere Strukturanalysen vollzogen, die auf anderes (eigenes und fremdes) Material gut übertragbar sind. So können die LeserInnen die eigenen Träume als Medium möglichen

und interessanten Flanierens bewusster wahrzunehmen und einzuüben lernen.

Bei allem gebe ich zu Protokoll, dass mir bewusst ist, dass die Präsentation und Kommentierung eigener Träume ohne einen therapeutischen oder spirituellen Gesprächspartner besonders problematisch bleibt. Allerdings bin ich einigen Menschen für solche dialogische Traumarbeit über Jahre hinweg in verschiedenen Phasen meines Lebens sehr dankbar. Diese Erfarung schwingt in meinem Beitrag jedenfalls im Hintergrund mit.

Schliesslich: Mir und den Lesern ist klar, dass dieser Kurzessay durchaus ein Beitrag zu den Diskursfeldern «Traum» und «Flaneur/ Flanieren» ist, diese aber nur sehr anfänglich weiter reflektiert und problematisiert.

Das Traummaterial

1: 24./25. 3. 2007: eine Art von Erlebnispark. Höchst erhöhte Bühnen (Kubus) und dann eine Installation, in der Brot gemahlen, gesägt, gerieben wird – so dass man durch Brotstaub hindurchgeht und am Ende satt ist ((meine Vermutung jedenfalls))

2: 3./4. 4. 2007: eine schwarze Lokomotive fliegt durch den Himmel – manchmal / einmal direkt senkrecht nach unten. Aber als sie sich dem Boden nähert, schlägt sie nicht ein, sondern verwandelt sich eher in Ähren / Körner / Kornstaub

3: 3./4. 5. 2007: versuche mit anderen zusammen eine riesige Projektionsleinwand zu demontieren / zusammenzufalten – liegt bereits flach ((Format etwa der in der Alten Aula [der Marburger Universität] entsprechend))

4: 17./18. 5. 2007: ein Kind sitzt mir im Traum gegenüber am Tisch. Ich bin glücklich erregt. Es ist das Alter, wo das (ein) Kind zu sprechen beginnt.

5: 25./26. 5. 2007: Autos in zwei Reihen vor weisser Linie. Ich(?)/ drittes Auto. Frage (im Traum): Warum fährst du nicht vor bis zu der Linie, die es nicht gibt?

6: 13. 7. 2007: Densberg [Dorf in Nordhessen, mein Wohnort von 1983 bis 1990] Die alte Scheune steht noch. Jedenfalls grosse Wand am Ende der Strasse. Ich gehe in dunklen Raum, in dem sich ein Vogel verirrt hat, ziehe die Rolladen hoch, öffne das Fenster. In der Ferne leuchtet am Horizont, relativ tief, ein strahlend weiss gelbliches Licht durch Dunst / Nebel / Wolken. ((ich sehe nicht die Sonne, sondern dieses Licht!)) ((ob der Vogel herausfliegt, sagt der Traum nicht))

7: 2./3. 8. 2007: [meine Schwiegermutter] Anni und ich sind bei Bultmann eingeladen. Ich habe irgendwie Start- / Packschwierigkeiten, denke, Anni wird vor mir da sein – was werden sie sich zu sagen haben? ((denke im Traum überhaupt nicht daran, dass Bultmann schon tot ist)) ((vielleicht ist das die Pointe / ein Todestraum?))

8: 20./21. 8. 2007: die Armaturentafel des Autos, in dem ich sitze, schiebt sich manchmal von unten hoch über die Windschutzscheibe, sodass man nichts mehr sieht, allenfalls Schlitz. Ich weiss (noch) nicht, wie das ausgelöst wird / wie das kontrolliert werden kann.

9: 3./4. 10. 2007: ich in einem Zug, der aufs Abstellgleis fährt. Ich bringe an einem Bahnhofhalt möglichst viel auf den Bahnsteig aus dem Zug, spekuliere darauf, dass ich Sachen noch hinausbringe und selbst herausspringe bei langsamer Anfahrgeschwindigkeit.

10: 12./13. 10. 2007: schaue mir an / kaufe kleine Ledertaschen. Frau / Verkäuferin sagt mir, ob ich denn nicht wüsste, dass ich morgens immer über der (Eingangs- / Zimmer-)tür die Leiste staubwischen müsste (mich kurz auf Stuhl o.ä. stellen). Welche Bedeutung das hätte = wie wichtig das wäre!

11: Ende Oktober/Anfang November 2007: in einer Kirche; ich spüre im Gottesdienst ganz viel heimliche Polemik, indirekte Mitteilungen ... (?) Pointe: Ich stehe auf, sage – erst wohl sehr verhalten, ich sei nicht einverstanden o.ä. Aber dann staune ich fast kleistisch [Heinrich von Kleist: «Über die allmähliche Verfertigung der Gedanken beim Reden», 1805/06], dass ich sage: Hier ist der Teufel im Spiel – und gehe.

12. 4./5. 11. 2007: Ich soll doch Dissertation / Habilitation zu Ende bringen. Es muss nicht so dick sein.

13: 18./19. 11. 2007: komme mit Zug irgendwo an. Packe schnell alles zusammen. Essen (flach) zwischen Papieren und anderes. Schaffner hilft. *Unerwartet* sind auf dem Bahnsteig Ulrike Wagner-Rau [Kollegin, Professorin für Praktische Theologie, Marburg] und andere (wer?). Zug fährt an. Ich schaue ins Abteil zurück. Im Gepäcknetz eine fast würfelförmnige schwarze Box / Tasche. Weiss nicht, ob sie mir gehört. Zug fährt so langsam aufs Abstellgleis, dass ich eigentlich noch nachsehen könnte. Tue es nicht. ((*black box*? Was ist das?))

14: 22./23. 11. 2007: Opposition Zeit: Ewigkeit. Die Ewigkeit sitzt im Wintergarten [ein Zimmer in meiner Marburger Wohnung], ich ausserhalb. Experiment: Was passiert, wenn ich mich hinter der Tür verstecke? So dass die Ewigkeit nicht merkt, dass ich nicht da bin, darum die Opposition nicht aufrecht erhalten muss. Und ich sage: «Komm», bin hinter der Tür und warte.

15: 19./20. 12. 2007: ... dass ich auf einer grossen Landstrasse immer gegen den Wind, der immer stärker wird, laufe. Neben mir eine Mutter mit einem Kind, die irgendwie leichter läuft.

16: 19./20. 12. 2007: Ich laufe auf der Autobahn und kann nicht mehr (viele Autos auf derselben rechten Seite), hole mich selbst auf irgendweine Weise ein, ermuntere mich und laufe mit mir selbst weiter. ((meine Aufgabe: mir selbst den Staffelstab weitergeben; in diesem Leben noch einmal neu zur Welt kommen))

17: 8./9. 1. 2008: aus einem Kloster(garten) steige ich über Holz/Betonkonstruktionen steil hinunter, aber kein regelrechtes Stufen/Treppensystem. Irgendwann gerate ich in Situation, wo es weder nach unten noch zurück nach oben geht (ich denke?): Na! Jetzt ist die Situation, wo du wirklich Hilfe brauchst / Anspruch und Recht auf Hilfe hast.

18: 16./17. 1. 2008: mehr ein Bild als ein Traum: ein grosses Fenster nach rechts offen. Ein kalt klares, stahlblaues, dunkles, aber irgendwie auch porös dichtes und dünneres Licht – eine sehr spezifische Präsenz und das Gefühl: das ist es / das ist gut.

19: 15./16. 4. 2008: ein Hubschrauber über meinem Kopf: an einem Seil befestigt ein kleines Stück grünes Land, darauf ein kleines Haus ((wird es auf die Erde heruntergelassen? Oder: als Meditationsbild: zwischen Himmel und Erde – oder gar in Richtung Himmel?))

20: Ende April 2008: habe offene grosse Wohnung. Viele Sitzgruppen. Ganz viele Menschen kommen einfach rein. Ich sage, ich wüsste, dass sich das so eingespielt habe, aber ich würde sie jetzt darum bitten, das Haus zu verlassen. ((Heftiges Herzklopfen noch beim Aufwachen)) Im Grunde sei das Hausfriedensbruch. Alle gehen sofort. Vor dem Haus treffe ich Menschen mit Hund, frage, ob dies zu krass war / ob wir doch auch so befreundet bleiben. ((Austreibung, Fremdbesetzung))

21: 22./23. 5. 2008: habe ganz kleinen jungen Menschen in Tasche (weniger als Handtellergrösse), bin vorübergehend für ihn verantwortlich, trage ihn ans Meer und zurück.

22: 21./22. 6. 2008: der Kosmos hat Geburtstag. Eine Initiative von Heidemarie Langer [Theologin und Kommunikationsberaterin in freier Praxis, Hamburg]. Viereinhalb Seiten im Internet, herunterladbar. Frage: ob Tiere und alle mitfeiern oder ob sie ignoriert oder gar getötet werden.

23: 21./22. 6. 2008: Ich fahre ganz steil mit Leuten in einem alten Auto (Mercedes D 170?). Und weil ich durch die enge Strasse nicht wieder herunter komme, fahre ich die Umleitung hoch durchs Gebirge. Wobei irgendwelche Leute auch staunen, was für Schätze ich durch die ganze Welt fahre. Und ich verschliesse die Türen beim kürzesten Aussteigen, damit keiner etwas stiehlt. Riesige rote Gebirge ...

24: 22./23. 7. 2008: lange Reise, wohl mit Eli, viele Reisepapiere. Ein fast zwei Meter hoher Spiegel muss mit. Ich bin (nicht?) bereit, ihn zu tragen, aber sicher, dass er mit soll / muss. Idee: ihn ans Ende des Weges zu bringen und von dort / darauf zuzugehen.

25: 17./18. 7. 2008: Gelnhausen. Gelände des Burckhardthauses [bundeszentrales evangelisches Fort- und Weiterbildungszentrum für Jugend-, Kultur- und Sozialarbeit]. Weiträumige Baumfällarbeiten. Ein Mann zieht entsprechende Seile, und starke Bäume fallen schnell hintereinander. Einer trifft eine steinere Schale in der Mitte. Sie zerbricht. ((aber keine Apokalypse; es ist einfach so)) Ich schreite vorbei an einer riesigen Kirchenruine; frage mich, ob das schon immer eine Ruine war. Komme ans Meer / bin am Meer. Franzi [meine jüngere Tochter; 19] geht dort entlang, weckt / kitzelt / küsst zwei von den Männern, die dort am Strand liegen und schlafen und auch nicht wach werden. Ich warne sie leicht. Die Männer könnten überrascht sein, für sie nicht angenehm reagieren.

Erkundungsgänge

Träume lassen sich – genauso wie Texte und Szenen der erzählten und erlebten Welt – strukturell und dynamisch erst einmal sehr elementar in Bezug auf Subjekte und Objekte, in Bezug auf Orte und Zeiten und schliesslich in Bezug auf offene (und implizite) Themen/Motive analysieren. Werden diese Beobachtungen gründlich und darum deutlich langsamer als gewöhnlich vollzogen, ergeben sich schon dabei genauso interessante wie möglicherweise irritierende Beobachtungen. Ich wende mich zunächst dieser elementaren Analyse zu:

1. Subjekte (Personen)

Menschen wie Tiere tauchen auf, als Gattung (Traum 22 «Tiere»), als Gruppe und als einzelne Wesen. Sie sind dem Träumer bekannt oder auch unbekannt. Es sind Personen aus dem öffentlichen Leben (z.B. Bultmann, Traum 7), aber auch rein privat (Franzi, Traum 25). Es treten lebende und verstorbene Personen auf. Der Traum hat seine Wirklichkeit in einem Leben/Tod-Kontinuum, das oft erst im Übergang zum Wachbewusstsein problematisch wird, das heisst, Evidenz und Selbstverständlichkeit verliert.

2. Objekte (Gegenstände)

Zunächst mag auffallen, dass es in diesem Traummaterial sehr viele verschiedene Fortbewegungsmittel gibt (Autos, Lokomotive, Züge, Hubschrauber), aber doch auch Taschen, eine *black box*, ein Seil, einen Spiegel, eine Schale – durchaus und durchweg Alltagsgegenstände, aber möglicherweise mit distinkter Bedeutung innerhalb der Szene.

3. Orte

Die weitesten Ortsangaben betreffen den «Kosmos» (Traum 22); aber auch vom «Himmel», von der «Erde»/vom «Boden» (Träume 19; 2) und vom «Meer» (Traum 21) ist in den Protokollen die Rede. Zu dem Grundmotiv der Fortbewegung (vgl. Punkt 2) gehören «Bahnsteige» und «Abstellgleise», eine «grosse Landstrasse» (Traum 15) und die «Autobahn». Aber dann gibt es auch bekannte und unbekannte Wohnräume und ein Tagungshaus und einen «dunklen Raum» (Traum 6), einen «Wintergarten», einen «Klostergarten», eine «riesige Kirchenruine». Diese Orte sind bewohnt und unbewohnt, bekannt und unbekannt, eher privat und eher öffentlich und im Grenzgebiet dazwischen (Traum 20). – In den Suchbereich «Orte» gehören wohl auch Räume, die nicht durch ihre Gegenständlichkeiten, sondern eher atmosphärisch, z.B. durch Licht oder durch eine gegenstandslose Präsenz bestimmt sind (vgl. Träume 6 und 18).

4. Zeiten

Die weiteste Zeitamplitude ist die Opposition Zeit : Ewigkeit (Traum 14). Weiter spielen eine Rolle das junge Alter und die Möglichkeit eines Neuanfangs (Träume 4, 21 und 16) sowie langsame, aber unaufhaltsame Fortbewegungsmodi (Träume 9 und 13).

5. Themen / Motive

Wie Träume kaum ohne die Situation, in der sie geträumt werden, verstanden werden können, scheint mir in der protokollierten Serie durchgängig meine Emeritierung die Bildwelten, die Vorgänge und die «Botschaften»/Impulssetzungen wesentlich mitzubestimmen. Aber natürlich kann man Reise- und Übergangssituationen existenzphilosophisch menschlichem Lebensvollzug auch generell zurechnen.[2] Ein erster Beleg für diese Grundspur ist das Motiv des «Abstellgleises» (Traum 9). Weiter geht es oft um logistische Probleme, die Besitztümer des gelebten Lebens («Gepäck») mitzunehmen bzw. umzuladen. In dem Sinne könnte noch der Impuls, eine akademische Arbeit endlich zu Ende zu bringen (Traum 12), in diesen Problemkreis gehören. – Zur Lebenswelt «Emeritierung» gehören aber genauso Vorstellungen des (schon rein oralen) Lebenserhaltes (Traum 1 und 2) und eines möglichen Neuanfangs (per Hubschrauber ein kleines Stück grünen Landes, darauf ein Haus; Traum 19). Dem Thema Neuanfang ordne ich aber auch Träume von Reinigungsvorgängen (Traum 10) und von bisweilen radikalen Distanzierungsmassnahmen zu (bis hin zur Dämonisierung anderen Lebens; Traum 11). Klassisches Motiv vom Neubeginn ist schliesslich das «Kind» (mit den schönen Konkretionen der Träume 4 und 21). Dass nicht nur *thanatos,* sondern auch *eros* Wirkmächte der Träume sind, zeigt auf abenteuerliche Weise der letzte Traum (Traum 25).

---

2 Vgl. Thomas-Evangelium, Logion 42: «Werdet Vorübergehende».

Träumen : Flanieren

Soweit zu Subjekten und Objekten, zu Orten, Zeiten und Motivlagen. All dies hat eine grosse imponierende Weite, die Alltagssituationen und Wachbewusstsein deutlich überschreitet, ihnen aber auch nicht wirklich kontradiktorisch widerspricht. Eher könnte man von einer Kopräsenz und einer je spezifischen Mischung von Gewöhnlichem und Aussergewöhnlichem sprechen. Grundsätzlich markant für das Träumen scheinen mir dabei die Unaufdringlichkeit, die Selbstverständlichkeit, die unverblümte Klarheit der jeweiligen Situation. Dabei hat das Glücksgefühl genau solche Evidenz wie der Horror: Wo ich bin, bin ich. Die andere Wirklichkeit, in die der Traum mich versetzt, mag fremd sein. Selten handelt es sich aber um in sich geschlossene, in diesem Sinn «esoterische» Sonderwelten; derartige Erfahrungen gehören eher in den Formenkreis ekstatischer Entrückungen, nicht in die Welt gewöhnlicher Träume.

Das so weit entfaltete Grundcharakteristikum des Traums macht deutlich, warum das Träumen und das Flanieren so gut zueinander passen. Man könnte sogar behaupten, das Träumen selbst sei eine Art von Flanieren. Der Weg der Traumwelten führt durch die verschiedensten Weltgegenden und Situationen mit einem geradezu unermesslichen Repertoire von Orten, Subjekten und Objekten – Zeitgrenzen souverän ignorierend. Dieses Flanieren setzt sich sodann in der *Betrachtung* des Traumes nach dem Vollzug fort und gewinnt dabei sogar an Souveränität durch Distanzierungsmöglichkeiten, etwa Räumen und Gefühlen gegenüber. In sofern ist die Traumdeutung ein Flanieren in Potenz.

... wie hast du's mit der Religion?

Wie vertragen sich nun aber Traum, Flanieren und Religion? Religionsgeschichtlich ist der Traum immer wieder ein Medium, das transhumane, aber den Menschen zugewandte Mächte einsetzen, um mit ihnen Kontakt aufzunehmen und um ihnen Impulse zu vermitteln. Bisweilen scheint es das ihnen besonders gemässe, wenn nicht gar einzige, jedenfalls ein ihnen zur Verfügung stehendes Mittel dazu zu sein. Das gilt auch dann, wenn Menschen immer wieder so grosse Verstehensschwierigkeiten damit haben und priesterliche oder therapeutisch/seelsorgerliche Begleitung und bisweilen Übersetzungshilfen brauchen. Traum und Religion teilen wesentliche Charakteristika. Der Traum genauso wie die Religion beziehen soziale, öffentliche wie private Welten ein und treffen den «Endverbraucher», den Träumenden. Nicht nur der Traum, auch die Religion – dies gilt erst recht neuzeitlich – hat eine grosse Treffsicherheit im Zielen auf den Einzelnen. Er/sie ist gemeint, ohne dass Weltdaten verloren gehen müssten. Schliesslich: Auch Religion versetzt Menschen in bestimmte Vorstellungswelten mit imponierender Weite und einer unausweichlichen Evidenz. Religiöse Botschaften sind Wirklichkeitsansagen, primär jedenfalls keine Deutungskulturen, die beliebige Distanzierungsmöglichkeiten zulassen.

Ich wage, diese vergleichenden Aussagen zum positiven Verhältnis von Traum und Religion noch auf eine andere, spezifisch theologisch-christliche Ebene zu transponieren: Wie, wenn man der Idee folgte, dass Träumen Qualitäten von «Evangelium» hat!? Im Gegenüber von «Gesetz» und «Evangelium» wird immer wieder das Einladende, Grosszügige, Indikativische der Botschaft Jesu hervorgehoben. Eben dies lässt sich nun aber auch in der Grundhaltung dessen, der die Träume schickt bzw. des Traumes selbst (sofern man ihn zum Subjekt machen kann), entdecken: Der Traum befiehlt nichts, schlägt keine Über-Ich-Töne an, vielmehr setzt und zeigt er Wirklichkeit. Seine Szenen sind Spiegelbilder meiner Situation, die mir bei der (Neu-)orientierung helfen können und mich – implizit – nach den nächsten Schritten auf meinem Weg fragen. – In diesen Zusammenhang passt eine Aussage Jörg Zinks: «Aber was irgend von Gott her geschieht, kommt eher leise als laut, eher missverständlich als zwingend.»[3]

Nach diesem leicht theoretischen und generalisierenden Mittelteil möchte ich am Ende meines Beitrags zum konkreten Traummaterial zurückkehren und auf zwei Erscheinungsformen des bisher vielleicht eher beschworenen, abstrakt gebliebenen «evangelischen» Grundklimas der Traumbotschaften verweisen. Dabei ermöglichen vermutlich auch andere, hier nicht weiter kommentierte Träume solche Entdeckungen. In jedem Fall bleiben die folgenden kurzen Hinweise exemplarisch. Das Flanieren soll also weiter gehen. Es geht um Beobachtungen, Überraschungen, Irritationen auf den Erkundungsgängen durchs Traummaterial.

---

3 Jörg Zink: Auferstehung, Stuttgart 2005, S. 39.

Traum «evangelisch»

I.: Träume können unaufdringlich, aber deutlich Lebensweisen in Frage stellen und radikale Situationsdiagnosen geben.

Traum 8: Das Armaturenbrett schiebt sich von unten hoch über die Windschutzscheibe. Das heisst (jedenfalls auch): Es gibt Situationen, in denen die Instrumentarien, um die (Lebens-)bewegung unter Kontrolle zu behalten, diese Fortbewegung selbst gefährden bzw. verunmöglichen, also disfunktional werden können. Mit und gegen Lenin: Kontrolle ist nicht immer besser.
Traum 24: Muss der Zwei-Meter-Spiegel, der auf die Reise mit muss, wirklich mit? Kierkegaard hat formuliert, das Leben würde vorwärts gelebt und rückwärts verstanden. Wie aber, wenn ich vorwärts in Bewegung immer schon im (Rück-)spiegel mich und meine BegleiterInnen und den zurückgelegten Weg im Blick habe? Wo bleibt da die (notwendige) Achtsamkeit für die Präsenz?
Traum 17 gehört in die radikale Logik des christlichen Erlösungsweges, aber auch des Jodo Shinshu-Buddhismus (Shinran) und der Anonymen Alkoholiker: Angesichts einer definitiven Ohnmacht gibt es eine notwendige Kapitulation; denn es gibt Situationen, in denen es tatsächlich «weder nach unten noch zurück nach oben geht». Der eindringliche und unübersehbare Hinweis darauf kann lebensnotwendig sein, jedenfalls schärft er den Realitätssinn. Er befördert keinen Defätismus und ist sowieso trans-moralisch. Er sagt nur, dass es so ist, wie es ist. Dass das einer sagt, (und dass das ein anderer hört, ohne abzulenken), ist keineswegs selbstverständlich.

II.: Träume stellen paradoxe Verstehens- und Meditationsaufgaben.

In den «Erkundungsgängen»/Abschnitt 5 habe ich auf einige *Beobachtungs-* und *Handlungs*impulse in meinen Träumen in der Situation «Emeritierung» aufmerksam gemacht. Das klingt alles noch reichlich rational und auch von aussen leicht mitvollziehbar. Im Material gibt es aber zumindest drei Träume, die sich der Alltagslogik von *Beobachten* und *Handeln* deutlich entziehen. Entsprechend hilflos sind dann schon die Traumprotokolle: «auf irgendeine Weise» hole ich mich auf einer Autobahn selbst ein und «laufe mit mir selbst weiter» (Traum 16). Nachdem ich szenisch und körperlich in den Traum hineingespürt habe, taucht die Erinnerung an Staffellauf auf. Die genauso paradoxe wie plausible Aufgabe wäre dann, zu verstehen, was das heissen könnte: in einer Übergangssituation an sich selbst den Staffelstab des Lebens weiterzugeben und mit dieser Aufgabe zu experimentieren.

Traum 5: Die Frage «Warum fährst du nicht vor bis zu der Linie, die es nicht gibt?», hat Qualitäten eines Zen-buddhistischen Rätselwortes (Koan). Nur Lebenspraxis und plötzliche Erleuchtung, die man nicht machen kann, helfen da weiter. Darum werde ich mich auch hüten, zu versuchen, Deutungsspuren zu sichern. Aber doch und inkonsequenterweise: Ich mag die Strassen, deren Markierungen und Beschilderungen verwittern und verschwinden: Und paradoxerweise steht am Wegrand bisweilen dann doch noch das Schild: «sans marquage».

Traum 14: Der spirituellen Logik von der «Ewigkeit», die im Wintergarten sitzt, ist auch nicht leicht beizukommen. Aber die Szene ist für mich plausibel. Irgendwann könnte es Ereignis werden, dass (mir) «Zeit wie Ewigkeit» und «Ewigkeit wie Zeit» wird (Angelus Silesius). Wie wenn in diesem Traum (wie auch im Traum 10 mit seinem morgendlichen Staubwischen über der Türleiste) eine Einladung zu einer religiösen Übung, zu einem Mysterienspiel steckte.

Wie behaglich schlendert der Flaneur durch Traum und Religion?

Am Schluss bleibt für mich die Frage, ob und wie sich die Grösse «Flanieren» in all den positiven Beziehungen, die sich im Dreieck Träumen/Religion/Flanieren gezeigt haben, kritisch und positiv verändern könnte. «Flanieren» spielt ja erst einmal auf eine distanzierte ästhetische Existenz an, die beobachtet wird, ihrerseits alles beobachtet, dabei auf Abstand halten kann und oft selbst kaum auffindbar ist. Zur lexikalisch routinemässigen Definition des «Flaneurs» gehört, dass er «müssig schlendert, behaglich spazierengeht»[4]. «Hag» ist mittelhochdeutsch der «Zaun». Träume aber und Religion gehen an die Hecken und Zäune, bewegen sich in Grenzbereichen und noch darüber hinaus und verharren nicht auf den Boulevards und in den Passagen der (früh)(neo-)kapitalistischen Metropolen. Sie sind solchen Realitäten nicht ausgeliefert, sondern setzen selbst Wirklichkeit. Die von ihnen her kommenden Erfahrungen und Handlungsimpulse

---

4 Bertelsmann Lexikographisches Institut 1998.

schreiben sich dem Körpergedächtnis ein. Beide sind oft das Gegenteil von «behaglich». Jedenfalls sind in unseren Erkundungsgängen in Bezug auf Erkundungsgänger («Flaneure») Menschen gefragt, die bereit sind, sich aus der Welt der Zuschauer und Konsumenten heraus- und ins Leben hineinreissen zu lassen und sich durchaus (auch) fremden Subjekten und Objekten, fremden Orten und Situationen mit ihrer je eigenen Logik auszusetzen.

Alltagswelten | Spaziergänge

Georg Pfleiderer

Art et Coiffure en passant
Beiläufiges über zwei Alltagskünste

1. Lob und Variation der Spaziergangswissenschaft

In einer Mischung aus Ernsthaftigkeit und ironischer Gegenwehr gegen die damals schon spürbaren Zumutungen verwalteter Universitätswissenschaft ist in den 1990er Jahren die Spaziergangswissenschaft begründet worden, in Kassel zwar, aber von einem Basler, dem originellen Soziologen und Kulturwissenschaftler Lucius Burckhardt. Das ist vielleicht nicht ganz zufällig, denn die Basler haben ein besonderes Verhältnis zum Verhältnis von Stadt und Land, das für den Spaziergang als einer besonderen kulturellen Praxisform konstitutiv ist. Spaziergänge sind Ausflüge von Städtern aufs Land oder in landartige Enklaven in der Stadt, also in Parks. Der Spaziergang wurde erfunden, als die Städter die durch den Mehrwert städtischer Arbeit gewonnene Zeit nutzten, um das verlorene Land wiederzuentdecken, das Land nämlich als Landschaft. Spaziergänge machen aus der Natur des Landes das Konstrukt Landschaft. Das ist jedenfalls die Grundthese der Spaziergangswissenschaft im Sinne Lucius Burckhardts, und dass diese von einem Basler er- bzw. gefunden worden ist, ist vielleicht darum kein Zufall, weil es zwar überall auf der Welt Natur gibt, die durch den betrachtenden Blick zu Landschaft zu werden vermag, aber Basel ist wahrscheinlich der einzige Ort auf der Welt, in dem das Gegensatzverhältnis von Stadt und Land eine präzise politische Inkarnationsform gefunden hat: als das doppelte Basel von Basel-Stadt und Basel-Land(schaft).

Wer freilich heute von Basel-Stadt nach Baselland spaziert, also beispielsweise vom Breitequartier nach Birsfelden oder vom Paulus- oder Neubadquartier nach Binningen, wird den Übergang nur bemerken, wenn er auf die Ortsschilder oder die Kennzeichen parkierter Autos achtet. Binnigen ist heute genauso städtisch wie die angrenzenden Basel-Städtischen Wohnquartiere, in Birsfelden hinter der Autobahnbrücke sieht es nicht anders aus als vor der Autobahnbrücke in der Breite. Auch wenn Basel mit seinen beiden Teilen immer noch eine kleine Grossstadt ist: Die städtische Architektur ist wie überall: metropolitan, d.h. die Übergänge sind fliessend. Selbst wenn in den Städten

Europas anders als in vielen Städten anderer Kontinente die Zentren der Städte als solche immer noch erkennbar sind, an den Rändern sind die Grenzen längst allenthalben verwischt. *Panta rhei*, die Agglomeration ist überall, und die meisten Menschen wohnen nicht in der als solche klar erkennbaren und klar abgegrenzten Stadt, sondern in der objektiv diffusen, nur subjektiv und partiell überschaubaren «Agglo».

Gewiss, Spaziergänge kann man überall machen, Landschaft lässt sich überall (er)finden. Es gibt nicht nur idyllische Land-Landschaften, sondern auch Stadtlandschaften, Parklandschaften, Industrielandschaften, Mondlandschaften usw. Seitdem die Städte zu Metropolen wurden, sind die Spaziergänge ohnehin gleichsam invertiert: Aus dem Landspaziergang, der am Brunnen vor dem Tore begann, wurde das Flanieren in den Städten. Die modernen europäischen Metropolen des 19. und frühen 20. Jahrhunderts, Paris und Berlin, waren die Pflanzschulen des neuen Spaziergängertyps, des Flaneurs.

Lucius Burckhardts Version der Spaziergangswissenschaft ist auf den Augensinn fokussiert, seine Spaziergangswissenschaft als Wissenschaft von der Landschaftserzeugung im Gehen ist eine phänomenologisch-konstruktivistische Wahrnehmungslehre. Dabei kommen andere Momente des Spazierengehens vielleicht etwas zu kurz, nämlich etwa diejenigen, die es mit der das Spazierengehen begleitenden und bedingenden Selbst- und Körpererfahrung zu tun haben. Allerdings könnte man sagen, dass diese Abblendung ihrerseits für das Spazierengehen wiederum typisch ist, denn beim Spazierengehen ist das Gehen beiläufig, es bleibt anders als beim zielorientierten Wandern oder gar Bergsteigen unterhalb körperlicher Schmerzgrenzen.

Darum bleibt jedoch auch der geographische Radius des Spaziergangs begrenzt; Spaziergänge erschliessen Umwelten, nicht selten bereits bekannte, als Heimat. Spaziergänge sind die kulturalisierte Form tierischer Reviermarkierungen. Wo Spaziergänge weit hinaus führen über die Grenzen vertrauter Umgebungen, etwa «von Leipzig nach Syrakus» (Heinrich Seuse), handelt es sich um bewusste und programmatische Übertragungen des Spaziergangsprinzips auf die Entdeckungsreise oder den Tourismus. So wird potentiell die ganze Welt zur nahen Umwelt, zur Heimat. Spaziergänge erzeugen darum nicht einfach Landschaft, sondern sie machen als Leiberfahrungen unterhalb der Schmerzschwelle die Umwelt, die feindliche Natur, zur Heimat: «Geh aus mein Herz und suche Freud'.»

Seit 150 Jahren ist es jedoch zunehmend nicht mehr die Natur, deren Widerstand ambulatorisch übersprungen wird, sondern die Stadt. Die Flaneure sind die Kolonisatoren der Metropolen. Sie eignen sich die fremde Umwelt Grossstadt an, indem sie sie als Biotop erleben. In ihm bewegen sie sich wie die Fische im Wasser.

Zwar lebt der Spaziergang vom – freilich dosierten und gebändigten – Reiz des Sensationellen, dem überraschenden Ausblick, der unverhofften Begegnung. Und der Spaziergang des Flaneurs ist die gezielte Steigerung solcher plötzlichen Reize. Und dennoch oder auch gerade darum ist Spazierengehen auch in der raffinierteren Variante des Flanierens eine Kunst der Wiederholung der Variationen der Wiederholung. Ein Gang durch völlig unbekanntes Terrain ist streng genommen kein Spaziergang, sondern eine Entdeckungsreise. Beim echten Spaziergang absorbiert die Aussenwelt die seelischen Energien gerade nicht, sondern Impressionen der Aussenwelt und Meditationen der Innenwelt begleiten und befruchten sich wechselseitig, weil in der Aussenwelt gerade so viel Fremdheit wahrgenommen bzw. zugelassen wird, wie der Geist braucht, um sich selbst zu finden. Spazierengehen ist eine Form der Kultivierung des Bei-Läufigen, der Syn-Ästhesie und des Syn-Agierens von Sinnen und Handlungsarten. Von den Peripathetikern bis Friedrich Nietzsche haben Denker von seinen inspirierenden Effekten Gebrauch gemacht. Alltägliches ist dabei die Bedingung des Nicht-Alltäglichen, Harmonie die Bedingung der Ek-Stase, das Gewöhnliche die Bedingung des Sich-Zeigens von Besonderem. Spaziergänge sind Unterbrechungshandlungen im Alltag; alle gelungenen Spaziergänge sind Sonntagsspaziergänge – an Werktagen.

2. Handwerke des Körpers

Spazierengehen gehört zur Klasse invertierter Zweckhandlungen, die Aristoteles bekanntlich Praxis nannte und sie so von den an externen Zwecken orientierten Handlungen der Poiesis unterschied. Zu diesen letzteren zählen beispielsweise alle Arten von handwerklichen Dienstleistungen. Diese unterscheiden sich von der Kunst des Spazier- als einer besonderen Form des Müssiggangs auch durch den mit ihnen in der Regel verbundenen ökonomischen Sekundärzweck als der besonderen Konditionierung der sie bestimmenden Sozialität. Bezahlt wird für die Professionalität der Dienstleistung. Spazierengehen kann man demgegenüber auch alleine, amateurhaft und ohne Geld. Vieles spricht dafür, dass das Spazierengehen genau dann erfunden oder besser neu formatiert worden und zur allgemeinen Wertschätzung gekommen ist, als die modernen Berufe mit ihrer gesteigerten wissenschaftsgeleiteten Rationalität, ihrer hohen Ausdifferenziertheit sowie ihrer typischen Professionalität entstanden sind. Es sind die urbanen, kopfgesteuerten

Arbeitsmenschen der Moderne, die Bürgerinnen und Bürger, welche die kompensatorische Tätigkeit des mussevollen sonntäglichen Spazierengehens entdecken. Der in der modernen, verzweckten Arbeitswelt selbstentfremdete Leib wird im Spaziergang wieder zu synthetisieren und zu zentrieren versucht.

Trotz solcher unleugbarer Differenzen gibt es unter jenen handwerklichen Dienstleistungen solche, die gewisse Züge mit dem (so konzipierten) Spaziergang teilen. Dazu zählen vor allem Dienstleistungen am menschlichen Körper, die direkt auf das Wohlgefühl oder dessen Verschönerung gerichtet sind. Wer sich wohl fühlt in seiner Haut, ist in seinem Körper ähnlich beheimatet wie der Spaziergänger, der sich seine Umwelt spazierend zur kultivierten Form des Reviers, also zur Heimat macht.

Bei den körperbezogenen Dienstleistungen lassen sich poietische von praktischen unterscheiden, also solche, bei denen der Zweck des Wohlgefühls jenseits der darauf gerichteten Handlung liegt, von solchen, bei denen er sich im Vollzug dieser Handlung einstellt. Zur ersteren Klasse gehören die meisten medizinischen Handlungen, zur letzteren beispielsweise die Kochkunst (wenn man diese denn unter die Körperhandwerke zählen möchte). Die meisten solcher körperbezogenen Dienstleistungen sind «Handwerke des Körpers» (Susanne Stolz) im doppelten Sinn des Wortes: Sie sind Arbeit an einem Körper, die von einem anderen Körper verrichtet wird; sie sind meistens konkret und in besonderer Weise Hand-Werke.

Einem von diesen Körperhandwerken ist der zweite Teil dieser beiläufigen Überlegungen gewidmet, nämlich dem Friseurhandwerk. Die kleine These dabei ist, dass in dieser Kunst bzw. genauer: in der Praxis ihres Konsums, tatsächlich Elemente liegen, die denjenigen ähnlich sind, die auch am (modernen) Spaziergang zu beobachten sind. Zwar erschliessen Friseursbesuche keine Landschaften, und doch sind sie für viele Menschen wie Spaziergänge: sie unterbrechen den Alltag im Alltag auf angenehme Weise, und zwar vor allem darum, weil sie von Sekundäreffekten, also von systematischen Beiläufigkeiten, begleitet sind, nämlich insbesondere der körperlichen, aber zugleich personalen Zuwendung. Das bekundet sich in einer besonderen Form der Kommunikation, in einem mehr oder weniger dichten Smalltalk, einer assoziativen, die leichte körperliche Arbeit begleitenden Plauderei, die es so wahrscheinlich nur beim Friseur gibt – oder beim Spazierengehen.

In sublimierter Form schwingt im modernen Phänomen bzw. Konstrukt des Spaziergangs etwas mit, was in jenen Körperhandwerken noch etwas deutlicher, wenn auch ebenfalls stark sublimiert, präsent ist: eine sexuelle Komponente. Zwar kann man Spazierengehen auch alleine, und doch ist jeder Spaziergang ein Flirt mit der Fremde, ein Lustwandeln, jeder Spaziergänger ist ein Voyeur, und mindestens so wichtig wie das Sehen ist, zumal in der Stadt, das Gesehenwerden, das Sichzeigen. Die in gewisser Weise stärkste Form jener Körperhandwerke sind gewiss die sexuellen Dienstleistungen.

Die Geschichte der Ausdifferenzierung jener Körperberufe, zu denen der Friseursberuf gehört und aus denen er hervorgegangen ist, ist selbst ein Stück der modernen Professionalisierungsgeschichte der Arbeitswelt. Noch in den ältesten Branchenbüchern des späten 19. Jahrhunderts werden Bader, Barbiere und Friseure in einer Rubrik versammelt und in einem Atemzug genannt. Mit ihrem gemeinsamen Ahnen im Beruf des Baders haben diese Körper-Handwerke die Nähe zur Medizin gemeinsam. Diese gründete nicht nur in der noch undifferenzierten Praxis, sondern auch in einer gemeinsamen Praxistheorie, nämlich in der Galenschen Säftelehre, die Krankheiten aller Art durch Aderlassen, Schröpfen zu behandeln wusste, das eben die Bader vornahmen. Erst in der frühen Neuzeit mit dem Aufkommen einer wissenschaftlichen Anatomie im Stile des Andreas Vesalius differenzierten sich die Wundärzte, die Chirurgen, aus dem Baderhandwerk aus.

Den Chirurgen gelang durch diese Ausdifferenzierung, das Stigma abzuschütteln, das an jenen anderen, niederen Körperhandwerken von jener gemeinsamen Wurzel im Baderwesen her noch lange haften blieb: nämlich das einer gewissen Anrüchigkeit. Die Wurzeln dieses Stigmas gründen tief in den Reinheits- und Unreinheitsvorstellungen vormoderner Gesellschaften. Die Bader und Barbiere im Mittelalter waren nicht nur Diener der Schönheit und Gesundheit, der Erhaltung und optischen Hinauszögerung der Jugend, sondern sie kamen aufgrund ihrer Arbeit, nolens volens mit solchen Gruppen in körperliche Berührung, die als unrein und darum als randständig galten: Kranke, nämlich Aussätzige, und Sterbende oder gar Tote. Zu den Aufgaben der Bader und Barbiere zählte auch die Vorbereitung der Leichname für das Begräbnis.

Und auch mit der Sphäre sexueller Unreinheit kamen die Bader und Barbiere in Berührung, respektive sie wurden mit ihr stigmatisierend identifiziert. Das Bäderwesen im Mittelalter war zugleich häufig ein Ort der teils verdeckten, teils offenen Promiskuität und gewerblichen Prostitution. Es ist nicht nur das Klischee späterer, sittenstrengerer Zeiten, sondern tatsächliche sozialgeschichtliche Wahrheit, dass die Macht der Sittenautoritäten, also überwiegend die der Kirche, mitten im öffentlichen Raum auf Exklaven stiess, an deren Türen und Mauern sie praktisch endete: nämlich an denjenigen, der in jeder Stadt und Gemeinde zahlreich vorhandenen öffentlichen Bäder. Die Praxis des gemeinsamen Badens war einfach zu tief in der mittelalterlichen Gesellschaft verwurzelt. Handwerker und städtische Angestellte bis hinauf zum Bürgermeister bekamen Badgelder als Bestandteil ihres Lohnes; in den Arbeitszeitregelungen der Zunft- und Gewerbeordnungen waren die Badzeiten genau festgelegt. Die Bäder waren – unabhängig vom Mass der in ihnen geübten sexuellen Praktiken – nicht nur Orte lustvoller körperlicher Reinigung, sondern auch Orte sozialer Kommunikation; nicht selten begannen Festgesellschaften mit einem gemeinsamen Bad, und offizielle Besucherdelegationen wurden zu einem Badbesuch eingeladen, wie das etwa in Basel überliefert wird. Erst im ausgehenden Mittelalter gelang es den Sittenautoritäten zunehmend, diese öffentlichen Exklaven der präskribierten Sexualmoral zu durchdringen. Das kirchliche Ehesakrament war dazu ein wesentliches Instrument – und verdankt umgekehrt seine Entstehung wahrscheinlich in nicht geringem Masse dem Kampf gegen jene weitverbreitete Sexualpraxis: Die Geburt der christlichen Ehe aus dem Ungeist des Bäderwesens. Im so munitionierten Kampfe gelang die Disqualifizierung der ehedem zentralen kommunalen Vergnügungsorte zu Schmuddelecken der Städte, in denen sie dann auch mehr und mehr angesiedelt wurden: noch im Kapitalistenspiel Monopoly ist die «Badstrasse» von der «Schlossallee» durch die über das ganze Spielfeld ansteigende Geld- und Reputationshierarchie getrennt – und ihr freilich gerade dadurch, im Gegenuhrzeigersinn, unmittelbar benachbart.

Obwohl sich auch die Barbiere nach dem Mittelalter über die Jahrhunderte hinweg eifrig und erfolgreich um ein professionelles, enger definiertes Berufsbild nach dem Ende der Wundarztheilerei und um die Eingliederung ihres Standes in die neu definierten gesellschaftlichen Moralstandards bemüht hatten, scheint den Friseuren doch noch lange daran gelegen gewesen zu sein, dieses Erbe abzuschütteln. In Deutschland gelingt dies erst 1930 mit der Umbenennung des 1872 gegründeten «Bundes deutscher Barbierherren» in den «Bund deutscher Friseure». Spätestens seit dem 19. Jahrhundert, nämlich seit dem Aufkommen der Damenfriseure, legen Friseure Wert darauf, ihren Beruf als hochprofessionelles Handwerk, ja dezidiert als Kunst verstanden zu wissen, das sich von der groben Tätigkeit des Barbiers schon dadurch unterscheidet, dass es nicht dem Stutzen des männlichen Bartes, sondern dem kunstvollen und variantenreichen Schneiden und Drappieren der vor allem weiblichen Haarpracht gewidmet ist.

Freilich scheint die Sublimierung der derben, moralexklavischen Körperarbeit des mittelalterlichen Baders zum professionellen, hochnotpeinlich-sauberen Kunsthandwerk trotz einer über einhundertjährigen Orientierung an selbstauferlegten, peniblen Sorgfalts- und Standesregeln, sowie der sich an der elitären Kunst orientierenden Figur eines «Figaro» noch nicht ganz gelungen zu sein. In der zeitgenössischen Literatur jedenfalls blitzen die alten (Vor-)Urteile gegen die Friseure vielleicht nicht umsonst gerade dort besonders häufig durch, wo man sie am wenigsten erwartet: in der Intellektuellenliteratur. In einem Essay Hans Magnus Enzensbergers aus den 1980er Jahren dient eine imaginierte Friseuse mit dem stimmigen Namen Zizzy als Illustration einer zeitgeistspezifischen (Un-)Bildung unter jungen Erwachsenen, die von dem alteuropäischen Bildungstypus, den hier der junge Melanchthon repräsentiert, noch viel weiter entfernt scheint als die fünf Jahrhunderte, die zwischen ihnen liegen. Zwar ist das *junk-knowledge* Zizzys bei Enzensberger Beleg für die Milieufunktionalität moderner Bildungswelten, aber dass es gerade eine Friseuse ist, die als Antipode zur Inkarnation des klassisch-humanistischen Bildungsideals herhalten muss, ist doch bemerkenswert. Ähnliche Spuren jener Assoziation finden sich beispielsweise in dem 68er Roman «Rot» von Uwe Timm. Hier besucht der Romanheld seine Friseuse nicht nur zum Zweck des Haareschneidens, sondern auch zum Konsum sexueller Dienstleistungen, deren semiprofessionellen Charakter er erst durch einen Zufall entdeckt. Dass die alte Verbindung der beiden Körperhandwerke doch noch virulent ist, scheint auch die soziologische Statistik zu belegen: Friseusen gehören offenbar zu denjenigen Berufsgruppen, aus denen sich eine überdurchschnittliche Anzahl von Arbeiterinnen im Sexgewerbe rekrutiert. Erklärt wird das mit den meist schlechten Gehältern und der durch die Arbeit bedingten Übung im Überspringen der Hürden üblicher körperlicher Distanzregeln. Hier mag aber auch in mehrfacher kultureller Transformation und Camouflage noch etwas nachwirken von jener archaisch-symbolischen Dimension der Haare von ihrer faszinos-tremenden Anziehungskraft und deren Bändigung, die die biblische Geschichte von Simson und Delilah erzählt.

3. Art et Coiffure, oder: Vom Haareschneidenlassen als Spaziergang

Friseusen heissen in der Schweiz Coiffeusen. Wer sich die Wohlklangdifferenz beider Berufsbezeichnungen vor Ohren führt, wird es nur für eine Frage der Zeit halten, bis sich die deutsche Friseursinnung ein zweites Mal umbenennt. Meine Coiffeuse heisst Fatiha, ihre familiären

Wurzeln liegen in Marokko, woher ihre Eltern in ihrer Kindheit ins Elsass eingewandert sind. Sie kommt jeden Tag mit dem Auto aus Mulhouse nach Basel gefahren. Seitdem sie vor zwei Jahren einen eigenen Coiffeursalon aufgemacht hat, fährt sie ein silberfarbenes Mercedescoupé, das wie ein Werbeträger vor ihrem Laden am Spalentor parkiert ist. Fatihas Laden hat ein Marketingkonzept, das sich «Art et Coiffure» nennt; sie nutzt die freien Wand- und die Schaufensterflächen, um wechselnden Künstlern die Gelegenheit zur Ausstellung ihrer Arbeiten zu geben.

Fatiha ist eine hübsche Frau in den Dreissigern, sie hat die Benimmregeln ihres Standes vollkommen verinnnerlicht, ist also stets höflich, fällt nie aus der Rolle, treibt gepflegte, individualisierte Konversation, ist immer adrett gekleidet und hat darüber hinaus einen muskulösen Mann, der Plattenleger ist, und einen zehnjährigen Sohn; beide helfen im Laden gelegentlich (und meist wortlos) aus. Fatihas Kundschaft besteht aus älteren Damen und vor allem aus Männern; ein Grossteil davon kommt aus der nahen Universität. Fatiha spricht auch etwas Deutsch, aber besser und lieber Französisch, sie ist Muslimin (wenn auch ohne stärkeren Bezug zu ihrer Religion), und ein Besuch bei ihr hat auch für die weniger Phantasiebegabten unter ihrer verkopften bürgerlichen Kundschaft wohl einen Hauch von morgenländischer Bäderkunst, ja von Tausendundeinernacht. Fatiha ist aber natürlich schweizerisch seriös. Als ihr neulich ein Kollege ein leicht anzügliches Kompliment gemacht hat, hat sie ihn für den Rest der Sitzung mit strengem Schweigen bestraft; er hat mir leicht indigniert davon berichtet; so etwas spricht sich offensichtlich herum.

Fatiha scheint ein erstaunliches Gedächtnis für die zahlreichen Geschichten ihrer Kunden zu haben, jedenfalls behält sie meine Berichte von meinen Tagungsreisen, von den Fährnissen und Erlebnissen meiner Kleinkinderfamilie, die ich ihr erzähle, manchmal genauer im Kopf als ich. Welche Geschichten erzählen Coiffeusen welchen Kunden? Ich vermute, gute Coiffeusen haben mit jedem Kunden jeweils eigene Geschichten. Ein Kunde ist vermutlich eine wandelnde Geschichte für eine Friseuse; jeder bringt ein bestimmtes Stück Welt in ihren Laden, den sie selbst so selten verlässt. Es ist wie in einem Beichtstuhl. Die Kunden plaudern sich ihr Leben von der Seele, und der Friseur erteilt bereitwillig die Absolution.

In einem deutschen Berufsratgeber für Friseure vom Anfang des 20. Jahrhunderts findet sich die Empfehlung, sich für die Kundengespräche dadurch fit zu machen, dass man sich Hintergrundinformationen über gängige Themen, etwa die Kommandostruktur des preussischen Militärs, die Flottenstärke, die Dynastieverhältnisse des Kaiserhauses, aus Meyers Konversationslexikon besorgt. Hans-Magnus Enzensberger scheint in seinem schon erwähnten Aufsatz davon auszugehen, dass sich in «Zizzys» Kopf das Wissen aus all den Illustrierten versammelt, die in ihrem Salon herumliegen und die ihre Kundinnen aufgeschlagen vor sich halten. Ich habe eher den Eindruck, dass Friseure vom Umgang mit den Geschichten leben, die ihnen zugetragen werden. Wichtig dabei ist, auch darüber belehrt schon jener Berufsratgeber zu Recht, die Einhaltung gewisser Distanzregeln. Ein Friseur muss ein Gespür für die Distanz und Intimität nicht nur im Körperlichen haben – darauf legt der Ratgeber besonders Wert –, sondern auch bei der Konversation. Beides hängt offensichtlich zusammen. Die in der Schwellenzone der Intimität verlaufende Körperarbeit, die professionelle Zuwendung zum Körper des Kunden zum Zweck von dessen Verschönerung, bedingt eine temporäre körperliche Nähe, die natürlich auch eine personale Dimension hat. Sie verbindet Anmutungen mehrerer Menschenzuwendungsberufe: medizinisch-therapeutischer, pastoraler und sexueller. Aber anders als diese Dienstleistungen ist die Friseurskunst eine leichte Muse. Sie dient der Verschönerung, sie findet im Jenseits des Lebensnotwendigen statt. In der Konversation von Friseur und Kunde werden diese Aspektierungen sublimiert zu einer professionell definierten Mitmenschlichkeit, deren strukturelles Geheimnis die Verbindung von Regelmässigkeit, also von Wiederholung, und Beiläufigkeit ist. Wenn die Konversation abbricht, macht das nichts; Schweigen hat beim Friseur selten etwas Lastendes, weil die Konversation ja nur begleitend zu der körperlichen Hauptarbeit ist. Umgekehrt darf die Konversation aber auch den Friseur nicht stören; der Kunde kauft sie mit. Der Friseur muss dem Kunden auch das Gefühl vermitteln, Subjekt der Konversation zu sein; er darf ihm Themen, Gesprächsart und Gesprächsintensität nicht aufnötigen. Der Kunde muss das Gefühl vermittelt bekommen, dass sich das Zusammenspiel der Konversation zwanglos ergibt.

Coiffeurbesuche haben etwas von gemeinsamen Spaziergängen. Die Hauptdifferenz liegt neben der fehlenden Landschaft in der Rollenverteilung, die durch die professionelle Arbeitsbeziehung im Spiel ist. Das Gemeinsame aber liegt im Begleitungscharakter der Konversation zur körperlichen Tätigkeit, die von körperlicher Zuwendung bestimmt ist. Friseurbesuche sind unspektakuläre Unterbrechungen des zweckhaften Alltags im Alltag, sie geschehen en passant; in der Konversation verdoppelt sich dieses Charakteristikum. Friseurskonversation ist wie ein gemeinsames Flanieren. Dadurch vermittelt sich der Konversation etwas Meditatives, das sich in ihrem Smalltalkcharakter verbirgt. Seifenblasengleich steigen Andeutungen von Seelenbildern auf, die betrachtet werden und im nächsten Moment auch wieder platzen können, ohne dass die beteiligten Personen Schaden nehmen. Wie Spaziergänge geschehen Friseursbesuche auf der Grenze von städtisch-anonymer und nahbereichlich-intimer Kommunikation und spielen kunstvoll mit ihr.

4. Coiffure et Art 1 oder: Beiläufiges über die Oper

Wieviele Opern haben Handwerker als Titelhelden? Es ist vielleicht einen beiläufigen Gedanken wert, dass in zwei der berühmtesten Opern ausgerechnet dem Friseursberuf diese Ehre zuteil wird: Sowohl in Rossinis «Barbier von Sevilla» als auch in Mozarts «Figaro» ist der Titelheld ein Friseur. Bemerkenswerterweise handelt es sich sogar um dieselbe Figur: Im «Figaro» wird die Geschichte des Barbiers von Sevilla (Pierre Beaumarchais, «La folle journée ou le mariage de Figaro») weitererzählt. Figaro ist im «Figaro» allerdings nicht nur vom Barbier zum Kunstfriseur aufgestiegen, sondern hat auch diesen Beruf wieder verlassen und ist Kammerdiener bei einem Grafen geworden. Im 18. Jahrhundert muss das als Karriereaufstieg verstanden werden.

Wieso ausgerechnet ein Friseur, ein Barbier? Vielleicht, weil dieser Beruf sich auf der Grenze sozialer Schwellen bewegt, weil er, genauer gesagt, Angehörige verschiedener sozialer Schichten in körperliche Nähebeziehungen führt, die gleichwohl etwas Beiläufiges haben. Als Flaneure der Geschichten anderer können Friseure gleichsam unbemerkt auch zu Mitspielern werden. Bei Rossini ist es der Barbier, der dem Grafen zu dem Rollen- und Verkleidungsspiel rät, das die Handlung der Oper wesentlich bestimmt, und es ist auch der Barbier, der den entscheidenden Schlüssel entwendet. Friseure können also trotz ihres sozialen Nebenrollenstatus im konkreten Leben offenbar durchaus Schlüsselrollen spielen. Wie oft mögen wichtige Entscheidungen von Menschen durch Gespräche mit ihrem Friseur vorbereitet worden sein? Das Spiel mit Diskretion und Indiskretion gehört zur Konversation, die ein Coiffeur so gut beherrschen muss wie sein fingerfertiges Handwerk.

Zu diesem Versteckspiel passt, dass der berühmteste Friseur der Welt, der gewiss den meisten Salons den Namen gegeben hat, ein Ehemaliger seines Standes ist. Als Kammerdiener ist sein neues Tätigkeitsfeld zugleich weiter und fokussierter als sein altes: die Haarschneidekunst ist Teil der diversen Verrichtungen der Arbeit am adligen Körper geworden, und dabei intensiviert sich dasjenige Moment, das auch die Coiffeursarbeit schon begleitete: das der vertrauten Beziehung. Dass jedoch solche vertrauten Beziehungen im professionellen

Rahmen zwischen Angehörigen verschiedener sozialer Schichten für die sozial Schwächeren leicht zu *liaisons dangereuses* werden können, ist die Einsicht, welche die Opernhandlung in Gang setzt. Angesichts der hübschen Braut Susanna erinnert sich der Herr Graf jenes herrschaftlichen *ius primae noctis*, auf dessen Ausübung er eigentlich aufgeklärterweise grundsätzlich verzichten hatte wollen. Das Hochzeitsgeschenk des Grafen – das nahe bei der Herrschaft gelegene eheliche Schlafgemach der Domestiken, dessen Masse Figaro im ersten Akt vermisst, – erweist sich als ein Danaergeschenk. Die damit verbundenen sinistren Absichten erfasst die clevere Braut freilich schneller als der vertrauensselige Bräutigam; die Oper beginnt mit der ihm dämmernden Einsicht, dass er im Begriff ist, sich über den Löffel barbieren zu lassen.

Zwar unterliegen wohl alle am historischen Setting Beteiligten, einschliesslich des Librettodichters Beaumarchais, des genialen Opernkompositeurs und des damaligen Publikums, einem historischen Irrtum, was jenes überkommene *ius primae noctis* angeht. Rebekka Habermas hat jedenfalls vor einigen Jahren wahrscheinlich gemacht, dass jenes vermeintliche historische Recht zu den Gerüchten über das finstre Mittelalter gehört, die in einer sich aufgeklärt gebenden Moderne nur allzu bereitwillig kolportiert wurden. Das schliesst freilich nicht aus, dass interessierte Angehörige gehobener Stände vom Schlage des Conte d'Almaviva versucht haben könnten, aus der kollektiven Fiktion eine reale Dividende zu ziehen.

Wie sich in der Figaro-Ouvertüre in die banale Alltagstätigkeit des Vermessens des ehelichen Bettes ein tieferer, gefährlicher Sinn einmischt, so liegen in dieser Oper generell die leichte, beiläufige, fast anzügliche Muse und das grosse ernste Menschheitstheater in- und beieinander. Das hat auch zu den anfänglich so gespaltenen Reaktionen auf diese Oper geführt. Hier, wie bei Mozart generell, fügen sich spielerisch-verspielte Heiterkeit der Kunst und tiefer Lebensernst kreuzweise, apollinisch-dionysisch ineinander.

Gerade das künstlerische Genre der Oper ist zur Darstellung solchen allgemeinen Kunst-Sinns besonders geeignet, denn das tragende künstlerische Ausdrucksmittel, die Musik, agiert ja handlungslogisch nur in der Rolle des an sich künstlich Beiherspielenden. Dass die *dramatis personae* nicht sprechend, sondern singend interagieren, ist ja eigentlich per se eine komische Verwechslung menschlicher Handlungs- und Ausdrucksweisen. Wer singt, tötet nicht. Vielleicht ist dieses die Oper konstituierende Nebeneinander und Ineinander der Kommunikationsweisen, der Grund dafür, dass ausgerechnet ein Vertreter des Friseurshandwerks zu einer ihrer markantesten Figuren, ja zu ihrer Metapher werden konnte und damit zum Inbegriff einer Kunstgattung, welche die höchste Sublimierung des beiläufig Beiherspielenden ist, die Flaneurskunst par excellence.

5. Coiffure et Art 2 oder: Beiläufiges über den Film

Was für das künstlerische Leitmedium des 18. Jahrhunderts recht ist, ist demjenigen des 20. Jahrhunderts nur billig. Ähnlich wie die Oper sich erst aus der komödiantischen *opera buffa* herausentwickeln musste, hat auch der Film Zeit gebraucht, um sich als seriöse Kunstform zu etablieren. Hier wie dort sind aber die grössten Kunstwerke nicht selten diejenigen, welche die trivialästhetischen Anfänge des Genres nicht angestrengt konterkarieren, sondern in geradezu dialektischem Sinne aufheben. Paradespiele für diese Leistung sind die Filme des grössten Filmkomödianten aller Zeiten, und hier insbesondere einer seiner Filme, der für ihn – wie für sein Publikum – mit einem doppelten Wagnis verbunden war: Nicht nur präsentierte sich der berühmte Mime hier erstmals als sprechende Figur in einem Tonfilm, sondern zugleich als Parodist des gefährlichsten und humorfernsten Politikers des 20. Jahrhunderts.

Ausgerechnet die Figur eines kleinen, harmlosen, unwissentlich komischen, namenlosen jüdischen Friseurs wählt Charles Chaplin in «Der grosse Diktator» bekanntlich als Alter Ego des politischen Grössenegomanen «Adenoid Hynkel», des Führers von «Tomania». Höhepunkte der Komik in der Darstellung des Friseurs sind die beiden Szenen, die ihn in dem von den Spinnweben seiner Amnesie wieder befreiten Salon im Getto an der Arbeit zeigen: einmal mit der weiblichen Hauptfigur Hannah, die seine (platonische) Geliebte wird, das zweite Mal beim Rasieren an einem älteren Kunden. Beide Szenen sind virtuose Parabeln über das Verhältnis von Körper- und Geistesarbeit, von sachlicher Poiesis und spielerischer Phantasie, von vermeintlicher Haupt- und vermeintlicher Nebentätigkeit im Alltagsleben, damit zugleich über das Verhältnis von vermeintlichen Haupt- und vermeintlichen Nebenrollen im Leben überhaupt. Verwirrt vom Charme Hannahs barbiert Chaplin sie, statt sie zu frisieren, und Hannah lässt sich so in Beschlag nehmen von der unverhofften Zuwendung zu ihrem Körper, dass sie in plaudernde meditative Trance versinkt, in der sie buchstäblich über Gott und die Welt und das so einfache und für sie doch so ferne Glück des Lebens sinniert. In der zweiten Szene lässt sich der Friseur von der Radiomusik des fünften ungarischen Tanzes von Johannes Brahms derart in den Bann schlagen, dass er seinen

Kunden im Rhythmus dieser Musik rasiert. Komischer und in der Komik zugleich tiefsinniger als hier ist die der Phänomenologie eines gemeinsamen Spaziergangs verwandte Doppelcharakteristik des Friseurhandwerks und ihr metaphorischer Gehalt künstlerisch nicht in Szene zu setzen.

Auch in der Doppelgängerrolle des Diktators gibt es eine jener Slapstickszenen, in der ein Friseursrequisit eine Rolle spielt. Beim Besuch des befreundeten italienischen Faschistenführers «Benzino Napaloni» – sitzen beide Diktatoren auf höhenverstellbaren Stühlen, wie man sie aus Friseursalons kennt. Diese schrauben sie im Gespräch immer wieter hinauf, weil jeder der beiden auf den andern herabsehen möchte.

Ein wichtiges darstellerisches Instrument zur ironischen Charakterisierung des Führers von «Tomania» sind dessen öffentliche Reden. Chaplin imitiert die Inszenierung der hochsuggestiven, radioübertragenen Reden Hitlers in einer mimischen Persiflage, bei der er eine inhaltlich überwiegend unverständliche, schnarrende pseudogermanische Kunstsprache spricht, die von deutschen oder deutsch klingenden Worten durchsetzt ist, die vorwiegend aus der Sprache des Essens bzw. Verschlingens stammen. Der Judenhass und die Judenverfolgung, die, wie trotz der inhaltlichen Undeutlichkeit erkennbar, einen Hauptteil der Rede ausmachen, werden hier als ein sprachlicher Fressakt gestaltet (Jost Hermand), der von den zuhörenden Massen frenetisch gefeiert wird. Diesen Führerreden dramatisch gegenübergestellt wird in der berühmten Schlussszene des Films die Rede des kleinen Friseurs, der durch allerhand Verwechslungen plötzlich in die Rolle seines grossen politischen Alter Ego gerät. In dieser ekstatischen Situation wächst der kleine Friseur über sich hinaus und hält wie in Trance ein flammendes Plädoyer gegen die Menschenverachtung eines urbanistischen Technikmenschentums, für die Humanität einer liberalen, am menschlichen Mass des Individuums orientierten Politik.

Diese Schlussrede ist oft der Harmlosigkeit, des Pathos, der Romantik geziehen worden. Ein solcher Eindruck wird in der Tat noch verstärkt durch die eingeblendeten Bilder von der – inzwischen freilich bereits wieder durch die Nazis gestörte – arkadische Spaziergängeridylle in «Austerlich», in das sich Hannah und ihre Freunde geflüchtet haben und wo diese via Radio die unverhoffte Führerrede hören.

Gewiss ist diese Rede und sind ihre Inhalte hochpathetisch, gewiss sind sie getragen von einer romantischen Opposition von anonymer Technizität und humaner Individualität. Gewiss lässt sich die politische Auseinandersetzung mit dem Nationalsozialismus weder 1940 noch 70 Jahre später mit dieser neokonservativen Formel suffizient leisten, nicht zuletzt darum nicht, weil solche Klischees teilweise (wenn auch gerade in kollektivistischer Wendung) von den Nazis selbst benutzt worden sind. Und doch ist Chaplin hier eine rhetorische Fokussierung und Vereinfachung gelungen, die in genialer künstlerischer Intuition zentrale politische Sachverhalte und menschliche Wahrheiten erfasst und verkündet. Es ist, allgemein und abstrakt gesprochen, die Kunst, die technischen Verrichtungen der *poiesis*, von den beiherspielenden Tätigkeiten humaner Praxis begleiten und diese jene so durchdringen zu lassen, dass sie ihr menschliches Mass und Ziel behalten. Es ist also eine Spaziergangs- oder eine Friseurskunst höherer Ordnung, die Chaplin hier in der Kippfigur des politischen Massenverführers und Halsabschneiders und des kleinen, aufrechten Barbiers und Friseurs präsentiert und für die er wirbt. Jene harmlosen Körperkünste sind in der Tat das einfache Gegenteil jener Banalitäten des Bösen, die Menschenvernichtung industrialisieren. Dagegen ruft der kleine, aber nun – trotz bzw. gerade wegen seines unaggressiven Tons – gar nicht mehr harmlose Friseur in der Rolle des «grossen Dikators» zum entschlossenen Widerstand auf. Es ist darum schon berechtigt und von grossem Tiefsinn, dass jene über den politisch-technischen Äther transportierte grosse Filmrede endet mit dem kerygmatischen Aufruf und Zuruf an das von den Grausamkeiten der Nazis gedemütigte und neuerlich um seine bescheidenen Hoffnungen gebrachte geliebte Individuum: «Look up, Hannah! Look up!»

Kristian Fechtner

Trauerhilfen
Unterwegs in der Ratgeberliteratur

Samstagmorgen ein Gang in die Stadt: Einkaufen auf dem Markt, dann ein Streifzug durch die leidlich sortierte Buchhandlung. Heute die Belletristik links liegen lassen, stattdessen rechter Hand ein Erkundungsgang durch die Ratgeberliteratur. Neben den Regalen mit Kochbüchern und Reiseführern – was man alles kochen, wo man alles hinfahren könnte, wenn man es denn täte – die Rubrik «Tod und Trauer». Mehr als ein Meter Bücher. Teuer ist Rat heute nicht: Die günstigsten Taschenbücher kosten etwas unter 10,- Euro, die anderen um die 15,- Euro. Trauerhilfen sind als Printmedien erschwinglich, selten aufwendig gestaltet, allesamt handlich, auch im Blick auf den Seitenumfang. 180 Seiten reichen allen, einige sind schmaler – Krimis sind in der Regel deutlich umfangreicher. Die Ausstattung und der Zuschnitt signalisieren: Hier konzentriert man sich auf Wesentliches. Und: Die Büchlein sind nicht für die Bibliothek oder das Wohnzimmerregal, sondern zum Gebrauch geschrieben. Die Titel tragen Wendungen, die häufig auf der Vorderseite ins Bild gesetzt werden, sie heissen «Im Land der Trauer» oder «Lichtblicke in meiner Trauer». Land, Licht oder auch Wasser, Wald, Wiesen und viel Himmel – das symbolische Arrangement speist sich aus Naturphänomenen und -kräften. Trauer erscheint natürlich und elementar, das ist bereits die erste Botschaft. Die Titel können auch Verheissungen beinhalten, sie versprechen «Ich sehe deine Tränen» und «Die Brücke zurück ins Leben finden». Nüchterner erläutern die Untertitel, was in den Büchern Thema ist: «Über den Umgang mit Abschied und Verlust», «Abschiedsrituale», «Was wir unseren Kindern sagen». Ich nehme das eine und das andere in die Hand, blättere hier und dort. Viele Veröffentlichungen sind jüngsten Datums, nicht wenige in Neuauflage. Einzelne Klassiker des Genres finden sich darunter: Elisabeth Kübler-Ross' «Über den Tod und das Leben danach» oder Verena Kasts «Trauern». Viele der Bücher erscheinen in Verlagen, die erste Adressen praktisch-theologischer Literatur sind. Der Praktische Theologe ist also am Samstagmorgen in der Buchhandlung auf seinem Terrain – und möglicherweise bei seiner Sache.

I. Ratgeberliteratur in der Wissensgesellschaft

Ratgeber haben Konjunktur. Als Literaturgattung bilden sie mittlerweile das zweitgrösste Segment innerhalb des deutschsprachigen Buchmarktes, der Marktanteil der «handlungs- und nutzenorientierten» Ratgeber «für den privaten Bereich» – so umschreibt der Handel das Genre – beträgt annähernd 20 Proent.[1] Allerdings ist es schwierig, sie von «wissensorientierten» Sachbüchern trennscharf abzugrenzen, weil Ratgeber ebenfalls Wissen aufbereiten, um dieses alltagspraktisch geltend zu machen. Mittlerweile gibt es nahezu für alle Bereiche und Situationen des Lebens Ratgeber in Buchform; sie reichen von der Säuglingsernährung bis zur Grabpflege, sie geben praktische Tipps zum Schlafen, Wohnen, Aufräumen, Zeitsparen, Essen, Atmen, Gesundwerden, Krankfeiern, Lieben, Sterben und vieles mehr. Dass sich die Ratgeberliteratur flächendeckend ausbreitet, ist gleichermassen Ausdruck der Wissensgesellschaft wie Reaktion auf die Herausforderungen, die sie an die Individuen unabweisbar stellt.[2] Das gesellschaftlich produzierte und zugängliche Wissen hat sich in den letzten Jahrzehnten vervielfacht. Dies betrifft nicht nur den Sektor Wissenschaft im engeren Sinne, sondern alle Bereiche der Lebenswelt von beruflichen Tätigkeiten über die Sphäre des öffentlichen Lebens bis hin zur privaten Existenz. Über Wissen zu verfügen ist zur gesellschaftlichen Leitwährung geworden, es qualifiziert soziale und individuelle Lebensmöglichkeiten.

Was es mit dem Wissen heute auf sich hat, repräsentiert der gegenwärtig erfolgreichste Journalist und Moderator des deutschen Fernsehens Günther Jauch. In «stern-tv» interviewt er Adoptiveltern, Nachbarschaftsstreitschlichterinnen oder Ernährungsberater und gibt Zuschauerinnen und Zuschauern Anteil an deren professionellen Kenntnissen und an derem Erfahrungswissen. In seiner Kultsendung «Wer wird Millionär?» hingegen honoriert er frei flottierendes Wissen, das sich durch keinen Gebrauchswert ausweisen muss. In der Unterhaltungssendung erscheint das Wissen, wie man den Inhalt eines Dreiecks berechnet, gleichbedeutend wie das Wissen, wie Winnetous Pferd heisst, beides kann gleichsam zum kulturellen Kapital werden, mit dem man reich werden kann.

---

1 Vgl. Timo Heimerdinger: Der gelebte Konjunktiv. Zur Pragmatik von Ratgeberliteratur in alltagskultureller Perspektive, in: Andy Hahnemann; David Oels (Hg.): Sachbuch und populäres Wissen im 20. Jahrhundert, Frankfurt a.M. 2008, S. 97–108, hier: S. 98.

2 Die folgenden Überlegungen speisen sich u.a. aus vorbereitenden Arbeiten für ein Forschungsprojekt «Aporien des Alltags. Ethnographien der Ratsuche», das unter Federführung von Timo Heimerdinger und Michael Simon am Institut für Kulturanthropologie/Volkskunde an der Johannes Gutenberg-Universität initiiert worden ist.

Die gesellschaftliche Möglichkeit, immer mehr wissen zu können, verbindet sich mit dem Druck, sich immer mehr Wissen anzueignen, um das eigene Leben gestalten zu können. Wir leben in einer Gesellschaft, «in der immer weitere Lebensbereiche, die vordem dem professionell-marktlichen Zugriff nicht ausgesetzt waren, in den Geltungsbereich des (im allgemeinen vermarkteten) Expertentum einbezogen werden».[3] Die Wissensgesellschaft bringt in dieser Weise das sich verstärkende Bedürfnis hervor, sich beraten zu lassen. Die Ratgeber der Buchhandlungen sind Orientierungsliteratur für eine verunsicherte Lebenspraxis, in der Menschen notorisch das Gefühl haben, dass sie mehr wissen (müssten), ohne damit lebensgewisser zu werden. Je mehr ich weiss, was zu tun und zu lassen ist, umso stärker kommt mir zu Bewusstsein, was ich alles falsch machen und dass dies weitreichende Konsequenzen haben kann: «Das hätte ich wissen können (müssen)!» Die Ratgeber stärken und schwächen die Subjekte in ihren eigenen Lebensvollzügen gleichermassen. Auf der einen Seite machen sie ihnen bislang exklusives Fachwissen zugänglich. Die Eltern des kranken Kindes beschreiben die Symptome anhand der anthroposophisch grundierten «Kindersprechstunde», mit der sie sich zu Hause längst kundig gemacht haben, und betreten die Praxis der Hausärztin bereits mit einer Diagnose. Auf der anderen Seite entwerten die professionellen Ratgeber zu allen Lebenslagen aber tendenziell das tradierte lebensweltliche Familien- und Erfahrungswissen. Dass die heisse Brühe des Nachbarn die Trauernde innerlich wärmt, will psychologisch erläutert und ratifiziert sein. Ratgeberliteratur, so Timo Heimerdinger, enthält «eine Vorgeschichte von Verlusten an Vorbildern, Ansprechpartnern und Institutionen zur Vermittlung von Verhaltenssicherheit – sei es nun die Oma, die Mama, die Kirche oder das unhinterfragte und gerade deshalb alltagstaugliche Praxiswissen».[4]

Jeder Ratgeber definiert bereits implizit das lebensweltliche Feld, auf das er sich bezieht, in mehrfacher Hinsicht: Er konstatiert, dass Menschen, die in einer bestimmten Lebenssituation sind, auf die Beratung von anderen angewiesen sind, die dafür besondere Kompetenzen mitbringen. Zugleich wird unterstellt, dass in dieser Lebenssituation unterschiedliche Verhaltensweisen möglich sind, die es wahrzunehmen, zu klären und auszuwählen gilt. Die Ratsuchende wird darauf angesprochen, dass sie in dieser Situation selbst etwas tun kann, um sie zu bewältigen. Oder aber, dass sie diese Situation anders erleben

---

3 Manfred Prisching: Die Ratgeber-Gesellschaft, in: ThPQ 154 (2006), S. 115–126 (116).

4 Timo Heimerdinger: Der gelebte Konjunktiv, S. 107.

kann, wenn sie sie angemessen versteht und richtig deutet. Ratgeber bilden in ihrer literarischen Form eine kommunikative, asymmetrische, aber gerade nicht autoritative Beziehung zwischen Experten und Ratsuchenden. Verantwortlich dafür, dass es tatsächlich gelingt, bleibt letztlich derjenige, der den Rat aufgreift. Dabei wahrt bereits die Form Distanz: Ich wähle als Ratsuchender individuell und erwerbe den Rat käuflich, bleibe anonym und gehe mit Kauf und Lektüre keine Verpflichtung ein, mache unkontrolliert Gebrauch oder Nicht-Gebrauch von Wissen oder Ratschlägen. Ratgeberliteratur hat sich lebenspraktisch auszuweisen, sie bemisst sich primär nicht daran, ob sie (fachwissenschaftliche) Einsichten korrekt vermittelt, sondern ob diese von den Leserinnen und Lesern für die eigenen Belange im Rahmen ihrer Möglichkeiten genutzt werden. Das Problem von Ratschlägen ist also nicht, sie zu erteilen, sondern die Frage, wie sie angenommen werden (können). «Das verweist auf die merkwürdig paradoxe Situation, dass es letztlich der Rat Suchende ist, der darüber entscheidet, welcher Rat anschlussfähig ist, nicht der Rat Gebende.»[5]

II. Populäre Ratgeberliteratur zu Tod und Trauer

Trauer ist die unwillkürliche Reaktion eines Menschen auf einen erlittenen Verlust.[6] An Trauernde gerichtet, thematisieren Trauerhilfen, wie Menschen dem Tod einer ihnen nahestehenden Person begegnen und wie sie «bewältigen» können, was er in ihnen und ihrem Leben auslöst. Dabei fällt auf, dass in den Ratgebern Trauer als etwas höchst Ambivalentes angesehen wird, sie blockiert und gefährdet, aber sie eröffnet und erneuert auch Leben. Auf der einen Seite ist sie Symptom einer existentiellen Lebenskrise, in der Menschen aus ihrer bisherigen Welt herausfallen und sich selbst verlieren können. Auf der anderen Seite ist Trauer(n) ein heilsamer Prozess, durch den hindurch Leben intensiviert wird und neue Möglichkeiten gewinnt. Die Trauerhilfen verstehen sich als Begleiter durch das «Labyrinth» der Trauer, sie zei-

---

5 Armin Nassehi; Susanne Brüggen; Irmhild Saake: Beratung zum Tode. Eine neue ars moriendi?, in: Berliner Journal für Soziologie 12 (2002), S. 63–85 (66). Insofern verstärken mediale Ratgeber die Crux jeder Form «externer» Beratung, die darauf beruht, sich nicht involvieren zu lassen: Sie zeitigt Folgen, die der Beratende nicht zu tragen hat.

6 Vgl. zur gegenwärtigen Wahrnehmung von Trauer Kristian Fechtner: Trauerkulturen im Umbruch, in: Angela Berlis; Matthias Ring (Hg.): Im Himmel Anker werfen, Bonn 2007, S. 238–248.

gen «Wege» durch die Trauer hindurch, die der Einzelne ohne solchen Beistand nicht zu finden vermag. Im Hintergrund der meisten Ratgeber steht dabei die mentalitätsgeschichtlich eingeführte These, dass die Moderne eine Epoche des «verdrängten oder verschwiegenen Todes» (Philipp Ariès) darstellte. Nun könnte man das wachsende Angebot an Ratgeberliteratur zur Begegnung mit Sterbenden, zur Auseinandersetzung mit dem Tod und zur Begleitung und Selbsterkundung von Trauernden durchaus auch gegenläufig zu dieser Diagnose als ein Zeichen für eine kulturelle «Wiederbelebung des Todes» (Tony Walter) ansehen, der öffentlich wie privat längst nicht mehr als ein Tabu erscheint.

Die Ratgeber können Tod und Trauer in sehr unterschiedlicher Weise thematisieren.[7] Zunächst finden sich zahlreiche psychologisch und psychotherapeutisch angelegte Ratgeber, die fachwissenschaftliche Kenntnisse in allgemein verständlicher Form aufbereiten. Es geht um Einsichten in den seelischen Prozess des Trauerns, um Trauerphasen, um Blockaden und Ressourcen der Verlustbewältigung, um Sprachlosigkeit und Sprachfähigkeit, um die Bedeutung von Ritualen und um die Verwandlung von Trauer in Erinnerung. Der Trauer Raum geben, sie heilsam gestalten, den Verstorbenen loslassen und zurück ins eigene Leben finden – unter diesem Leitmotiv stehen «Hilfen für Trauernde nach dem Verlust eines geliebten Menschen»[8]. Einem zweiten Typus hingegen geht es um ein anderes, tieferes Verständnis des Todes, das über ihn hinausführt. Insbesondere vor dem Hintergrund von Nahtoderfahrungen wird ein esoterisches Wissen entfaltet, das den Tod als Durchgang in eine neue Wirklichkeit und als Verwandlungsgeschehen erscheinen lässt: «Ich glaube, es ist an der Zeit, dass die Leute wissen, dass der Tod gar nicht existiert, wenigstens nicht so, wie wir uns das vorstellen.»[9] Als Trauerhilfe gelesen verwandelt dieses Wissen die Empfindung von Sterbenden wie von Weiterlebenden, denn «der Todesgedanke (hat) nunmehr seinen Schrecken verloren»[10]. Ziel ist, das Realitätsbewusstsein zu erweitern und die Gewissheit zu erlangen, an einer anderen Wirklichkeit teilzuhaben. Eine dritte Form sind autobiographische Erzählungen von

---

7 Vgl. zur folgenden Typologie auch Armin Nassehi u.a.: Beratung zum Tode, S. 73ff.

8 Dorothee Döring: Die Brücke zurück ins Leben finden. Hilfen für Trauernde nach dem Verlust eines geliebten Menschen, Gütersloh 2007.

9 Elisabeth Kübler-Ross: Über den Tod und das Leben danach, Güllesheim [36]2007, S. 23.

10 Raymond A. Moody: Leben nach dem Tod. Die Erforschung einer unerklärlichen Erfahrung, Reinbek bei Hamburg 2008, S. 106.

Menschen, die einen «persönlichen Bericht über Hoffnung, Mut und Heilung»[11] abgeben und ihren «Weg der Liebe durch Abschied und Tod»[12] schildern. Wie eine Mutter nach dem tödlichen Unfall ihres Sohnes aus der Verzweiflung heraus Lebenskraft findet, wie ein Mann nach der Krebserkrankung und dem Tod seiner Ehefrau einen mit vielen inneren Kämpfen verbundenen heilsamen Weg der Trauer findet, mag zu einem «tröstenden Zeugnis» für Trauernde werden. Die drei Ausprägungen beratender und helfender Trauerliteratur verfolgen unterschiedliche Intentionen. Die psychologisch-fachwissenschaftlichen Ratgeber zielen darauf, dass Leserinnen und Leser ihre eigenen Empfindungen reflektieren und einschätzen können, sie sind *Aufklärungsliteratur* und münden in «konkrete Anregungen und Praxisvorschläge», enthalten «Hinweise auf individuelle Wege und sinnvolle Rituale» oder zeigen «praxiserprobte Methoden», um Trauer zu verarbeiten und zu bewältigen. Die zweite Gattung lässt sich als *Initiationsliteratur* begreifen, die in eine neue Sichtweise des Todes einweiht. Sie beruht auf aussergewöhnlichen Erlebnissen von Menschen, die dicht an den Tod geraten sind, und formulieren ein Arkanwissen, das sich einer naturwissenschaftlich «unerklärlichen Erfahrung» verdankt. Der dritte Typus ist das *autobiographische Zeugnis*, das Menschen an persönlichen Erfahrungen teilhaben und sie eine individuelle Trauergeschichte miterleben lässt, in der «Trauer als Heilung erfahren» und Leid überwunden wird.

Die Verfasserinnen und Verfasser der Ratgeber sind Psychologinnen und Psychotherapeuten, Pädagoginnen und Philosophen. Hinzu kommen neue (Berufs-)Bezeichnungen wie Ritualgestalter oder Trauerbegleiterin. Eine «freie Theologin» findet sich darunter, Pfarrerinnen oder Pfarrer hingegen nicht. Die Autorinnen und Autoren bilden gleichsam ein Ensemble der «neuen Geistlichen» (Pierre Bourdieu)[13], welche in der Spätmoderne mehr und mehr Aufgaben der Lebensberatung übernehmen, die ehedem kirchlicher Seelsorge oblagen. Sie treten ihren Leserinnen nicht als Vertreter einer Institution gegenüber, sondern stehen selbständig und in eigener Verantwortung mit ihrer Person für das, was sie an Trauerhilfe mitzuteilen vermögen. Sie autorisieren sich, indem sie professionell erworbene Kompetenzen mit sub-

---

[11] Ursula Thieme: Lichtblicke in meiner Trauer. Ein persönlicher Bericht über Hoffnung, Mut und Heilung, Regensburg 2007.

[12] Karl G. Rey: Wenn ein Mann trauert. Der Weg der Liebe durch Abschied und Tod, Freiburg 2006.

[13] Vgl. Pierre Bourdieu: Die Auflösung des Religiösen?, in: Ders.: Rede und Antwort. Frankfurt a.M. 1992, S. 231–237.

jektivem Erfahrungswissen verbinden. Erst beides zusammen macht die Expertin aus. Dies gilt deshalb, weil nur die eigene Erfahrung des Autors bezeugt und verbürgt, dass das professionelle Wissen auf die konkrete Lebenswirklichkeit übertragbar ist – also nicht nur richtig, sondern auch (lebens-)wichtig ist.[14] Nicht selten erwachsen die Beratungsbücher aus der Tätigkeit in Trauergruppen, -seminaren, -zentren und -akademien. Sie sind damit ein Element innerhalb eines weiter gespannten Netzwerks von Beratungs- und Selbsterfahrungsangeboten, das keine Organisation darstellt, der man formell angehört, sondern das eine «Szene» bildet, zu der man informell zugehörig ist oder innerhalb derer man Anschluss- und Kontaktmöglichkeiten finden kann.

Leserinnen und Leser werden in den Ratgebern als unvertretbar Einzelne in ihrer je eigenen Trauer angesprochen: Trauer und Trauerwege sind individuell, lautet das immer wieder angeführte Leitmotiv der neueren Beratungsliteratur. Gelegentlich definiert der Autor den Leseakt als intime Situation und wählt die direkte Anrede: «Ich möchte mit dir zusammen einen Weg durch deine lebenswichtigen Gefühle, besonders der Trauer bahnen, an dessen Ende du heil, d.h. ganz, lebendig und bereichert herauskommst.»[15] Die Bücher sprechen nicht nur *über* die Trauer und das Trauern, sondern sie sprechen – so jedenfalls ihr Anliegen und ihre Ausrichtung – *in* die Trauer *hinein*. In der Lektüre selbst soll Trauer empfunden und ausagiert werden. Insofern sind die Ratgeber nicht nur und möglicherweise sogar nicht einmal in erster Linie Anleitungen, was Menschen tun oder lassen sollen, um mit ihrem Verlust besser fertig zu werden. Nun ist wenig bekannt, wie Ratgeberliteratur in Gebrauch genommen wird und ob die Ratschläge, die sie enthält, angenommen und genutzt werden.[16] Dabei ist gar nicht ausgemacht, dass die Bedeutung, die Ratgeberbücher gewinnen, erst dort beginnt, wo sie tatsächlich gelesen werden.

---

14 Vgl. Stefanie Duttweiler: Professionalisierung von Orientierungswissen? Lebenshilferatgeber als Experten der Lebensführung, in: Karl-Siegbert Rehberg (Hg.): Soziale Ungleichheit, kulturelle Unterschiede. Verhandlungen des 32. Kongresses der DGS, Frankfurt a.M. 2006, S. 3192–3201, hier: S. 3197.

15 Jorgos Canacakis: Ich begleite dich durch deine Trauer. Förderliche Wege aus dem Trauerlabyrinth, Stuttgart 2007, S. 10. Auch Verhaltenshinweise können als direkte Anrede formuliert werden: «Sprechen Sie […], sorgen Sie dafür […]» (Dorotthee Döring: Die Brücke zurück ins Leben finden, S. 48ff.).

16 Bislang werden vornehmlich Ratgeber als Texte untersucht. Vgl. Susanne Brüggen: Letzte Ratschläge. Der Tod als Problem für Soziologie, Ratgeberliteratur und Expertenwissen, Wiesbaden 2005.

So notiert Timo Heimerdinger im Blick auf Ratgeberbücher, die auf das gute Leben – Essen und Trinken, Inneneinrichtung und Garten – gerichtet sind: «Der Nutzen der Texte muss nicht nur und sicherlich auch nicht immer ein praktischer sein. Bücher werden auch für das Regal bzw. den Couchtisch gekauft, sie dienen dann der Präsentation, der Repräsentation und dem beruhigenden Gefühl, im Zweifelsfall ein Werk zur Hand zu haben, in dem schon das zu finden wäre, was gebraucht würde. Sie dienen dem konjunktivischen Modus des eigenen Lebens. Der Kauf und die Archivierung von Ratgebertexten ist der gelebte Konjunktiv.»[17] Nicht Informationen und Ratschläge sind entscheidend, sondern dass in den Büchern Sehnsüchte und Tagträume arrangiert werden, sie «korrespondieren mit den gewünschten, erdachten und eben nicht gelebten Kulturmustern»[18]: So könnte mein Leben aussehen!

Man kann vermuten, dass gerade diejenigen Ratgeber, die sich auf lebensgeschichtliche Situationen beziehen, welche sich krisenhaft zuspitzen können – von Geburtsvorbereitung über Pubertät bis zu Partnerschaft –, im Modus des «Eventualis» gebraucht werden: *Gegebenenfalls* können sie genutzt werden. Es reicht zu wissen, dass sie die Möglichkeit bieten, sich Rat einzuholen. Sie stehen (im Regal) dafür, dass auch die prekären Situationen des Lebens bewältigt werden können, weil sie innerhalb des zugänglichen Praxiswissens liegen.

Vor diesem Hintergrund lassen sich drei Wirkungsweisen populärer Ratgeberliteratur zu Tod und Trauer ausmachen: Sie vergewissern den Leser, dass seine Empfindungen echt und seine Gefühle recht sind. Sie bestärken mich als Einzelnen darin, auf dem richtigen Weg des Trauerns zu sein und meinen subjektiven Kräften zuzutrauen, den Schmerz zu spüren und ihm standzuhalten, der Trauer Raum zu geben und sie zu begrenzen. Es geht zunächst um individuelle *Selbstvergewisserung*. Zugleich geben die Bücher Anteil an einer Gemeinschaft der Trauernden und nehmen dem Einzelnen den Schrecken, mit der Trauer ganz alleine zu sein und aus der Welt aller anderen herauszufallen. Durch den Ratgeber, der meinem Erleben Ausdruck zu geben vermag und mich in meiner Trauer versteht – möglicherweise besser als ich mich selbst –, komme ich in Beziehung. Ich erfahre: Trauer verbindet. Sie bewusst zu erleben heisst, einer besonderen Gemeinschaft, d.h. einem Kreis von Menschen zuzugehören, die eine Erfahrung teilen. Insofern ist Trauerliteratur auch ein Medium, um Aufnahme zu finden, und damit ein Medium der *Vergemeinschaftung*. Drittens fungieren die Texte selbst als Trauerräume, der Akt des Lesens ist eine eigene Form, mich in meiner Trauer begleiten zu lassen

17 Timo Heimerdinger: Der gelebte Konjunktiv, S. 106.
18 Ebd.

und mich in meinen Gefühlen und meinen Lebensvollzügen zu orientieren. In der Lekúre lasse ich mich in und mit meiner Trauer identifizieren und zugleich gewinne ich in der Betrachtung meiner selbst Abstand zu mir. Beratende Trauerliteratur zu lesen ist als *Selbstreflexion* eine Art, sich zur eigenen Lebenssituation ins Verhältnis zu setzen und Trauer zu bewältigen.[19]

III. Praktisch-theologische Perspektiven

Nun ist der Praktische Theologe am Samstagmittag von seinem Streifzug durch die Buchhandlung zurück. Was hat für ihn der Erkundungsgang in der Ratgeberliteratur ergeben?

Die Trauerhilfen der Ratgeberliteratur sind Elemente einer spätmodernen Kasualpraxis, die nicht mehr kirchlich-institutionell eingefasst ist und sich auf dem Büchermarkt verselbständigt hat. Dabei reicht das Spektrum von kirchennahen Publikationen, denen es um die Erneuerung christlicher Traditionen geht, bis zu Veröffentlichungen, die sehr bewusst auf andere Quellen rekurrieren und auf neue Formen der Trauerbewältigung aus sind. In beiden Varianten müssen sich Deutungen und Rituale an subjektiven Erfahrungen plausibilisieren und ausweisen lassen. Sie bemessen sich daran, ob sie von den Einzelnen lebensdienlich in Gebrauch genommen werden können und ob sich Menschen, von ihnen angeleitet, in ihrer eigenen Trauer besser zurechtfinden. Das Wissen, das sie anbieten, ist «richtig», wenn und insofern es im eigenen Leben «wichtig» werden kann. Es mag «Sinn machen», meine Trauer als ein Labyrinth zu begreifen, weil sie damit begehbar wird, oder sich den Tod des anderen vorzustellen, wie wenn ein Schmetterling aus seinem Kokon heraustritt, weil damit die Trauer sich nicht mehr am vergangenen Leben festkrallen muss, oder Erinnerung einen festen Ort zu geben, den ich aufsuchen und wieder verlassen kann, weil ich damit meine Trauer umfriede. Das Trauerwissen und die Lebenserfahrungen der Ratgeber haben weisheitlichen Charakter, in den meisten Büchern treten religiöse Bezüge offen zu Tage.[20]

---

19 Insofern werden Ratgeber erst dort zur Trauerhilfe, wo sie nicht nur Wissen vergrössern, sondern den Horizont erweitern und die Perspektiven verändern.

20 Die Autoren eines Ratgebers notieren, «dass die allermeisten anderen auf dem Markt befindlichen Texte zum Thema ‹Trauer› spätestens dann, wenn es um die Formulierung von Empfehlungen für Haltung und Handeln geht, so gut wie ausschliesslich theologisch-religiös argumentieren», um sich selbst

Nicht selten sind psychologische Einsichten religiös grundiert, umgekehrt werden nahezu alle religiösen Deutungen psychologisch unterfüttert. Über das Trauern kann man etwas von Hiob erfahren und aus dem Tibetanischen Totenbuch, der Trauer Sprache verleihen kann ein Vers Joseph Freiherr von Eichendorffs und ein Psalmwort. Die Palette der Ratgeber, häufig die einzelnen Bücher selbst, spiegeln und forcieren einen «Alltagssynkretismus» (Karl-Fritz Daiber), der den Resonanzraum bildet auch für die kirchliche Kasualpraxis zwischen Sterbebegleitung, christlicher Bestattung und Trauerseelsorge. Kirche wird – wie alle anderen Akteure – in diesem Feld das, was den christlichen Glauben in Leben und Sterben gewiss sein lässt, so zu kommunizieren und darzustellen haben, dass es von den einzelnen Subjekten «in Gebrauch» genommen werden kann. Es bedarf also einer Praktischen Theologie der Lebenskunst[21], die zu erkennen gibt, wie Menschen ihr Leben führen und gestalten können, im Alltag und an den Rändern des Alltags: Was wäre denn zu tun, was ist geboten? Und zugleich hat Kirche in ihrer Kommunikation des Evangeliums der heimlichen Botschaft aller Ratgeber zu widersprechen, die verspricht, dass selbst das rechte Sterben aus eigenem Vermögen gelingt und Trauern erfolgreich ist, wenn man nur dem richtigen Ratgeber folgt. Gegen die «Tyrannei des gelingenden Lebens» (Gunda Schneider-Flume) hält der Glaube fest, dass das bedürftige Leben aus sich heraus – weil ich (etwas) schuldig bleibe und weil sich Leben und Tod nicht zusammenfügen – am Tod und in der Trauer scheitert; und dass es doch von Gott erfüllt sein kann.

---

davon abzusetzen: «Nicht so bei uns.» Wolfgang Müller-Commichau; Roland Schaefer: Wenn Männer trauern. Über den Umgang mit Abschied und Verlust, Mainz 2000, S. 9.

21 Vgl. Wilfried Engemann: Die Lebenskunst und das Evangelium. Über eine zentrale Aufgabe kirchlichen Handelns und deren Herausforderung für die Praktische Theologie, in: ThLZ 129 (2004), Sp. 875–896.

Klaas Huizing

Im Käfig
Spaziergang auf engstem Raum

Diese Hose hat keine Taschen.

Für Sekunden fällt die Spannung von ihm ab. Er lächelt. Wie der da unten steht. Verkreuzt die Arme. Lässt sie schlaff nach unten sinken. Zögert. Verschränkt sie dann, ein wenig altväterlich, hinter dem Rücken. Er selbst wusste früher auch nie wohin mit seinen Händen. Seine Mutter – warum denkt er in diesem Augenblick an seine Mutter? – hatte ihm immer gesagt: «Du hast schlanke schöne Hände. Es gibt keinen Grund sie in den Hosentaschen zu vergraben!» Vergraben. Ja. Er nimmt die Hände aus den Hosentaschen. Schlanke Hände. Vielleicht sogar schöne Hände. Wenigstens die Hände sollen frei sein. Man hat ihn weggeschlossen. Grundlos. Natürlich grundlos. Er ist unschuldig.

Ist der da unten sein Freund? Darf er ihn so nennen? In diesem Augenblick verspürt er eine grosse Sehnsucht, dieser Mann dort möge sein Freund sein, auch wenn seine Freundschaft eine ganz andere Farbe besitzt – nicht ganz so grell, abgetönter, mit einem Firnis überzogen.

Jetzt. Jetzt hat er zwei andere neben sich in den Arm genommen. Und sofort gewinnt sein Körper an Spannung. Er schaut kurz zu seinen Freunden neben sich. Zunächst nach rechts. Dann nach links. Auch sie scheinen froh, jemanden in den Arm nehmen zu dürfen. Weiss sein Freund überhaupt, wo genau er sich befindet?

ICH BIN DA!

Er beobachtet ihn weiter. Er schliesst die Augen. Sein Brustkorb hebt sich mächtig. Er saugt die Atmosphäre tief in sich ein. Kraft kann man auch schlucken.

«Fühlst du dich stark genug?»
«Ja.»
«Du schaffst es!»
«Ja.»
«Du hast etwas wieder gutzumachen.»
«Ja.»

«Dann zeig es!»
«Passt schon!»
Passt schon! Seine Stimme hat entfernt geklungen, obwohl er dicht neben ihm stand.

Er tritt etwas näher an die Scheibe heran. Macht einen Schritt zur Seite. Dann noch einen. Er hasst es, eingesperrt zu sein. Ein Wutstich in seinem Rachen. Da! Gott sei Dank! Er nickt. Er hat es gewusst. So steht sein Freund immer, wenn er hochkonzentriert ist. Für einen Mann, für den Sport beinahe alles bedeutet, ist die Stellung ungewöhnlich. Sein linker Fuss ist etwas abgewinkelt. So wie Frauen manchmal stehen. Er macht keine albern wirkenden männlichen Posen. Er ist ganz bei sich. Manchmal, wenn ein Fotograph ihn ablichten will, stellt er sich so hin, wie er glaubt, dass er Eindruck machen kann. Sein Freund will von allen geliebt werden. Dann sieht er aus, als sei für Augenblicke seine Seele aus seinem Körper ausgewandert. Wie gerne würde er ihn in diesen Augenblicken wie ein älterer Bruder in den Arm nehmen.

ICH BIN DA!

Auch aus dieser Entfernung erkennt er alles genau: Sein Freund bewegt den Mund. Und obwohl er nicht versteht, was er sagt, kann er den Text von den Lippen ablesen. Worte von grossem Gewicht. Die sagt man nicht so leichthin. Dafür muss es einen angemessenen Anlass geben. Heute ist so ein Anlass.

Ein Schweisstropfen brennt in seinem Auge. Er wischt ihn weg. Vor dem Fenster tanzt ein Bonbonpapier. Dankbar lässt er sich kurz ablenken. Jemand legt ihm eine Hand auf die Schulter. Er rührt sich nicht, bis die Hand mit spürbarer Verunsicherung von seiner Schulter gleitet. Er will keine Nähe. Jetzt nicht. *Noli me tangere.*

Wo ist er? Wo ist sein Freund? Seine Augen, die jede Gebärde, jede Geste, jede Bewegung protokollieren können, finden ihn nicht. Er stellt sich auf die Zehenspitzen. Dort. Endlich. Er hat ihn wiedergefunden. Dort ist er. Er hat sich einem anderen Mann zugewandt, zu dem er eigentlich immer Distanz hält. Eine scheue Distanz.

«Wieso willst du weg?»
«Ich hasse es, zu warten.»
«Du sollst nicht warten. Du sollst fordern.»
«Ich will weg.»
«Setz dich durch.»
«Okay.»

Er schluckt hektisch. Woher kommt der ganze Speichel bei dieser Hitze? Also ist er doch nervös. Wenn er für wenige Sekunden die Augen schliesst, wird es gehen, vielleicht wird er sich dann beruhigen. Er schliesst die Augen. Zählt bis zehn. Er darf die Augen nicht länger schliessen. Er wird beobachtet. Wächter. Überall Wächter. Augen, die ihn abtasten. Hunderte. Tausende. Millionen Augenpaare. Wie in einem Zoo. Also: Augen auf!

ICH BIN DA!

Das ist gut so. Sein Freund steht neben einem anderen, neben dem er ihn meistens vermutet. Boxt ihm in die Seite. Wie echte Freunde es tun. Und der andere boxt in gespielter Empörung zurück.

Er würde sich jetzt gerne Wasser ins Gesicht schlagen. Sein Hustenreiz meldet sich. Der wäre am leichtesten durch eine Zigarette zu überlisten. Aber jetzt darf er nicht rauchen. Nicht vor aller Augen. Er spürt, wie seine Stirn das kühle Glas berührt und zuckt zurück.

Diese Frisur. Diese höchst alberne Frisur. Teenieschwarm. Das stand in der Presse. Er muss jetzt zehn Jahre den Teenieschwarm geben. Eine Bürde. Dieses schöne alte deutsche Wort. Bürde.

«Hast du deine Nerven im Griff?»
«Ja.»
«Lass dich nicht provozieren.»
«Nein.»
«Erwidere meinen Blick, bitte!»
«Ja.»
«Du bleibst cool!»
«Passt schon!»

Dieses Versprechen gilt. Wird ihm Kraft verleihen. Vielleicht ist er doch nicht sein Freund. Zu vieles trennt beide. Vielleicht ist der da sein Jünger. Sein Lieblingsjünger. Aber wenn man Jünger sagt, dann gibt es auch immer einen Judas. Und den gibt es hier nicht. Niemand hat das Zeug dazu, den Judas zu spielen. Vielleicht ist das sein wahres Problem. Ihm fehlt ein Judas.

In seinem Mund findet er den Geschmack von Bier vor. Verwundert schaut er auf das Bierglas in seinen Händen. Hat ihm jemand ein Bier gereicht? Er traut sich nicht, zur Seite zu blicken. Er will nicht in ein Gespräch verwickelt werden. Und Dankbarkeit heucheln will er erst recht nicht.

Er wird plötzlich kurzatmig. Seine Hoffnung legt sich in Falten. Wie ein billiges Leinenhemd, das nach Minuten verknittert ist. Traut er ihm doch nicht? «Verflucht!» Das hat nicht so laut sein sollen. Wenn ihm sein Nachbar jetzt wieder die Hand auf die Schulter legt, wird er ausrasten. Vor aller Augen. Es wäre ihm egal.

Konzentrier dich! Also. Wo ist er? Wo ist sein Schützling? Schützling. Ja. Vielleicht ist das das richtige Wort. Dort. Er muss wieder schlucken. Auf den Knien. Sein schmerzverzerrtes Gesicht. Jetzt ist kein Platz für Mitleid. Neben ihm liegt ein anderer Mann. Hält sich den Kopf. Andere kommen herangesprintet. Ordnungskräfte sind zur Stelle. In schiefer Umarmung helfen beide sich auf. Geben sich die Hände. Gut. Sehr gut. Er hat seine Bewährungsprobe bestanden. Hinkt. Und lächelt. Und lächelt.

ICH BIN DA.

«Du kannst ein Held werden.»
«Ja.»
«Alle werden dich lieben.»
«Ja.»
«Wir sind die Guten.»
«Ja.»
«Wille und Witz. Hörst du?»
«Passt schon!»

Ein flüssiger Aggregatzustand. Sein Gehirn scheint durch die Poren zu entweichen. Wenn er sich doch besser konzentrieren könnte. Er springt zweimal in die Höhe. Sein Nebenmann lacht. Er lockt ihn auf eine falsche Fährte. Lach du nur. Was weisst du, was in mir vorgeht.

Deutschland verlassen. Er würde notfalls Deutschland verlassen. Vielleicht wieder Türkei. Erbsengrün. Wenn er an die Türkei denkt, dann drängt sich immer diese Farbe in den Vordergrund. Erbsengrün. Er kann nicht sagen, warum. Ein Leben ohne Weihnachtsdekoration. Einen aufsteigenden Lacher schickt er mit einem Schluck Bier in die Kehle zurück.

ICH BIN DA.

Jetzt. Jetzt passiert es wieder. Sofort weiss er, dass er Deutschland nicht verlassen muss. Es ist das Mysterium der Antizipation. Mit einem Blick sieht er die Chance, die sich auftut. Er überblickt vier Züge auf einmal. Erkennt die Schwächen der anderen. Die Lücke in der

Verteidigung. Und er schickt sie los. Sie folgen seiner Inspiration. Zwei geschickte Züge. Die Zange. Der entscheidende Schachzug.

Die Meute vor ihm springt auf. Er verliert ihn aus dem Blick. Aber er weiss, wie er sich freut. Ein Jubel, der die Zeit dehnt. Elf Freunde liegen sich in den Armen. Und auch er lässt es geschehen, dass sein Nachbar ihm so kräftig auf die Schulter klopft, dass das Bier aus seinem Glas schwappt.

Um ihn herum skandiert die Meute: Schweini. Schweini.
Er hat ihn nie so gerufen.
Bastian.
Einfach Bastian.

Die Autorinnen und Autoren

Kim Apel, Dr. theol. des., geb. 1973, Studium der Theologie in Tübingen und Heidelberg, Promotionsstudium in Basel bei Albrecht Grözinger zum Thema «Predigten in der Literatur. Homiletische Erkundungen bei Karl Philipp Moritz». Teilnahme am Projekt «Theologen in der Wirtschaft» der Robert Bosch GmbH, Vikariat der Evangelischen Landeskirche in Württemberg, Pfarrer z.A. beim Württembergischen Landesverband für Kindergottedienst, an der Christuskirche Mannheim und zurzeit an der Stadtkirche in Vaihingen an der Enz.

Petra Bahr, Dr. theol., geb. 1966, ist Kulturbeauftragte des Rates der Evangelischen Kirche in Deutschland (EKD) in Berlin. Sie promovierte an der Theologischen Fakultät Basel über den Darstellungsbegriff bei Alexander Gottlieb Baumgarten und Immanuel Kant und war Referentin für Theologie an der Forschungsstätte der Evangelischen Studiengemeinschaft (FEST) e.V. in Heidelberg.

Maurice Baumann, Dr. theol., geb. 1947. Studium der Theologie in Bern, Neuchâtel und Strasbourg. 1977–1986 Pfarrer in St-Imier; 1986–90 Hausmann; seit 1996 Professor für Praktische Theologie an der Universität Bern.

Rudolf Brändle, Dr. theol., geb. 1939, Studium der Theologie in Basel, Göttingen und Paris (1959–1963). Studienaufenthalte in Jerusalem und Rom. Pfarrer in Kilchberg/BL und Basel 1964–1974 und 1977–1985. Promotion 1972. Habilitation 1977. Professor für Neues Testament und alte Kirchengeschichte in Basel 1985–2006. Forschungsschwerpunkte: Spätantike als Begegnung verschiedener Kulturen und Religionen; Johannes Chrysostomus.

Kristian Fechtner, Dr. theol., geb. 1961 in Bad Homburg; Wissenschaftlicher Assistent, Promotion (1994) und Habilitation (2000) an der Universität Marburg, Vikariat bei der Evangelischen Kirche von Hessen und Nassau (1993–1995); seit 2002 Professor für Praktische Theologie an der Universität Mainz; Universitätsprediger; Mitglied der Liturgischen Konferenz der EKD; Mitherausgeber der Zeitschrift «Praktische Theologie». Forschungsschwerpunkte: Kasualien, Kirchenjahr, Kirchentheorie, Praktische Theologie und populäre Kultur.

Hans-Ulrich Gehring, Dr. theol., geb. 1962. Studium der Theologie in Tübingen, Berlin, Edinburgh und Heidelberg. Pfarrdienst in der Evangelischen Landeskirche in Württemberg, derzeit Hochschulpfarrer im Ökumenischen Zentrum Stuttgart. Promotion an der Kirchlichen Hochschule Wuppertal mit einer homiletischen Studie über «Schriftprinzip und Rezeptionsästhetik». Habilitation an der Universität Basel mit einer Abhandlung über «Seelsorge in der Mediengesellschaft». Titularprofessor für Praktische Theologie an der Theologischen Fakultät in Basel. Aktuelle Forschungsschwerpunkte: Praktisch-theologische Reflexion von Medientheorien und -phänomenen, Filmgottesdienste, pastoral-theologische Fragestellungen.

Wilhelm Gräb, Dr. theol., geb. 1948; 1968–1972 Studium der Theologie und Philosophie in Bethel/Bielefeld, Göttingen und Heidelberg; 1972–1988 Promotion und Habilitation, Wissenschaftlicher Assistent an der Universität Göttingen; 1988–1993 Pfarrer in Göttingen; 1993–99 Professor für Praktische Theologie an der Ruhr-Universität Bochum; seit 1999 Professor für Praktische Theologie an der Humboldt-Universität zu Berlin, Leiter des Instituts für Religionssoziologie, Universitätsprediger.

Elisabeth Grözinger, Dr. theol., geb. 1953. Studium der Theologie und Germanistik an der Johannes Gutenberg-Universität Mainz, 1990 dort auch Promotion zu «Dichtung in der Predigtvorbereitung», 2002 diplomiert am C.G. Jung-Insitut Zürich zur Analytischen Psychotherapeutin («Der Tutzinger Gedichtkreis von Marie Luise Kaschnitz – ein poetisches Mandala»), Lehraufträge an der Evangelische Hochschule für soziale Arbeit in Dresden (2001) und 2008 an Universität Fribourg, seit 2000 Mitglied im Redaktionsbeirat und Autorin in den «Pastoralblättern», Mitglied der Studienleitung und Dozentin im Nachdiplomstudiengang der Universität Basel «Berufsbegleitendes Studium in Theologie und Religionsphilosophie», seit 2003 tätig in eigener psychotherapeutischer Praxis in Dornach. Forschungsschwerpunkt: Poesie in Theologie und Therapie.

Hans-Günter Heimbrock, Dr. paed., geb. 1948, studierte Theologie, Pädagogik, Psychologie und Soziologie an den Universitäten Duisburg, Wuppertal und Bonn; Staatsexamen und schulpraktischer Vorbereitungsdienst; 1976 Promotion zum Dr. paed.; wissenschaftlicher Assistent an der Pädagogischen Hochschule Neuss; 1980 Habilitation für das Fach Praktische Theologie; nach akademischen Zwischenstationen in Oldenburg, Duisburg und Köln 1986 Berufung auf das Ordinariat für Religionspsychologie an der Theol. Fakultät der Staatl. Universität Groningen (Niederlande); seit 1990 Prof. für Praktische Theologie am Fachbereich Evangelische Theologie der J.W. Goethe-Universität Frankfurt a.M. Forschungsschwerpunkte: Praktische Theologie als Theorie Gelebter Religion; Ausarbeitung einer Theorie und Methode der Empirischen Theologie auf phänomenologischer Basis; Religionsdidaktik im Kontext Europas.

Jan Hermelink, Dr. theol., geb. 1958, Studium der Theologie u.a. in Bonn, Heidelberg und Berlin, Promotion in Heidelberg (1990), Vikariat und Ordination in Berlin (1992), Assistenz und Habilitation in Halle/Saale (1998). Seit 2001 Professor fürPraktische Theologie an der Universität Göttingen. Forschungsschwerpunkte: Homiletik und Kybernetik.

Klaas Huizing, Dr. theol., geb. 1958, Schriftsteller und Theologe, seit 1998 Lehrstuhlinhaber für Systematische Theologie und theologische Gegenwartsfragen in Würzburg, seit 1997 Mitglied im P.E.N.

Stephanie Klein, Dr. theol. habil., geb. 1959, Professorin für Pastoraltheologie an der Universität Luzern. Zuvor war sie an den Universitäten Frankfurt am Main, Mainz, Saarbrücken, Salzburg sowie an der Humboldt-Universität zu Berlin tätig. Forschungsschwerpunkte: Theologische Biographieforschung; Methoden und Methodologie in der Praktischen Theologie; Alltagsreligiosität.

Gerhard Marcel Martin, Dr. theol., geb. 1942, Studium Theologie und Philosophie. 1970–1975 Assistent am Fachbereich Evangelische Theologie der Universität Tübingen (Lehrstuhl Prof. Moltmann), 1973 Promotion, 1973/74 Studienjahr/Lehraufträge Union Theol. Seminary New York. 1975–1982 Studienleiter, später stellv. Direktor der Evangelischen Akademie Arnoldshain. 1976 Ordination (EKHN). 1982–2007 Professor für Praktische Theologie an der Philipps-Universität Marburg, seit 1999 auch Universitätsprediger. 2006–2008 Gastprofessor an der (buddhistischen) Otani University Kyoto/Japan.

Andreas Mauz, lic. phil., geb. 1973, Studium der Theologie und Germanistik in Basel, Tübingen und Zürich. 2002–2003 wissenschaftlicher Mitarbeiter des Schweizerischen Literaturarchivs (SLA), Bern. 2004–2006 Stipendiat am Institut für Hermeneutik und Religionsphilosophie (IHR) der Theologischen Fakultät Zürich. Seit 2007 ebenda Assistent am Lehrstuhl für Systematische Theologie, insbesondere Hermeneutik und Fundamentaltheologie.

Jürgen Mohn, Dr. phil. habil., geb. 1963; 1984–1991 Studium der Religionswissenschaft, Psychologie, Japanologie, Philosophie und Kunstgeschichte in Marburg und Bonn; 1992–1995 Stipendiat und Promotion am Graduiertenkolleg für «Interkulturelle Studien» der Universität Bonn; 1997–2003 Assistent für Religionswissenschaft an der Ludwig-Maximilians-Universität München (Evangelisch-Theologische Fakultät); 2003 Habilitation an der Ludwig-Maximilians-Universität München; 2003–2006 Professur für Theorie und Methodik der Religionswissenschaft an der Ludwig-Maximilians-Universität München (Fakultät für Philosophie, Wissenschaftstheorie und Religionswissenschaft); seit 2006 Ordinarius für Religionswissenschaft an der Theologischen Fakultät der Universität Basel; seit 2008 Vorsteher des bifakultären Departements Religionswissenschaft.

Christoph Morgenthaler, Dr. theol., geb. 1946, Studium der Theologie in Bern, Montpellier und Oxford, Studium der Psychologie in Bern, 1971–1975 Assistent für Praktische Theologie, 1978–1986 Pfarrer in Burgdorf, ab 1985 zuerst ausserordentlicher, von 1990 an ordentlicher Professor für Seelsorge und Pastoralpsychologie an der Universität Bern. Forschungsschwerpunkte:

Systemische Seelsorge, empirische Forschung in der Praktischen Theologie, pastoralpsychologische Weiterbildung für Pfarrerinnen und Pfarrer.

Georg Pfleiderer, Dr. theol., geb. 1960, Professor für Systematische Theologie/Ethik in Basel seit 1999. Dekan der Basler Theologischen Fakultät 2004–2006; Promotion an der Evangelisch-Theolischen Fakultät der LM-Universität München 1992, Pfarrer z.A. der Badischen Landeskirche seit 1995, Habilitationsstipendiat der DFG 1992–1996, teilweise am King's College in London, Assistenzen bei Gunther Wenz in Augsburg und München (1987–1992, 1996–1999), Habilitation in München 1998.

David Plüss, Dr. theol., geb. 1964, Assistenzprofessor für Praktische Theologie der Universität Basel. Studiendekan und Bologna-Beauftragter der Theologischen Fakultät Basel. Zuvor Assistenz im Fach Praktische Theologie und Promotion in Basel über Emmanuel Lévinas. Studienaufenthalt in Paris. Vikariat und Ordination. Studium der Evangelischen Theologie in Basel und Berlin. Forschungsschwerpunkte: Liturgik/Homiletik, Performance-Theorie, Pastoralpsychologie, empirische Religionsforschung, Geschlechterforschung und Hochschuldidaktik.

Uta Pohl-Patalong, Dr. theol., geb. 1965, Assistentin in der Praktischen Theologie an der Ludwig-Maximilians-Universität München, Vikariat und Tätigkeit als Pastorin in der Bildungsarbeit in Hamburg, daneben Habilitation an der Universität Bonn, Lehrstuhlvertretungen in Jena und Kiel, Heisenberg-Stipendium der DFG, seit 2007 Professorin für Religionspädagogik/Praktische Theologie mit Schwerpunkt Homiletik und Kirchentheorie an der Universität Kiel. Forschungsschwerpunkte: Zukunft der Kirche, Bibeldidaktik, Bibliodrama, Bibliolog, Genderfragen.

Adrian Portmann, Dr. theol., geb. 1965, Studium der Theologie in Basel und Berlin. 2001 Promotion mit einer Arbeit über Essen und Religion. Arbeitet als Studienleiter im Forum für Zeitfragen Basel und als Co-Projektleiter in einem Forschungs-Projekt des Schweizerischen Nationalfonds über den Umgang mit religiöser Pluralität.

Thomas Schlag, Dr. theol., geb. 1965, Theologe und Politikwissenschaftler, seit 2005 Assistenzprofessor für Praktische Theologie mit den Schwerpunkten Religionspädagogik und Kybernetik an der Theologischen Fakultät der Universität Zürich. 2004–2005 DFG-Stipendiat an der Evangelisch-Theologischen Fakultät der Eberhard-Karls-Universität Tübingen, 1999–2004 Studienleiter an der Evangelischen Akademie Bad Boll, 1996–1999 Pfarrer der Württembergischen Landeskirche in Bad Boll/Eckwälden und Mühlacker, 1993–1996. Assistent und Promotion am Lehrstuhl für Systematische Theologie/Ethik (Trutz Rendtorff) an der Ludwig-Maximilians-Universität München.

Alex von Sinner, lic. theol., M.A. (Mediation), geb. 1963, Studium der Theologie in Basel, Heidelberg, Jerusalem und Bern. Ausbildung zum Mediator am Institut für Rechtswissenschaft und Rechtspraxis der Universität St. Gallen durch Gary Friedman und Jack Himmelstein. Absolvent des «Master-Studiengang Mediation an der Europa-Universität Viadrina in Frankfurt (Oder) in Kooperation mit dem Institut für Anwaltsrecht an der Humboldt-Universität zuBerlin». Mediator in freier Praxis und Ersatzrichter am Strafgericht Basel-Stadt.

Georg H. Vischer, D. Min., Dr. theol., geb. 1939, 1958–1963 Studium der Theologie in Basel, Tübingen, Zürich, Wuppertal. 1965–1976 Pfarrer in Buus-Maisprach (Basel-Landschaft), 1972/73 Studienjahr an der Andover Newton Theological School in Boston (Mass.); 1976–1980 Assistent in Heidelberg; 1980–1992 Gemeindepfarrer und Seelsorger am Kinderspital in Basel, Beauftragter für Gottesdienstfragen; 1992–2004 Präsident des Kirchenrates der Evangelisch-reformierten Kirche Basel-Stadt; seit 2004 im Ruhestand und Präsident der Interreligiösen Arbeitsgemeinschaft in der Schweiz. Forschungsschwerpunkte: Ökumene, Predigt und Predigtanalyse; Kirchensoziologie; interreligiöse Arbeit.

Martin Wallraff, Dr. theol., geb. 1966, ist seit 2005 Ordinarius für Kirchen- und Theologiegeschichte an der Universität Basel. Er hat Theologie in München, Rom, Heidelberg und Cambridge studiert. Es folgten Lehrtätigkeiten an den Universitäten in Bonn, München und Jena. Forschungsschwerpunkte: Kirchen- und Religionsgeschichte der Spätantike; Geschichte und Methode der kirchlichen Historiographie; ökumenische Theologie.

Tabitha Walther, lic. theol., geb. 1975; seit 2006 wissenschaftliche Assistentin am Lehrstuhl für Praktische Theologie an der Universität Basel; Studium der Theologie in Basel, Oxford, Zürich und Bern; Pfarrerin der Evangelisch-reformierten Kirche Baselland; Zusatzausbildung in Stanford, Kalifornien, zur Spitalseelsorgerin; arbeitet an einem vom Schweizerischen Nationalfonds finanzierten Forschungsprojekt und Promotion zur Seelsorge im religiös pluralen Krankenhaus.